# "一带一路"
# 法律服务观察

法制日报社　主编

中国政法大学出版社

2025·北京

**图书在版编目（CIP）数据**

"一带一路"法律服务观察 / 法制日报社主编. -- 北京：中国政法大学出版社, 2025. 6. -- ISBN 978-7-5764-1554-4

Ⅰ. D922.295.4

中国国家版本馆 CIP 数据核字第 20249GY296 号

----------------------------------------------------------------------------------------------------

| 书　名 | "一带一路"法律服务观察 |
| --- | --- |
| | "YIDAIYILU" FALÜ FUWU GUANCHA |
| 出版者 | 中国政法大学出版社 |
| 地　址 | 北京市海淀区西土城路 25 号 |
| 邮　箱 | bianjishi07public@163.com |
| 网　址 | http://www.cuplpress.com (网络实名：中国政法大学出版社) |
| 电　话 | 010-58908466(第七编辑部) 010-58908334(邮购部) |
| 承　印 | 固安华明印业有限公司 |
| 开　本 | 720mm×960mm　1/16 |
| 印　张 | 24 |
| 字　数 | 380 千字 |
| 版　次 | 2025 年 6 月第 1 版 |
| 印　次 | 2025 年 6 月第 1 次印刷 |
| 定　价 | 100.00 元 |

# 编委会

支持单位：海丝中央法务区厦门片区

顾问：

黄　进　中国国际法学会会长、中国国际私法研究会会长

康　煜　"一带一路"律师联盟原秘书长

编委会成员：

刘敬东　中国社科院国际法研究所国际经济法研究室主任

李　凯　北京市律师协会副秘书长

张春刚　国网国际发展有限公司法律事务部主任

杨丽梅　中建国际建设有限公司合约法律部总经理

岐温华　中国电建集团海外投资有限公司总法律顾问

王唯骏　上海国际经济贸易仲裁委员会（上海国际仲裁中心）秘书长

张　浩　北京市长安公证处党支部书记、主任

王清友　全国律协副会长、北京市安理律师事务所主任

梅向荣　北京市盈科律师事务所创始合伙人

程守太　泰和泰律师事务所首席合伙人

王正志　北京高文律师事务所主任

徐永前　北京大成律师事务所高级合伙人

韩　炯　上海市通力律师事务所管理委员会主任

蒋　琪　北京浩天律师事务所全国董事局主席、上海办公室主任

涂崇禹　福建重宇合众律师事务所首席合伙人

尹湘南　上海兰迪（长沙）律师事务所主任

唐功远　北京市君泽君律师事务所高级合伙人

吴　坤　法制日报社总编辑

张国庆　法制日报社副总编辑

陈红卫　法制日报社外联部主任

刘　青　法治网副总编辑

编写组成员：

徐之和　上海国际仲裁中心研究部部长

郭岳萍　北京市长安公证处"一带一路"公证研究中心主任委员、业务三部主任

安寿志　北京安杰世泽（厦门）律师事务所管理合伙人

杨　琳　北京市盈科律师事务所盈科国际创始合伙人、全球合伙人、全球董事会执行主任

杜忠宝　北京市盈科律师事务所资深顾问

汪蕴青　德恒上海律师事务所合伙人

刘　骥　北京大成（珠海）律师事务所高级合伙人

冯　超　泰和泰（北京）律师事务所国际业务部主任、高级合伙人

张利宾　北京市京都律师事务所高级合伙人

沈　倩　北京浩天律师事务所高级合伙人、浩天国际贸易专业委员会牵头合伙人

易　炀　北京金诚同达律师事务所高级合伙人

孙　巍　北京市中伦律师事务所权益合伙人

陈远飞　北京市安理律师事务所高级顾问、建设工程专业中心主任

尹云霞　上海市方达律师事务所合伙人

孙官军　上海市方达律师事务所资深律师

贾　辉　北京德恒律师事务所合伙人、金融保险专业委员会负责人

鞠　光　北京德恒律师事务所律师

潘永建　上海市通力律师事务所合伙人

高　晴　北京市安理律师事务所合伙人

高凤培　北京市安理律师事务所律师

杨　柳　北京高文律师事务所律师

王子越　北京市中伦律师事务所律师

# 作者分工

**第一章　法律服务与"一带一路"法治建设**

作者：刘敬东　中国社科院国际法研究所国际经济法研究室主任

　　　陈红卫　法制日报社外联部主任

**第二章"一带一路"法律服务的实践观察**

第一节　涉外律师服务

作者：李　凯　北京市律师协会副秘书长

　　　贾　辉　北京德恒律师事务所合伙人、金融保险专业委员会负责人

　　　鞠　光　北京德恒律师事务所律师

第二节　涉外公证服务

作者：郭岳萍　北京市长安公证处"一带一路"公证研究中心主任委员、

　　　　　　　业务三部主任

第三节　涉外企业法律顾问服务

作者：张春刚　国网国际发展有限公司法律事务部主任

　　　廖文兰　国网国际发展有限公司法律事务部法律顾问

　　　杨丽梅　中建国际建设有限公司合约法律部总经理

　　　白崇洲　中建国际建设有限公司合约法务部

　　　韩景达　中国电建集团海外投资有限公司法律风险部/合规管理部职员

第四节　涉外商事仲裁服务

作者：徐之和　上海国际仲裁中心研究部部长

第五节　涉外调解

作者：姚　迪　湖南师范大学法学院讲师

第六节　外国法律查明与研究

作者：姚　迪　湖南师范大学法学院讲师

# CONTENTS 目　录

# 第一章

# 法律服务与"一带一路"法治建设

2013 年，习近平主席提出共建丝绸之路经济带和 21 世纪海上丝绸之路的倡议，得到国际社会的广泛关注和积极响应。十余年来，"一带一路"建设在全球范围取得重大进展。[1]无论是从发展规模和覆盖范围，还是从国际影响力来评价，"一带一路"都已成为当前全球经济发展的主要推动力。对于 21 世纪全球经济治理而言，"一带一路"的制度建设和发展模式至关重要，对全球经济治理最终能否成功将产生巨大影响。[2]

历经十年发展历程，"一带一路"建设所取得的成就令世人瞩目，世界银行等国际组织对于"一带一路"为全球经济作出的实质性贡献予以高度评价。[3]联合国数次将"一带一路"倡议纳入联合国大会及联合国安理会相关决议的内容，彰显了该倡议的全球影响力和国际关注度。[4]法治化是"一带一路"的重要标志，是其长期、稳定发展的制度性保障。随着"一带一路"建设的成功推进，其法治化体系构建业已取得明显进展。[5]

包括律师、法律顾问、公证人员、法学教育专家等在内的法律服务领域的

---

〔1〕 截至目前，已经有 100 多个国家和国际组织参与其中，中国同 30 多个共建国家签署了共建"一带一路"合作协议、同 20 多个国家开展国际产能合作，联合国等国际组织对"一带一路"态度积极，以亚投行、丝路基金为代表的金融合作不断深入，一批有影响力的标志性项目逐步落地。"一带一路"建设从无到有、由点及面，进度和成果均超出预期。

〔2〕 参见苏格：《全球视野之"一带一路"》，载《国际问题研究》2016 年第 2 期。

〔3〕 "'一带一路'将促使全球贸易增加 1.7%—6.2%，沿线经济体贸易增加 2.8%—9.7%，沿线低收入经济体的外国直接投资预计增加 7.6%。'一带一路'的交通项目将使 7600 万人摆脱极度贫困、3200 万人摆脱中度贫困。"参见世界银行：《"一带一路"经济学：联通走廊的机遇与挑战》（World Bank Group：*Belt And Road Economics—Opportunities And Risks For Transport Corridors.* p. 9, Foreword（https://documents. worldbank. org/）。

〔4〕 2016 年 11 月，第 71 届联合国大会协商一致通过关于阿富汗问题第 A/71/9 号决议，明确欢迎"一带一路"倡议，敦促各国通过参与"一带一路"，促进阿富汗及地区经济发展，呼吁国际社会为开展"一带一路"建设提供安全保障环境。这是 2016 年 3 月联合国安理会第 2274 号决议首次纳入"一带一路"倡议内容后，联合国 193 个会员一致赞同"一带一路"倡议载入联大决议。联合国相关决议参见 https://undocs. org/zh/A/RES/71/9，联合国安理会相关决议参见 https://unama. unmissions. org/sites/default/files/s-res-22742016. pdf。

〔5〕 "一带一路"法治化体系应包括国际法、国内法两大内涵，推动国内法治与国际法治二者之间的良性互动，并应构建公平、高效的争端解决机制，确保"一带一路"倡议的长期、稳定、健康发展。参见刘敬东：《"一带一路"法治化体系构建研究》，载《政法论坛》2017 年第 5 期。

专业工作者无疑是"一带一路"法治化体系构建过程中的主力军，对于"一带一路"的顺利推进具有极为重要且现实的意义，如果没有专业、优质的法律服务，"一带一路"法治化体系构建就成为空中楼阁，这是因为法治化体系设计需要中国与"一带一路"参与国家或地区平等协商、共同完成，但最终落地和执行则需要律师、法律顾问、公证人员以及法学教育专家等专业工作者的专业服务和贡献，这对于"一带一路"顺利推进并向纵深发展以及法治化体系成功构建是不可或缺的重要因素。

## 一、"一带一路"法治建设的意义及内涵

法治建设对于"一带一路"建设具有决定性意义，法治建设是"一带一路"能否顺利推进并向纵深发展的关键所在。法治是人类共同的文明成果，通过国际合作制定国际规范，建立可预期的国际制度，进而逐步塑造公正的、有效的、法治化的全球治理模式是人类社会发展、进步的必然选择。而在不断推进法治中国建设的同时，中国也需要在全球治理的法治化进程中阐述中国的立场，实现国际法治的中国表达。[1]面对新时期国内、国际形势，构建"一带一路"法治化体系是法治中国建设以及改革全球治理体制的时代使命。

作为一种国际经济合作机制，"一带一路"合作体系的成功构建无非两种路径选择：一种是采取由中国主导、共建国家以友好关系为基础而形成的、封闭式经济同盟关系；另一种是由中国与共建各国共同协商建立以规则为导向、开放包容、民主透明的法治化体系。以规则为导向、开放包容、民主透明的法治化路径，不仅是新型国际关系的现实需求，更是国际关系保持稳定和可持续发展的必要保证。[2]只有构建一套法治化体系，选择一条法治化的发展路径，

---

[1] 参见何志鹏：《国际法治的中国表达》，载《中国社会科学》2015 年第 10 期。

[2] 何志鹏等学者总结道："就国际贸易秩序而言，无论是恢复自由，还是促进发展，最有效的治理手段都是法治……20 世纪中叶以后，国际经济领域没有出现大的灾难，在很大程度上是建立了一系列合作制度的结果，是人类智慧和理性传承与积累的结果。国际制度作为公共物品为世界各国提供了一种较为稳定的预期，约束了国家自利的限度。""20 世纪世界治理模式的进步就是不断迈向法制理想与目标的制度发展与制度建设进步，推动或促进国际经济贸易治理的法治化。"参见何志鹏、孙璐：《新中国国际关系与国际法的起步——从和平共处到求同存异的演进研究》，载刘志云主编：《国际关系与国际法学刊》第 6 卷，厦门大学出版社 2016 年版，第 89-90 页。

实现国内法治与国际法治的良性互动，"一带一路"建设才能确保长期、稳定、健康发展。[1] 坚持各国共商、共建、共享，遵循平等、追求互利，不仅造福中国人民，更造福共建各国人民，这是"一带一路"建设确立的根本宗旨和最终目标。"一带一路"法治化体系建构，必须围绕并贯彻这一宗旨和目标来进行，这也决定了"一带一路"法治化体系构建既要吸收国际治理的成功经验，又要区别于世界上现有的国际治理体制。当前，国际治理体系正面临深刻变革，"一带一路"法治化体系恰逢其时，应当成为全球经济治理体系改革的"弄潮儿"。

现有国际经济体制是第二次世界大战后形成的、以发达国家为主导建立的全球经济治理模式。以关税及贸易总协定［GATT，后为 1995 年成立的世界贸易组织（WTO）所取代］法律制度、国际货币基金组织法律制度［国际货币基金协定（IMF），又称布雷顿森林制度］和世界银行法律制度（国际复兴开发银行协定）为核心的法律规则体系成为现代国际经济法的基本制度框架。[2]

不可否认，国际经济法的发展为全球经济的恢复与重建作出了历史性贡献。但必须正视的是，第二次世界大战后全球经济治理模式及其法律制度主要反映了西方发达国家的立场，其结果必然有利于西方发达国家，占世界绝大多数的广大发展中国家只能服从它们的"治理"。基欧汉教授形容这种模式

---

　〔1〕　参见赵骏：《全球治理视野下的国际法治与国内法治》，载《中国社会科学》2014 年第 10 期。

　〔2〕　关税及贸易总协定、国际货币基金组织与世界银行被公认为第二次世界大战后世界经济发展的三大经济支柱，参见姚梅镇主编：《国际经济法概论》，武汉大学出版社 1999 年版，第 622 页。以上述三大法律制度为基础发展起来的国际货物贸易、国际服务贸易、国际人员流动、国际资本流动及国际支付结算等方面的法律规则覆盖了国际经济关系的方方面面，成为国际经济法的主要内容和渊源。德国著名国际经济法学家彼德斯曼曾经对现代国际经济法规则进行分类，他指出："在国家、区域及世界范围内的跨国经济关系调整中，经常区分五种主要的国际经济交易范畴：a）国际货物流动（通常称为贸易）；b）国际服务流动（通常称为无形贸易）；c）国际人员流动（如工人的自由流动、自己经营的自然人与法人的设立自由）；d）国际资本流动，外国投资者对资本保留直接控制（直接投资，如建立企业）或者相反（证券组合投资，诸如证券购买、国际借贷和发展援助）；e）国际支付结算，涉及上述各种经济交易，通常包含外国货币的交换（外汇交易）。参见［德］E.-U. 彼德斯曼：《国际经济法的宪法功能与宪法问题》，何志鹏、孙璐、王彦志译，高等教育出版社 2004 年版，第 35 页。

是一种"多国合作的俱乐部模式",造成了国际民主的缺失,是一种"民主的赤字"。[1]

随着全球经济格局的变化,特别是广大发展中国家经济实力不断提升,这种"多国俱乐部"模式的不公正、不合理越发凸显。[2]改革现有治理体系的呼声越来越高,但美国等传统强国并不愿意放弃这种西方主导的经济治理模式,试图采取各种方法和手段来维系这一不合时宜的治理模式。中国等发展中国家在全球经济地位和国际话语权的大幅提升,导致美国丧失了在 WTO 多边贸易体制中的绝对主导权,在多边贸易谈判中,美国已不能像乌拉圭回合那样得以自行其是,故对 WTO 多哈回合谈判采取拖延,甚至不惜放弃的态度,转而投身于自身主导的区域性体制的构建之中。美国主导的《跨太平洋伙伴关系协定》(TPP)中的"美国色彩"极其浓厚,尽管美国最终退出了该协定,但美国欲通过其主导的区域性体制规则维持全球经济体系中霸权地位的意图已十分明显;在以提升中国等发展中国家投票权为核心的 IMF 改革过程中,尽管尚未影响到美国拥有的 IMF 重大决策"否决权",但美国国会仍长时间不予批准,导致国际货币金融体系改革严重滞后,虽然迫于国际压力最终同意了 IMF 投票权改革,但至今仍耿耿于怀,不断作出一些"小动作";对于中国倡导建立的"亚洲基础设施投资银行",美国非但不予支持,反而采取各种手段试图阻挠其西方盟友加入该行。美国的上述做法无疑是逆国际形势发展的潮流而动,是其霸权思想和"冷战"思维的固守和延

---

[1] 他指出:"从 1944 年布雷顿森林会议开始,有关治理的关键机制就以'俱乐部'的方式来运行。最初,少数富国的内阁部长及同一问题领域的部长级官员聚在一起制定规则。贸易部长们主导了 GATT;财政部长们则推动了 IMF 的工作;国防部长和外交部长会聚北约总部;央行行长则聚首国际清算银行。他们先秘密磋商,然后将相关协议提交国家立法机关并公之于众。直到最近,这种模式仍是不可挑战的。"[美] 罗伯特·O.基欧汉:《局部全球化世界中的自由主义、权力与治理》,门洪华译,北京大学出版社 2004 年版,第 249 页。又见刘志云:《当代国际法的发展:一种从国际关系理论视角的分析》,法律出版社 2010 年版,第 174 页。

[2] 黛布拉·斯蒂格教授指出:"三个国际组织都面临着重大的合法性与问责性危机,因为它们内部的投票与决策结构没有反映全球新的权力关系现实……要让国际经济组织在 21 世纪全球充满活力的经济中重要、负责、有效,有必要进行重大的制度改革。政府领导人应当将这作为一项优先事务。"[加拿大] 黛布拉·斯蒂格主编:《世界贸易组织的制度再设计》,汤蓓译,上海人民出版社2011 年版,第 5 页。

续。[1]

面对错综复杂的国际形势以及保护主义的猖獗,中国提出了具有包容、开放精神的共建"一带一路"倡议,向国际社会发出了支持贸易与投资自由化的强烈信号。[2]与传统上以西方国家为主导的国际经济治理模式不同,"一带一路"不仅应吸纳现代国际经贸法律规则及其最新发展成果,而且,应在其体系构建中创新治理模式,核心是改变恃强凌弱、以大欺小的不公正、不合理的传统模式,推动全球经济治理向公正、合理的方向发展。[3]因此,构建"一带一路"法治化体系应遵循以下三项原则:

第一,平等、互利原则。这一原则应成为构建"一带一路"法治化体系的根本指导原则,这是由"一带一路"的根本宗旨所决定的。

中国倡导"一带一路"伊始就提出了共商、共建、共享的发展理念,遵循平等、追求互利的基本原则,以造福中国及共建各国人民为根本宗旨。这是中国总结历史经验、推动全球治理体系变革的长期倡议。

在国际经济交往中,各国不分大小、发展程度均应一律平等,这是国际法主权平等原则在国家经济领域的具体体现。切实解决全球经济治理中发展中国家长期缺乏参与权、决策权问题,在平等的基础上建立相互尊重的国际经济关

---

[1] 有学者指出:"美国上述对华政策转变本身反映了中美实力对比变化,美国已意识到其掌控全球事务能力在下降,也认识到中国崛起引发权势转移对现行国际体系的影响。当然,这种政策转变与美国霸权相对衰退紧密相连,也是美国试图通过现行国际体系整合崛起中的中国从而延续自身霸权的途径之一。"赵华:《透视新"美国衰落"争论》,载刘志云主编:《国际关系与国际法学刊》第6卷,厦门大学出版社2016年版,第201页。关于美国对当今国际体系变化的战略反应研究,参见Joseph, The Future of American Power: Dominance and Decline in Perspective, *Foreign Affairs*, Vol. 89, No. 6, Nov./Dec. 2010, pp. 9-11. Srewart Patrick, Irresponsible Stakeholders? The Difficulty of Intergrating Rising Powers. *Foreign Affairs*, Vol. 89, No. 6, Nov./Dec. 2010, pp. 11-44。

[2] 有学者在比较了TPP与"一带一路"倡议后指出:"与TPP相比,'一带一路'的合作机制突出表现为它的多元化和开放性。"李向阳:《跨太平洋伙伴关系协定与"一带一路"之比较》,载《世界经济与政治》2016年第9期。有学者指出:"'一带一路'倡议下的国际贸易、国际金融和国际投资等国际经贸规则正在经历着不同意义上的重构。"张乃根:《"一带一路"倡议下的国际经贸规则之重构》,载《法学》2016年第5期。

[3] "倡议充分体现了"携手构建合作共赢新伙伴,同心打造人类命运共同体"这一全球治理新理念,有利于化解区域间经贸安排可能带来的矛盾与冲突,有助于展开各种形式的国际经贸合作,对于形成更加公平、合理的国际经贸新规则而言意义重大而深远。"参见张乃根:《"一带一路"倡议下的国际经贸规则之重构》,载《法学》2016年第5期。

系，是改革全球经济治理模式的必然选择。[1]

中国从一个经济发展落后、经济实力弱小的国家发展成为当今世界第二大经济体，其经历的过程是艰苦和不平凡的。美国等西方发达国家动辄以各种借口对中国实施经济制裁，在加入 WTO 谈判中罔顾中国的发展中国家地位肆意抬高要价，并以"非市场经济""特殊保障措施"等超 WTO 义务对中国企业和产品实行歧视性贸易政策，针对中国的投资施以"高标准"安全审查，一些做法持续至今，甚至愈演愈烈，迫使中国付出极高的经济代价。[2]"己所不欲，勿施于人"，中国绝不会将自己经历的痛苦强加于人。

无论是全球治理模式改革的要求，还是中国发展的历史经验均告诉我们，"一带一路"体系建构必须遵循平等、互利原则。中国应本着真诚的态度与共建国家平等协商，必须深入认识到共建国家充分参与创设的必要性，通过与共建国家之间多边或双边磋商"一带一路"法律框架与内容，不论是在投票权设置，还是规则制定方面，都要尊重并倾听各方意见和建议，真正将共建"一带一路"做成国际集体事业。在这一过程中，深入地探寻和理解"一带一路"共建国家各自真正需要什么。平等和互利不可分割，"一带一路"建设必须强调公平的利益分配，甚至应偏惠于一些弱国贫国，追求实质平等，通过与共建国家的真诚合作实现互利共赢的目标。[3]

第二，规则导向原则。这是"一带一路"体系建设的核心，是营造稳定、可预见法治环境的必然选择。

所谓规则导向，就是要求"一带一路"建设中的合作与开发活动均应遵循

---

[1] 作为当今世界重要国际经济组织之一的国际货币基金组织（IMF）早已意识到问题的严重性，指出："份额改革对提高基金组织的合法性和有效性至关重要。我们强调，基金组织是且应继续作为以份额为基础的机构。我们认识到，份额比重的分布应反映基金组织成员方在世界经济中的相对地位。鉴于充满活力的新兴市场和发展中国家的强劲增长，这种相对地位已发生显著变化。为此，我们支持将份额转给充满活力的新兴市场和发展中国家，以现有份额公式为开始的基础，把至少 5% 的份额从被过度代表的国家转向代表不足的国家。"参见网址：http://www.imf.org/external/chinese/np/sec/pr/2009/pr09347c.pdf，visited in 2016/11/20。

[2] 有学者在分析了美国商务部公布的关于中国市场经济地位的备忘录后指出，市场经济地位之争不是一个单纯的法律和经济问题，而是美国赖以制衡中国的政治手段。参见孙昭：《寸土必争的世贸争端》，知识产权出版社 2015 年版，第 11～14 页。

[3] 时殷弘：《"一带一路"：祈愿审慎》，载《世界经济与政治》2015 年第 7 期。

现有国际法原则和规则，尊重普遍适用的国际商业规则和惯例，并以国际法原则和规则、国际商业规则和惯例为法律依据进行制度构建。同时，坚持规则导向原则要求参与"一带一路"建设的商事主体尊重东道国制定的法律、法规，各国法院在解决"一带一路"商事纠纷时应尊重国际商事主体选择适用的法律以及相关国际公约和国际惯例。[1]

改革传统的全球治理模式，绝不意味着抛弃那些已被实践证明行之有效的国际法原则和规则，这些原则和规则是建立在科学基础之上的人类法治文明的共同遗产，"一带一路"法治化体系构建应充分发掘和利用这些宝贵的法律资源。[2]

按照规则导向的原则，"一带一路"所有行动都必须以公认的国际法原则和规则为基础，无论是建立亚洲基础设施投资银行还是商事主体之间的投融资、贸易、基础设施建设等，均需要建立符合现代国际法的规则体系。以《WTO协定》为核心的WTO一系列涵盖协定构成了国际贸易法的主体，成为支持自由贸易、营造公平贸易环境并为实践所证明是科学、有效的国际贸易法规则，国际投资法律制度为保护投资者的合法权益以及为东道国与投资者之间的关系指明了方向。以《华盛顿公约》为代表的东道国与投资者投资争端法律制度为"一带一路"相关投资争端解决提供了示范。《联合国货物买卖合同公约》《承认与执行外国仲裁裁决的公约》（《纽约公约》）《国际载重线公约》《国际海上避碰规则公约》《国际防止船舶造成污染公约》等国际商事海事条约为"一带一路"商事海事活动提供了法律规则范本。尽管共建各国属于不同的法系和法律文明，但平等保护原则、诚信原则、正当程序原则等均为不同法系所尊崇，它们亦应成为"一带一路"法治化体系必不可少的法律原则。[3]

在"一带一路"法治化体系构建中，不断完善和创新现代国际法规则也是规则导向原则的重要体现。当前，新一轮WTO多边回合谈判举步维艰，新的国

---

〔1〕 何志鹏教授认为，针对从实力本位向规则本位转型发展的当代国际制度，中国可以另辟蹊径，开启公平本位的导向。笔者认为，这是对规则本位的一种更高的要求。其实，公平是规则导向的应有之义。参见何志鹏：《"一带一路"与国际制度的中国贡献》，载《学习与探索》2016年第9期。

〔2〕 参见李鸣：《国际法与"一带一路"研究》，载《法学杂志》2016年第1期。

〔3〕 有学者主张，应从更大的国际法角度研究"一带一路"体系构建，参见李鸣：《国际法与"一带一路"研究》，载《法学杂志》2016年第1期。

际贸易规则迟迟未能出台，美国主导的 TPP 规则尽管对现有国际贸易投资规则有所突破，但霸权色彩极为浓厚，环境保护、气候变化、互联网经济等新生事物亟待新的国际法规则予以涵盖或规制。〔1〕对此，应通过规则创新推动国际经济法规则前行，这是"一带一路"法治化体系构建中一项重要使命。〔2〕

坚持规则导向原则，不但要求"一带一路"各项活动遵行国际法原则和规则，建立一整套由条约、协定、合同、章程等法律文件构成的规则体系，在此基础上，完善和创新国际法规则，而且要求"一带一路"建立适合自身特点的争端解决体系，公正、高效地解决共建国家之间、东道国与投资者之间、商事主体之间可能产生的各种争端和纠纷，确保"一带一路"建设的顺利推进。

第三，可持续发展原则。这是"一带一路"保持长期健康发展的根基所在，也是提升"一带一路"品质和国际形象的关键所在。

联合国发展峰会于 2015 年 9 月 25 日正式通过了 2015 年后的全球发展议程，议程总体要求是"采用统筹兼顾的方式，从经济、社会和环境三个方面实现可持续发展"。可持续发展原则已成为现代国际法的基本原则。〔3〕

自 1992 年联合国环境与发展大会通过的《二十一世纪议程》第 39 章提出"进一步发展国际可持续发展法"的要求以来，国际可持续发展法有了令人瞩目的发展，环境保护与经济发展相协调原则、行使主权权利不得损害境外环境原则、自然环境和环境的可持续利用原则、国际合作共谋可持续发展原则已成为可持续发展法的核心原则，并以此建立了相关的法律制度。〔4〕可持续发展不仅是人类社会的总体目标，而且是世界各国肩负的重要法律职责。"一带一路"建设应坚持可持续发展原则，并将这一原则落实到实际行动中，这是中国与共建国家共同承担的国际义务。〔5〕

---

〔1〕 参见张乃根：《"一带一路"倡议下的国际经贸规则之重构》，载《法学》2016 年第 5 期。

〔2〕 参见张乃根：《"一带一路"倡议下的国际经贸规则之重构》，载《法学》2016 年第 5 期。

〔3〕 可持续发展原则已不是国际法个别领域中的具体原则，而是适用于国际法的一切领域的、具有普遍意义的全局性原则，对国际法的各个领域都具有指导作用和约束力。参见宁红玲、漆彤：《"一带一路"倡议与可持续发展原则——国际投资法视角》，载《武大国际法评论》2016 年第 1 期。

〔4〕 参见赵建文：《"一带一路"建设与"可持续发展法"》，载《人民法治》2015 年第 11 期。

〔5〕 国家发展改革委、外交部和商务部于 2015 年 3 月发布的《推动共建丝绸之路经济带和 21 世纪海上丝绸之路的愿景与行动》提出："实现沿路各国多元、自主、平衡、可持续的发展……在投资贸易中突出生态文明理念、加强生态环境、生物多样性和应对气候变化合作，共建绿色丝绸之路。"

"一带一路"发展环境和参与国大多为发展中国家的特点要求"一带一路"必须奉行可持续发展原则。从行业上看，基础设施和能源领域是"一带一路"共建国家合作的先行重要领域，而基础设施建设和能源开发又是生态环境风险的高发领域，面临着可持续发展的严峻考验。从地域上看，陆上丝绸之路经过欧亚大陆腹地，是全球生态问题突出地区之一，而海上丝绸之路沿岸国家大多是发展中国家，同中国一样正面临发展带来的环境污染困扰，"一带一路"共建国家整体上分散在环境脆弱地区。[1]以上因素决定了"一带一路"面临的可持续发展任务十分繁重，可持续发展原则对"一带一路"具有特殊意义。

近年来，国际经济法律制度已将可持续发展作为转型要素，以国际投资法为例，2008—2013 年缔结的国际投资协定中超过 3/4 包含"可持续发展"的语句，2012 年和 2013 年缔结的所有的投资协定都包含此类规定。2014 年签署的18 个国际投资协定大部分也都含有确保可持续发展目标的规制权条款。[2]不仅如此，在国际投资仲裁实践中可持续发展相关问题也越来越引起仲裁庭的关注。[3]"一带一路"应当顺应国际经贸规则发展的潮流，将环境保护、气候变化、劳工保护、反腐败等具有可持续发展内涵的国际法规则纳入体系。

"一带一路"倡议是一项全球重大发展倡议，构建"一带一路"法治化体系过程中，平等、互利是根本指导原则，这是区别于现有一些国际经济制度的最大特色；规则导向原则是法治化体系的核心，是营造稳定、可预见的法治化环境的必然选择；可持续发展原则是长期健康发展的根基，否则将丧失正当性基础，最终将"不可持续"。

"一带一路"倡议的核心是推动中国与共建国家之间开展经济贸易、投资、金融以及基础设施建设等领域的合作，包括国际贸易、投资、商事、海事规则

---

〔1〕　参见宁红玲、漆彤：《"一带一路"倡议与可持续发展原则——国际投资法视角》，载《武大国际法评论》2016 年第 1 期。

〔2〕　Gordon，k，J. Pohl and M. Bouchard（2014），Investment Treaty Law，Sustainable Development and Responsible Business Conduct：A Fact Finding Survey，OECD Working Papers on International Investment，2014/01，OECD Publishing，p. 5. UNCTAD，World Investment Preport 2015，p. 112. 转引自宁红玲、漆彤：《"一带一路"倡议与可持续发展原则——国际投资法视角》，载《武大国际法评论》2016 年第 1 期。

〔3〕　参见宁红玲、漆彤：《"一带一路"倡议与可持续发展原则——国际投资法视角》，载《武大国际法评论》2016 年第 1 期。

等在内的国际经贸法律规则应成为"一带一路"法治化体系的制度内涵。此外，"一带一路"建设涉及大量中国与共建国家民商事主体之间的民商事交往，中国与共建各国的对外经贸法律制度建设亦不可或缺。公正、高效的争端解决机制是"一带一路"法治化的根本保障，建立符合"一带一路"特点的公正、高效的争端解决机制，是"一带一路"法治化体系成功的关键所在。

## 二、法律服务对"一带一路"法治建设的重大意义

法律服务是"一带一路"法治建设的重要支柱和基础工程，"一带一路"法治化体系构建的制度性设计需要优质高效的法律服务予以落实。从"一带一路"建设的成功经验而言，法律服务为"一带一路"参与者提供了以规则为导向的，具有稳定性、可预见性的营商环境，对于防范和化解"一带一路"建设中的各种风险提供了有效的法律工具。具体而言，法律服务对于"一带一路"法治建设的重大意义，主要体现为以下几个方面。

第一，法律服务是"一带一路"法治建设的基础性工程。

"一带一路"建设包含大量贸易、金融、投资活动，涉及不同国家、不同地区的商事主体之间的经贸合作，法律文化、规则体系以及法律传统存在巨大差异，以律师、仲裁员等为主体的法律专业人士则可以运用自身具有的专业优势和专业服务为各国商事主体之间开展的经贸合作提供法律咨询、合同签订、履行、争议解决等法律服务，从而促成"一带一路"商事主体之间经贸合作的顺利开展，显然，缺乏法律服务这一基础性工程，"一带一路"法治建设将无从谈起，"一带一路"建设将面临巨大风险、阻碍，以致无法顺利推进。

第二，法律服务是化解"一带一路"法律风险的体制性保障。

包含律师、公证、法律顾问、仲裁等专业服务在内的法律服务是一套科学、完整的服务链条，将为化解"一带一路"法律风险提供体制性保障，确保"一带一路"建设在安全的轨道上运行。

"一带一路"建设涉及的国家或地区众多，面临的各种风险巨大，地缘政治风险、主权风险、环境风险、劳工风险、安全风险、商业风险等均可对"一带一路"建设产生不利影响。近年来，随着国际形势的日益复杂，特别是以美

国为首的西方国家为维护其长期霸权对中国采取的打压政策变本加厉，上述各类风险不断加大，法律服务的重要性更显突出。高质量、高水平的法律服务可为"一带一路"商事主体开展贸易、投资、基础工程设施建设、资源开发利用等经济活动提供风险评估、法律咨询、企业合规乃至各种争议解决等方面的风险防范方案，最大限度地降低由于上述风险给"一带一路"商事主体带来的商业利益损失，确保"一带一路"建设顺利开展。

第三，法律服务是提升"一带一路"法治建设水平的功能性动力。

"一带一路"建设的一项重要目标就是要实现中国与参与国之间的互联互通，这决定了包括铁路、公路在内的重大交通基建项目合作成为"一带一路"建设中的重点。此外，参与国大多属于能源资源丰富的发展中国家，开展大规模能源资源开发利用也是"一带一路"建设中的亮点。大型基础设施建设、能源资源开发利用涉及项目融资、土地利用、劳动用工等多领域法律问题，与环境保护、劳工权益保护、反腐败等诸多社会问题直接相关，关注度非常之高，而这些问题又是当前高标准国际贸易投资协定重点规制的议题。尽管每个议题的规则不同，但透明度却是这些高标准规则普遍要求遵守的共同义务。[1]对于高标准经贸规则，作为世界第二大经济体的中国不仅不能漠视，还应积极推动逐步将其纳入"一带一路"经贸规则体系。[2]

可见，"一带一路"法治建设的水平面临诸多新的问题和挑战，为解决这些问题、应对上述挑战，除需要中国与"一带一路"参与国之间平等协商、商签经贸协定等政府间国际协定外，还需要大批高质量、高水平的法律服务提供功能性动力，特别是在环境保护、劳工权益保护、反腐败等重点领域发挥巨大的专业优势，及时化解"一带一路"建设中面临的各种新问题、新挑战。

## 三、构建"一带一路"法律服务体系的政府推动

作为"一带一路"倡议的发起国，中国政府高度重视法律服务在"一带一

---

[1]　Kyla Tienhaara, *Beyond Accountability: Alternative Rationales for Transparency in Global Trade Politics*. Journal of Environmental Policy & Planning, Volume 22, 2020, pp. 123-124.

[2]　近期中国签署 RCEP、与欧盟达成高标准的《中欧全面投资协定》并考虑参加 CPTPP 等均表明中国对高标准国际经贸规则持积极、开放态度。

路"法治建设中的重要作用和意义，采取一系列重要政策、有力措施推动"一带一路"法律服务体系建设。

经中央深化改革领导小组审议通过，司法部、外交部、商务部、国务院法制办联合印发了《关于发展涉外法律服务业的意见》，对发展涉外法律服务业作出全面部署，把发展涉外法律服务业摆在更加突出的位置，采取有效措施，努力把我国涉外法律服务业提高到一个更高水平，这是我国律师制度恢复以来第一个专门就发展涉外法律服务业作出的顶层设计，凸显了涉外法律服务业在我国法治建设和对外开放中的重要作用。该意见的出台表明，我国政府高度重视法律服务在"一带一路"倡议中的重要作用，致力于推动"一带一路"倡议中的法律服务迈向新的高度。

为贯彻落实上述意见，近年来，2016年5月司法部采取了一系列重大举措，为进一步提升"一带一路"建设中的法律服务质量和服务水平创造良好的政策环境和制度空间。

第一，司法部制定出台了《关于司法行政工作服务"一带一路"建设的意见》和《涉外高素质律师领军人才培养规划》两项重要文件，对司法行政工作服务"一带一路"建设作出了全面部署，明确了司法行政服务"一带一路"的主要任务，包括为提升我国地区经济开放水平、投资贸易合作、资金融通、基础设施重大工程项目建设等提供法律服务，积极开展对外法治宣传，加强与区域内国家法律和司法领域的交流合作，为律师等法律服务工作者服务"一带一路"建设指明服务方向、业务领域、服务内容和方式方法等。

第二，司法部与国家其他中央部委共同推动建立健全工作制度和机制，为"一带一路"倡议中的法律服务提供助力。建立了由司法部、外交部、国家发展改革委、教育部、财政部、商务部等13个联席会议成员单位参与的发展涉外法律服务业联席会议制度，统筹协调涉外法律服务业发展工作，加强对发展涉外法律服务业的宏观指导，研究提出发展涉外法律服务业的具体政策措施，协调解决涉外法律服务业发展中遇到的重大问题，沟通交流涉外法律服务业发展情况，及时总结推广涉外法律服务业发展中的典型经验。

第三，为提升"一带一路"法律服务高质量发展，中国政府积极推动"一带一路"参与国家之间的法治合作。中国率先发起建立了上海合作组织成员国司法部长会议机制。2017 年 10 月，第五次上海合作组织成员国司法部长会议审议并通过了中国司法部提交的《上合组织成员国司法部长会议法律服务联合工作组条例》，成立法律服务联合工作组，将进一步推动成员方在法律服务领域的交流与合作。此外，中国积极发起建立"一带一路"律师联盟，健全完善优秀涉外法律服务人才推荐机制，推荐优秀涉外法律服务人才进入国际经济、贸易组织的专家机构、评审机构、争端解决机构以及国际仲裁机构，为驻外机构提供法律服务。

第四，为加强"一带一路"法治建设的理论研究，司法部专门成立了服务"一带一路"研究中心，切实加强司法行政服务"一带一路"倡议的理论研究。2017 年 8 月，司法部在北京召开了司法行政服务"一带一路"倡议研讨会，围绕法律服务和对外合作交流、法治保障和区域安全、理论和实践创新、人才培养和队伍建设等专题展开讨论，为服务"一带一路"倡议提供政策理论支持。

第五，为了给"一带一路"倡议中的法律服务提供基础性支持和技术性保障，近年来，司法部推动筹建"一带一路"国别法律信息数据库和"一带一路"法律服务信息数据库。中华全国律师协会策划并联合"一带一路"倡议国家的律师共同撰写了《"一带一路"沿线国家法律环境国别报告》，全面详细介绍了共建国家和地区的法律环境，为国家、企业、个人的投资和发展提供政策、法律方面的支持。

第六，为推动"一带一路"参与国之间的法律服务领域合作，打造"一带一路"建设中的安全环境，便利"一带一路"合作中商事争议的高效公正解决，中国政府采取有力措施促进"一带一路"建设中的法律和司法领域交流合作。为大力加强国际司法协助领域的工作，司法部牵头起草了国际刑事司法协助法，为开展国际刑事司法合作提供法律依据；作为司法协助条约指定的中央机关每年办理的涉及贸易纠纷、海事运输、民商事裁决承认与执行、刑事诉讼移转和被判刑人移管等国际司法协助案件达 3000 余件，为打击跨国犯罪、追逃追赃及保护人权提供优质高效的法律服务，在维护区域经济发展和安全稳定方面发挥了重要作用，已经与东盟成员方签订了 16 项司法协助条约以及合作协议。

# 第二章

# "一带一路"法律服务的实践观察

# 第一节　涉外律师服务

## 一、涉外律师服务的基本情况

### （一）涉外律师及涉外法律服务基本情况

#### 1. 全国涉外律师及涉外法律服务情况

根据司法部 2023 年 6 月发布的《2022 年度律师、基层法律服务工作统计分析》[1]，截至 2022 年年底，全国共有执业律师 65.16 万余人。截至 2023 年 3 月，我国目前能够熟练从事涉外法律服务业务的律师有 7000 余名，其中可以从事"双反双保"业务的律师有 500 余名，可以在世界贸易组织（WTO）争端解决机制中独立办案的律师有 300 余名。[2]

从地域分布来看，我国涉外律师多集中在北上广深。北京涉外律师人才数量居全国前列，综合能力较强，涉外业务经验丰富，英语语言实务能力突出；上海涉外律师群体呈现出年轻化的特点，学历普遍较高，上海涉外法律服务业着重吸纳拥有国际化背景及多国律师资格的国内律师和外籍律师，越来越多的涉外律师具有双语工作能力；广东涉外律师充分利用粤港澳大湾区的政策优势，不断强化与粤港澳地区律师事务所的紧密交流，推进粤港澳涉外法律合作发展；浙江涉外律师呈现出政府主导下的多领域、多层面格局，针对具体法律事务精准培养专业化涉外律师人才队伍；江苏涉外律师形成的是依托江苏海外产业园区、海外江苏商会、省属国企境外投资运行项目等多方平台，聚合商务、外事、工商联、侨联、国资委、地方政府等多方力量的海外法律服务中心共建模式。

---

〔1〕　来源：中华人民共和国司法部官网政府信息公开专栏，载 http://www.moj.gov.cn/pub/sfb-gw/zwxxgk/fdzdgknr/fdzdgknrtjxx/202306/t20230614_ 480740.html，最后访问日期：2023 年 9 月 5 日。

〔2〕　来源：北京市律师协会会长高子程的相关介绍，载 https://baijiahao.baidu.com/s? id=1759973498226594782&wfr=spider&for=pc，最后访问日期：2023 年 10 月 12 日。

2. 北京市涉外律师及涉外法律服务情况

从北京市涉外律师法律服务情况来看，多年来，北京律师行业紧跟国际发展形势，在推动共建"一带一路"高质量发展中，北京涉外律师立足本职工作，发挥职能作用，积极为企业"走出去"提供法律服务与法治保障，助力国家共建"一带一路"高质量发展。北京市律师协会从人才培养、对外合作、国际交流、法律服务支持、经验总结等各个方面提升北京市涉外律师的法律服务水平，具体体现为以下几个方面。

一是建立内容全面的立体培训体系。北京市律师协会在涉外律师培训工作方面一直坚持"引进来"与"走出去"双管齐下的方针，经过多年努力，建立了以涉外法律业务为主线，覆盖法律英语、专业知识、执业技能、业务能力、工作方法、礼仪着装等多方面的立体培训体系。北京市律师协会通过"扬帆计划"、境外培训交流等100余期（次）形式多样、内容全面的涉外法律实务培训，建立了一支通晓国际规则、具有国际视野的高素质涉外法律服务队伍。

二是持续扩充涉外律师人才库。北京涉外法律业务从无到有，涉外律师队伍不断壮大，涉外律师人才数量在全国处于领先地位。2020年，北京市律师协会决定在现有基础上扩充北京市律师协会涉外律师人才库，形成了《北京市律师协会涉外律师人才库名单》，共742名律师入库。2021年，入库律师达1006名。2023年，经最新一次扩充，320名律师入库，现北京市律师协会涉外律师人才库数量为1326人，执业范围涵盖了国际经济合作、国际贸易、跨境投资、金融与资本市场、能源与基础设施、海商海事、跨国犯罪与追逃追赃、知识产权及信息安全、民商事诉讼与仲裁、涉外劳动用工合规与诉讼、数字经济十一大类专业领域。2023年6月15日至21日，北京市律师协会启动2023年《北京市百名高端涉外法治人才培养项目（律师）》（第一期）培训报名工作。该项目将在全市律师、公证员、仲裁从业人员、司法鉴定从业人员、法治岗位公务员中选拔培养百名高端法治人才，提升北京市法治人才在处理高端、疑难、涉外案件中的能力，包括与国际法律实践接轨，独立主导和处理涉外案件等，加速补充涉外法治人才队伍，开阔涉外法治人才的视野，为首都涉外法治建设提供支持。2023年6月22日，第十一届北京市律师协会会长会召开第六十四次会议，再次强调了研究选派律师参加《北京市百名高端涉外法治人才培养项目》相关事宜。

三是发布涉外法律服务发展情况系列调研报告。2018 年至 2020 年，北京市律师协会连续开展涉外法律服务领域的调研项目，采取在线问卷调查、律师事务所公开数据梳理、典型案例分析、深度访谈及政策研究等多种方式开展调研活动，发布了一系列调研报告和成果。此外，北京市律师协会还积极推介涉外法律业务和调研成果，多角度宣传北京涉外律师取得的成绩，通过服贸会等平台展示北京律师行业涉外法律服务的优势和风采。

四是及时转化涉外法律服务专业研究成果。北京市律师协会编制完成了东盟、中亚、拉美、非洲、西南亚、"一带一路"、北美、欧洲、大洋洲 9 个地域法律风险提示报告，为中国律师和中国企业防范投资过程中出现的重大法律风险进行了前期预警和评估。同时，北京市律师协会积极主动服务国家"一带一路"倡议，就不同国家法律服务市场与法律风险开展系统性研究。此外，还组织撰写了《"一带一路"沿线六十五个国家中国企业海外投资法律环境分析报告汇编》等丛书，为中国企业参与跨境贸易提供了重要参考。

五是编撰涉外法律服务优秀案例汇编。北京市律师协会从全市范围内收集并筛选优秀案例汇编成册，推出了《北京市律师协会涉外法律服务优秀案例汇编》系列成果。2020 年的案例汇编 I 和 2021 年的案例汇编 II，是由北京市律师协会从全市范围内收集的 350 余个涉外法律服务案例中筛选出的 116 个案例汇编而成。

六是建立对外交流合作机制。多年来，北京市律师协会先后组派出访团出访近 30 次，走访当地法院、司法机关、仲裁机构、律师协会及律所，并与韩国首尔、英格兰及威尔士、德国法兰克福、西班牙马德里、新加坡、俄罗斯莫斯科、白俄罗斯明斯克等 10 余个国家或地区的律师组织签订《合作备忘录》，建立定期互访交流机制，积极融入国家立体外交布局。

七是参加律师联盟和国际交流活动。北京市律师协会作为创始会员加入了由中华全国律师协会发起的"一带一路"律师联盟。2021 年 4 月，在环太平洋律师协会第三十届年会上，北京市律师协会不仅组派代表团参加并成功举办京津冀分论坛，还在会议期间设立展台，全方位宣传展示了北京律师行业近年来在涉外法律服务领域取得的成果。2022 年 9 月 3 日，北京市律师协会和"一一路"律师联盟共同签署《合作备忘录》,旨在进一步加强涉外律师队伍建设,提升涉外律师能力水平,助力北京律师"走出去"。双方将在涉外律师人才培养、使用方面建立长效合作机制,实现优势互补,资源共享,合作共赢。

八是组建专项团队,助力服务保障大局。北京市律师协会先后成立中美贸易摩擦专家组、境外人才法律服务律师团等专项团队,并连续两年完成了世界银行营商环境评估改革措施英译校验工作,获得了各方好评。在北京 2022 年冬奥会、冬残奥会举办期间,北京市律师协会、北京仲裁委员会共同组建冬奥会公益法律服务团,用全面、优质、高效的服务助力冬奥盛会。

### (二) 涉外法律服务机构的基本情况

根据司法部 2023 年 6 月发布的《2022 年度律师、基层法律服务工作统计分析》,截至 2022 年年底,全国共有律师事务所 3.86 万多家。在"走出去"方面,国家鼓励律师事务所在境外设立分支机构,截至 2021 年,我国律师事务所在境外设立分支机构共 150 多家[1],为维护我国企业、公民在海外的合法权益,坚定维护国家主权、安全和发展利益发挥了重要作用。

以北京市为例,北京市律师事务所主要采取直投直营、与外资律所联盟或联营、开设法律服务公司、加入国际性律所联盟、与境外律师事务所签订合作备忘录等模式布局国际化发展。据不完全统计,截至 2023 年 8 月 4 日,北京有 37 家律师事务所共设立境外办公机构 323 个,遍布 92 个国家和地区。特别是金杜、德恒、德和衡、中伦、汉坤、盈科、京师、合弘威宇等律所境外办公机构覆盖了 29 个"一带一路"共建国家。

为响应"一带一路"倡议,更好地服务客户、建设品牌,北京市部分律师事务所整合在共建"一带一路"高质量发展领域的法律服务资源,设立共建"一带一路"高质量发展专门机构,探索法律服务,推动共建"一带一路"倡议走深走实的有效路径和模式,在"一带一路"发展中起到护航者和协调人的重要作用。例如,北京德恒律师事务所依托德恒公益基金会和国内商协会组织依法发起成立北京融商"一带一路"法律与商事服务中心,截至目前,该中心

---

〔1〕 司法部:《努力提升涉外法律服务能力和水平》,载 http://www.moj.gov.cn/pub/sfbgw/fzgz/fzgzggflfwx/fzgzlsgz/202110/t20211025_ 439925.html,最后访问日期:2023 年 11 月 15 日。

在意大利、法国、尼日利亚、巴西、泰国、老挝、马来西亚等国家和地区合作设立了 104 个线下调解室,共有调解员 628 名,受理案件 1.6 万余起。北京市金杜律师事务所成立"一带一路"国际合作与促进中心,旨在充分发挥法律服务平台优势,搭建政府、企业、法律咨询机构交流合作的有效渠道。北京大成律师事务所管理委员会组建"一带一路"建设研究中心,将国际化的法律服务能力以及全球资源的整合优势充分展现出来。

## 二、国家对涉外律师服务的政策支持

### (一) 国家层面涉外法律服务支持性政策

1. 《关于发展涉外法律服务业的意见》

2016 年 12 月 30 日,司法部、外交部、商务部、国务院法制办公室印发《关于发展涉外法律服务业的意见》。该意见对发展涉外法律服务业作出全面部署,全面提出了发展涉外法律服务业的指导思想、基本原则、主要目标、主要任务和主要措施,提出推动与"一带一路"共建国家和地区在相关领域开展务实交流与合作的设想。主要措施包括以下六个方面。

第一,健全完善扶持保障政策。包括将发展涉外法律服务业纳入国家和地方"十三五"服务业发展规划,纳入实施"一带一路"、自贸区建设等重大发展规划。商务主管部门、商会和相关行业协会要为涉外法律服务机构和涉外企业搭建信息交流平台,发布对外经贸发展动态和涉外法律服务需求信息,把涉外法律服务作为境内外国际服务贸易展览会和经贸洽谈的重要内容予以推介;积极鼓励具备条件的高等学校、科研院所等按照涉外法律服务业发展需求创新涉外法律人才培养机制和教育方法,完善涉外法律的继续教育体系。充分发挥高校现有的 22 个卓越涉外法律人才教育培养基地的作用,加快培养通晓国际规则、善于处理涉外法律事务的涉外法律人才。利用现有资金渠道,加大政府采购涉外法律服务的力度,鼓励在政府采购项目中优先选择我国律师提供法律服务,在外包服务、国有大型骨干企业境外投融资等项目中重视发挥法律服务机构的作用。落实支持涉外法律服务业发展的税收政策,为涉外法律服务业发展提供支持。完善涉外法律服务机构境外发展的政策措施,为法律服务机构在信息咨询、市场考察、外派人员参加当地执业保险等方面提供便利等。

第二，进一步建设涉外法律服务机构。包括培养一批在业务领域、服务能力方面具有较强国际竞争力的涉外法律服务机构，推出国家和地方涉外法律服务机构示范单位（项目）。制定涉外法律服务机构建设指引，完善其内部组织结构、质量控制、风险防范、利益分配等制度，不断提升法律服务机构管理水平。支持国内律师事务所通过在境外设立分支机构、海外并购、联合经营等方式，在世界主要经济体所在国和地区设立执业机构，律师协会要采取牵线搭桥、重点推介等措施，为国内律师事务所在境外设立分支机构创造条件等。

第三，发展壮大涉外法律服务队伍。包括发展公职律师、公司律师队伍，政府外事、商务等涉外部门普遍设立公职律师，涉外企业根据需要设立公司律师。实施完善涉外律师领军人才培养规划。加快涉外律师人才库建设，为发展涉外法律服务业储备人才。将涉外法律服务人才引进和培养纳入"千人计划""万人计划"等国家重大人才工程，建立涉外法律服务人才境外培养机制，加大高层次涉外法律服务人才引进力度。建立边远和内陆省（区、市）涉外法律服务队伍培养机制，推动涉外法律服务区域均衡发展。健全完善优秀涉外法律服务人才推荐机制，积极推荐具备丰富执业经验和国际视野的涉外法律服务人才进入国际经济、贸易组织的专家机构、评审机构、争端解决机构以及国际仲裁机构，建立优秀涉外法律服务人才为我国外交外事部门和确有需要的驻外使领馆提供法律服务的工作机制等。

第四，健全涉外法律服务方式。包括探索健全全球化、信息化背景下新的涉外法律服务方式，利用大数据、物联网、移动互联网、云计算等新一代信息技术推动涉外法律服务模式创新，培育发展涉外法律服务网络平台，推动网上法律服务与网下法律服务相结合。促进涉外法律服务业与会计、金融、保险、证券等其他服务业之间开展多种形式的专业合作等。

第五，提高涉外法律服务质量。包括充分发挥法律服务行业协会行业自律和服务功能，完善涉外法律服务工作标准和职业道德准则，规范律师涉外法律服务执业行为和管理。加强涉外法律服务机构基层党组织建设。健全完善涉外公证质量监管机制，建立严格的证据收集与审查制度、审批制度以及重大疑难涉外公证事项集体讨论制度。建立完善涉外司法鉴定事项报告制度，进一步规范涉外司法鉴定工作等。

第六，稳步推进法律服务业开放。包括支持并规范国内律师事务所与境外律师事务所以业务联盟等方式开展业务合作，探索建立律师事务所聘请外籍律师担任法律顾问制度。以上海、广东、天津、福建自由贸易试验区建设为契机，探索中国律师事务所与外国律师事务所业务合作的方式和机制。深化法律服务业对外合作，参与有关国际组织业务交流活动，开展与"一带一路"共建国家法律服务领域的互惠开放。坚持在 CEPA 及其补充协议框架下，实施对中国香港特区、澳门特区的各项开放措施，加快落实合伙联营律师事务所试点工作，进一步加强与中国香港特区、澳门特区律师事务所的业务合作和交流等。

2.《全国公共法律服务体系建设规划（2021—2025 年）》

2021 年 12 月 30 日，司法部印发《全国公共法律服务体系建设规划（2021—2025 年）》的通知。该通知针对涉外法律服务的内容有以下三个方面。

第一个方面，该通知第十点提出"加强涉外法律服务"，需从以下三个角度展开。首先是要加强涉外法治教育引导。主要措施包括推进对外法治宣传，增进国际社会对我国法律制度的理解、掌握和运用，推进有关外国企业和公民遵守我国法律规定。加强对在华外国人的法律政策宣传，引导在华外国人自觉遵守我国法律，通过提供多语种咨询服务等途径，引导在华外国人通过公共法律服务维护合法权益。引导企业、公民在"走出去"过程中更加自觉地遵守当地法律法规和风俗习惯，加强合规管理，提高法律风险防范意识，运用法治思维和法治方式维护自身合法权益。提升域外法律服务查明质效，推进社会机构参与共建世界主要国家法律法规库等。

其次是要培育国际一流的法律服务机构和涉外法律人才。包括开展全国涉外法律服务示范机构创建工作。加快培育国际一流律师事务所，推动中国律师事务所在境外设立分支机构。以国际商事仲裁中心建设为依托，打造一批具有国际影响力的仲裁机构。加强中国法律服务（香港）有限公司、中国法律服务（澳门）有限公司建设，充分发挥功能作用。加快培养复合型涉外法律人才，加大推进重大经贸活动聘请中国律师力度等。

最后是要推进涉外法律服务方式多元化、交流合作机制化。包括建立健全为符合条件的外国人提供法律援助的相关规定。积极推进海外远程视频公证，扩大服务覆盖面。总结北京、上海等特定区域引入境外仲裁机构试点工作经验，完善相关制度安排。加强与国际商事调解组织的交流合作。推进完善上海合作组织成员国司法部长会议机制，推动成立上海合作组织法律服务委员会，深化法律服务领域交流合作。推进"一带一路"律师联盟工作。推动我国仲裁机构与共建"一带一路"国家仲裁机构合作建立联合仲裁工作机制等。

第二个方面，在该通知的"专栏1 '十四五'时期公共法律服务工作主要指标"中，全国涉外法律服务示范机构（家）的预期值是500，指标性质是"预期性"。

第三个方面，在该通知第九点"服务经济高质量发展"中提出，"营造法治化营商环境"需要发挥仲裁制度的中立性、保密性、专业性等优势，着力化解市场经济和涉外经贸领域的民商事纠纷。加强仲裁、调解等法律及社会服务资源统筹，打造国际商事争议解决平台，加强企业和商会调解工作。"推动建设一流法律服务高地"需要遴选优质法律服务资源，强化统筹建设，形成集法律服务、法治理论研究、合作交流、法治文化教育培训、智慧法务、涉外法务等功能于一体的法治创新聚集区，满足经济高质量发展对法律服务的需求。

3.《关于遴选全国百家涉外法律服务示范机构的通知》

2017年12月29日，司法部办公厅公布《关于遴选全国百家涉外法律服务示范机构的通知》。为深入学习贯彻党的十九大精神，认真落实司法部、外交部、商务部、国务院法制办公室《关于发展涉外法律服务业的意见》，进一步提高我国律师和公证员涉外法律服务的质量和水平，完善涉外法律服务机构的建设，促进涉外法律服务人才的培养，司法部决定会同商务部、中国国际贸易促进委员会、中华全国律师协会、中国公证协会，联合开展全国百家涉外法律服务示范机构遴选工作。

4.《关于建立涉外律师人才库的通知》

2018年4月24日，司法部办公厅公布《关于建立涉外律师人才库的通知》。为深入学习贯彻党的十九大精神，认真落实《关于发展涉外法律服务业的意见》，加强涉外法律服务队伍建设，培养储备一批通晓国际规则、具有世界眼光和国际视野的高素质涉外律师人才，更好地为"一带一路"建设等重大发展倡议、为中国企业和公民"走出去"、为我国重大涉外经贸活动和外交工作大局提供法律服务,司法部决定建立全国及各省(区、市)涉外律师人才库。

5.《关于开展国内律师事务所聘请外籍律师担任外国法律顾问试点工作的通知》

2017年3月27日,司法部《关于开展国内律师事务所聘请外籍律师担任外国法律顾问试点工作的通知》。该通知要求,参与试点的国内律师事务所应当具备下列条件:(1)成立3年以上的合伙律师事务所;(2)有专职执业律师20人以上;(3)具有较强的涉外法律服务能力和内部管理规范;(4)最近3年内未受过行政处罚和行业处分;(5)参与试点的内地律师事务所为设在北京、上海、广东的律师事务所(不包括分所)。

### (二)各地方对于涉外法律服务的支持性政策

1. 北京市

北京市在政策和体制机制上不断创新,北京市司法局会同有关部门先后印发《关于发展涉外法律服务业的若干措施》《关于支持北京律师为重大涉外经贸活动提供法律服务的实施意见》《北京市关于改革优化法律服务业发展环境若干措施》《境外仲裁机构在中国(北京)自由贸易试验区设立业务机构登记管理办法》《北京律师事务所聘请外籍律师担任外国法律顾问试点工作实施细则》等一系列政策文件,不断扩大对外开放,持续优化行政审批服务,努力营造"友好、便利、规范、透明"的制度环境,逐步形成政府引导、市场培育、行业支持、社会扶持的发展合力,促进北京涉外法律服务专业化、高端化、国际化发展。北京涉外法律服务力量不断壮大。

北京市先后建立涉外律师教育培养基地30多家,组建北京市律师协会涉外律师人才库,持续开展赴海外深造学习等项目,不断加强涉外人才队伍培养,汇聚了一大批国际化水平高、业务领域广的法律服务机构和具有专业经验、国际视野的涉外法律人才。2023年,北京市拥有涉外律师4000多人。全市24家公证机构均可办理涉外公证业务,方圆、长安两家公证处被司法部纳入全国海外远程视频公证试点。由北京市政府组建的北京仲裁委员会经过20多年的发展,已成为一家在国内居于领先地位、在国际享有较好声誉的仲裁机构,被最高人民法院纳入首批"一站式"国际商事纠纷多元化解决平台。

北京市还搭建了学术研讨、交流合作的协同平台，传播中国声音，北京涉外法律服务国际影响力逐步提升。未来，北京市将在加强顶层设计、健全工作机制、建设高素质队伍、打造高水平机构四个方面重点发力，全方位推动新时代涉外法律服务工作高质量发展，积极服务新时代首都发展。

2. 上海市

上海市对涉外法律服务的支持性政策包括《上海市发展涉外法律服务业实施意见》《上海市公共法律服务办法》《上海司法行政"十四五"时期律师行业发展规划》《上海律师人才队伍建设三年行动纲要（2020—2022）》《关于促进法律服务行业发展打造外滩法律服务集聚带的实施意见》等。

上海市通过建设涉外律师人才培养基地、设立涉外律师培训基金等方式培养和壮大涉外律师人才队伍。2019 年，上海涉外律师培训计划——"领航计划"已开设"跨境并购"与"跨境争议解决"两个主题班，培训涉外律师50 名；自 2020 年起，上海市律师协会计划支持律师赴国外进行涉外业务短期培训，每年选拔 20 名至 40 名律师，到 2022 年年底预计完成培训 60 人至120 人。[1]

3. 广东省

广东省开展了多项涉外法律服务试点工作：一是出台《关于发展涉外法律服务业的实施意见》和行动方案，将发展涉外法律服务列入《营造共建共治共享社会治理格局上走在全国前列》广东省首批实践创新项目书；二是出台《广东省司法厅关于省内律师事务所聘请外籍律师担任外国法律顾问试点工作的实施意见》，在全国开展内地律师事务所聘请外籍律师担任外国法律顾问试点工作；三是出台《关于贯彻落实深化中国（广东）自由贸易试验区制度创新实施意见相关任务分工方案》，开展海上丝绸之路法律服务基地建设，打造亚洲区域公共法律服务高地。

2017 年 2 月，广东省律师协会设立了"一带一路"法律服务研究中心，组织了 20 余批次律师到欧洲、东南亚、南美洲等国家进行考察交流，与新加坡、马来西亚、法国等国家和地区签订了合作框架协议，并支持广东省律师事务所

---

〔1〕 司法部：《努力提升涉外法律服务能力和水平》，载 http://www.moj.gov.cn/pub/sfbgw/fzgz/fzgzggflfwx/fzgzlsgz/202110/t20211025_ 439925.html，最后访问日期：2023 年 5 月 10 日。

在境外设立了 27 家分支机构或者办事处。

4. 江苏省

江苏省作为开放型经济大省和"一带一路"建设的重要交汇点,涉外法律服务需求十分旺盛。江苏省对涉外法律服务的支持性政策包括江苏省司法厅、江苏省人民政府外事办公室、江苏省商务厅、江苏省人民政府法制办公室关于印发《关于发展涉外法律服务业的实施意见》的通知,江苏省司法厅《关于公布江苏省省级涉外律师人才库成员增补名单的通知》等。2020 年 11 月,江苏省司法厅在首批建成的 7 个海外法律服务中心的基础上,推动新建 9 个海外法律服务中心,初步形成覆盖"一带一路"主要区域的海外法律服务站点布局。[1]

5. 山东省

山东省对涉外法律服务的支持性政策包括关于印发《关于开展山东省律师行业涉外法律服务攻坚突破活动的实施意见》的通知,山东省司法厅、山东省律师协会关于印发《关于成立山东省"一带一路"律师服务团暨推动提升我省涉外法律服务水平的意见》的通知等。2019 年 12 月,由中华全国律师协会主办的"涉外法律服务大讲堂"在广西南宁开讲。自 2019 年 7 月开始,司法部指导中华全国律师协会在山东、安徽等地组织举办了 11 场"涉外法律服务大讲堂",培训涉外律师近 3000 名[2]。山东省律师协会联合省商务厅制定《山东省国际贸易摩擦法律服务团管理办法》,发布了《上海合作组织相关国家经贸法律政策汇编》,助力企业开展对外贸易。涉外律师在"一带一路"建设、重大涉外经贸活动、跨境投资并购、外商直接投资、境外债券发行等方面发挥了重要作用。

---

〔1〕 司法部:《努力提升涉外法律服务能力和水平》,载 http://www.moj.gov.cn/pub/sfbgw/fzgz/fzgzggflfwx/fzgzlsgz/202110/t20211025_439925.html,最后访问日期:2023 年 5 月 10 日。

〔2〕 司法部:《努力提升涉外法律服务能力和水平》,载 http://www.moj.gov.cn/pub/sfbgw/fzgz/fzgzggflfwx/fzgzlsgz/202110/t20211025_439925.html,最后访问日期:2023 年 5 月 10 日。

## 三、涉外律师服务的实践和典型案例

### (一) 涉外律师服务在不同业务领域的实践情况

伴随着中国企业"走出去"进程的加快，涉外律师在不同的业务领域扮演着越来越重要的角色。

1. 投资并购

在投资并购方面，"一带一路"建设带来大量的投资需求，尤其是在基础设施的互联互通领域。此外，自贸区与产业园区在投资、能源、资源、农业等领域的产业投资与合作也逐步发展壮大。涉外律师所提供的法律服务能够瞄准市场，适应投资并购所处大环境，更有针对性地为企业提供法律服务。

以国浩律师（北京）事务所承办的株机公司收购福斯罗集团机车业务板块项目为例。福斯罗集团是铁路基础设施建设和价值维护方面领先的供应商，本次收购的目标公司福斯罗机车公司是其全资子公司。株机公司在提交非约束性报价函后，积极组织开展谈判，先后在中、德两国进行五轮现场谈判，双方在此期间进行了数十轮电话谈判和邮件沟通。最终，株机公司与福斯罗集团对核心商务条款及股权买卖协议达成一致意见，并于德国杜塞尔多夫成功完成交割。本次收购项目律师团队就目标公司及其子公司进行了非常深入的法律尽职调查，并就法律尽职调查的每一个风险事项作出了 SPA 设置或者其他交易安排。

本次收购是中国企业首次成功收购海外轨道交通装备整车企业，是中国企业进入欧洲轨道交通装备制造市场的里程碑事件，也是北京律师服务"一带一路"项目的经典案例，本次收购系中国律师牵头，境外律师团队均由中国律师选聘和指示协调，体现了北京律师卓越的国际法律服务能力和"一带一路"项目的服务优势。

2. 资金融通

资金融通是共建"一带一路"高质量发展的重点支撑。"一带一路"共建国家中大多数是发展中国家和新兴经济体，其基础设施建设、能源资源开发、产业发展等都需要大量资金投入。同时，"一带一路"基础设施建设具有融资风险高、回报周期长、涉及国家和币种多等特点，需要充分运用法治思维和法治方式，依法创新金融合作模式、打造金融合作平台、畅通投融资渠道。涉外律师为深化多边金融合作提供法律服务，切实防范融资风险；为加强金融监管建言献策，助力规范金融秩序；为发行涉外债券、开展境外并购业务的国内市场主体提供法律服务，维护当事人的合法权益。

以北京金诚同达律师事务所承办的我国某矿产企业收购塞尔维亚唯一的在产铜矿项目为例。该项目是某矿业集团在塞尔维亚的首次大型投资。塞尔维亚是"一带一路"共建重要国家之一，因此该并购项目受到中国和塞尔维亚两国政府的高度关注。某矿业集团通过公开竞标私有化程序战略增资塞尔维亚共和国的国有铜业公司，该铜矿曾是塞尔维亚的核心工业项目，是该国唯一的在产铜矿项目。其通过战略增资 3.5 亿美元（约 24 亿元人民币），最终取得铜业公司 63%的股份，并承诺自交割之日起 6 年内投入约 12.6 亿美元（含上述 3.5 亿美元）的资金用于旗下 4 个矿山和 1 个冶炼厂的技改扩建或新建等。承办律师基于以往塞尔维亚投资项目经验，在与境外律师详细了解私有化程序的四种具体程序的要求后，建议某矿业集团采用战略增资的私有化程序。这样可以极大降低私有化程序的不确定性，确保某矿业集团的投资全部用于标的公司的运营，减少资金流失。律师与塞尔维亚政府沟通确定对意向投资人的条件和要求后，在随后进行的公开招标程序中为某矿业集团争取了有利的条件。中国律师在交易过程中不仅协调境外律师为某矿业集团制订私有化程序的详细工作计划，还充当财务顾问角色，协调各方推进招标程序，在预计的时间之前完成了交易的交割，以优质严谨、高效专业的法律服务为项目成功运作作出贡献。

3. 基础设施互联互通

基础设施互联互通是共建"一带一路"高质量发展的优先领域。北京涉外律师围绕交通、能源、信息等基础设施建设重大工程、重大项目的立项、招投标等，提供法律尽职调查服务，织密法律防护网，防范投资风险。通过代理诉讼、仲裁等方式，依法妥善处理基础设施建设中的合同纠纷，为中外企业提供优质高效的法律服务。

以北京市金杜律师事务所承办的巴基斯坦默蒂亚里—拉合尔±660 千伏高压直流输电 BOOT 项目为例。本项目由国家电网公司下属中国电力技术装备有限公司投资、建设和运营，是巴基斯坦国内第一条高压直流输电线路和国外第一条外国投资者以"BOOT 模式"投资的输电线路项目，投资总额为 16.58 亿美元。作为境外输电领域的绿地投资项目，本项目由于涉及多个法域、境内外交易主体众多、资产类型特殊、运营周期漫长、同类项目无先例可循等因素而存在诸多特殊法律问题，律师团队与客户项目团队以及其他专业顾问并肩作战，提出了富有开创性和创新性的解决方案，最终促成交易顺利达成。

2014 年 11 月，在国务院总理李克强与巴基斯坦总理谢里夫的共同见证下，中巴两国政府代表共同签署了《中巴经济走廊能源项目合作的协议》，为中巴经济走廊下两国能源领域深入合作拉开序幕。作为"中巴经济走廊"优先实施项目以及"一带一路"倡议重点项目，本项目的顺利落地具有重要的经济和社会意义。

4. 公司合规

以最高人民检察院第四批涉案企业合规典型案例中"山东潍坊某公司、张某某污染环境案"为例。该案因结合中外合资企业的特点，"以生态环境合规建设为契机全面推动外资企业合规建设，积极构建法治化营商环境及生态保护大格局"，被视为"探索合规国际标准本土化路径"。

以北京德恒律师事务所助力深圳某公司旗下某安徽公司为例。该律所律师团队担任本次 ISO 37301 合规管理体系认证的法律顾问，助力某安徽公司成为首家灵活用工业务领域获得该合规管理体系认证的企业。该律师团队凭借多年在灵活用工行业的专业经验、结合相关法律法规的要求及 ISO 37301 合规管理标准，在梳理该公司灵活用工业务特殊风险点的基础上，协助其进行合规整改并落地实施，最终匹配 ISO 37301 控制点，为该公司建立定制化的合规管理制度，并嵌入灵活用工业务流程中，助力该公司成功获得 ISO 37301 合规管理体系认证"。

5. 争议解决

在争议解决方面，涉外律师除解决跨境法律纠纷外，通常还涉及域外法查明和外国司法裁决在国内的承认和执行问题等。

以北京市正见永申律师事务所承办的涉外股东出资纠纷案为例。大拇指环保科技集团（福建）有限公司（以下简称大拇指公司）为中华环保科技集团有限公司（以下简称中华环保公司）于 2004 年在中国境内设立的外资企业。大拇指公司经有关部门批准增资，全部由中华环保公司以等值外汇现金投入。经首次出资及两次缴纳增资，中华环保公司未再缴纳增资款，大拇指公司遂提起诉讼。本案的争议焦点主要集中在：（1）双方当事人的诉讼代表权以及代理人的代理资格是否有效；（2）大拇指公司提起本案诉讼的意思表示是否真实，即工商登记的法定代表人与股东任命的法定代表人谁能代表大拇指公司的意志。经最高人民法院五人大合议庭公开审理，裁定本案起诉不能代表大拇指公司的真实意思表示，裁定撤销原判，驳回起诉。

　　本案的法律意义和社会意义非常重大。首先，本案在外国法适用、公司代表权、法定代表人的生效要件与外资审批及工商登记的关系等方面确立了相应的裁判规则。其次，本案公开审理并当庭宣判，增强了外国投资者在华投资的信心。通过本案判决，最高人民法院明确法定代表人变更事项的登记意义，并首次正式承认了境外司法管理人的身份。本案入选最高人民法院公报《人民法院年度十大民事案件》、最高人民法院《人民法院为"一带一路"建设提供司法服务和保障的典型案例》、《法治日报》"一带一路"争议解决类十佳法律服务案例。

### （二）涉外律师在提供法律服务时存在的挑战

**1. 部分领域涉外律师人才紧缺**

　　随着中国和"一带一路"共建国家在贸易、投资、旅游、教育、文化等领域合作的深入，我国部分律所与新加坡、柬埔寨、缅甸、老挝、马来西亚等国家的律所建立了实质稳定的合作伙伴关系或在该国设立了分支机构。根据国家及北京市涉外法律服务业的发展情况，北京涉外法律服务在以下几类国际贸易领域中，亟须能够熟练开展业务的涉外律师人才：一是"双反双保"方面；二是在 WTO 上诉机构独立办理业务；三是跨境投、融资及并购领域；四是涉外知识产权保护领域，特别是可以从事涉及复杂技术背景的跨境知识产权诉讼；五是境外上市领域；六是涉外海事商事领域；七是跨境争议解决领域，特别是可以在境外仲裁机构代理案件的，或在境外仲裁机构担任仲裁员的；八是出口管制/制裁合规、跨境数据合规领域等业务领域。

**2. "一带一路"共建国家的法律环境为律师行业带来新的考验**

　　当前，国际形势风云变幻，逆全球化思潮、中美贸易摩擦等一系列因素造成极大的不确定性，对各行各业造成了不同程度的冲击，律师行业也颇受影响。

受当前复杂的国际形势影响，一方面，"一带一路"共建国家的政治态度各有不同，这为中国企业的发展以及配套法律服务的跟进带来了新的考验。中国信保2016年提供的数据显示，中国在东盟的投资风险主要特征是政局稳定面临较大挑战（缅甸等）、汇率波动剧烈（泰国和马来西亚等）、法律变更风险较高（印度尼西亚和菲律宾等）。另一方面，"一带一路"共建国家的法律体系较为复杂，共建国家分属普通法系、大陆法系和伊斯兰法系，还有一些国家实行混合法律制度，这为涉外律师在"一带一路"共建国家开展相关涉外业务也带来了新的挑战。

3. 通晓小语种的涉外人才匮乏，亟须相关支持

"一带一路"共建国家以小语种国家为主，具有独特的民族语言特征。我国律师有相当一部分，尤其是执业年限长的律师，虽然法律实务经验较为丰富，但是外国语言的运用能力和知识掌握较为欠缺；执业年限较短的青年律师虽然大多拥有一定的外语基础，但无法完全匹配小语种的需求，因此不能有效对接"一带一路"涉外法律服务的人才需求。

4. 涉外法律服务的宣传力度亟须加强

目前，很多中国企业在跨国项目中仍会首选国际大所。然而，外国律师由于缺乏对中国企业的了解，最终服务质量不一定符合预期。在发展国际业务时，有部分中国企业负责人和相关部门在一定程度上低估了中国律所的涉外服务能力，盲目委托外方机构，进而导致风险的产生。经过20多年与全世界各个国家公司和律师的业务交流，中国已经出现了一批专业水平和语言能力过硬的律师，在国际项目中可以发挥主办方的作用。然而，当前对中国律所涉外法律服务的宣传仍然不够，存在企业与中国律所业务对接不佳的情况。

5. 当前的税收和外汇政策对涉外法律服务支持不够

首先，在税务方面，尽管国家制定出台了一系列针对一般企业"走出去"的税收优惠政策（如外国税收抵免），但目前专门针对律所或者律师"走出去"的税收政策仍然比较少。法律服务的业务模式与一般企业有所不同：律所"走出去"一般通过合作联营或者签订联盟协议等比较松散的方式与境外律师事务所形成战略合作关系，互相推介业务、共享品牌等，财务一般分开核算。但目前像外国税收抵免之类给一般"走出去"企业的政策不适用于中国律师事务所

"走出去"的形式，双边税收协定提供的利息、股息、资本利得、租金、特许权使用费等特殊政策一般也无法适用。

其次，外汇管制对开设和运营境外机构影响较大。在对外投资设立分所方面，过去曾面临很多障碍，如在分所设立前，主管部门要求资金必须汇到分所账户上，但分所的账户尚未开通，这就可能导致在分所账户开设前的一段时间内外汇问题无法解决，包括前期房租、装修款无法汇出等。司法部和国家外汇管理局于2020年出台了《关于做好律师事务所在境外设立分支机构相关管理工作的通知》，力图解决这些问题，但是，在后续的业务办理及收结汇手续上仍然存在操作不明确、外汇审批流程和手续烦琐的问题，还需进一步完善管理细则和优化办理流程。

## 四、推进"一带一路"高质量律师服务的相关建议

### （一）构建"人类命运共同体"的法治发展理念

近年来，"一带一路"倡议已经超越了地域的界限，得到越来越多国家的响应。"一带一路"倡议不仅是经济制度的交融，更是具有价值导向的法治理念创新，习近平总书记提出的"人类命运共同体"理念正是其理论创新的基石。

"人类命运共同体"理念反映的是世界大同的美好愿景，是"一带一路"之"共商、共建、共享"原则的理论支撑；"一带一路"之"合作共赢"精神传播的是平等互利、公正友好的外交思想，正是"人类命运共同体"理念的内涵演绎。"一带一路"倡议是集经济、政治、法律交融的综合体，其法治建设是不可或缺的重要环节，"人类命运共同体"理念正是"一带一路"法治建设的理论基石，保证其法治推进的正确方向。

律师、律师事务所作为涉外法律服务的两大主体，是涉外法治建设的基本要素，也是涉外法治建设的直接参与者和执行者，他们的蓬勃发展是中国"一带一路"法治建设的重要力量。

### （二）加强涉外人才队伍建设

1. 引进涉外法治人才
进一步优化商务环境和法律服务环境，加强对涉外法律服务人才的吸引力。

可以重点引进一批能够办理高端涉外法律业务、带动本市涉外法律服务拓展提升的海外人才；支持本市有关法律服务机构聘请境外知名专家担任顾问，参与和支持本市涉外法律服务工作；应对复杂的国际问题时，可以聘请国外律师做法律顾问，为我国律师事务所在当地的建立和发展提供策略、知识方面的贡献，并能够牵线搭桥，促成中外律师事务所的合作。

2. 提升涉外律师综合素养

在职业道德方面，应当加强法律职业主体即律师的执业道德及伦理建设，这是推进法治进程的道德伦理基础。

在专业素养方面，作为涉外律师，需要不断进行自我学习，加强对国内法律体系及制度以及对"一带一路"共建国家法律体系和法规制度的学习了解，不断更新和完善已有的知识体系及框架，保持对国家官方网站公开信息的关注度和敏感度，紧跟新时代法治建设发展步伐，适应日新月异的司法服务环境。

在沟通谈判方面，涉外律师可以多参与交易谈判，做好充分的谈判前准备，在实际谈判中，多听、多观察、多总结，在实践中成长与提高。与客户沟通时，要注重交流的对象，在"一带一路"国家注意入乡随俗，调整话语结构，不能一味地堆砌法律专业术语，让客户不明就里，这样会增加工作难度。同时，对客户提出的问题，要仔细聆听并作出及时回复，这是与客户沟通交流中的重要部分。

3. 加强涉外法治人才培训工作

2002 年至今，美国芝加哥肯特法学院面向北京律师开展了 16 期法律硕士培训项目，400 多名北京律师获得该学院的法律硕士学位。可以在此基础上进一步发挥肯特法学院项目的示范引领作用，加强与涉外法律服务机构及境内外高等院校、科研院所的合作，探索"政府财政补贴、行业协会资助和涉外法治人才共担"相结合的方式，选送优秀人才到国外法律服务机构及法学院校学习和见习。同时，探索开展专案财政资金补贴，对为我国企业"走出去"、"一带一路"、自贸区建设等提供涉外法律服务中的优秀案例，给予相应补贴。

4. 建立涉外法治人才培养基地

应当加强与境内外高等院校、科研院所的合作，实施涉外法治人才"扬帆计划"，建立涉外法律人才教育培养基地，探索在境外法律服务机构建立实习基地，为涉外法律服务人才培养提供制度保障。同时，积极打造国际商事仲裁中心，支持境外知名仲裁机构和国际商事调解组织在中国（北京）自由贸易试验区设立业务机构，开展民商事争议领域涉外仲裁和涉外调解业务，依法支持中外当事人在仲裁前和仲裁中的财产保全、证据保全、行为保全等临时措施的申请和执行。

（三）制定律师行业服务"一带一路"发展规划

制定律师行业服务"一带一路"发展规划，将律师的法律服务写入政府发展规划。"一带一路"发展规划可以为行业发展作出顶层设计，明确发展目标，推动行业的创新和发展。中华全国律师协会和地方律师协会可以制定短期和中期的发展规划，使律师业更好地服务"一带一路"发展，并以此为契机，推动律师业的发展。通过调研了解行业现状，制定律师行业服务"一带一路"发展规则，并将律师行业的规划纳入政府发展规划之中，增强我国在国际经贸规则和标准制定中的话语权。

（四）积极搭建平台，加强涉外法治人才宣传推介工作

首先，积极向政府各委办局进行宣传推荐。将其作为法治政府建设培训的重要内容，进一步发挥示范引领作用，加大政府采购涉外法律服务的力度，鼓励在政府采购项目中优先选择我国律师提供法律服务，在外包服务、国有大型骨干企业境外投融资等项目中重视发挥法律服务机构的作用。

其次，积极向企业进行宣传推荐。商务主管部门、商会和相关行业协会可以为涉外法律服务机构和涉外企业搭建信息交流平台，发布对外经贸发展动态和涉外法律服务需求信息，把涉外法律服务作为境内外国际服务贸易展览会和经贸洽谈的重要内容予以推介。

（五）落实支持涉外法律服务业发展的税收政策

比照一般企业"走出去"的税收优惠政策并根据律所"走出去"的特殊形式（合作联营或者签订联盟协议等比较松散的方式），可以由相关部门研究制定适应律所"走出去"的特殊税收优惠政策，如将律所境外业务收入抵扣应纳税所得额并给予税收优惠。

（六）创新和完善涉外律师服务业务领域

相较于目前已经初步发展的涉外诉讼业务，尚在起步阶段的涉外非诉业务也有其广阔的发展前景。例如，经贸往来、产能投资、能源资源合作、金融服务、生态环境、知识产权等各方面的法律咨询和法律服务，都是目前"一带一路"法律业务的主流。首先，涉外律师要积极对接开展涉外非诉讼业务，增加实践的机会和途径。

其次，涉外律师要积极拓展新兴业务范围。目前在"一带一路"的经济贸易中，亚投行、"互联网＋"所带来的新兴法律问题不断增多，尤其涉及重大的企业兼并与合并分立、直接投资等。所以，涉外律师要加大拓展涉外知识产权业务、涉外高新技术管理服务、涉外经贸风险防控业务等新兴业务范围，更有效地贴合"一带一路"未来发展方向。

最后，要大力发展国际业务，开阔国际视野。当前中国企业在"一带一路"经济贸易中重视开展 BOT 融资、PPP 模式公共基础设施建设、国际工程项目承包、跨境企业重组并购等国际化的业务，因此涉外律师也应该加大对"两反一保"、国际贸易争端等国际化法律服务业务的关注度，更好地与国际法律业务接轨。

# 第二节　涉外公证服务

## 一、涉外公证概述

涉外公证是我国公证法律体系以及公证实践活动的重要组成部分，因其既具有对外交流和沟通的作用，又具有独特的社会价值和重要意义。

（一）概念简析

如同其他法学领域的概念一样，涉外公证的概念也具有高度的复杂性和争议性，依据不同的视角、基于不同的维度，可以对涉外公证的概念内涵和范畴作出不同的界定。但是，基于我国公证的传统理论，通常来讲，"涉外公证是指在公证的当事人、所证明对象或公证书使用地等诸因素中至少有一个或一个以上有涉外因素的公证证明活动"。[1]

简单来讲，从概念界定角度而言，涉外公证应包含以下基本要素：第一，归属于公证业务的范畴，即属于我国公证法律服务的组成部分；第二，涉外公证业务的开展，亦属于我国公证人应承担的职能范畴；第三，具有至少一项涉外因素，以区别于宽泛意义上的国内公证。

### （二）类型划分

如上文所言，涉外公证的概念范畴具有一定的复杂性，从不同维度可以对涉外公证进行不同的分类和界定。例如，从关涉因素的不同，可以分为公证当事人具有涉外因素的涉外公证业务、所证明对象具有涉外因素的涉外公证业务、公证文书使用地具有涉外因素的涉外公证业务；从公证文书对外交流的角度而言，在我国实践中，涉外公证业务通常采取狭义的概念界定，即我国公证实践中的涉外公证通常指公证书使用地为境外的公证业务；从公证机构公证文书字号的角度，又可以将涉外公证划分为外经公证、外民公证、涉台公证、港澳公证业务。[2]

### （三）特点特性

涉外公证作为我国公证活动的重要组成部分，具有公证活动的基本特点。同时，相较于国内公证活动，又具有一些较为特殊的特点、特性，具体为：第一，涉外公证文书的使用地通常为境外，公证业务需求往往因境外机构的要求、境外经济交往、境外民事活动等产生，故公证业务的类型、文书书写习惯等往往具有特殊性，如未成年人旅行中常见的监护人同意书签名公证等。第二，涉外公证因其在对外交流中具有的重要意义，通常会对承办公证员进行较为严格的管理，并对承办公证员的专业技能进行专门的培训和考核，故承办涉外业务的公证机构需要专门经省、自治区、直辖市司法厅（局）批准并报司法部备案，公证员需经过专门培训后取得涉外公证员资格，并将其签名章及所在公证机构的印章报司法部、外交部备案。第三，涉外公证中的公证文书，可以在符

---

〔1〕 中国公证员协会组编、江晓亮主编：《公证员入门》，法律出版社2003年版，第271页。

〔2〕 公证文书的字号，各省市因历史传统等因素，可能采取不同的划分方式，在此限于篇幅，不做详细分析，仅从公证类型划分角度，对公证文书字号做较为粗浅的梳理。

合法律规定的基础上，应公证书使用地或公证当事人要求，附相应译文。第四，涉外公证中的公证文书，可以在符合法律规定的基础上，应公证书使用地或公证当事人要求，送交外交认证或转递。第五，为了保证对外交流法律文书的真实性和严谨性，涉外公证文书通常要求使用符合规定的水印纸，以确保涉外公证文书的防伪性。第六，涉外公证中的公证文书，因其需要发往境外使用，除了必须遵守我国的政策方针和法律法规，为了保证公证书的可用性，还需要考虑公证书使用地的要求和国际惯例。第七，涉外公证中的公证文书，大部分由境内公证机构出具，但部分可依法由我国驻外使领馆办理和出具。

（四）重要意义

涉外公证既是我国公证法律制度的重要组成部分，更是我国对外交流和沟通的重要媒介。可以说，涉外公证不仅如同国内公证业务一样在服务民生、服务社会治理等方面具有重要意义，还因其特性在服务对外交流方面发挥着重要作用。

具体而言，涉外公证至少在以下角度具有重要价值：第一，作为国际拉丁公证联盟的成员，我国公证行业长期以来提供的涉外公证法律服务，在我国各项外交政策的推行过程中，发挥了应用价值；第二，涉外公证业务的办理，为我国企业远航出海，践行企业"走出去"的经济规划，提供了有力的保障；第三，涉外公证，特别是外经业务的办理，为我国企业和个人，参与对外经济交往，在对外贸易中维护自身合法权益，提供了重要公证法律服务支持；第四，涉外公证，特别是外民业务的办理，为满足民众的外出旅游、求学、探亲、就医等日常跨境活动，提供了便捷、高效的法律服务；第五，涉外公证，因所提供法律服务的严谨性和规范性、统一性，为我国对外交流活动中大国风范的展现提供了必要的服务和保障。

## 二、涉外公证实务

### （一）涉外公证的流程

涉外公证的办理流程与国内公证的办理流程一样，都要遵照《公证法》和《公证程序规则》的相关规定，一般分为申请受理、审查及出具公证书三个过程。自然人、法人或者其他组织向公证机构申请办理公证并提交相关的证据材料，公证机构受理公证申请后，进行必要的审查，审查无误后出具公证书。看似简单的三个流程，里面涵盖了很多工作，从申请前的咨询沟通，到受理时的询问交流，直至留存证据材料并对证据材料进行复制复印、对相关情况通过各种形式进行调查，审查无误后再拟公证文书的证词，并进行审批，以及进行后续的翻译、校对、打印、签章、制证等诸项工作，以至于公证书出具后提交我国外交部门和各国使领馆对于公证书进行认证的流程。可以说涉外公证是一个看似简单，但绝不能忽视细节，处处皆有学问的工作。

涉外无小事，涉外公证书看似简单的几页纸，但是承载的是国家的声誉。从公证文书使用的字体样式和段落格式，到公证所证明的文件内容是否合规，所证明的内容及文件是否真实，到当事人签名所用文字，以及公证书的文字内容，打印公证书所用的纸张，均有规范性要求或者惯例。因为涉外公证书不仅有根据当事人的申请而证明的内容，从文字到内容的方方面面也隐含了国家的主权等因素，稍不规范或有重大失误，影响的不仅是当事人和公证机构的声誉，而且对国家形象也有不良影响。

### （二）涉外公证的翻译

下文以涉外公证流程中的翻译为例来说明涉外公证的严肃性和严谨性要求。涉外公证包括涉外民事公证及涉外经济公证，在涉外民事公证中常见的需翻译的事项包括学历、学位、成绩单、出生证明、亲属关系、有无刑事处分记录、婚姻状况、委托、声明、继承等，涉外经济公证中常见的则是营业执照、公司章程、法定代表人授权委托书、完税证明等材料。公证法律文件的翻译除应符合翻译的基本要求外，也有自身特殊的要求。首先，涉外公证翻译需真实、合法。公证本身就是证明民事法律行为、有法律意义的事实和文书的真实性、合法性的一项活动，翻译作为公证的其中一环，也应当遵守真实性、合法性原则。这就意味着翻译公证文件时，既要传达原文的内容，又要如实反映原文的固有格式。要按照原文的内容进行翻译，不能随意对内容进行增减，在翻译过程中尽可能地将原文载明的内容、格式更好地呈现给使用方。例如，翻译证书时，除文字信息外，对其中的照片、印章、钢印等非文字信息也要进行翻译，同时要使用准确的用词、语法、时态，确保翻译内容完整、准确、严谨。其次，涉外公证翻译需规范、标准。公证翻译包括对公证词进行翻译，以及对需公证的文件进行翻译。涉外公证因为办理的数量日趋增多，翻译工作也日趋规范化、标准化。需要注意的是有固定译文的情况，如公司、学校、政府机构的英文名称，还有专利、商标的行业术语等特殊词语，需要公证员在受理公证的时候询问申请人翻译是否涉及固定译文的情况并提示翻译人员。最后，涉外公证翻译需使用书面用语、法律术语。涉外公证书在域外具有法律效力，是颇为严肃和权威的法律文书，因此在翻译时要使用书面用语，不要使用口头语言及容易产生歧义的用语。如果内容涉及法律术语，为了能够更好地反映法律关系，应该使用专业的法律术语，而不能使用一般用语。法律术语的词义一般比较单一，所以在翻译法律术语时主要是坚持"直译"原则。总之，涉外公证翻译是对公证文书语言重构的过程，翻译一旦出错就会影响公证书的使用。翻译人员需要掌握好翻译的原则，依照公证书使用国的表达习惯、文化背景进行翻译，力求最大限度地将原有内容进行准确传达。

### （三）涉外公证书的认证

涉外公证书如何能被使用国境内的有关当局承认并具有法律效力，不致因怀疑文书上的签名或印章是否属实而影响文书的法律效力，大多数情况下需要进一步完成领事认证。领事认证是指一国外交、领事机构及其授权机构在公证文书或其他证明文书上，确认公证机构、相应机关或者认证机构的最后一个签字或者印章属实的活动。由于领事认证的特殊作用，可以形象地将其比喻为发给涉外文书的"签证"。

《公证法》第33条规定：公证书需要在国外使用，使用国要求先认证的，应当经中华人民共和国外交部或者外交部授权的机构和有关国家驻中华人民共和国使（领）馆认证。

《领事认证办法》第19条第1款规定：国内出具的需送往国外使用的文书，文书使用国要求领事认证的，经国内公证机构公证或者证明机构证明后，应当送外交部或者地方外办办理领事认证，方可送文书使用国驻华使馆或者领事机构办理认证。

公证机构办理了大量的涉外公证，尤其在"一带一路"倡议提出后，公证认证的需求成倍增加。"一带一路"共建国家和地区数量众多，随着"一带一路"倡议的深入发展，越来越多的企业走出国门参与国际经济活动，越来越多的公民走向海外进行民商事交往。与此同时，涉外公证认证的需求日益增多，可以说发往"一带一路"共建绝大多数国家使用的公证书都需要办理认证手续。认证是对公证书的形式审查，对于公证书的体例、文字使用、翻译、用纸等均进行审查，无论是我国外交部领事司认证处，还是各国使领馆对于公证文书提出的问题，均应该引起公证行业的重视并及时予以修正。对公证书进行认证不仅是国与国之间文书交往的一个程序，也是对我国法律文书质量的保障，是维护公民和法人合法权益的重要保障，有助于积极推动中外领事关系及民商事关系的有序发展，也可以有效预防和减少公民及企业的不必要损失，对于我国公证书在域外得到有效的使用是有助益的，能够更进一步助力构建平安海外安全体系，助推"一带一路"深入发展。

2023年3月8日，《海牙关于取消外国公文书认证要求的公约》加入书递交仪式在海牙和平宫举行，中国驻荷兰大使正式向荷兰外交部递交了公约加入书，该公约将在2023年11月7日对中国生效。我国加入海牙公约后，大多数公证书只需办理到外交部认证的程度即可，这将大大提高公证法律服务的效率，提升公证法律服务在"一带一路"建设及涉外法律服务中的地位和作用。

## 三、涉外公证典型案例

我国的公证机构在为企事业单位和公民提供的大量的涉外法律服务中，有很多优秀的案例，凸显了公证法律服务的价值，起到了公证在对外交往和"一带一路"建设中为法人、非法人组织及公民个人保驾护航的作用。

### （一）为国企出具法律意见书，助力国企海外维权

众所周知，公证机构是证明机构，办理的绝大多数业务都是证明类业务，但从公证人的角色演变和历史发展来看，公证活动除了有常规的证明活动，还包含提供其他类别的法律服务。从我国的法律实践来看，除了证明类业务，公证机构还办理了大量的非证明类业务。在《公证法》中，这一类非证明业务统称为公证事务，如提存、保管、登记、代书、咨询、出具法律意见书等。近年来，公证机构根据当事人的需求，在出具法律意见书领域越来越多地进行了摸

索和实践。

当前，公证机构出具法律意见书更多地在公证业务传统的领域内进行，如出具关于遗嘱、继承的法律意见书等，而北京市长安公证处于2019年出具的一个有典型意义的法律意见书，则用于当事人涉外诉讼，助力了我国国企在海外维权，对"一带一路"建设的有效推进起到了法律护航的作用。具体案情如下：

中国石化集团某公司，总部设立在北京，是中国石化集团（Sinopec Group）的全资子公司，代表中国石化集团统一对外进行上游油气合作，是中国石化集团海外油气勘探开发投资与经营作业一体化的战略经营单位，是中国石化集团从事上游海外投资经营的唯一专业化公司。

2014年，该公司为了拓展国际工程业务在伊朗设立了关联公司，将关联公司的事务授权给员工钟某代为办理，并将上述授权文件在北京市长安公证处进行了公证，后因该公司和当地雇员有法律纠纷，已经在当地法院诉讼，诉讼代理人为伊朗分公司负责人钟某指定的当地律师，为说明钟某有权代表该公司在当地处理诉讼事宜，需要将该公司申请出具的三份授权文件的法律效力向当地法院进行说明，故该公司于2019年12月再次向北京市长安公证处提出申请，申请对该公司所持有的（2015）京长安外经证字第×号公证书、（2015）京长安外经证字第×号公证书、（2015）京长安外经证字第×号公证书及前述公证书中所证明的文件的法律效力根据我国法律出具公证法律意见书。北京市长安公证处受理该公司的申请后，指定由公证员郭岳萍承办该公证事务，并最终根据该公司提交的申请文件，引用我国相关法律，出具了公证法律意见书。该公司将公证法律意见书办理我国外交部及伊朗驻华使馆双认证后，提交至伊朗法院进行诉讼，得到了当地法院的认可，并支持中方取得胜诉，维护了我国企业在海外的合法权益。

法律意见书一般是应当事人的要求而出具，旨在就当事人征询的相关事项或者适用法律问题提供法律意见，就其行为是否符合法律规定、违法与否、可能产生之法律后果进行论证，并可针对性地提出解决方案和意见。随着全球经济一体化进程的发展以及"一带一路"倡议的深入，越来越多的企业开始发展海外业务并且在海外设立分支机构，然而各国民事法律制度互不相同，导致同一民事法律关系往往因适用不同国家的法律而产生不同的结果。由此可见，专业的法律意见、法律分析的重要性。公证机构出具的法律意见书或者公证机构提供的其他非证明类业务同样可以用于涉外法律服务领域，可以为中资企业在海外的各项建设提供有效的法律保障。

### （二）办理跨国继承遗产的相关公证，展现中国公证员风采

2022年1月，四川省成都市律政公证处公证员蔡勇收到一封来自法国公证人的求助邮件，对方希望两国公证人共同协作完成一起较为复杂的涉及未成年人的继承案件。蔡勇当即与法国公证人进行了沟通，了解案件的来龙去脉。

法国公民柯莱特女士于2021年11月在法国去世，在法国遗留有存款、不动产等财产。柯莱特女士生前离异未再婚，有两个子女，其中儿子罗多尔夫在中国经商。不幸的是，罗多尔夫于2021年9月先于其母亲柯莱特去世。罗多尔夫有两个女儿，其中7岁的小女儿亚历珊德拉（法国国籍）跟随其中国国籍的母亲刘莹女士在中国居住。

根据法国法律，柯莱特女士的遗产中应由其儿子罗多尔夫继承的份额，由罗多尔夫的两个女儿代位继承。本案中，亚历珊德拉是未成年人，其母亲刘莹女士作为法国法意义上其女儿财产的法定管理人，需要代表女儿签署一系列法律文书并需接受监管，才能办妥遗产继承手续。这些文书均以法文起草，内容涵盖继承法规则、未成年人的监护和财产管理、国际私法规则、准据法原则、税法等复杂的法律问题，需一一向刘莹女士阐明。由于被继承人家族成员较为复杂的婚姻状况，继承人之间沟通不畅，再加上刘莹女士既不懂法文也无法前往法国，不能与法国公证人以及其他继承人进行有效交流，同时刘莹女士还担心女儿的利益受损，以至于各方误会不断，困难重重。

接受求助后，公证员蔡勇与法国公证人以及中法两国当事人进行了多次视频会议，在详尽沟通的基础上制订了公证方案并实施了以下步骤：（1）查明遗产和继承人状况，确保未成年人的母亲在签署相关文书之前获得完全信息；（2）制订在中国办理公证的具体方案，解决当事人语言不通及无法前往法国的问题；（3）帮助消除当事人疑虑，确保未成年人所继承财产的监管和安全；（4）完成公证及领事认证手续。

在与全体继承人商定公证方案和各项细节后，中法两国公证人迅速进入实

施状态。首先，蔡勇公证员对长达 4 万字的中文译本进行了校订并定稿，敲定了需要办理公证的《委托书》及其附件（《继承人资格公证书》《继承申报》《不动产产权证明书》）以及《向家庭事务法官递交的申请书》的法文文本。之后，蔡勇公证员将翻译文稿交给刘莹女士阅读，并协助法国公证人向刘莹女士详细解读文稿的全部内容和相关法律条文。

所有前期工作完成后，当事人在律政公证处签署了所有文件并办理了公证。之后，律政公证处帮助当事人在成都代为办理了公证书的领事认证并寄往法国，确保了本次继承案件在法国顺利办结。

此次涉未成年人跨境继承案件之所以能够成功办理，中国公证机构的涉外法律服务能力在其中发挥了关键作用，不仅帮助当事人顺利获得遗产，而且维护了家族亲情，避免了跨国纷争，获得了中法两国全体当事人和法国公证同行的由衷钦佩和真诚感谢。

随着中国国力的不断增强和人员跨国流动的日益频繁，跨境事务的法律需求亦不断增长，而公证制度作为一项国际通行的法律制度，是解决中国公民、企业乃至外国投资者跨国法律需求的重要途径，中国公证人积极融入国际公证合作，在国际舞台展示中国公证员的专业能力和精神风貌，为打造国际化营商环境贡献公证力量。

### （三）为企业及时办理各项公证，保证其在中亚的贸易顺利展开

2023 年 1 月 10 日，新疆某国际贸易公司的委托代理人来到新疆维吾尔自治区喀什市公证处，申请对其公司章程、营业执照及股东会决议等文件和证照进行公证。该公司主要经营有色金属销售及有色金属冶炼等，位于新疆维吾尔自治区克孜勒苏柯尔克孜自治州伊尔克什坦口岸，但因该地区没有能办理涉外业务的公证处，且由于年关将近，申请人担心如春节之前未能办理完毕公证及认证手续将影响其在吉尔吉斯斯坦的业务合作。为了不影响公司的正常运营及对外贸易，该公司的委托代理人驱车几百公里来到喀什市公证处申请办理公证，希望公证处能为其快速办理，以确保春节假期结束后在吉尔吉斯斯坦公司的业务能够正常开展。

喀什市公证处在了解了相关情况之后，立即为该公司开通了绿色通道，安排专人加急为其办理公证，并与翻译机构进行联系沟通能否为该案加急翻译。

经沟通后翻译机构亦为该公司的公证材料进行了加急翻译，及时出具了翻译文本，又因该代理人不熟悉认证程序，承办公证员叶淑娟、包凤菊主动联系认证人员帮其询问办理认证所需材料及其手续，最后喀什市公证处为该公司及时出具了公证书，并以最高的效率办理好了公证书的认证手续，确保该公司在吉尔吉斯斯坦的业务能够顺利开展。

喀什市公证处周到、高效的公证服务，获得了当事人的肯定，这家国际贸易公司对喀什市公证处表示了感谢。

（四）办理涉外专利继承公证，保护中国在海外的知识产权

2017 年 4 月，北京市长安公证处受理了国际知名医药企业美宝生物集团的法定代表人徐鹏先生的专利继承及赠与公证申请，由该处公证员耿一鸣作为具体承办人。

徐鹏先生申请继承其父亲徐荣祥先生（国际著名再生生命科学专家，美宝集团创始人）注册于欧洲专利局的专利技术。经公证处多次会商研究，最后为申请人徐鹏先生出具了继承权公证书及相应的文本翻译公证书，公证书最后均经认证程序后发往域外使用。徐鹏先生因为公证机构出具的继承权公证书及相关的公证书，已于 2017 年 6 月 22 日顺利在欧洲专利局（EPO）完成专利过户。据悉，上述公证所涉及的专利技术涉及我国再生生命科学领域的关键技术，根据欧洲专利公约的规定，一项欧洲专利申请，可以指定多国获得保护，徐鹏先生继承的上述专利得到了包括英国、法国、德国、意大利、希腊、芬兰、瑞典等 20 个国家的专利保护。这是公证机构通过办理继承权公证等来维护中国公民在海外知识产权的有益尝试。

## 四、涉外公证的发展方向及对公证服务的总体建议

### （一）涉外公证的全球背景和中国叙事

改革开放 40 多年以来，中国公民到海外定居移民探亲留学的数量剧增。随着时代背景的转换，也有越来越多的华侨华人为寻求更大发展，采取了跨国生存发展的生活方式。在 2013 年国家提出"一带一路"倡议之后，国人出国学习、探亲、定居、工作及国企、民企各类企业和各类机构出国开展贸易，呈现

出对外交流和交往的高峰。

为使得纷繁复杂的国际交往及人员流动更为顺畅，充分了解各国社会体制、法律制度、移民和留学政策、签证要求及出入境条件甚至风俗习惯、宗教信仰的差异和不同，并根据驻在国和目的地国的要求提供相关材料文件、办理相关的手续事宜，以达成交往流动的目的，是各国涉外法律服务的存在基础。在涉外法律服务中，涉外公证服务又是重点领域。涉外公证服务之所以能成为涉外法律服务的引领者，可以从我国公证的创立发展，特别是涉外公证发展的历史中找到答案。

### （二）公证法律服务在"一带一路"建设中的重要作用

2016 年 12 月，司法部、外交部、商务部、国务院法制办公室公布《关于发展涉外法律服务业的意见》，提出为"一带一路"等重大发展倡议提供法律服务。2017 年 7 月，司法部公布了《关于进一步拓展创新公证业务领域更好地服务经济社会发展的意见》，明确要求拓展创新涉外公证法律服务。鼓励和支持公证机构参与中国企业和公民"走出去"的法律事务。

截至 2022 年 12 月 7 日，中国已与 150 多个国家和 30 多个国际组织签署 200 余份共建"一带一路"合作文件。"一带一路"倡议提出以来，已成为深受欢迎的国际公共产品和国际合作平台，成就举世瞩目。

党的十八届四中全会通过了《中共中央关于全面推进依法治国若干重大问题的决定》，该决定指出："建设完备的法律服务体系。推进覆盖城乡居民的公共法律服务体系建设，加强民生领域法律服务……发展律师、公证等法律服务业，统筹城乡、区域法律服务资源，发展涉外法律服务业……"2015 年 11 月，司法部发布了《关于司法行政工作服务"一带一路"建设的意见》，提出公证行业要认真办理基础设施建设招投标、承揽工程等公证业务，预防纠纷，减少诉讼；要加强与区域内国家间的业务交流，增进了解，凝聚共识，深化合作。

综上，在"一带一路"倡议的国际背景下，在依法治国、用法治化思维建设完备法律服务体系的语境下，公证行业在"一带一路"的政策沟通、设施联通、贸易畅通、资金融通、民心相通的"五通"环节中义不容辞地承担着沟通、助力、保驾护航的重要责任，涉外公证法律服务更是其中不可分割的重要组成部分，高质量的涉外公证法律服务对拓展国际合作领域、加强国际合作机制建设、密切国际合作关系、强化国际合作成果、防控国际合作风险都起到了不可低估的作用，切实确保"一带一路"成为一条"法治之路"。

全国的公证机构在国家提出"一带一路"倡议以来，严格按照司法部等部委的具体指示，在继续办理好涉外业务的基础上，根据企事业公民的需求，办理了大量的涉外公证。具体来说，涉外公证为"一带一路"建设提供的服务体现在以下几个方面：为基础设施建设招投标、承揽工程提供服务；为跨境贸易提供电子数据存证提供服务；为知识产权保护提供服务；为中外企业和机构在中国境内合法经营、存续，纳税等提供公证服务；为办理出入境签证各类事项提供公证服务；为继承境内外遗产等提供公证服务。

据统计，全国 2900 多家公证处，公证员 1.48 万人，有涉外资格的公证员共有 7700 多人，2020 年办理涉外公证业务 165 万件，2021 年办理涉外公证业务 203 万件，2022 年办理涉外公证业务 216 万件。就北京市公证行业来说，2020 年办理涉外公证业务 14 万件，2021 年办理涉外公证业务 16.2 万件，2022 年办理涉外公证业务 13.8 万件。大量的涉外公证业务中涉及"一带一路"国家和具体建设项目的公证数量占近 2/3 的比例，可以说涉外公证完美地契合了"一带一路"的主题，为"一带一路"倡议实施落地的政策沟通、设施联通、贸易畅通、资金融通、民心相通作出了积极贡献，而"一带一路"也使涉外公证掀开了新的历史篇章。

（三）对于涉外公证的总体建议及涉外公证的发展方向

涉外公证在我国涉外法律服务中具有举足轻重的作用，涉外公证更需要以"一带一路"倡议为契机发展壮大，改进并促进目前的涉外公证工作，主要着眼点在以下几个方面。

1. 改变以职权主义模式为主的现状，主动提供对外交往和建设过程中的法律服务，优化营商环境

"一带一路"建设和我国全面对外开放的要求，意味着涉外公证服务市场日趋广阔，公证文书作为当事人对外交往的信用保证，其重要性不言而喻。面对时代契机，公证机构应积极参与"走出去"及"引进来"等涉外法律事务，创新公证服务模式，拓展涉外公证服务新领域。要改变传统涉外公证单一证明模式，向综合性公证法律服务转化。公证机构由于机构性质及历史沿革等原因，

提供的服务很多还是基于制度和机构固有的职权，公证人员头脑中固有的职权模式，使得公证服务经常还停留在基于当事人的申请和提交材料的被动服务的层面。对涉外公证而言，公证后通常还需要办理认证后才能提交签证或者发往域外使用。传统的公证服务模式显然与现阶段人民群众希冀的优质、高效公证服务不相匹配，公证行业急需改变原有的被动服务模式，公证人员头脑中固化的职权主义模式应转换为主动为当事人提供从咨询开始直至出具公证书乃至完成公证认证手续的完整的法律服务流程，在这个过程中应优化公证办证流程和群众办证体验，主动为申请人提供综合性的法律服务。

2. 改变以单一的民事服务为主的现状，向服务方向多元化及服务内容复杂化发展

公证机构应主动提供对外交往和建设过程中的法律服务，相较于移民、留学、旅游等涉外民事公证及经贸往来、投标、在境外设立分支机构等涉外经济公证等常规公证事务，近年来企业、个人等民商事主体提出了许多新型涉外公证需求，也推动了公证服务内容的创新。譬如，出具境外投资法律风险法律意见书、进行尽职调查，担任企事业单位甚至公民个人的法律顾问等。公证在跨境知识产权保护中也起到了巨大的作用，公证可以通过在线存证等新技术手段为境内外当事人提供便捷的法律服务。公证行业还应进一步推进"互联网+公证"服务，加强与各部门的数据互联互通，大力推广网上办理、核实，另外对有些证据材料，公证机构也可以主动调查取证。除了证前取证、证中核实，还需及时跟进公证书出具之后的使用情况，通过走访、电话回访等方式调研了解当事人涉外公证法律服务的现状和需求，拓宽公证服务的广度和深度。

此外，公证行业还可以建立全国性质的涉外公证法律服务平台，综合运用公证法律咨询、确权办理、维权方案设计、调解、提存保管等多种方式，维护境内外当事人的合法权益。同时，公证机构可以继续与律师事务所、商会、各国驻华使领馆及我国驻外使领馆等通力协作，充分发挥自身在调查取证、证据效力及公信力方面的优势，大力发展新型的涉外公证法律服务。

3. 增加公证的国际交往和人员交流、提倡跨境联合办理公证和提供法律服务，学习各国先进的法律服务理念

《中共中央关于全面推进依法治国若干重大问题的决定》指出，要建设完

备的法律服务体系，发展涉外法律服务业，司法部发布的《关于司法行政工作服务"一带一路"建设的意见》也要求公证行业加强与区域内国家间的业务交流，增进了解，凝聚共识，深化合作。

公证制度是缘起欧陆的一项古老的法律制度，我国公证行业不仅应该加强与欧陆国家等传统的拉丁公证体系国家的交流，也应该加强与英美法系国家的交流，在"一带一路"的时代背景下，更应该加强与"一带一路"倡议区域内国家的交流合作。"一带一路"倡议提出十多年来，我国对外开放的广度、深度和水平得到极大提升，搭建了与更多国家和地区经贸合作交流的桥梁。通过各国公证行业之间的牵线搭桥、重点推介等措施，增强各国各地之间的实地学习与考察交流，推动人员参与国际组织业务交流活动，开阔公证员在涉外业务和服务方式方面的眼界和能力，加快涉外公证员人才库建设，为发展涉外法律服务业储备人才；提升各国公证员联合法律理论研究的高度和精度，提出有针对性和建设性的研究课题和实务探索，统一法律服务质量标准。

在提供法律服务方面，应当更好地发挥公证的提示、引导、延伸作用，拓宽涉外公证法律服务领域，积极回应现实对创新型公证服务的需求。在一定程度上实现各国公证行业之间、国内各部门各单位、各省各区域之间的信息互通，加强公证信息化建设和对接；健全涉外法律服务方式，建立培育发展涉外法律服务网络平台，推动网上法律服务与网下法律服务相结合，推动法律服务和其他跨领域服务相结合，探索健全全球化、信息化背景下新的涉外法律服务方式；支持国内公证机构与境外公证机构以业务联盟等方式开展业务合作，形成多领域全方位覆盖的法律服务共同体。

在学习宣传各国先进的法律服务理念方面，公证机构和公证员应当以充分了解各国一般性的及有关投资、贸易、信托、知识产权等诸多方面的法律制度为基础，认识到不同国家的制度优势和法治价值，平衡在法律运用时产生的各种冲突，契合互惠共赢的发展理念。

4. 加强涉外法律人才的培养，壮大涉外公证法律服务队伍

随着国际交往日益频繁，尤其是在"一带一路"倡议的背景下，诸多法律问题需要更多复合型、应用型涉外法治人才予以解决，来提升我国在国际法律事务和国际治理方面的话语权和影响力。

党的十八大以来，习近平总书记对培养法治人才多次作了重要论述，其在《坚定不移走中国特色社会主义法治道路　为全面建设社会主义现代化国家提供有力法治保障》一文中强调："要推进法学院校改革发展，提高人才培养质量。要加大涉外法学教育力度，重点做好涉外执法司法和法律服务人才培养、国际组织法律人才培养推送工作，更好服务对外工作大局。"

涉外公证人才培养是涉外法治人才培养的类型化探索，相较于涉外立法和涉外法学教育，涉外公证法律服务更加倾向于实务，是涉外法治的第一线，关系着涉外法治工作能否顺利推进。公证作为一个相对小众的法律服务行业，人员储备十分短缺。截至2021年11月底，全国共有公证员1.4万多名，司法部的"十四五"发展目标中提出2025年全国公证员要达到2万名，与同期75万名的执业律师目标数量相比，公证员队伍数量甚微。为了适应我国对涉外法治人才重点培养的需求，必须要完善涉外公证人才梯队体系建设。

梯队建设可以分两步走。第一步是培养青年后备人才，壮大公证队伍。涉外法治工作是一个交错庞杂的系统，涉外公证服务亦如此，涉外公证人才的培养是一项系统性、长期性的工程，青年公证人的培养更是重中之重。公证行业应该与高校进行更深层次、更广泛的合作，组建涉外公证人才培训基地，联合培养应用型、复合型的公证人才。涉外公证人才不仅要有扎实的法律专业功底，还要有熟练的外语应用水平，此外对国际政治、经济、文化等相关内容也应有所了解，目前已经有高校进行了"法律+英语"等人才培养新模式的尝试，公证机构也可以通过在高校开设公证相关课程、为在校生提供参与公证实务的机会，加强在高校的宣传力和影响力。第二步是培养职业进阶人才，提升公证服务水平。公证行业培养涉外法律人才的优势就在于可以发挥一线服务的优势，及时了解政府、企业及个人等涉外公证服务方的公证需求，对公证从业人员进行有针对性的培养，所以行业应重视现有公证队伍的人才培养，帮助从业人员实现职业进阶。首先是积极组织、参与涉外公证培训项目。例如，2023年6月，北京市司法局发布文件实施为期3年的北京市高端涉外法治人才培养项目，在全市选拔培养百名高端涉外法治人才，包括律师、公证员、仲裁员及司法鉴定从业人员等，足以体现当前对培养高端涉外法治人才的重视程度。其次是公证行业应优先将涉外法治人才纳入人才库、智库，并鼓励其办理论坛、讲座进行授课，发挥他们的辐射引领作用，全面提升公证队伍的整体素质。最后是提倡和要求全体公证从业人员提高自己涉外服务的专业水平，夯实法律和外语基础，有组织、有规律地进行全行业的培训学习及考核。举精兵有骨干，有全行业之力来推进涉外法律服务中公证行业的进步和发展，来引领涉外法律服务走入新的发展阶段。

"一带一路"倡议是在平等的文化认同框架下谈合作，体现的是和平、交流、理解、包容、合作、共赢的精神，契合共建国家的共同需求，为共建国家优势互补、开放发展开启了新的机遇之窗，是国际合作的平台。公证行业在这个平台之上应继续发挥已有的涉外法律服务的优势，并不断根据需求要求的变化来推进改进工作，促进行业的发展，推动我国涉外法律服务工作，服务国家战略发展。

# 第三节 涉外企业法律顾问服务

## 一、央企"走出去"基本情况

### （一）央企"走出去"整体情况

近年来，央企国际化经营水平稳步提升，同时，秉持互利共赢理念，积极履行社会责任，助力当地经济社会发展，积极担当着中国企业"走出去"和"一带一路"倡议的先行者和主力军的角色功能。一批央企锻造形成了与跨国企业同台竞技的实力，在国际标准的制定中掌握了更多话语权。

根据国资委发布的《新时代国资国企改革发展和党的建设情况》《中央企业高质量发展报告（2022）》，截至2022年，央企在全球180多个国家和地区拥有的机构和项目超过8000个，海外员工达到125万名，境外资产总额近8万亿元。"十三五"期间，央企实现海外营收超24万亿元，利润总额接近6000亿元，对外投资收益率达到6.7%。其中，央企参与建设"一带一路"沿线项目超过3400个，打造了中巴经济走廊项目、中老铁路、埃及新首都中央商务区项目、希腊比雷埃夫斯港、蒙内铁路、匈塞铁路、巴西美丽山特高压输电项目等一批标志性工程，参与建设的中欧班列也成为贯通亚欧大陆的"钢铁驼队"。

在品牌出海的过程中,央企迈出高质量发展实质性步伐,硬指标软实力并驾齐驱。进入《财富》世界500强的央企从2012年的43家增长到2022年的47家;进入全球品牌价值500强的央企从2012年的13家增长到2022年的21家。

在实现自身发展的同时,央企积极助力全球抗疫,大力支持全球减贫事业,在海外履行社会责任成效显著,实施的惠民工程也促进了所在国经济社会的发展,积极促进对外开放,共同构建人类命运共同体。央企海外建设项目直接带动所在地近百万名员工就业,间接带动了数倍的就业人数,参与实施了一大批惠民工程。比如,巴基斯坦卡西姆电站,为超过400万家庭带来了光明;新加坡榜鹅北政府组屋C3项目以高品质的履约工程为新加坡人民构筑幸福宜居社区。

### (二)积极参与国家"一带一路"建设的典型央企基本情况

国网国际发展有限公司(以下简称国网国际公司)是国家电网有限公司实施境外能源电力资产投资运营的专业子公司,依托国家电网的信用、技术、管理、品牌等综合优势,在"走出去"的过程中,以"市场化、长期化、本土化"为经营理念,积极参与国家"一带一路"建设,推动国家电网公司"一体四翼"高质量发展。

国网国际公司已先后在菲律宾、巴西、葡萄牙、澳大利亚、意大利、希腊和智利等9个国家和地区成功投资12项资产,积极履行股东职责,高效稳健运营各项资产,全面防范化解各类风险。

中国电建集团海外投资有限公司(以下简称电建海投公司)是中国电力建设集团(股份)有限公司重要骨干控股子公司,电建海投公司是中国电建专业从事海外投资业务市场开发、项目建设、项目运营与投资风险管理的法人主体,为推动中国电建国际业务优先发展战略落地作出了突出贡献。电建海投公司以投资为先导,带动海外EPC业务发展,成为中国电建调整结构、转型升级、推动国际业务优先发展的重要平台与载体。在实践中,电建海投公司也探索出一套集投融资、设计、监理、施工、运营等于一体化的开发模式,有效带动了中国电建投融资结构优化和产业升级,促进了中国电建海外业务产业链向价值链的转变。截至2022年12月31日,电建海投公司在19个国家和地区设有各层级全资及控股子公司45个、8个参股公司和1个代表处。

电建海投公司将秉承"开发绿色能源，投创美好生活"的战略使命，践行"海外清洁能源绿色环境的优质开发者、项目属地经济社会发展的重要贡献者、中外多元文化交流融合的积极推动者"的战略定位，坚持"自强不息，勇于超越；海纳百川，投创未来"的企业精神，继往开来，合作共赢，科学发展，努力构建以海外投资开发与资产运营为主，具有全球竞争力的卓越海外投资公司。

中建国际建设有限公司（以下简称中建国际）是中国建筑唯一一家总部设在国内，以海外业务为主、国内外一体化发展的二级子企业，是中国建筑海外业务孵化平台、海外投资平台、模式升级平台。2021年，中建国际注册落户苏州，开启国内外一体化新征程，坚持以投资金融、科技研发为驱动，打造投建营一体化的全产业链发展平台，培育优势互补、共生共赢的发展生态，形成高端资源、人才聚集效应，积极实现国内、国际资源双向交换、高效流动。目前，中建国际积极推进海外区域化经营布局，设立各类驻外机构42个，分布在海外30多个国家和地区，经营范围涵盖房屋建筑、基础设施、投资开发及我国对外援建和使领馆建设等领域。

## 二、涉外企业法律顾问服务的主要做法

涉外企业法律顾问的职责使命在于充分发挥法律管理的风险管控与价值创造的作用，推动法律管理与企业经营的有机融合，保障涉外企业安全、稳健、高质量发展。

### （一）存量并购中的企业法律顾问怎么做

企业"走出去"的过程中，存量并购项目覆盖法域广，政治环境、经济社会环境差异大，对不同的境外存量并购项目的管理幅度和深度也有较大区别。这些因素都决定了涉外企业法律顾问在法律风险识别、预警、评估、防控等方面需要有的放矢、精准施策、有张有弛，做到重大决策全流程管控。

1. 全流程保障存量并购项目

早在涉外业务发展初期，有关涉外央企便将法律部门定位为业务部门，为每个境外存量并购项目配备专属法务经理，法律保障覆盖从前期项目遴选、立项、尽职调查、协议谈判、签约、交割等项目全生命周期和全业务流程，实现

法律合规保障与企业业务"并联",实时在线,同向同为。

2. 在遴选立项环节把好入口关

境外项目遴选坚持立足主业、全面比选,重点关注发展潜力大、投资风险可控、监管政策稳定的国家。法律部门应当选派业务骨干提前研判分析反垄断审批、外资准入、国家安全审批等境外审批风险,综合分析宏观法律环境,为项目遴选提供有益的决策支撑。

3. 在投资决策环节把好审核关

深入开展法律合规尽职调查,合理发挥外部法律顾问作用,审慎细致地排查法律合规风险,为交易文件谈判奠定基础。针对尽职调查阶段识别的风险,在交易文件谈判阶段合理设计维权条款,综合运用法律工具控制风险。依托重大决策合法性审核制度、法律风险提示书等渠道,发挥法律合规团队审核把关作用,对所有境外重大项目、关键节点实施法律合规风险管控。

(二)绿地项目中的企业法律顾问怎么做

1. 绿地投资项目中的企业法律顾问怎么做(投资方)

绿地投资覆盖土地获取和审批、建设规划和设计、施工和设备采购、监管审批和合规要求等方面,建设周期往往较长,灵活性差,对跨国公司自身的资金实力、经营经验要求高;建设过程中市场变化快,不确定性较大;新建成企业面临适应东道国惯例、开拓目标市场、人才缺乏等压力与风险。为有效控制绿地投资中企业可能面临的各类风险,涉外企业法律顾问重点从以下几个方面入手开展法律合规工作。

第一,建立高质量的投资法律风险监督防范职能部门。一是法律顾问具备良好素质:加强法律顾问队伍建设,提高法律顾问的综合素质是当前我国企业防范绿地投资法律风险的重中之重。一方面企业要严格法律顾问聘任的程序和条件,为公司注入新鲜血液;另一方面要做好现有法律顾问的履职培训,不仅需要加强法律专业知识素养的培训,还要培训企业管理、金融证券、外语、计算机等方面的知识,争取让每位法律顾问都能够成为复合型人才。二是提高法律部门的履行职权:在发达国家,我国企业法律部门的职权尚较薄弱,法律部门很难进入决策核心。法律部门不仅仅是"灭火器",并非出现具体法律纠纷时才需要。有些企业高管存在一些认识误区,如认为法律顾问不仅不能为企业创造效益，反而会使经营管理变得繁琐复杂、增加管理费用等。有职无权是当前我国企业法律人员难以发挥应有效益的另一重要原因，提高法律部门的履行职权，是当前企业防范"走出去"法律风险亟须解决的另一个问题。三是科学的组织结构：发达国家的法律机构主要有三种模式：集中模式、分散模式和混合模式，企业在具体选择时通常需考虑企业规模、法律事务特点和复杂程度等因素。一般来说，大型企业多选择混合模式，即由总法律顾问领导一个独立的法律工作部门，在部门内部实行业务分类，具体负责企业不同的经营部门或者不同的法律事务类别。混合模式能够提高法律部门职权，增强防范投资法律风险的决策效率，缺点是组织成本较高。因此，中小企业可以考虑分散模式，同时加强不同业务领域法律顾问的沟通与协调。

第二，严格把控项目筹建风险。一是对项目进行充分的可行性分析：包括评估项目的技术可行性、市场前景、竞争环境等因素，并确保投资回报率足够高以应对项目建设周期长带来的压力。二是法律审查：在进行绿地投资之前，对项目进行全面的法律审查，了解当地关于投资项目的行业限制、土地审批规定、环境保护要求等，确保投资项目符合当地法律法规，避免因法律问题导致项目延误或中断。三是制订详细的项目计划和管理方案：对项目的各个阶段进行细致的规划和管理，以确保项目能够按时按质完成，充分评估项目的可行性。应注重项目投产后的市场分析和预测，特别是市场容量、物价水平等。四是控制项目成本：制订科学合理的资金计划，加强资金使用监控，定期审查项目预算和成本，合理控制成本。

第三，积极采取措施降低经营风险。一是尽职调查：在进行绿地投资前，应充分了解投资目标的法律法规和政策环境等方面的风险，并进行全面的法律尽职调查。二是完善业务合同：中国企业应确保与合作方之间签订的合同合法有效，在业务合同中明确约定双方的权利和义务，包括合作内容、价格、支付方式、违约责任、争议解决机制等条款，在签署合同前仔细审阅合同条款，防范在合同履行过程中发生争议。三是合规管理：企业在目标市场的经营活动需严格遵守当地的法律法规，包括公司法、劳工法、环境法、财务税收等方面，避免因不熟悉当地法律产生违法行为。尤其是在劳动法方面，企业要严格遵守当地的劳动合同、工时、工资支付等规定，避免面临巨额的劳动赔偿金。四是注重知识产权保护：加强自身知识产权保护，包括申请专利、商标注册等，确保自身品牌和技术的合法性和独立性，防止他人抢注商标或非法使用风险。五是及时解决纠纷：如果经营中出现纠纷，要及时采取法律手段解决，避免纠纷进一步恶化，影响投资回报。

第四，提高投资决策执行人员的法律素质，进行有效的利益引导。投资决策执行者应具备履行职责所需的法律知识和素养，因此，加强对他们的法律素质培训，提高其法律风险防范意识和防范水平尤为重要。将投资决策执行人防范法律风险的成效与其利益直接挂钩。利益引导的方式多种多样，如将重大投资决策权收归企业高管，通过股权激励措施将决策人利益与企业利益统一。除物质奖励外，晋升激励甚至精神激励也是行之有效的利益引导方式。

第五，适时对投资决策执行行为进行事后评估。通过事后评估，可及时发现可能存在的问题，予以纠正。尽管可以通过个人利益与企业利益挂钩，但由于个人固有的心理性格弱点及局限性，难免存在不当行为。因此，企业通过建立完整科学的事后评估机制，对投资决策执行行为及时进行评估，如发现投资行为存在违法或有不当行为的，应当通过公正程序对具体的负责人进行处罚。当然处罚的过程中要让被处罚的人心服口服，不能损伤他们对企业的信任，因此处罚应当做到公平公正，并坚持程序公正。

第六，高度关注经济法律与政策的动向，采取相应应对措施。在经济实践中，经济活动是动态的，并具有明显的周期性和阶段性，相比之下，经济法律处于相对稳定的状态。一方面，经济法律应随着经济的发展、政策的变化而作相应的调整；另一方面，经济法律具有相对滞后性，在旧法没有被修改或者废除、新法还未出台时，经济领域会出现介于合法与非法的灰色地带，在此种情况下，经济选择具有不确定性。这使得相关的投资行为也具有法律上的不确定性特征。为此，企业投资者必须高度关注经济法律与政策的变动，预测到未来法律调整可能给自己带来的法律风险，并考虑在新法颁布后自身投资行为的调整性措施的实施，从而避免不必要的损失或将其损失降到最低。

第七，充分了解项目所在国的法律、财税环境情况。在对外绿地投资时，需积极制定适当的市场策略，建立本地团队，寻找合作伙伴，积极开拓市场，提高企业在当地市场的竞争力。尤其需要注意以下法律问题：一是目标市场的法律体系：中国企业应当充分了解目标市场的法律体系、商业规则和文化背景，确保遵守当地的法律法规和商业惯例。二是反垄断法与竞争法规：了解目标市场的反垄断法和竞争法规，遵守公平竞争的原则，避免垄断行为和违反竞争法规的行为。三是外汇管理：中国企业应遵守当地的外汇管理规定，进行合理的外汇管理和风险控制。在货币贬值严重的国家投资，产品销售尽可能采用人民币作为计价货币，从而固定价格成本。若必须使用外币交易，选择可在国际金融市场上自由兑换的货币，如欧元、英镑等，排除美元货币计价。

第八，前后方法律团队通力协作保障绿地投资项目。对于以境外公司为项目投资主体的绿地投资项目，境内外前后方法律团队通力合作，扎实开展绿地投资项目的法律案头尽职调查及项目在政策、法规、审批等方面的可行性分析。以法律文件作为有力抓手，精准识别法律风险，统筹考虑项目业务需求，协调多专业条线，审核保密协议、预协议、合作协议、股东协议、公司章程等法律文件，深度参与项目谈判，在交易文件中合理设置兜底条款与保护条款。充分准备境外当地注册和审批所需的法律及授权文件。与项目合作伙伴就投资股比、公司治理结构、合作权责划分、退出机制等重要事项开展协商谈判，维护己方权益，为绿地投资项目织密法律合规风险防护网。

2. 海外工程项目中的企业法律顾问怎么做（承包商方）

海外工程承包业务中的企业法律顾问要结合海外工程承包业务，树立"走向海外、法律先行"的理念，强化风险防线前移、法律赋能经营管理的意识，法律服务全面融入海外市场开拓、机构设立、项目投标、签约、履约到争议解决的全过程，在构建法律风险防控机制的同时，实现法律服务的价值创造功能，推动企业高质量发展。

一是海外市场开拓阶段的法律服务。承包商进入新的国别市场时，首先要开展的法律工作就是国别环境调研，调研内容包括政治及社会环境、市场环境、法律环境、税务情况、商业注册情况、外汇管制、保函保险、标准与规范、材料设备采购与进出口清关、劳务管理、分包管理、安全与环境等相关内容。通过调研全面了解东道国情况，提前梳理识别可能面临的风险，并制定相应的应对策略。

其中最为重要的是，要对东道国的法律法规进行深入研究，密切关注下列重点领域法律政策及其变化：外国投资法律法规和政策体系、公司注册法律法规、工程承包（包括资质管理）法律法规和政策体系、招标采购法律法规和政策体系、财务税收法律法规和政策体系、劳务用工法律法规和政策体系、安全环保法律法规和政策体系、争议解决法律法规和政策体系等。如果项目以PPP、特许经营等投融资模式实施，则需要增加对东道国PPP、特许经营等投融资相关法律法规的调研。对上述法律体系的调研内容包括但不限于主要法律法规、主管部门、效力层级、适用范围、生效时间等，企业法律顾问要从法规和政策中梳理合规要点及相应违规后果，特别是强制性、禁止性规定，确保海外工程项目在推进和创效过程中合法合规。

二是机构设立阶段的法律服务。企业在新的国别市场开展经营，首先需要有适当的主体来开展经营业务，这就是机构设立问题，通常也称为当地商业注册的问题。企业法律顾问需要深度参与这个环节的工作，从机构设立的类型选择、设立程序、文件准备、公司治理等多方面提供法律支持，通常情况下需要聘请东道国律师提供法律服务。

其一，出具法律意见书。企业法律顾问应结合在东道国拟开展经营业务的类型、在当地市场的发展规划、东道国或所跟踪项目对于资质或业绩的要求、东道国外商投资法及公司法等相关法律法规的规定、税负、风险隔离等多方面因素的考量，对拟设立机构的类型、设立程序、所需文件等相关问题进行全面分析和厘清。通常情况下，需聘请东道国律师出具专项法律意见。

其二，准备注册文件。企业法律顾问需要在东道国律师的协助下结合上述法律意见书，准备公司注册的相关文件。根据设立实体的不同类型，覆盖拟任职的董事和/或高管名单、股东协议、经公证或认证的外国公司章程、注册证明、财务审计报告、负责人任命的授权书和/或董事会决议等注册文件。

其三，需特别关注的问题。（1）在机构类型选择子公司的情况下，需要特别关注东道国外商投资法或公司法中对于外国投资人拟设立公司中的股东、董事、高管是否有特殊要求，如股东人数的最低和/或最高要求、股东国籍或当地人最低持股比例、董事或高管的国籍、董事或高管是否常驻或是否拥有公司股份等。（2）为了在当地开展实质经营，工程承包公司除遵循一般公司的注册手续外，还需要在一些政府部门或机构（如税务部门、承包商协会等）进行登记或备案。(3)要完善公司治理机制,在公司设立阶段,即需要基于东道国公司法制定公司章程,规范化运行公司股东会、董事会、经理层等公司治理机制,确保公司治理合法合规。尤其要注意防范母子公司、关联公司之间的主体混同、税务混同等问题,通过规范子公司决策程序、区分纳税主体、保持独立财务核算等方式,防范相关风险。

三是项目投标阶段的法律服务。在项目投标阶段,企业法律顾问的主要工作内容包括业主资信调查和项目招投标文件的评审。

业主作为工程项目的所有权人和工程承包合同的授予方,其资信情况对于项目履约影响重大,因此业主的资信调查非常重要。业主资信调查内容通常包括业主公司注册情况、业主股东情况、业主资产状况、经营业绩、社会信誉、履约记录、法律纠纷案件情况、违规信息情况(如是否被列入制裁清单、股东及高管是否存在严重违法行为等)、项目资金来源及落实情况、项目行政许可文件办理情况等。尤其是对于私人业主开发的商业地产项目,因业主自有资金投入通常较为有限,大多数资金通过融资解决,对于项目的资金来源及到位情况应作为重点予以核实。

项目招标文件评审,是承包商全面梳理招标文件要求、识别项目风险的关键环节,这项工作需要各专业板块协同完成。企业法律顾问需要重点评审的内容主要包括招标文件所附的合同文件、招标文件中体现的商务条件、保函格式、母公司担保格式(如有)等。评审过程中需要重点关注项目主体/标的物/模式(如项目招标方式)的合法合规性,合同条件的合理性以及可能导致的风险。

项目投标文件评审内容包括施工组织设计、施工技术方案、投标价格、投标文件合规性等。企业法律顾问需要重点审查的内容在于投标文件的合规性,需确保项目主体、授权文件、业绩资料、财务资料、人员简历、设备信息、未决争议信息等信息是真实、准确且合规的。

四是合同签约阶段法律服务。合同签约阶段的法律服务主要包括合同起草、合同评审、合同谈判、合同签署等几个阶段。

工程承包领域的合同起草工作通常分为两类,一类是工程承包合同(业主合同)等上游合同的起草,另一类为分包合同、物资采购合同、设备租赁合同等下游合同的起草。业主合同通常由业主提供,但在某些情况下,业主可能希望承包商协助起草该合同。合同起草权至关重要，在可能的情况下，承包商应争取该权利。在合同起草的过程中，应本着公平、合理原则，着力将每一个风险都分配给能够更容易控制、承受、处理该风险的一方。工程承包合同起草过程中，企业法律顾问可以选用国际上使用率较高的合同范本作为通用条件，同时结合项目实际情况在专用条件中对通用条件进行修改。国际上较为知名的工程承包类合同范本包括国际咨询工程师联合会（FIDIC）出版的系列 FIDIC 合同条件、英国土木工程师学会（ICE）出版的 ICE 合同条件与 NEC 合同条件、美国建筑师学会（AIA）出版的标准合同范本等。其中，FIDIC 合同条件的使用率最高，尤其是 1999 版彩虹系列受到了国际工程承包领域的广泛使用，2017版彩虹系列对 1999 版进行了完善升级与扩充编写。同时，FIDIC 提出了合同五项黄金准则。

合同评审是防范合同风险、优化合同条件的重要一环。合同评审中要关注合同要素的完整性、条款的公平合理性，确认合同条件是否符合东道国的法律法规、是否存在与项目图纸/量单/规范等相矛盾的内容等。工程承包合同评审过程中要重点评审合同中的工期条款、质量条款、设计条款、价格与支付条款、保函条款、保险条款、索赔条款、不可抗力条款、合同生效条款、法律适用及争议解决条款等，尤其是工期条款中的误期违约金、项目计价方式及价格调整机制、设计规范与标准、保函的性质以及是否可转让等，都需要企业法律顾问予以特别关注。

合同签署过程中要重点关注合同签约主体是否适格、合同签字人是否具有相应的授权、合同的用印程序是否合规等。

五是项目履约阶段法律服务。项目履约是国际工程承包项目全流程中最为重要的环节，也是风险最为集中的环节，企业法律顾问的参与必不可少。部分建筑类央企多年来一直推行项目法律顾问机制，成效明显。项目法律顾问的工作贯穿项目履约的全过程，这里着重强调项目法律顾问需要具备的五个意识。

（1）合约交底意识。在项目实施的前期，负责项目投标及合同谈判的人员应与项目法律顾问、项目合约人员做好合同的交底工作，将合同中的主要条款及其含义、项目报价及合同编制阶段的主要考量、合同存在的主要风险点向项目法律顾问及合约人员进行充分的交流，帮助其尽快掌握合同要领，在后续合同管理中能够有的放矢。

（2）合约索赔意识。国际工程管理中，有着非常严格的索赔程序，一旦未能按照索赔程序的要求提起索赔，有可能对承包商的索赔权利产生致命影响。例如，未按索赔时限提起索赔，有可能会导致索赔权利的丧失；索赔文件的准备未能符合合同要求，也会对索赔的效果大打折扣。因此，项目法律顾问及合约人员需强化索赔意识、关注索赔程序、重视索赔文件，严格按照合同约定的时限和文件准备要求提交索赔资料，保障索赔权利及时有效地得到主张。

（3）证据整理意识。"证据决定成败"，过程资料的完整收集与保存，不仅能够保障项目的顺利实施，对于事后可能发生的索赔、诉讼甚至复工都至关重要。项目法律顾问应树立"一笔以丧企、一笔以兴企"的证据意识与危机意识，认真做好过程文档的制作、收集、保管及移交工作。在合同执行过程中，对他方的违约行为，尽可能采用书面形式予以固定和保存。

（4）善于运用多种机制维护自身权益的意识。良好的履约并不意味着一味地忍让，在己方权益受到侵犯、通过协商难以解决的情况下，企业法律顾问要善于运用合约及法律赋予的武器，如及时提出索赔、提交争议委员会进行裁决、行使停工权、行使合同终止权、提起诉讼或仲裁、行使优先受偿权或留置权等。当然，上述权利的行使必须是在符合合同及法律规定的前提下进行。特别需要强调的是，常设的争议裁决委员会（DAB）因其中立性、及时性、专业性越来越广泛应用于国际工程承包项目中，对于及时解决争议、顺利推动项目起到了十分重要的作用。

（5）合规管理的意识。合规管理意识应贯穿国际工程承包企业海外经营的全过程，前面已经强调了公司治理、项目投标过程中的合规管理，这里着重强调履约阶段的合规管理。企业法律顾问应检索识别东道国法律法规、合同文件等中所包含的承包商合规义务，并确保合规义务得到履行，避免不合规行为的发生。项目履约阶段的合规管理主要应聚焦项目质量、环境、安全、劳动用工及职业健康、分供商招采等重点领域。

六是争议解决阶段法律服务。由于案件标的额较大，个别案件的处理还会涉及国家政治影响等特点，海外法律纠纷案件一直以来都是国际工程承包企业法律管理的重中之重。

案件策划是案件管理最为重要的环节，也是决定案件成败的重要因素。案件策划主要包括对于争议事项的评估、解决策略的选择、律师的选聘以及最终的审批决策等工作。但从广义来讲，其实从最初合同文本中争议解决方式的选择开始，已经渗透了案件策划的理念。在合同签署时，就应对争议解决方式的选择十分重视。企业法律顾问要充分考虑诉讼与仲裁在时间、成本、公正性等方面的差异性，选择最为适合的争议解决方式。通常情况下，选择国际知名仲裁机构进行仲裁，对于案件的公平公正处理更有保障。值得注意的是，案件策划并非一成不变，往往在案件的推进过程中，随时根据案件的进展情况，分析和调整可能采取的解决策略，如在仲裁或诉讼过程中，经常以打促谈，最终通过和解结案。

（三）投后运营中的企业法律顾问怎么做

党的二十大报告提出，要培育具有全球竞争力的世界一流企业。应当看到，世界一流企业不仅在技术创新、产品研发、营销服务等方面具有一流实力，还要在法律管理建设方面独树一帜。在国际竞争新规则与激烈的竞争状况下，企业需要加快提升境外经营管理力度，如此才能真正形成具有国际竞争力的世界一流企业。21世纪初，欧美国家开始加大执法力度，引导企业强化运营管理。与此同时，各国际组织也纷纷出台指引，促进企业加强运营管理。一批在行业内领先的跨国公司率先加强合规管理，在国际市场上形成了新的竞争优势——运营管理竞争力。中国企业应当针对境外运营重点领域开展有效管理，增强企业自身竞争力。

项目在进入运营阶段后，可能会产生项目合规性风险、合同条款风险、印章管理风险、签证与索赔管理风险、项目管理风险、用工风险、项目回款风险、诉讼风险、反腐败风险及财税风险等典型风险，涉外企业法律顾问需在日常工作中对此予以识别和应对。

1. 建立项目全过程法律管理机制

运营项目法务管理应从招标文件评审、投标文件评审、合同文本评审、合同谈判、合同签订、授权管理、合同交底、合同策划、合同责任分解、合同变更与索赔、合同过程关键资料管理、项目停工、合同解除、项目结算、项目诉讼等关键环节进行介入，主动融入项目管理，确保项目过程环节风险有效化解。

2. 抓好项目关键资料管理

要对招投标文件、中标通知书、施工合同及补充协议书、施工许可证、开工报告、复工报告、施工图纸会审、技术交底记录、测量定位记录、主体结构（分部分项）验收记录、施工日志、设计变更、洽商记录、分包招投标文件、包分供合同、建设工程竣工验收报告（建设方组织四方验收）、建设方未经竣工验收而实际使用的证据文件、竣工图（包括智能建筑部分）、工程质量保修书、工程变更指令、会议纪要等、签证与索赔等证据文件（通知书、补偿报告等）、关于工期顺延及费用补偿的签证、会议纪要、工程结算报告（含提交时间证明文件）、工程质保方面的证据（含质量缺陷、费用支出等）等多项关键资料进行归档与整理，确保合同效力、工期、质量、价款、安全等方面的诉求有证据支持。

3. 推行项目法律顾问制度

项目法律顾问由总部委派的专兼职法务人员、分支机构专兼职法务（商务）人员、聘请的外部法律顾问等担任。项目部商务负责人主管法律工作，商务管理部门为法律工作的归口部门。项目法律顾问应至少在以下范围内开展工程项目法律事务管理工作，如工程项目法律文书管理；参与起草、审核往来函件等工作；协助项目规范用印与授权管理；协助或牵头合同起草、交底工作；参与变更、签证、索赔与反索赔、结算等审核工作；牵头合同变更、中止、解除等管理工作；协助或牵头处理法律纠纷；组织开展项目普法培训等。

4. 开展项目法律事务考核

根据运营项目实际管理水平，从法律纠纷案件管理情况、法律工作基础资料上报情况、法律管理体系建设情况、项目法律顾问制度实施情况、项目法律事务管理实施情况等维度设计考核指标及权重，确保考核引导管理提升。对项目部因管理不善导致企业被法院采取保全措施、纳入失信人名单、未及时上报新增案件的采取一票否决。

5. 建立项目法律风险集中论证机制

一些重大事项法律风险防范超过企业法务部门知识、能力、经验等范畴时，应借助外部智囊提供解决方案。项目履约中涉及行使停工权、合同解除权、索赔权、诉讼权等，应召集三家以上律师、投行、评估、财务等中介机构进行充分论证，综合专业机构意见形成法律意见提交公司决策。

6. 做好项目合规运行常态化检查

要系统梳理项目风险易发点，开展对授权管理、合同管理、分包管理、人力资源管理、资料管理五个方面进行检查。（1）授权管理主要检查：印章是否保管在保险柜；印章使用是否履行登记、审批手续；印章是否建立专人保管机制；项目经理职权是否明确；项目经理与现场代表是否分离；是否建立项目签证与索赔管理制度；对上签证与索赔是否按合同执行；对下签证与索赔是否按分包合同执行。（2）合同管理主要检查：合同是否交底；合同责任是否分解；合同台账是否建立；合同是否由专人保管；变更与解除是否履行审批程序。（3）分包管理主要检查：分包合同是否采用示范文本；分包合同是否建立台账；分包合同是否采取招投标程序；是否存在未签订分包合同就许可分包商进场；分包合同是否经过评审程序；是否推行农民工实名制；是否检查分包商存在转包、违法分包等情形；分包商合格供应商名录是否建立。（4）人力资源管理主要检查：是否与员工签订劳动合同、是否建立考勤制度；是否按合同支付工资、是否及时缴纳社保；员工及农民工工伤是否及时申报；是否建立人力资源台账。（5）资料管理主要检查：是否设置专兼职资料管理岗位；资料管理是否建立台账资料；是否及时进行归档资料；是否建立与实施管理程序；是否建立发文簿与收文簿往来文件；是否及时提交双方签字确认。

7. 做好项目诉讼策划

要推行"凡诉讼必策划、凡开庭必出席"的诉讼管理理念，在诉讼前，要召集项目部商务人员、工程人员提供项目资料，描述项目过程管理情况，明确项目争议焦点。提前做好诉讼保全程序，防止转移财产。推行律师服务"背靠背"模式，在企业律师库中选取三家以上律师事务所为项目诉讼提供诉讼策略，综合评估案件未来走向。诉讼中，要推行"1+1"模式，即律师事务所委派一名专业律师，运营项目委派一名法务（商务）人员，通过双派模式既可以培养企业人员诉讼水平，明确案件事实，又可以监督律师是否存在牺牲委托人利益的情形。

**（四）涉外企业法律顾问队伍建设**

党的十八大以来，我国涉外法律服务业取得长足发展，涉外法律服务业务不断拓展，法律服务业对外开放有序推进，涉外法律服务人才队伍不断壮大，为维护我国公民、法人在海外正当权益、促进对外开放发挥了重要作用。当前，我国正处于全面建成小康社会决胜阶段。我国经济发展进入新常态，经济全球化深入发展，"一带一路"倡议实施以及企业"走出去"的浪潮，为我国涉外法律服务业创造了难得的历史机遇，同时也带来了新的挑战。

近年来，在国家"走出去"的引领下，我国企业以雄厚的资本能量，纷纷走出国门寻求合作。但部分中国企业在海外经营中，也遭遇了法律准入、合规经营、产品质量、规范标准等方面的纠纷和损失。从我们"走出去"的实际情况来看，主要存在以下问题：一是部分中国企业缺乏合规意识，不熟悉、不理解海外规范标准，企业内法律人才不足，长期依赖外国律师；二是中国的企业在"走出去"的过程中，特别是业务接洽方面，还存在"我方人员谈业务，外方律师谈规则"的现象；三是我国企业的律师通常只关注法律条文，对企业具体业务和当地风土人情并不熟悉，导致在沟通、协调关系方面不顺畅；四是在国际工程中，我国承包商、分包商能交出高质量的工程，但在涉及索赔事项时，由于对方（甲方）本身存在的地位上的优势以及相关的利益关系，而导致索赔无法顺利取得的情况时有发生；五是有些国家的企业律师善于到当地政府进行"游说"从而影响政策，间接导致中方企业在竞争中处于劣势。

这些问题背后的原因主要是中国企业对海外风险认识不足，对涉外法律人才的重视程度不够，人才选用机制不够灵活等。涉外企业法律顾问队伍的建设是保障企业在境外依法合规经营，强化重点领域风险防范应对能力，推动企业在境外法律风险、合规管理各项工作中扎实开展、取得实效，加快建设世界一流企业的有力支撑与保障。目前，我国急需一批具有扎实国际法律功底、丰富海外业务经验、熟悉企业管理和公司业务、认同企业文化的涉外法律人才。为此，拟从企业内部法律顾问管理及外部协调支持方面提出探索建议。

1. 内部法律顾问管理方面

一是推行"业法同为"的法务经理机制。推行法务经理制，为每个项目和资产配备专属法律合规人员，从项目立项开始便全程参与涉外业务开拓与海外资产运营支撑，对境外存量并购、绿地开发投资、境外资产运营全业务场景、全生命周期、全业务流程提供有效法律支撑，锻造既懂法律又懂业务的多专多能法律人才。

二是强化双系统涉外法律人才培养。推进法律、合规人才队伍一体化培养，锻造能服务境外资产运营、熟悉境内、境外双系统管理的涉外业务法治合规人才队伍。增强境外法律合规专业力量，境外全资、绝对控股公司均配置中方法律合规人员，创造海外一线锻炼实战机会。

三是针对海外法律人员派出难的问题，各企业可以采取外派法律人员、聘用属地化法律人员、吸收国外留学生等多种方式来解决。前方项目法律顾问由当地法律执业人员与企业外派法律顾问共同组成，可以在熟悉当地法律环境、有效提供东道国法律支持的同时，兼顾企业内部管理体系的相关要求。

四是参照国有企业总法律顾问制度，一方面要求国有企业境外投资经营必须配备属地总法律顾问进入公司经理层，全链条参与公司各类业务及谈判、决策等；另一方面优化人才选用机制，建立职业经理人制度，实施市场化选聘、契约化管理、差异化薪酬。

五是打造专业突出的高素质法律人才队伍。应当注重多元化专业技能，既了解所处行业的特点和风险，为企业提供针对性的法律建议，又具备不同领域的法律知识；注重国际法律实操经验累积，熟悉国际司法惯例和不同司法体系的运作；注重多语言交流能力，以与国际客户和合作伙伴进行有效沟通和合同谈判；注重跨文化交流技巧，了解跨文化及国际交流技巧；注重团队合作能力，公司总部、本部和前方项目法律顾问之间，法律团队与企业其他部门之间，均应该协调紧密合作，共享信息，相互支持，确保法律合规融入企业整体战略。

2. 外部协调支持方面

一是完善工作机制。由中华全国律师协会在国内律师和中国企业之间搭建平台，选拔专业律师轮流派遣到"一带一路"共建国家的中资企业，在我国企业"走出去"的过程中提供更优质的服务。

二是教育部门出台措施加强与企业合作。从法学院大四学生中，有计划地定向委培一批涉外法律人才，在企业境外机构实习，毕业后定向输送国外工作。

## 三、加强涉外企业法律顾问服务的进一步思考

伴随着"一带一路"倡议的深入推进，与"一带一路"建设相关的国际工

程、国际投融资、国际贸易、知识产权国际保护与国际技术转让、国际税收、国际商事争端解决等领域的跨境法律服务需求不断增长。同时，我们也看到，具有国际视野、通晓国际规则、善于处理涉外法律事务的国际化律师、企业法律顾问和相关领域的领军人物还比较匮乏，法律服务队伍整体跨境服务能力和国际竞争力亟待进一步提升。

新形势下，加强涉外法律服务人才队伍培养建设，是全面提升我国跨境法律服务竞争力、积极促进"一带一路"高质量发展、更好地维护国家安全与利益以及"走出去"中国企业合法权益的迫切需要，也是向世界彰显我国全面推进依法治国水平的重要举措。为此，有以下几个方面的完善建议。

## （一）动态前瞻应对宏观环境变动合规风险

涉外企业需要采取相应防范措施，应对宏观环境变动合规风险：一是密切跟踪相关重点国家及地区的法律合规监管动态，及时收集汇总全球一线法律合规信息，加强风险监测和预警，紧跟法规政策动态、执法趋势、前沿典型案例，从业务开展和经营管理视角开展法律合规风险动态分析研判。二是搭建全球合规信息库，聚焦重点国别及地区的重要合规领域与关键业务环节，全面梳理基础规范性文件及合规动态政策资讯与指南，打造覆盖面广、时效性高、针对性强的全球合规信息库，为优化涉外业务战略布局、预先识别风险、谋划应对策略提供有益参考。

## （二）加大涉外法律顾问队伍建设力度

明确涉外法律服务人才队伍是我国参与国际治理体系、开展"一带一路"国际合作的重要力量。加强涉外法律服务人才队伍培养建设应从以下方面着力：建立涉外法律服务人才队伍建设资源统筹、部门协作的工作机制；完善跨学科人才培养模式，建立法律服务机构与法学院校涉外法律服务人才联合培养机制；对涉外法律服务从业人员考取境外相关执业资格证、境外继续教育进修等给予奖励；对法律服务机构组织开展的涉外法律服务人才培训项目给予财政补贴；将涉外法律服务专业人员纳入人才直接落户重点产业支持范围，加大对符合条件的涉外法律服务机构人才落户的支持力度；鼓励和支持法律服务机构大力引进具有外国法律知识和丰富的国外法律环境执业经验的高层次专业人才，简化海外人才居留证件、人才签证和外国专家证办理程序。

### （三）推进法律服务国际化

国际化是人类社会发展的时代潮流，也是法律服务行业的前进方向。建议将探索法律服务国际化上升为国家战略的组成部分，把推进法律服务国际化与为"一带一路"提供坚实法治保障紧密结合，立足新发展阶段，贯彻新发展理念，构建新发展格局，研究制定法律服务国际化发展纲要，积极规划法律服务国际化发展的路线图，积极拓展涉外法律服务业务领域，为加强涉外法律服务人才队伍培养建设创造发展前提和基础条件。

### （四）培育国际一流法律服务机构

涉外法律服务机构是涉外法律服务人才队伍培养建设的重要平台，我国需要培育若干与大国地位相匹配、与促进"一带一路"高质量发展需求相适应的国际一流法律服务机构。建议制定业务国际化、客户国际化、管理规范化、专业分工化、机构规模化、执业网络全球化、合伙人人均创收及利润水平等方面的系统性评价指标体系和具体衡量标准，为培育国际一流法律服务机构提供清晰指引；加大政策扶持力度，给予涉外法律服务机构和高新技术企业同等的税收优惠待遇，鼓励法律服务机构通过海外合并、设立分支机构等方式建立全球化执业网络；对境外分支机构的开办投入资金抵扣本所在境内的应纳税所得额，同时在行政审批、出入境、外汇管理、法律业务跨境收支等方面健全便利化措施。

# 第四节　涉外商事仲裁服务

## 一、中国商事仲裁基本法律框架

### （一）立法和司法解释

我国有关商事仲裁的基本法律包括：

（1）《仲裁法》，其适用于国内仲裁和涉外仲裁；（2）《民事诉讼法》，其适用于国内仲裁、涉外仲裁的法院司法审查程序和外国仲裁裁决的法院承认和执行程序。其他一些法律对商事仲裁亦有规定，如《民法典》规定对于因重大误解、欺诈、胁迫或者显失公平的民事法律行为，可以请求仲裁机构予以撤销；仲裁机构亦可以根据当事人的申请变更或者解除合同、对违约金进行调整。

中国是 1958 年加入《承认及执行外国仲裁裁决公约》（以下简称《纽约公约》）的缔约国。中国于 1987 年 1 月 22 日加入《纽约公约》，自 1987 年 4 月 22 日起生效。

除了法律之外，最高人民法院自 2006 年以来发布了一系列关于适用仲裁法的司法解释，包括但不限于《最高人民法院关于适用〈中华人民共和国仲裁法〉若干问题的解释》（以下简称《仲裁法解释》）、《最高人民法院关于仲裁司法审查案件报核问题的有关规定》、《最高人民法院关于人民法院办理仲裁裁决执行案件若干问题的规定》（以下简称《关于执行裁决的司法解释》）等。

在现有的中国仲裁法律制度下，商事仲裁分为三类：国内仲裁、涉外仲裁和外国仲裁。国内仲裁是指其中涉及的所有要素都是国内的，即在中国境内的仲裁。涉外仲裁是指涉及外国因素，由在中国仲裁机构管理的仲裁。外国仲裁是指仲裁地位于中国境外的仲裁。

## （二）《仲裁法》与《贸易法委员会示范法》[1]的比较

由联合国国际贸易法委员会（UNCITRAL）于 1985 年制定并于 2006 年修订的《贸易法委员会示范法》是国际公认的现代仲裁法。中国《仲裁法》在制定时虽然未直接以《贸易法委员会示范法》为蓝本，但在当时立法部门已经考虑到《贸易法委员会示范法》，其中的许多基本原则已经在《仲裁法》中得到采纳。例如，当事人意思自治、仅基于当事人仲裁协议的仲裁管辖权、仲裁协议的独立性和可分离性、通过有效的仲裁协议排除对争议的是非曲直的司法管辖权、仲裁非公开性、仲裁裁决在法院的可执行性以及仲裁裁决的终局性。但是，《贸易法委员会示范法》和《仲裁法》之间也有明显的区别。最重要的区别有以下几个方面。

---

〔1〕《贸易法委员会示范法》全称为《联合国国际贸易法委员会国际商事仲裁示范法》，为行文方便，后文均使用简称。

1. 有效仲裁协议的内容不同

根据《仲裁法》第16条和第18条的规定，有效的仲裁协议应包含：（1）申请仲裁的意思表示；（2）仲裁事项；以及（3）当事人选定的"仲裁委员会"，该委员会通常被公认为等同于"仲裁机构"。然而，《贸易法委员会示范法》并未要求仲裁协议中必须指定仲裁机构。根据《贸易法委员会示范法》第2（a）条规定，"仲裁"是指无论是否由常设仲裁机构进行的任何仲裁，其中第7（1）条规定，"仲裁协议"是指当事各方同意将在他们之间确定的不论是契约性或非契约性的法律关系上已经发生或可能发生的一切或某些争议提交仲裁的协议。仲裁协议可以采取合同中的仲裁条款形式或单独的协议形式。

虽然《贸易法委员会示范法》既允许临时仲裁，也允许机构仲裁，但现行中国法律被解释为要求只能在中国进行机构仲裁。在中国境内进行的境内和涉外国际仲裁均适用指定仲裁机构的要求，但这一要求不影响在中国境内承认和执行由中国境外的临时仲裁庭作出的仲裁裁决。

事实上，要求选定仲裁机构是中国《仲裁法》的一个独特之处，也是现行《仲裁法》与《贸易法委员会示范法》之间的显著区别。除非当事人已订立补充协议或可以根据选定的仲裁规则确定仲裁机构，否则仅在仲裁协议中指明适用的仲裁规则可能不足以反映当事人对该仲裁机构已经进行了选定。值得注意的是，2021年中华人民共和国司法部发布的《仲裁法（修订）（征求意见稿）》已经不再将指定仲裁机构作为仲裁协议有效的要件之一。

2. 仲裁庭裁定其自身管辖权的权限不同

根据《贸易法委员会示范法》第16（1）条的规定，仲裁庭可以对它自己的管辖权，包括对仲裁协议的存在或效力的任何异议作出裁决，这被称为"自裁管辖权"原则。根据《仲裁法》第20条的规定，对仲裁协议的效力问题作出裁决的不是仲裁庭而是仲裁机构。普遍认为，这一规定可以解释为赋予仲裁机构决定对仲裁的所有管辖权异议的权力。

实践中，一些中国的仲裁机构在其仲裁规则中创造性地将其管辖权异议的决定权授权给仲裁庭，仲裁庭通常更有能力作出这样的决定，并以有关仲裁机构的名义作出。这种做法可以在《上海国际经济贸易仲裁委员会（上海国际仲裁中心）仲裁规则》（以下简称《上海国际仲裁中心仲裁规则》）等仲裁规则中找到。

3. 对仲裁管辖权提出异议的时限不同

根据《贸易法委员会示范法》第16（2）条的规定，有关仲裁庭无权管辖的抗辩不得在提出答辩书之后提出。根据《仲裁法》，如果当事人对仲裁协议的效力有异议，应当在仲裁庭首次开庭前提出。换言之，与《贸易法委员会示范法》相比，被申请人根据中国法律对仲裁管辖权提出异议的期限更晚，在仅提供文件仲裁的仲裁中，中国法律对文件仲裁管辖权提出异议的时限没有规定。

4. 临时措施和初步命令不同

根据《贸易法委员会示范法》第17条的规定，仲裁庭可应一方当事人的申请准予采取临时措施和下达初步命令。根据《仲裁法》第28条和第46条的规定，当事人申请临时保全措施或者证据保全令的，仲裁机构应当根据民事诉讼法的规定向有管辖权的法院提出申请，仲裁庭和仲裁机构均无权准予采取临时保全或保全证据的措施。根据《贸易法委员会示范法》，临时措施有四类，而《仲裁法》仅述及保全资产和证据的临时措施问题。根据《仲裁法》，仲裁庭没有关于初步命令可以下达的规定。目前尚不清楚设在中国的仲裁庭是否能够采取临时措施，以维持或恢复现状，或防止或不采取可能对仲裁程序造成当前或迫在眉睫的损害或损害的行动。

5. 仲裁庭首席仲裁员的指定不同

根据《贸易法委员会示范法》第11（3）（a）条的规定，在有三名仲裁员的仲裁中，每一方当事人应指定一名仲裁员，由此指定的两名仲裁员应指定第三名仲裁员。根据《仲裁法》第31条的规定，第三名仲裁员（首席仲裁员）由当事人共同选定，或者由双方当事人共同委托管理仲裁程序的仲裁机构主任指定。为了实施法律，一些仲裁机构通过规则授予机构负责人直接指定首席仲裁员的权力；另一些国家采取的做法则是，该机构将提供一份候选人名单供各方选择。

6. 调解与仲裁的结合不同

《贸易法委员会示范法》没有关于调解的规定（贸易法委员会通过了一项单独的《国际商事调解示范法》），而《仲裁法》第7条、第51条和第52条规定对同一纠纷进行调解和仲裁。仲裁庭可以休庭仲裁程序，以便在休庭前经当事人同意的情况下调解争议。传统观念认为，仲裁和调解并不矛盾，它们可以共同促进当事人的和解。

通常，在实践中发生的情况是，在口头听证会即将结束时，仲裁庭在充分了解双方之间发生的事情后，认为有可能友好解决双方之间的争议，并且会根据仲裁规则邀请当事人考虑他们是否希望仲裁庭仲裁员调解他们的争议以达成和解协议。调解作为"不妨碍"的程序，在决定是否接受之前，会仔细向各方解释。除非当事人了解调解的法律后果并同意，否则不会进行调解。换句话说，底线是当事人同意调解。这种"最后的推动"产生了积极的结果。但是，如果当事人同意调解但努力调解不成功，仲裁庭将恢复仲裁程序并立即作出裁决。任何参与者在调解过程中所说的或承诺的任何内容均不得被任何一方或仲裁庭依赖。这也被称为 Arb-Med-Arb 实践。

中国的"仲裁—调解—仲裁"实践受到普通法司法管辖区的强烈批评，法律从业者坚信仲裁应与调解分开，以遵守一些基本法律规范，如正当程序。意识到普通法界的批评，中国仲裁界提出了一些调整。例如，上海国际仲裁中心在 2014 年施行的《中国（上海）自由贸易试验区仲裁规则》（以下简称《自贸区仲裁规则》）中就首创了仲裁程序中的调解员调解制度，即在仲裁庭组成之前，当事人可以申请由仲裁机构指定调解员进行调解；除非当事人同意，否则调解员不得再担任后续仲裁案件的仲裁员；仲裁庭组成后，调解员即移交案件。

### 7. 仲裁庭的决定不同

《贸易法委员会示范法》规定[1]，除非当事人另有约定，否则对案件是非曲直的裁决应由仲裁庭的过半数作出，而程序问题则可由首席仲裁员决定，但须经当事各方授权或仲裁庭全体成员同意。根据《仲裁法》第 53 条的规定，同样的原则适用，即仲裁庭的决定由仲裁庭多数作出，仲裁庭不能形成多数意见的，应当按照首席仲裁员的决定作出仲裁裁决。

---

〔1〕《贸易法委员会示范法》第 29 条规定：在有一名以上仲裁员的仲裁程序中，除非当事各方另有协议，仲裁庭的任何决定，均应由其全体成员的多数作出。但是，如果有当事各方或仲裁庭全体成员的授权，首席仲裁员可以就程序问题作出决定。

8. 裁决的解释不同

虽然《贸易法委员会示范法》和中国《仲裁法》都规定在收到裁决后30日内更正裁决中的错误，但只有《贸易法委员会示范法》对裁决的解释作出了规定。[1]

9. 撤销裁决的理由不同

与原则上只关注国际商事仲裁的《贸易法委员会示范法》不同，《仲裁法》将国内仲裁与涉外仲裁和外国仲裁区别开来，从而形成了一种双轨制。涉外仲裁裁决可以根据本条规定的理由予以撤销。《民事诉讼法》第291条所指的与《仲裁法》第70条所述理由相似。《仲裁法》规定的撤销仲裁裁决理由还包括作出仲裁裁决所依据的证据是伪造的，或者另一方当事人隐瞒了证据，以至于仲裁的公正性受到影响。根据《仲裁法》，中国法院无权撤销外国裁决，但可以基于有限的理由拒绝承认和执行外国裁决。

10. 申请撤销裁决的期限不同

不服仲裁裁决的当事人根据《贸易法委员会示范法》第34条[2]申请撤销裁决的期限为该当事人收到裁决后的3个月，而根据《仲裁法》第59条的规定，提出此种申请的期限为6个月。

11. 争议的重新仲裁不同

《仲裁法》第61条规定，法院在接受撤销裁决申请后认为仲裁庭可以重新仲裁的，应当通知仲裁庭在规定期限内重新仲裁，并责令终止撤销程序。对于如何行使将案件发回仲裁庭重新仲裁的司法自由裁量权，没有明确的法定指导，但法院可以考虑以下因素：（1）裁决中的缺陷是否可以通过重新仲裁相对容易地纠正；（2）裁决总体上对当事人是否公平，是不是争议的合理解决

---

〔1〕《贸易法委员会示范法》第33条规定：（1）除非当事各方已就另一期限达成协议，在收到裁决书后三十天内：（a）当事一方可以在通知另一方后申请仲裁庭改正裁决书中的任何计算错误、任何抄写或排印错误或任何类似性质的错误；（b）如果当事各方有此协议，当事一方可以在通知当事另一方后申请仲裁庭对裁决书的具体一点或一部分做出解释。如果仲裁庭认为此种申请合理，它应在收到申请后三十天内作出改正或加以解释。解释应构成裁决的一部分。

〔2〕《贸易法委员会示范法》第34条第（3）项规定：提出申请的当事一方自收到裁决书之日起，三个月后不得申请撤销；如根据第33条提出了申请，则从该申请被仲裁庭处理完毕之日起三个月后不得申请撤销。

办法；（3）重新仲裁是否比撤销裁决更符合公正和节省费用的目的。中国的重新仲裁制度在某种程度上类似于《贸易法委员会示范法》第 34（4）条规定的制度。[1]

## 二、中国商事仲裁的发展

诉诸仲裁解决商业纠纷在中国进出口贸易领域历来很受欢迎。仲裁条款可以在许多外贸合同中找到，无论是货物、技术还是服务。中国国际经济贸易仲裁委员会、上海国际仲裁中心（原名"中国国际经济贸易仲裁委员会上海分会"）、深圳国际仲裁院（原名"中国国际经济贸易仲裁委员会华南分会"）和中国海事仲裁委员会是 1994 年《仲裁法》颁布之前在中国根据当事人的仲裁协议解决商业纠纷的仲裁机构。

自 1978 年中国开始实施开放政策以来，中国国际经济贸易仲裁委员会及其上海分会和华南分会一直发挥了重要作用，导致外国直接投资涌入中国，许多外国投资者选择这三家仲裁委员会作为与中国合作伙伴在中国建立合资企业的合同中的仲裁机构。外贸纠纷和外商在中国的直接投资纠纷是提交这三家仲裁委员会仲裁的两种主要争议类型，20 世纪 80 年代和 20 世纪 90 年代每年最多有数百起案件。

1978 年至 1994 年，当中国走上从计划经济向市场经济转变的道路时，仲裁也被用来解决某些类型的国内商事纠纷，如"经济合同"和"技术合同"引起的纠纷。但是这些仲裁并非基于当事人的仲裁协议，不满意的一方可以要求法院再次就同一争议作出裁决。

自 1995 年《仲裁法》施行以来，商事争议仲裁在中国发展迅速。1995 年至 2022 年，仲裁申请以每年 30% 的速度增长，仲裁总数超过 270 万件。仅 2018 年，新的仲裁申请就超过 540 000 次。截至 2022 年年底，中国共有 277 家仲裁机构，涉及仲裁工作的人员约 6 万人次。仲裁在中国确实越来越受欢迎，与仲裁相关的活动，如会议、研讨会和培训计划由仲裁机构、律师事务所、政府机

---

[1]《贸易法委员会示范法》第 34（4）条规定：法院被申请撤销裁决时，如果适当而且当事一方也要求暂时停止进行撤销程序，则可以在法院确定的一段期间内暂时停止进行，以便给予仲裁庭一个机会重新进行仲裁程序或采取仲裁庭认为能够消除申请撤销裁决的理由的其他行动。

构和其他仲裁从业人员频繁组织。

在中国施行的是机构仲裁制度，即由仲裁机构根据一定的仲裁规则进行程序管理。有时，当事人指定中国仲裁机构为管理仲裁机构，同时选择其他仲裁规则予以适用。在这些情况下，中国的仲裁机构也将尊重当事人的选择，并根据当事人选择的规则提供服务，但为了使仲裁机构能履行其他规则所提供的职能，可能会需要当事人配合对其他的仲裁规则进行一些修改。

《仲裁法》生效后，除三家贸仲系仲裁机构、中国海事仲裁委员会和劳动争议仲裁机构外，所有设立在行政机关内的仲裁机构均已不复存在。根据《仲裁法》逐步建立新的仲裁机构。截至 2022 年年底，包括中国国际贸易促进委员会设立的仲裁机构和全国省会城市和较大城市共设立仲裁委员会 277 个。所有中国仲裁机构对商事争议享有类似的管辖权，主要区别仅在于其经验、声誉和案件量。

2018 年以来，最高人民法院切实贯彻中共中央办公厅、国务院办公厅《关于建立"一带一路"国际商事争端解决机制和机构的意见》重大部署，建立了诉讼与调解、仲裁有机衔接的"一站式"国际商事纠纷多元化解决机制（以下简称"一站式"机制）。最高人民法院先后分两批将中国国际经济贸易仲裁委员会、上海国际经济贸易仲裁委员会（上海国际仲裁中心）、深圳国际仲裁院、北京仲裁委员会/北京国际仲裁中心、中国海事仲裁委员会、广州仲裁委员会（广州国际仲裁院）、上海仲裁委员会、厦门仲裁委员会、海南国际仲裁院（海南仲裁委员会）、香港国际仲裁中心十家仲裁机构以及中国国际贸易促进委员会调解中心、上海经贸商事调解中心两家调解机构纳入"一站式"机制。

更好地发挥"一站式"国际商事纠纷多元化解决平台（以下简称"一站式"平台）的解纷指南、评估引导、程序衔接、辅助保障的功能，2023 年 12 月 22 日，最高人民法院发布《"一站式"国际商事纠纷多元化解决平台工作指引（试行）》（以下简称《工作指引》），自 2024 年 1 月 30 日起施行。《工作指引》是最高人民法院贯彻落实习近平总书记关于加强涉外法治建设重要讲话精神，统筹推进国内法治和涉外法治的具体举措，是支持高质量共建"一带一路"八项行动的生动实践，对优化诉讼与调解、仲裁有机衔接的国际商事纠纷多元化解决机制，发挥"一站式"平台功能，打造国际商事纠纷解决优选地具有重要现实意义。《工作指引》旨在解决国际商事纠纷多元化解决机制建设中的堵点难点问题，用顺畅的系统对接、高效的机制衔接、规范的流程设计，实现"一站式"信息化平台的迭代升级。《工作指引》第19条至第24条，对涉及"一站式"国际商事仲裁机构的当事人申请仲裁、仲裁保全的对接、仲裁保全的处理以及仲裁司法审查案件办理流程等作出了明确规定。对于符合《工作指引》的国际商事纠纷，当事人可以通过"一站式"平台向国际商事仲裁机构申请仲裁，并可以通过平台向国际商事法庭申请仲裁保全、申请撤销内地仲裁裁决或者申请认可和执行境外仲裁裁决。此外，《工作指引》依据相关法律和司法解释的规定，还明确国际商事法庭作出仲裁司法审查裁定并送达当事人后，通过平台将裁定书送交仲裁机构。上述举措有力支持当事人选择仲裁，健全完善仲裁与司法之间的交流沟通机制，体现了人民法院支持和保障仲裁事业健康发展的坚定司法立场。

## 三、中国商事仲裁中的仲裁协议

### （一）协议的形式和内容

根据《仲裁法》第16条规定，仲裁协议应当包括申请仲裁的意思表示、仲裁事项和选定的仲裁委员会，其中最后一个要求在其他司法管辖区的仲裁法中几乎不存在。未指定仲裁机构的仲裁协议（适用中国法律）应被视为无效，除非当事人修改，或者可以根据当事人选择的仲裁规则确定仲裁机构。根据《仲裁法解释》[1]，仲裁协议中任何形式上的缺陷都可以通过当事人之间的补充协议加以纠正。

此外，如果能够从不完全准确的名称中合理地确定指定仲裁机构，或者仲裁协议规定将仲裁提交约定地点的仲裁机构，而该地点只有一个仲裁机构，则认为符合指定仲裁机构的要求。例如，《上海国际仲裁中心仲裁规则》第2条第4款规定："当事人在仲裁协议中订明由上海国际仲裁中心、上海国际仲裁中

---

[1]《仲裁法解释》第4条规定："仲裁协议仅约定纠纷适用的仲裁规则的，视为未约定仲裁机构，但当事人达成补充协议或者按照约定的仲裁规则能够确定仲裁机构的除外。"

心、中国国际经济贸易仲裁委员会上海分会仲裁的，由仲裁委员会进行仲裁。当事人在仲裁协议中订明由中国国际贸易促进委员会上海市分会/上海国际商会的仲裁委员会或仲裁院仲裁的，或由上海涉外经济贸易仲裁委员会仲裁的，或由中国（上海）自由贸易试验区仲裁院仲裁的，或由上海国际航空仲裁院仲裁的，或约定的仲裁机构名称可推定为仲裁委员会的，均视为同意由仲裁委员会进行仲裁。"

在 2012 年之前，根据《仲裁法》规定，最高人民法院将合同引起的争议提交根据《国际商会仲裁规则》进行仲裁的示范仲裁条款被最高人民法院解释为无效，理由正是因为没有选定仲裁机构。为此，国际商会 2012 年修订仲裁规则后专门加入了一个仲裁条款，用于涉及中国当事人的国际商会仲裁："由本合同引起的或与本合同有关的所有争议，应最终由国际商会的仲裁规则根据一个或多个上述规则任命的仲裁员解决。"

2012 年《国际商会仲裁规则》生效后，最高人民法院认定如果当事人选择适用《国际商会仲裁规则》，可以确定仲裁机构，即国际商会国际仲裁院，因为《国际商会仲裁规则》中包含了与上述《上海国际仲裁中心仲裁规则》类似的条款，因此国际商会示范仲裁条款自 2012 年以来一直被视为在《仲裁法》下有效。

最高人民法院也明确承认，《仲裁法》中的"仲裁委员会"可以理解为"仲裁机构"，而不仅限于那些在中国政府机构注册的中国仲裁委员会。在合同的仲裁条款中指定外国仲裁机构将满足本法第 14 条的要求。《仲裁法》第 16 条规定，有效的仲裁协议应当包括选定的"仲裁委员会"。

## （二）仲裁协议主体

### 1. 限制

对于可以诉诸仲裁的自然人或法人，没有法定限制。没有能力签订仲裁协议的个人可以在代理人的帮助下签订仲裁协议。从理论上讲，公司或非法人实体可能受到其公司章程的限制而不得诉诸仲裁，但未有此类案例。

### 2. 破产

破产程序本身是中国法律规定的司法程序。在人民法院受理破产申请前已经订立有明确有效的仲裁协议、仲裁条款的，进入破产程序后，当事人仍然可以按照约定的仲裁程序解决争议。根据《企业破产法》第25条第7款，破产管理人应当代表债务人参加诉讼、仲裁或者其他法律程序。

3. 国家实体

中国法律不禁止国家及其下属机构签订仲裁协议，实践中存在行政机关作为一方当事人签订的合同，如特许经营合同、PPP合同等提交仲裁解决的案例。但这类合同的性质是民事协议还是行政协议，在实践中往往会存在"可仲裁性"的问题（下文详述），因为对于后者而言，根据《行政诉讼法》和相关司法解释，其中的仲裁条款会被认定为无效。

4. 多方当事人仲裁

中国《仲裁法》没有关于多方当事人仲裁的规定，但是中国仲裁机构的仲裁规则通常包括处理这一问题的条款。例如，《上海国际仲裁中心仲裁规则》第24条涉及仲裁中有两个或两个以上申请人和/或被申请人的多方当事人的仲裁庭组成问题，在这种情况下，申请人方和/或被申请人方应各自共同指定一名仲裁员或共同委托上海国际仲裁中心主任为其指定一名仲裁员。考虑到实践中可能出现的案外人加入和合并仲裁的情形，《上海国际仲裁中心仲裁规则》第30条和第31条亦作出了规定。

（三）仲裁事项

根据《仲裁法》第3条，下列纠纷不能仲裁："（一）婚姻、收养、监护、扶养、继承纠纷；（二）依法应当由行政机关处理的行政争议。"根据中国的法律规定，与个人的公私身份、家庭关系和继承直接相关的争议不被视为由私人争端解决机制处理的适当事项。

关于行政争议，如政府机构的行政决定的合法性是争议的主题，也被认为不适合通过仲裁解决。中国反垄断法既没有规定反垄断争议可以提交仲裁，也没有明确禁止。然而，《仲裁法》第3条规定，依法应当由行政机关处理的行政争议不能仲裁。据此，涉及政府机关反垄断问题行政决定的争议不得在中国进行仲裁。

关于知识产权争议，如果争议涉及中华人民共和国国家知识产权局的行政决定，如关于知识产权有效性的决定，则不得进行仲裁。但是，如果当事人同意，其他仅涉及私人主体当事方的争议，如有关许可协议或商标销售的争议，则可以进行仲裁。

### （四）仲裁条款的独立性

仲裁协议的可分离性或独立性原则为中国法律所承认。《仲裁法》第19条第1款规定："仲裁协议独立存在，合同的变更、解除、终止或者无效，不影响仲裁协议的效力。"因此，仲裁条款被视为独立合同（合同中的合同），其有效性将与构成条款的主合同的有效性分开确定。只要存在仲裁协议，即使主合同不存在，也可接受可分离性原则。

### （五）协议的效力

#### 1. 法院义务

根据《仲裁法》第5条规定，当事人达成仲裁协议，一方向人民法院起诉的，人民法院不予受理，除非仲裁协议无效、无法执行或无法履行。法院应驳回原告的申请，并将双方提交仲裁。但是，即使存在有效的仲裁协议，如果被告不反对法院对争议案件的管辖权并提出实质性抗辩，则双方将被视为已达成新的协议（关于在法庭上解决争议）并已撤销先前的仲裁协议。诉讼协议不需要采用书面形式。如果法院确定存在与未决争议有关的有效仲裁协议，法院有义务在不妨碍的情况下驳回申请，而不是中止诉讼。

#### 2. 法院审查仲裁协议

根据《仲裁法》第26条、《仲裁法解释》第15条的规定，申请法院裁定仲裁协议效力的，法院在听取双方意见后予以认定。法院通常没有必要超出其自身管辖权所需的范围确定仲裁协议效力。合同中存在仲裁条款的初步证据可能足够，也可能不充分，具体取决于个案的具体情况。例如，在合同上载有仲裁条款的签名据称是伪造的案件中，法院可以在调查并确定签名是否伪造后对其管辖权作出裁决。

在确定仲裁协议的有效性时，法院将确定适用于该协议的法律。适用的法律将是当事人选择的法律，如果没有选择，则为当事人约定的仲裁地法律，如果没有约定的仲裁地，则为法院地的法律。

#### 3. 向法院提出异议的时限

当事人虽有仲裁协议，但当事人仍向法院提起争议的，希望通过仲裁解决争议的被告必须在一审前向法院提出异议，并向法院出示仲裁协议。根据《仲裁法解释》第 14 条，《仲裁法》第 26 条规定的"首次开庭"是指答辩期满后人民法院组织的第一次开庭审理，不包括审前程序中的各项活动。从中可以看出，《仲裁法》对司法管辖权提出异议的时限比《贸易法委员会示范法》规定的时限要晚一些，后者要求不迟于提交答辩书提出异议。

4. 仲裁庭的职责

《仲裁法》与《贸易法委员会示范法》类似，法院都有权对仲裁管辖权的任何异议作出裁决。《仲裁法》没有具体规定仲裁庭在审理声称仲裁协议无效和对仲裁员管辖权提出疑问的申请时，是否应中止或继续仲裁程序，但《贸易法委员会示范法》第 8 (2) 条对此有涉及。在实践中，法院在受理类申请时，会向有关仲裁机构发出书面通知，确认仲裁协议的有效性问题已提交法院，并要求暂停仲裁程序，仲裁机构和仲裁庭始终尊重这一申请。

与《贸易法委员会示范法》第 8 条的规定和"自裁管辖权"的国际惯例不同的是，根据《仲裁法》第 20 条的规定，有权就对仲裁庭管辖权的异议作出裁决的不是仲裁庭，而是仲裁机构。如果向仲裁机构（如上海国际仲裁中心）申请决定仲裁协议是否有效，《上海国际仲裁中心仲裁规则》明确规定，尽管对管辖权有异议，仲裁庭仍应继续进行仲裁。实践中，上海国际仲裁中心可以自行对仲裁协议的有效性作出决定，或者视情况委托仲裁庭以裁决或决定的形式作出裁决。这种做法在某种程度上取得了类似于通过适用"自裁管辖权"原则所达到的结果。

5. 同意在国外仲裁

根据中国法律，如果争议涉及外国（意味着涉及外国因素），当事人可以自由约定将其争议提交中国或国外仲裁。然而，根据中国司法实践，将纯粹的国内争议提交中国大陆境外仲裁的协议不会由中国法院执行，最高人民法院迄今为止一直坚定地坚持这一政策。因此，关键是要确定争端是否涉及"外国因素"。当事人约定仲裁境外涉外纠纷的，中国法院认为仲裁协议有效后，按照当事人约定提交仲裁。无论当事人在何处同意通过仲裁解决其争议，中国法院的管辖权异议都适用相同的时限。

## 四、仲裁员

### (一) 任职资格

中国可能是对仲裁员实施最严格资格要求的国家之一。《仲裁法》第 13 条第 2 款规定:"仲裁员应当符合下列条件之一:(一) 通过国家统一法律职业资格考试取得法律职业资格,从事仲裁工作满八年的;(二) 从事律师工作满八年的;(三) 曾任法官满八年的;(四) 从事法律研究、教学工作并具有高级职称的;(五) 具有法律知识、从事经济贸易等专业工作并具有高级职称或者具有同等专业水平的。"外国仲裁员一般不受与中国仲裁员相同的严格资格要求。涉外仲裁委员会可以从具有法律、经济贸易、科学技术等专门知识的外籍人士中聘任仲裁员(《仲裁法》第 67 条)。实践中,国内仲裁委员会也邀请外国籍人士进入仲裁员名册。

#### 1. 任职限制

中国的现任法官、检察官没有资格成为仲裁员,但他们从职位上退休后可以被任命为仲裁员。

#### 2. 披露要求

被选定担任仲裁员的人有义务披露可能对其独立性或公正性产生怀疑的事实。事实上,所有在中国被指定为仲裁员的人在接受任命时都必须签署一份独立和公正的书面声明。仲裁员的书面声明是一种标准形式的独立和公正声明,一般性质的,不透露任何详细事实,由仲裁机构准备,争议将在其管理下进行仲裁,该声明将转发给当事人。

#### 3. 仲裁员名册

《仲裁法》第 13 条要求仲裁委员会根据不同专业组成仲裁员名册,此前中国仲裁界普遍认为仲裁委员会仲裁员名册中的人有资格被选定为案件的仲裁员。然而,这一结论并未得到《仲裁法》规定的明确支持。上海国际仲裁中心在《自贸区仲裁规则》中增加了一项规定,为当事人在仲裁员名册之外共同提名某人担任仲裁员创造了可能性。《自贸区仲裁规则》赋予上海国际仲裁中心确认联合指定的权利,如果不存在利益冲突或其他需要拒绝确认的情况,上海国际仲裁中心通常会尊重当事人对外部仲裁员的联合提名。

### (二) 仲裁员的选定

#### 1. 默认程序

根据《仲裁法》第31条的规定，当事人约定仲裁庭由三名仲裁员组成但未指定仲裁员的具体程序的，默认程序为当事人各选一名仲裁员或委托仲裁机构主任指定仲裁员，第三名仲裁员应由当事人共同选定，或由当事人共同委托的仲裁机构的主任指定。当事人约定独任仲裁员的，当事人应当共同选定该仲裁员或者委托仲裁机构主任选择该仲裁员；当事人协议中未约定仲裁庭组成办法的，由有关仲裁机构的主任代为指定。

《仲裁法》没有规定指定首席仲裁员的具体程序，而是允许各仲裁机构自行制定规则。比如，《上海国际仲裁中心仲裁规则》第22条第3款规定，双方当事人可以各自推荐一名至三名候选人作为首席仲裁员人选，并按照上述第2款规定的期限提交推荐名单。双方当事人的推荐名单中有一名人选相同的，该人选为双方当事人共同选定的首席仲裁员；有一名以上人选相同的，由仲裁委员会主任根据案件的具体情况在相同人选中确定一名首席仲裁员，该名首席仲裁员仍为双方共同选定的首席仲裁员；推荐名单中没有相同人选时，由仲裁委员会主任在推荐名单外指定首席仲裁员。

#### 2. 一方当事人未能指定

当事人未在仲裁规则规定的期限内指定仲裁员的，由仲裁委员会主任指定。中国的仲裁机构仲裁规则基本都遵循上述法律规定，但是，当事人指定仲裁员的权利通常受当事人约定的仲裁规则规定的时限。例如，根据《上海国际仲裁中心仲裁规则》，申请人和被申请人应各自在收到仲裁通知后15日内选定或委托仲裁委员会主任指定一名仲裁员。当事人未在上述期限内选定或委托仲裁委员会主任指定的，由仲裁委员会主任指定。当事人应当自被申请人收到仲裁通知之日起15日内，共同指定首席仲裁员或者委托上海国际仲裁中心主任指定。在实践中遵守了这一规则。同一期限（被申请人收到上海国际仲裁中心仲裁通知后15日内）适用于当事人指定独任仲裁员。

#### 3. 多方当事人仲裁

《仲裁法》并未对具有多方当事人时的仲裁庭组成程序进行规定，而是留给仲裁机构的仲裁规则予以确定。根据《上海国际仲裁中心仲裁规则》第 24 条的规定，对于多方当事人仲裁，申请人方和/或被申请人方协商后，应各自共同提名或共同委托上海国际仲裁中心主任指定一名仲裁员，首席仲裁员的任命方式与上述相同。

### (三) 仲裁员人数

《仲裁法》规定，仲裁庭由三名仲裁员或一名仲裁员组成。根据我国现行法律，除一人和三人外的仲裁员人数选择是不可能施行的，中国仲裁机构的仲裁规则也没有规定任何其他可能性。在实践中，索赔价值较小的争议通常由独任仲裁员审理。每个单独的仲裁委员会以不同的方式确定索赔是否属于此类别。根据《上海国际仲裁中心仲裁规则》，适用的程序称为简易程序，对于价值在 100 万元以下的索赔或双方同意适用该程序时进行适用。

### (四) 对仲裁员的质疑

#### 1. 理由

如果存在足以影响仲裁员独立性或公正性的利益冲突，则当事人可以对仲裁员提出质疑，要求仲裁员予以回避。《仲裁法》第 34 条规定："仲裁员有下列情形之一的，必须回避，当事人也有权提出回避申请：（一）是本案当事人或者当事人、代理人的近亲属；（二）与本案有利害关系；（三）与本案当事人、代理人有其他关系，可能影响公正仲裁的；（四）私自会见当事人、代理人，或者接受当事人、代理人的请客送礼的。"

除上述原因外，中国各仲裁机构可以就仲裁员应披露的情况或向仲裁员提出异议的理由规定自己的规则，这些理由如果成立，可以要求仲裁员回避，或者即便不一定要求仲裁员回避，但将此事留给仲裁委员会决定。

根据《仲裁法》第 35 条的规定，回避申请应不迟于仲裁庭对案件进行第一次审理的开始前提出。如果当事人在第一次听证后知道回避申请的理由，可以在最后一次庭审结束之前提出回避申请。如果一方当事人在听证会结束后知道回避申请的理由，该当事人将丧失其回避申请权。然而，上海国际仲裁中心规定的回避规则比《仲裁法》的规定更为严格。根据《上海国际仲裁中心仲裁规则》，对仲裁员的回避应当自收到仲裁员独立性和公正性声明之日起 10 日内或收到仲裁庭组成通知之日起15日内以书面形式提出；当事人在收到回避理由后知悉回避理由的，可以在当事人知悉回避理由后15日内提出，但不得迟于第一次开庭终结。

2. 决定仲裁员回避的主体

根据《仲裁法》第36条的规定，仲裁员是否回避，由仲裁委员会主任决定；仲裁委员会主任担任仲裁员时，由仲裁委员会集体决定。

3. 决定是否回避的理由

《仲裁法》并未要求就回避申请作出决定必须以书面形式作出，也未规定是否应告知当事人就回避作出决定的理由。但随着仲裁法律制度的不断发展和国际仲裁的透明度理念不断融入中国仲裁，一些中国仲裁机构的仲裁规则中已经明确对仲裁员的回避决定将以书面形式作出并将说明理由，以此进一步丰富中国仲裁的法理学。

4. 上诉

《仲裁法》和仲裁机构的规则没有规定不服的一方当事人是否可以对仲裁机构的回避决定向法院提出上诉。

（五）仲裁员授权的终止

仲裁员的授权通常会在仲裁庭作出最终裁决后自动终止，但仲裁庭有责任更正裁决、作出额外（补充）裁决，并且可能在撤销申请期间法院要求仲裁庭根据具体情况重新仲裁争议。

如果仲裁员自愿退出，或者双方同意或仲裁委员会决定仲裁员应该退出，仲裁员的授权也将在诉讼期间终止。例如，根据《上海国际仲裁中心仲裁规则》第27条规定，如果仲裁员在法律上或事实上无法履行其职责，如仲裁员患重病，或未能按照仲裁规则的要求或在规则规定的期限内履行其职责，则可以终止仲裁员的授权。在后一种情况下，通常会有投诉的情况发生，委员会将在听取仲裁员的意见后，根据具体情况个案决定。

毫无疑问，仲裁员的授权将因仲裁员应回避为由退出案件而终止。如果仲裁员的授权因仲裁委员会根据一方当事人的质疑作出的决定而终止，则根据现行法律，即使仲裁员或另一方当事人不同意，法院也不可对该决定进行审查。相反在实践中，当事人通常不会以疾病或其他正当理由为由质疑仲裁员的自愿退出。

（六）仲裁员的责任

根据《仲裁法》第 38 条的规定，仲裁员有下列情形之一的，应当依法承担法律责任：（1）私自会见当事人、代理人，或者接受当事人、代理人的请客送礼的；（2）仲裁员在仲裁该案时有索贿受贿，徇私舞弊，枉法裁决行为的"。违反上述规定的为刑事责任的法律性质，但是《仲裁法》并未对仲裁员对当事人的责任问题作出回应。同样，迄今为止，中国的任何法律法规都没有规定对仲裁员或仲裁机构的豁免问题，当事人与仲裁员/仲裁机构之间关系的法律性质也没有规定。仲裁员是否应对疏忽负责目前尚不清楚。

## 五、仲裁程序

（一）仲裁地

1. 选定仲裁地

现行《仲裁法》没有具体解决如何确定仲裁地的问题。实践中，当事人有权决定仲裁地，通常当事人会在合同的仲裁条款中确定仲裁地点。如当事人无约定，仲裁的默认地点（所在地）为仲裁机构所在地。涉外仲裁对仲裁地没有地域限制。但是，对于无涉外因素的案件，中国法律仍然禁止当事人约定在中国内地之外进行仲裁，这意味着如果无涉外因素的争议已在国外仲裁，则相关裁决不能在中国内地得到执行。

2. 没有达成协议

当事人在仲裁协议中明确约定仲裁地点的，以该约定为准；当事人未就仲裁地进行约定但同意仲裁的，则可以根据选定的仲裁规则确定仲裁地。比如，《贸易法委员会仲裁规则》第 7 条规定："（一）当事人对仲裁地有约定的，从其约定。（二）当事人对仲裁地未作约定或约定不明的，以管理案件的仲裁委员会或其分会/仲裁中心所在地为仲裁地；仲裁委员会也可视案件的具体情形确定其他地点为仲裁地。（三）仲裁裁决视为在仲裁地作出。"《上海国际仲裁中心仲裁规则》亦有类似规定。

3. 法律后果

确定仲裁地的法律后果有三个。第一个（也是相当没有争议的）后果是仲裁法或仲裁地的程序法应适用于仲裁的程序问题。有一种观点认为，当事双方还可以商定仲裁地以外的法律来管辖仲裁程序，这一论点得到了1958年《纽约公约》的部分支持。然而，除当事人选择的仲裁规则外，仲裁地法律的强制性规定也决定了仲裁的某些程序问题，不能忽视。仲裁地以外的国家程序法可以适用于仲裁的论点在中国并不被普遍接受。即使当事人已同意适用该外国法律，以中国为仲裁地的仲裁机构或者仲裁庭会将外国仲裁法适用于在中国进行的仲裁也是很难施行的。

第二个后果是仲裁地的法律将决定仲裁裁决的国籍。在这方面，中国的做法相较之前有所变化。此前中国的司法实践是仲裁裁决的国籍将由管理仲裁的仲裁机构所在地决定。但最近最高人民法院改变了态度，将仲裁地作为确定仲裁裁决国籍的决定性因素。

第三个后果在学术界没有争议，但尚未被《仲裁法》承认，即仲裁地决定了法院撤销仲裁裁决的管辖权。根据《贸易法委员会示范法》，仲裁地的法院对仲裁拥有主要管辖权，包括撤销仲裁裁决的权力。然而，根据《仲裁法》第58条的规定，有关仲裁委员会所在地的法院而不是仲裁地的法院将有权撤销国内裁决。问题是，如果仲裁程序由外国仲裁机构或特设仲裁庭管理，但当事人约定中国内地为仲裁地，此时中国法院是否应行使其撤销由此产生的仲裁裁决的权力？从理论上讲，这种情形是一种具有外国元素的中国仲裁，由此产生的裁决是中国仲裁裁决。实践中，在布兰特伍德工业有限公司申请承认和执行国际商会仲裁院裁决案〔（2015）穗中法民四初字第62号〕中，广州市中级人民法院认定仲裁庭以中国内地城市作为仲裁地作出的仲裁裁决系外国仲裁机构在中国内地作出的仲裁裁决，可以视为中国涉外仲裁裁决，该决定也系经过最高人民法院民四庭复函确认。到目前为止，中国正在逐步开放仲裁法律服务市场。香港国际仲裁中心、国际商会、新加坡国际仲裁中心和大韩国际仲裁院分别在上海设立了代表处，世界知识产权组织仲裁与调解中心则在2019年成为首个经过中国司法行政主管部门登记，在中国境内设立业务机构的境外仲裁机构。

中国现行法律没有在法律和物理意义上区分仲裁地。然而，许多中国仲裁机构的仲裁规则将（法定）仲裁地与仲裁的听证或其他活动实际发生的地点区别开来。例如，《上海国际仲裁中心仲裁规则》第7条规定，如果当事人对仲裁地未作约定，仲裁委员会所在地为仲裁地；第33条明确规定，除非当事人另有约定，由仲裁委员会受理的案件应在上海开庭审理；如仲裁庭认为必要，经仲裁委员会秘书长同意，也可在其他地点开庭审理。

### （二）一般仲裁程序

#### 1. 强制性规定

《仲裁法》有关于仲裁程序的若干规定，涉及的事项包括仲裁申请的要求、受理申请的时限、书面意见、变更和放弃申请/反申请、财产保全措施、仲裁庭的组成、仲裁员的回避和回避、口头听证会、当事人违约、证据规则和调解。

《仲裁法》本身并没有说明哪些规定是强制性的，因此将《仲裁法》规定的这些具体程序要求全部视为强制性规定是不合理的，因为这会严重限制当事人意思自治。事实上，《仲裁法》中除了如关于可以通过仲裁解决的事项的规定（第2条和第3条）、作为仲裁基础的当事人的仲裁协议（第4条）、仲裁协议内容要求（第16条）、临时保全措施的主题（第28条和第68条）、仲裁员必须回避的理由（第34条）、正当程序要求（第25条、第33条和第41条）以及法院监督仲裁的权力之外的规定属于强制性规定外，大部分规定应被视为非强制性的。

#### 2. 确定程序

与《仲裁法》不同，《贸易法委员会示范法》第19条第2款规定仲裁庭可以其认为适当的方式进行仲裁，但《仲裁法》没有规定在确定程序时应遵循的任何一般原则。然而，为了填补这一空白，许多中国仲裁机构的仲裁规则遵循《贸易法委员会示范法》的规定，授权仲裁庭以其认为适当的方式进行仲裁程序，如《上海国际仲裁中心仲裁规则》第29条就规定，除非当事人另有约定，仲裁庭可以根据案件的具体情况按照其认为适当的方式审理案件。在任何情形下，仲裁庭均应当公平、公正行事，给予各方当事人陈述与辩论的合理机会。另一方面，现在越来越多的仲裁庭就仲裁程序的安排和确定时间表征求当事人的意见。

3. 当事人说明

实践中，中国的仲裁庭不愿意在仲裁过程中直接联系当事人及其律师。大多数仲裁庭就程序事项向当事人发出的指示将通过仲裁机构传达，仲裁机构是仲裁庭与当事人之间通信的沟通枢纽。值得一提的是，根据适用的仲裁规则，一些程序性决定是由仲裁机构作出的，如对仲裁员的回避决定、仲裁合并等。仲裁机构可直接将这些决定通知当事人。

当事人可以而且事实上经常提出程序性申请，仲裁庭将决定是否批准或拒绝这些申请。当事人也可以通过相互同意向仲裁庭就程序问题提出建议。仲裁庭通常会尊重各方就程序事项达成的协议，并且在切实可行的情况下会遵循这些建议。

4. 交换书面诉状

首选的做法是在仲裁庭首次开庭之前交换书面意见，这是所有中国仲裁机构的仲裁规则中规定的。一般开庭总是在交换诉状和答辩书之后。如果被申请人提出反请求，则开庭将在申请人有机会就反请求作出答辩后举行。当然，这是一般的做法，不是法律和仲裁规则的强制要求。在复杂的案件中，仲裁庭可以作出程序令，在开庭前安排多轮的诉状交换和补充证据的交换；仲裁庭在开庭后接受补充备忘录或法律摘要的情况也并不少见。

5. 开庭审理

根据《仲裁法》第 39 条的规定，仲裁应当开庭进行。当事人协议不开庭的，仲裁庭可以根据仲裁申请书、答辩书以及其他材料作出裁决。根据《上海国际仲裁中心仲裁规则》，在普通仲裁程序中，开庭审理将作为默认规则施行。但是，在简易程序中，当事人通过适用的仲裁规则授权仲裁庭决定是否有必要进行口头听证。与国际仲裁相比，中国仲裁的开庭程序较为精简，至少 90% 的开庭在一天内可以完成，其中主要的原因是在中国传统的争议解决文化下，裁判者对证人证词的信任度低于书面证据，故很少有证人会被当事方传唤到庭审中，从而大大缩短了庭审的时间。

开庭审理的主要部分将专门讨论各方就事实提出的意见和对所涉法律问题的辩论。《仲裁法》要求所有证据在庭审时出示，供仲裁庭审查。这实际上意味着仲裁庭将确保将所有书面证据带到听证室，并且每一方都有机会对另一方提交给仲裁庭的所有证据发表评论。

如前文所述，中国是一个具有大陆法系传统的国家，但在过去的三十年中，由于中国法律从业者不断接触国际仲裁，国际仲裁中普遍适用的普通法实践也在中国产生了影响。比如，《上海国际仲裁中心仲裁规则》规定，除非当事人另有约定，仲裁庭可以根据案件的具体情况按照其认为适当的方式审理案件，包括决定采用询问式还是对抗式的庭审模式。在一些国际化程度较高的中国仲裁机构管理的案件中，仲裁员通常也会非常积极地就事实和法律问题提问，或者组织安排事实证人和专家证人进行开庭陈述。

**（三）证据的举证和质证**

**1. 一般规定**

仲裁界普遍认为，仲裁员有权自行决定当事人提交的证据的可采性、相关性、重要性和分量。中国《仲裁法》有一项强制性原则，即必须给予一方当事人审查和质疑对方当事人提出证据的机会。此外，《仲裁法》在证据方面包括以下规定：第43条规定，"当事人应当对自己的主张提供证据。仲裁庭认为有必要收集的证据，可以自行收集"；第44条规定，仲裁庭可以下令对专门性问题进行鉴定；第45条规定，"证据应当在开庭时出示，当事人可以质证"；第46条和第68条规定了证据的保全。

中国仲裁机构的仲裁规则通常包括关于证据规则的若干规定，其中许多是法定规则的重复。国际律师协会国际仲裁取证规则（IBA国际仲裁取证规则）在中国仲裁中较少使用，因为大多数中国仲裁员不熟悉或不适应这些规则。目前，包括上海国际仲裁中心在内的一些中国仲裁机构正在尝试为仲裁员在中国进行的涉外仲裁中有效使用IBA国际仲裁取证规则的指引。与此同时，中国法院审理案件的现行证据规则对在中国进行仲裁的仲裁员没有约束力，因为我国最高人民法院在发布这些规则时宣布这些规则旨在用于法院的审判。然而，它们在实践中可以作为有益的指导。

**2. 事实证人的证据**

**（1）证人证言。**

尽管中国《仲裁法》并未明文规定证人必须出庭作证，但在大部分仲裁机构的实践中，如果当事人提交了书面的证人证词，仲裁庭会要求该方的证人出庭作证，并警告证人作伪证的法律后果。

（2）盘问证人。

一方当事人通常需要在听证会前通知仲裁庭其打算在听证期间传唤的证人的姓名。证人将在听证期间在仲裁庭和当事人面前作证，并接受当事人和仲裁庭的提问。由于广泛参与国际仲裁案件，上海国际仲裁中心对仲裁程序，特别是口头听证采取灵活的态度，允许对证人进行盘问和交叉盘问。

3. 当事人指定的专家证人的证据

当事人指定专家证人的证据形式已经在中国的仲裁中存在了二十多年。当事人经常指定的专家类型是技术领域的专家以及法律专家，特别是如果要适用外国法律。与事实证人一样，一方指定的专家证人将被要求在开庭前向另一方当事人和仲裁庭提供书面报告，并在开庭期间对专家进行询问。听证会期间的书面报告和专家证词将被视为证据，仲裁庭可以自由地给予适当的重视。

4. 书面证据

（1）法律规定。

与仲裁中使用的其他类型的证据相比，书面证据是中国仲裁中最重要的证据。《仲裁法》第 45 条规定，证据应当在开庭时出示，当事人可以质证。与许多其他司法管辖区仲裁的普遍做法不同，该规则适用于书面和口头证据。除非当事人另有约定，如果仲裁庭的裁决基于指称的事实，而该事实的证据没有提交听证会并由当事人在听证过程中进行审查，则作出的裁决可以被撤销。但是，如果当事人同意仅提供文件的仲裁或仲裁庭决定不需要口头听证的，此要求被视为放弃。

（2）证据开示。

中国民事诉讼法不包含像普通法系国家那样的证据开示制度。普通法法域中特权文件的概念在中国法律中也找不到对应的概念。文件主要在仲裁规则下根据仲裁规则在自愿的基础上或在仲裁庭的指示下制作和交换。尽管没有专门的文件披露证据，类似于国际律师协会证据规则下"披露申请"和"不利推定"的制度已经在包括上海国际仲裁中心在内的中国仲裁机构实践中获得使用，即仲裁庭可以根据一般的法律原则对选择不披露另一方当事人要求并经仲裁庭命令的具体证据的一方实施制裁，包括仲裁庭从这种不遵守仲裁庭命令或裁定仲裁费用中得出不利的推论。

### (四) 仲裁庭指定的专家

#### 1. 仲裁庭的权力

《仲裁法》第44条规定：仲裁庭可以指定专家评估专门性问题并向仲裁庭提供专业意见。《上海国际仲裁中心仲裁规则》第39条规定："仲裁庭可以就案件中的专门问题向专家咨询或指定鉴定人进行鉴定。专家和鉴定人可以是中国或外国的机构或自然人。"《仲裁法》中的"鉴定"一词应作广义理解，是指涉及个人或机构就任何专业问题出具鉴定人报告或专家报告的程序。通常，一方当事人可以申请仲裁庭指定一名鉴定人/专家就双方有争议的某些问题出具报告。仲裁庭有权批准或拒绝此类申请。仲裁庭还有权在未经当事人同意的情况下自行决定指定一名鉴定人/专家提交报告，以便仲裁庭确定争议的某些关键事实并作出裁决。中国仲裁机构的仲裁规则，如《上海国际仲裁中心仲裁规则》第39条还授权仲裁庭在必要时指定鉴定人或专家。在仲裁中，当需要核实某人笔迹或文件上的公司印章的真实性时，中国的当事人或仲裁庭通常会前往据法律规定有资格进行此类检查的检查部核实。这是借鉴中国司法程序的做法。此类检查、核查或评估的费用将事先从双方或申请检查、核查或评估的一方收取，费用的最终分摊额将由仲裁庭在其裁决中确定。

实践中，许多中国仲裁机构多年来积累了自己在建筑施工、审计等不同领域的专业鉴定机构名单，以便在需要鉴定时协助仲裁庭和当事人。聘请估价师/专家时，通常是仲裁机构与估价师/专家签订协议，因为仲裁庭不能成为此类协议的当事方。根据《上海国际仲裁中心仲裁规则》第39条的规定，仲裁庭有权要求当事人，而且当事人也有义务向专家或鉴定人提供或出示任何有关资料、文件或财产、货物，以供专家或鉴定人审阅、检验或鉴定。

#### 2. 当事人同意

选择出具报告的鉴定人或专家当然可以由当事人商定，在这种情况下，仲裁庭将尊重当事人的协议和他们对鉴定人/专家的选择。当事人还可以共同授权仲裁庭指定一名鉴定人/专家提交报告。

如上所述，当事人的同意对于鉴定人/专家的任命并不重要。通常仲裁庭将确保其指定的鉴定人/专家是合格的，并且能够提供所需的报告。仲裁庭选定的鉴定人/专家可以由双方相互选择的专家来取代。

3. 事先询问当事人

对于将提交给仲裁庭专家的问题，没有要求与当事方协商。然而，这并不妨碍仲裁庭在向专家提供职权范围和指示之前征求当事人的同意，许多仲裁庭在实践中都是这样做的。

4. 适用于仲裁庭指定的专家规则

一部分中国仲裁机构的仲裁规则中规定了仲裁庭、当事人和仲裁庭指定的专家将遵循的基本程序。通常包括聘请专家并完成其任务和提交报告的协议、提供与专家工作的职权范围、专家报告中应回答的问题以及专家出席听证会并向当事方和仲裁庭解释报告的义务有关的规则。

5. 书面报告

专家完成工作后，应当无一例外地向仲裁庭提交书面的专家报告，该报告应送交当事人征求意见。《仲裁法》第44条的规定也暗示了这一点。该条规定，根据当事人的申请或者仲裁庭的要求，鉴定部门应当派鉴定人参加开庭。当事人经仲裁庭许可，可以向鉴定人提问。当然，如果当事人事先没有收到鉴定机构的书面报告，这一规定就没有意义了。因此，应将当事人事先获得书面报告视为《仲裁法》第44条下的推定要求。

6. 专家报告的质证

应一方当事人或仲裁庭的申请，专家应出席听证会，并回答当事人和仲裁庭就专家报告提出的问题（《仲裁法》第44条）。根据《上海国际仲裁中心仲裁规则》，仲裁庭在认为必要和适当的情况下，将允许当事人对专家进行询问。事实上，如果仲裁庭拒绝一方当事人的这种合理要求，则可能构成违反正当程序。当事人应有机会审查报告，这意味着他们有权收到书面专家意见的副本，在听证会前有合理的时间研究该报告，并在听证期间要求专家解释其报告。但是，如果当事各方同意，当事各方对专家报告的书面评论可以不经专家口头听证而提交。

（五）临时保全措施

1. 类型和程序

《仲裁法》规定的临时保护措施主要有两种：（1）保全财产的措施（第28

条）和（2）证据保全措施（第46条和第68条）。第一种措施的目的主要涉及最终执行和尚待作出最后裁决的案件的履行；第二种措施的目的是防止证据无法获得，并且涉及对案件事实的证明。

尽管2021年中国司法部发布的《仲裁法（修订）（征求意见稿）》中加入了允许仲裁庭作出临时保全措施的规定，但在该修订稿尚未生效前，中国法律仍然未采用《贸易法委员会示范法》第四章规定的内容。目前，按照现行中国《仲裁法》，只有法院才能在仲裁中准予采取临时保全措施，这与《贸易法委员会示范法》的规定明显不同，因为《贸易法委员会示范法》第17条规定仲裁庭有采取临时措施的权力。

在中国《仲裁法》下，在仲裁程序开始后，一方当事人的财产或证据保全申请不能直接向法院提出，而应向管理仲裁案件程序的仲裁机构提出；仲裁机构收到当事人提交的申请材料后，再根据《仲裁法》的有关规定将当事人的申请连同仲裁机构的公函转交有管辖权的法院；申请材料移送法院后，申请人可以直接向法院办理后续的司法程序。申请人应满足法院规定的任何条件，包括提供法院为批准临时措施申请而可能需要的任何担保。

根据中国民事诉讼法的规定，处理国内仲裁案件财产保全申请的主管法院，为被申请方住所所在地或者涉案财产所在地的基层人民法院。根据《仲裁法》第46条的规定，处理国内仲裁案件证据保全申请的主管法院是证据所在地管辖的基层人民法院。在涉外仲裁案件中，管辖法院为与案件有关的中级人民法院。

值得注意的是，中国的仲裁机构很早就开始尝试与国际接轨，尝试在仲裁程序中引入紧急仲裁员制度，即在仲裁庭组成前，由紧急仲裁员来处理当事人的临时保全措施申请。上海国际仲裁中心的《自贸区仲裁规则》是中国仲裁机构首先引入该项制度的仲裁规则。此后，国内其他仲裁机构在修改仲裁规则时均予以了借鉴。这些规则与其他常设国际仲裁机构规则中的规则相似，但是由于中国现行法律不允许仲裁庭采取临时保全措施，因此这些紧急仲裁规则仅在适用外国程序法的情况下适用。

2. 保全担保

法院如果要就当事人提出的仲裁临时保全申请采取保全措施，通常会要求申请人提供担保，其目的是要求补偿因毫无根据的申请而遭受的损失。如果申请人未提供担保的，法院有权驳回临时措施申请。银行担保是法院可以接受的适当担保形式。目前，中国适用临时措施最常用的担保形式是各种保险公司出具的担保。

### （六）代理人

在中国仲裁中，当事人的委托人出现在仲裁庭是较为常见的，但法律对此并没有要求，当事人可以自行决定是否为案件聘请法律顾问。在案件简单的情况下，一方当事人可以自己辩论案件以节省费用，这在国内的仲裁中并不罕见。《仲裁法》第29条规定："当事人、法定代理人可以委托律师和其他代理人进行仲裁活动。委托律师和其他代理人进行仲裁活动的，应当向仲裁委员会提交授权委托书。"

在中国《仲裁法》下，一方当事人在仲裁庭的代理人不必是律师，也没有限制外国律师参与仲裁案件，但是根据中国司法部颁布的《外国律师事务所驻华代表机构管理条例》，外国律师不得从事"中国法律事务"，其中包括以一方当事人代理人的身份就中国法律在仲裁中的适用发表意见。针对这一要求，一些外国律师事务所在实践中会邀请中国律师就中国法律的适用发表意见，或共同代表客户在中国进行的仲裁。

### （七）缺席审理

《仲裁法》第42条规定："申请人经书面通知，无正当理由不到庭或者未经仲裁庭许可中途退庭的，可以视为撤回仲裁申请。被申请人经书面通知，无正当理由不到庭或者未经仲裁庭许可中途退庭的，可以缺席裁决。"

实践中，被申请人不出席庭审甚至完全不参加仲裁程序的情况并不少见，因此，《仲裁法》第42条的适用不仅包括被申请人在开庭时缺席，而且包括被申请人在仲裁程序中无正当理由缺席的任何违约行为。但是，未出席庭审或仲裁程序的任何其他部分将被视为该当事人放弃其相关的程序权利，而不是实质性权利。原告仍然必须证明其案情，仲裁庭才能支持其主张。

申请人提出仲裁申请后未出席庭审或者仲裁程序违约，被申请人提出反申请的，仲裁庭可以申请人违约为由撤回仲裁申请，继续进行仲裁程序，审理反申请并作出终审判决。

（八）裁决和程序的保密性

1. 仲裁程序的保密性

《仲裁法》第40条规定："仲裁不公开进行。当事人协议公开的，可以公开进行，但涉及国家秘密的除外。"这一规定被理解为对仲裁保密原则的法定认可。实践中，中国的所有仲裁都是保密的，因此在特定案件中，只有当事人、当事人代理人、仲裁庭成员和仲裁机构的有关人员才能查阅仲裁程序的文件。

2. 仲裁程序文件

在目前的司法实践下，公众无法在法院的诉讼中获得仲裁程序中的文件材料，尽管与仲裁有关的法院庭审通常向公众开放，但法院有限制听众的自由裁量权。

3. 法院裁判文书

中国司法实践中法院裁判文书有两种基本形式，即法院判决和法院裁定。前者是法院对当事方之间争议的是非曲直的判决，后者是法院对程序问题的判决。与仲裁程序或仲裁裁决有关的仲裁司法审查案件，包括临时措施申请、确认仲裁协议效力、撤销仲裁裁决、执行仲裁裁决案件，均以法院裁定的形式作出。原则上，此类裁定书在移送后将在线发布在法院网站上，并可供公众查阅，这种做法也与世界上的主流国家做法一致。

## 六、仲裁裁决

（一）裁决类型

《仲裁法》允许仲裁庭有权作出最后裁决和对案件部分事实作出裁决（第51条、第53条和第54条）。调解达成协议的，仲裁庭应当制作调解书或者根据协议的结果制作裁决书。调解书与裁决书具有同等法律效力。但是，法律没有具体规定对部分案件事实的裁决是部分裁决还是中间裁决。但从仲裁界的普遍认识来看，部分或中间裁决也是解决实质性争议的重要组成部分。

仲裁庭作出部分裁决的权力也已纳入中国各仲裁机构的仲裁规则中。例如，上海国际仲裁中心制定的《自贸区仲裁规则》第57条规定："如果仲裁庭认为必要或者当事人提出请求并经仲裁庭同意的，仲裁庭可在作出最终仲裁裁决之前先行作出部分裁决。任何一方当事人不履行部分裁决的，不影响仲裁程序的进行，也不影响仲裁庭作出最终裁决。"但是，部分裁决在中国仲裁实践中的使用频率较低，部分原因是在最终裁决之前合理地保证作出决定的最重要问题就是仲裁权限，而根据中国的现行法律，确定这种管辖权的权力并未授予仲裁庭，而是掌握在有关仲裁委员会手中（并最终掌握在法院手中），而这类问题通常涉及的是仲裁机构的管辖权问题。如果仲裁机构已授权仲裁庭就仲裁管辖权的异议作出决定的，应当将该决定通知当事人。根据仲裁机构的授权，仲裁庭可以只对其管辖权的质疑作出裁决，也可以处理管辖权问题，并在最后裁决中就争议的是非曲直作出决定。

### （二）裁决书的制作

#### 1. 仲裁庭合议

根据《仲裁法》第53条的规定，仲裁裁决应当按照多数仲裁员的意见作出，少数仲裁员的不同意见可以记入笔录。仲裁庭不能形成多数意见时，裁决应当按照首席仲裁员的意见作出。事实上，这意味着只要首席仲裁员在裁决书上签名，裁决就是有效的。当然实践中，很少有案件是根据两位共同仲裁员的意见与少数首席仲裁员的意见决定的。

#### 2. 不同意见

根据《仲裁法》第53条和第54条的规定，不同意见可以记录在案，持不同意见的仲裁员可以不签署裁决。《上海国际仲裁中心仲裁规则》进一步规定，书面异议意见应随案保存，并可附于裁决书之后，但不得构成裁决书的一部分。

#### 3. 时间限制

《仲裁法》第51条规定，裁决应当及时作出，但没有规定作出裁决的时限。事实上，中国仲裁机构采用的仲裁规则对效率和快速裁决的需求是显而易见的，因此通常会规定作出最终裁决的时限。例如，《上海国际仲裁中心仲裁规则》规定，对于国内普通程序案件，自仲裁庭组成之日起4个月内作出裁决，对于涉外普通程序案件，自仲裁庭组成之日起6个月内作出裁决，而简易程序应在3个月内作出裁决。

仲裁机构通常可以根据其仲裁规则延长该期限。但是，如果未达到期限，仲裁机构未延长作出裁决的期限，在这种情况下作出的任何裁决将被视为不符合仲裁规则，并符合撤销或拒绝执行的条件。仲裁庭或仲裁机构没有法定依据或没有实际需要向法院申请延期。

### （三）裁决的形式

**1. 基本要求**

《仲裁法》第54条是关于裁决内容和形式的规定。根据本条，一般要求裁决必须以书面形式作出，并且必须包括仲裁员的签名和签发日期。除上述裁决效力要求外，还将在裁决上加盖机构印章。在实践中，仲裁裁决总是以裁决中指明的仲裁地点作出。在中国仲裁机构主持下作出的仲裁庭作出的裁决的典型形式包括四部分：（1）仲裁程序历史；（2）当事人的事实和主张；（3）仲裁庭的推理；（4）裁决（执行决定）。

**2. 理由**

作为一项默认规则，除非当事人另有约定，裁决书应包含作出决定的理由。当事人约定不写明理由的情况主要发生在当事人在仲裁期间达成和解并要求仲裁庭将和解纳入裁决后同意作出的裁决，裁决没有理由充分性的要求。

**3. 签名**

除非由仲裁员或仲裁员执行，否则裁决将无效。仲裁员的签名不仅表示其对裁决的认可，而且被视为履行仲裁员的职责并完成其任务（除非需要更正或补充裁决）。但是，如上文所述，提出不同意见的仲裁员可以自由地选择不签署裁决。由三名仲裁员组成的仲裁庭作出的裁决，如果由三名仲裁员全部签署，或者由两名仲裁员（无论是否包括首席仲裁员的签名）签署，或者由首席仲裁员单独签署，根据中国法律规定都是具有效力的。

**4. 仲裁日期和地点**

根据《仲裁法》第54条，裁决应写明裁决作出的日期，通常还提及仲裁地点，但这不是法律要求的。尽管如此，如果出现未在裁决中列入这些细节的情况，法院还可以要求仲裁庭予以补正。

### （四）适用法律

**1. 国内仲裁**

在国内仲裁中，仲裁员一般要依法裁决争议，这是中国实体法的基本要求，但《仲裁法》对此并没有明确具体的法律规定。尽管如此，中国的司法实践普遍认为只有涉外争议才能根据中国的冲突规则确定适用的法律来裁决。因此，对于没有涉外因素的国内案件，中国仲裁机构的仲裁庭仍应当根据中国法律进行裁决。

与此同时，尽管中国《仲裁法》没有法律禁止仲裁庭采用"友好仲裁"的方式裁决争议，但在《自贸区仲裁规则》施行之前，中国仲裁机构的仲裁规则很少有关于"友好仲裁"的规定。根据"友好仲裁"原则，如果当事人授权仲裁庭根据"友好仲裁"方式裁决争议，则仲裁员将不受法律规定的约束，并将根据仲裁员认为公平公正的原则在具体案件情况中作出决定。但在国内仲裁实践中，当事人很少赋予仲裁员这种权力。

2. 国际仲裁

在中国仲裁机构管理的国际仲裁案件中，仲裁庭将根据在中国有效的冲突规则决定适用的法律。在有关商业合同的国际私法领域，根据中国法律确定适用于合同的法律时，采用了多层次的方法：

（1）如果仲裁员认为当事人对合同适用的法律做出了选择，则该选择将被得到尊重，除非该选择与中国法律的强制性要求相抵触；

（2）在当事人没有选择适用法律的情况下，仲裁员通常会查看中国冲突规则，以确定适用于该合同类型的特定司法管辖区的法律是否由中国法律或司法解释明确指定。如果有这样的指定，则适用指定法域的实体法，不得进行反致；

（3）仲裁员未选择且中国冲突规则未对某一特定法律作出法律指定的，仲裁员将根据引起争议的合同与相关管辖或法律之间最密切联系的原则确定适用法律。

在国际商事仲裁中国际惯例常常被考虑在内，法律规则是对仲裁庭作出裁决所遵循的规则更为准确的描述。关于国际商事仲裁中的友好调解人或当事人问题，与中国国内仲裁的案件情况类似。

（五）仲裁与调解结合

1. 调解事项纳入裁决范围

在中国，调解经常在仲裁程序中进行，这符合中国友好解决争议而不是通过对抗式程序的文化惯例。事实上，在许多商业案件中，仲裁员甚至希望达成和解，因为他们不愿意通过裁决来破坏双方之间的业务关系。

根据中国仲裁机构的实践，在仲裁庭的协助下，如在仲裁程序结束前通过调解或者当事人自行协商达成的和解协议，经当事人同意可以纳入仲裁裁决。根据双方和解协议作出的裁决称为合意裁决。

2. 仲裁员的自由裁量权

因此，如果当事人要求仲裁员将仲裁期间达成的和解协议纳入裁决，仲裁员通常很乐意接受此类申请，而且，除非在仲裁员确定和解构成严重违反法律或以损害第三方利益为非法目的达成和解等极少数情况下，否则仲裁员不得拒绝此类申请。

3. 正式申请

基于当事人在仲裁期间达成的和解而作出的裁决书通常比普通裁决更短、更简单，这是因为当事人通常要求不说明任何理由，以便不讨论违约事实并保护双方的声誉。这种合意裁决当然会以书面形式，简要说明程序事项、案件事实和所寻求的救济，然后记录双方的和解协议和仲裁庭的决定。

4. 可执行性

尽管中国签署了《联合国关于调解所产生的国际和解协议公约》，但该公约尚未在中国生效，故传统意义上的和解协议目前尚不能像法院判决一样由中国法院执行，所以当事人会选择通过仲裁庭依据当事人达成的和解协议的条款而作出裁决书的方式，申请法院予以执行，而这种形式也可以避免在和解结束后，一方当事人不履行和解协议时，另一方当事人可以直接申请法院强制执行。

5. 和解裁决书的撤销

基于当事人和解所形成的裁决书不容易被撤销，这是因为和解通常被认为能够纠正所有的程序缺陷，而且向法院申请的一方当事人很难撤销这种合意裁决以证明其正在提出非恶意申请。除非存在不可容忍的违法行为，如通过虚假和解来损害第三人利益，否则双方的协议已简化为合意裁决，法院一般会予以执行。

6. 仲裁员调解

当事人可以要求仲裁员在仲裁期间协助他们进行和解谈判。事实上，通过调解协助当事人达成和解是中国仲裁所鼓励的，也是中国仲裁的特点。当事人可以申请仲裁员调解争议，仲裁员自己也可以在仲裁程序中提议调解争议。这种情况发生在中国的大量仲裁案件中，无论是国内仲裁还是国际仲裁。调解不成的，不妨碍仲裁员以仲裁员身份继续审理案件。这就是所谓的"Med-Arb"方法。

为了减轻来自普通法领域的实务人员对这种方法可能违反正当程序原则的担忧，在征得当事人同意进行调解时，仲裁庭成员除坚持绝对当事人意思自治的原则并确保所有当事人都理解"Med-Arb"程序的性质是"不妨碍"程序外，通常还会采用以下做法：（1）让双方在场，而不是分别会见他们，以便一方所说的每句话都能被另一方听到，并接受另一方的评论；（2）侧重于协助各方找到共同利益，避免讨论其争议的是非曲直。

中国仲裁实践中的"Med-Arb"程序通常发生在庭审结束时，双方当事人对各自案件的优势和劣势有了更好的了解，并对仲裁庭未来的裁决有了更现实的预测。此时，经验丰富的仲裁员可能会使用合理的谨慎和技能来有效地协助当事人解决争议。即使调解失败，仲裁员也不会受到调解的不当影响，并能够恢复其作为决策者的角色。如果当事人仍然犹豫不决，根据上海国际仲裁中心的仲裁规则，可以安排单独的调解，无须仲裁庭成员的参与，以协助当事人和解。

## （六）裁决书的更正和解释

### 1. 裁决的更正

根据《仲裁法》第56条的规定，仲裁员有义务纠正任何文字错误或计算错误，并有义务包括仲裁庭已经裁决但未出现在裁决书中的任何事项。如果裁决中缺少裁决日期或必要的签名，则必须更正。与《贸易法委员会示范法》不同的是，《仲裁法》既没有法律要求仲裁庭在一方当事人提出申请时提供对裁决的解释，也没有禁止发布这种解释。

同样，根据《仲裁法》第56条的规定，仲裁员可以自愿更正，当事人可以在收到裁决后30天内要求更正。根据《上海国际仲裁中心仲裁规则》第49条的规定，更正应采取补充裁决的形式，并附于最终裁决中并构成最终裁决的一部分。

2. 补充裁决

如果仲裁员没有对提交给他们的问题之一作出决定，他们可以作出补充裁决以纠正遗漏。《仲裁法》第 56 条规定，仲裁庭应当纠正仲裁庭已作出裁决但裁决中未有事项。当然这也包括将仲裁事项提交仲裁庭而仲裁庭未作出裁决的情况。同时，仲裁员可以自愿在一定期限内或应一方当事人的申请，就已发给当事人的裁决中遗漏的任何事项作出补充裁决。在后一种情况下，申请应在当事人收到裁决之日起 30 天内提出。如果仲裁庭希望主动纠正遗漏的内容，它将不受 30 天的相同期限的约束，但应立即进行更正。补充的裁决也需要以书面形式作出，并构成最终裁决的一部分。由于仲裁机构和仲裁庭理应不存在这种错误或遗漏，当事人一般不需要就补充裁决支付额外裁决的费用。

（七）费用和成本

1. 一般规定

在中国，仲裁费用主要由两部分组成：由仲裁机构收取的费用和当事人在支付给仲裁机构的费用之外发生的费用，如与仲裁相关的律师费和自付的费用。

与大多数国际仲裁机构采取的机构管理费和仲裁员费用区分的做法不同，中国目前的做法是仲裁机构根据仲裁规则公布的收费表向当事人收取案件受理费和案件处理费，并根据争议金额计算（从价法）。

仲裁员的服务报酬来自仲裁机构收取的费用，当仲裁费用由机构收取时，当事人通常不知道仲裁员费用的确切金额，因为没有法律规定在仲裁裁决中指定每个仲裁员的具体费用。一方当事人的其他费用通常包括法律顾问费和当事人在仲裁活动中发生的实际费用，这些费用与仲裁费用一起根据一方当事人的申请在裁决中分摊。实践中，包括北京仲裁委员会在内的一些中国仲裁机构已经开始尝试对其收费进行改革，借鉴国际机构的做法，将仲裁费用区分为机构的案件管理费和仲裁员的报酬。

《仲裁法》第 54 条要求裁决具体说明仲裁费用如何在当事人之间进行分摊。实践中当事人往往在仲裁协议中约定仲裁费用原则上由败诉方承担，但仲裁庭可以根据案件情况自行决定仲裁费用的分摊。

2. 预交仲裁费

实践中，仲裁费用需要按照有关仲裁机构的收费表提前缴纳，这是仲裁机构受理仲裁申请的条件之一。但是这种预付款具有定金的性质，如果寻求新的货币减免，以后可能会要求支付额外费用，或者当申请被撤回和案件档案关闭时，可以将已经支付的部分仲裁费用退还给当事人。申请人需要为其申请事前支付全额仲裁费用，并要求被申请人预先支付其反申请的全部仲裁费用。根据国内仲裁机构仲裁规则的一般规定，如果一方不遵守仲裁费用的预付要求，其请求或反请求将不予受理和审理。

### 3. 仲裁员费用

根据目前绝大多数仲裁机构的实践，决定仲裁员报酬的不是仲裁员本身而是仲裁机构。一些仲裁机构目前已经发布了计算仲裁员费用的内部规则并提供给其名册上列出的仲裁员，仲裁员不会提前获知他们在具体案件中可能获得的报酬，但仲裁机构会在案件结束后直接向其支付并附上书面清单。一般来说，仲裁员的报酬将根据以下因素确定：争议金额，包括请求和反请求，实际或估算的工作时间（审查档案、听证、审议和起草裁决所花费的时间）以及争议的复杂性和难度。

### 4. 律师费等仲裁成本

在中国的仲裁中，律师等法律顾问由当事人自行聘请，当事人也会因此产生法律费用。一些中国律师按争议金额的一定比例收取律师费；其他律师则根据小时费率和实际工作时间收取费用。根据中国许多仲裁机构的仲裁规则，胜诉方的律师费可以由败诉方承担。例如，《上海国际仲裁中心仲裁规则》第47条规定，仲裁庭有权根据案件的具体情况在裁决书中裁定败诉方应补偿胜诉方因办理案件而支出的合理费用。除律师费外，中国的仲裁机构也允许胜诉方将其为仲裁付出的合理成本，包括但不限于仲裁费、财产保全费、鉴定费、差旅费等，由败诉方进行承担。

### 5. 费用分摊

在中国，仲裁费用和仲裁成本的分配原则一般采用的是"败诉者付费"原则。但是，国内仲裁机构的仲裁规则允许仲裁庭除考虑哪一方当事人违反了合同（关于赔偿责任的决定）外，也考虑当事人在仲裁过程中对特定行为的评价后作出决定。比如，胜诉方可能存在故意延期提交证据和答辩材料的行为，此时仲裁庭亦有权裁决该方承担部分仲裁费用。

### （八）裁决的通知和留档

仲裁裁决必须通知并送达当事人。中国法律没有要求裁决书必须登记或交存法院。仲裁裁决一旦作出并送达当事人，将根据中国的法律直接执行。仲裁员将执行裁决的几个对应方，其中一个将交付给仲裁庭的每一方和每个成员，仲裁机构将在其档案中至少保留一份原件并用于其他目的。

### （九）仲裁裁决的执行

#### 1. 一般规定

根据《仲裁法》第57条的规定，裁决书自作出之日起发生法律效力。如果败诉方不自愿遵守裁决，胜诉方需要在裁决书送达双方之日起两年内向有管辖权的法院申请执行裁决。中国仲裁机构作出的裁决不需要单独的法院许可即可执行。因此根据中国的法律，没有单独的申请执行许可的程序。申请执行仲裁裁决，应当向被执行裁决的当事人住所地或者被执行财产所在地的法院提出。受理和裁定执行涉外仲裁裁决申请的主管法院为这些地方的中级人民法院。

法院将为被执行裁决的一方提供机会，就裁决是否应根据中国法律执行进行辩论。因此这不是单方面程序，在听取双方意见后，法院将作出予以执行或拒绝执行的裁决。

#### 2. 申请执行

（1）执行理由。

如前文所述，在执行仲裁裁决方面，同样必须区分三类仲裁裁决：国内裁决、涉外裁决和外国裁决。

第一，国内裁决拒绝执行国内裁决的理由不同于中国法律拒绝执行涉外裁决的理由。《仲裁法》第58条及《民事诉讼法》第244条规定，拒绝执行国内裁决的理由是：①当事人在合同中没有订有仲裁条款或者事后没有达成书面仲裁协议的；②裁决的事项不属于仲裁协议的范围或者仲裁机构无权仲裁的；③仲裁庭的组成或者仲裁的程序违反法定程序的；④裁决所根据的证据是伪造的；⑤对方当事人向仲裁机构隐瞒了足以影响公正裁决的证据的；⑥仲裁员在仲裁该案时有贪污受贿，徇私舞弊，枉法裁决行为的。人民法院认定执行该裁决违背社会公共利益的，裁定不予执行。

2018 年 2 月，最高人民法院发布了《关于执行裁决的司法解释》，进一步规定了中国仲裁裁决执行的具体规定。其中第 3 条规定："仲裁裁决或者仲裁调解书执行内容具有下列情形之一导致无法执行的，人民法院可以裁定驳回执行申请；导致部分无法执行的，可以裁定驳回该部分的执行申请；导致部分无法执行且该部分与其他部分不可分的，可以裁定驳回执行申请。（一）权利义务主体不明确；（二）金钱给付具体数额不明确或者计算方法不明确导致无法计算出具体数额；（三）交付的特定物不明确或者无法确定；（四）行为履行的标准、对象、范围不明确；仲裁裁决或者仲裁调解书仅确定继续履行合同，但对继续履行的权利义务，以及履行的方式、期限等具体内容不明确，导致无法执行的，依照前款规定处理。"

除被申请执行的当事人可以有理由申请拒绝执行的传统制度外，《关于执行裁决的司法解释》还新增了案外人申请不予执行裁决制度。根据该规定，未参与原诉讼程序的人可以在规定期限内提出不执行申请。如果它使执行裁决的法院满意地证明仲裁程序的一方当事人恶意申请仲裁或启动虚假仲裁（例如，当事人合谋制造虚假交易，损害第三人的利益），并且由此产生的裁决损害了未参与仲裁程序的人的合法权益，法院可以拒绝执行。该制度同样适用于国内和涉外仲裁裁决。

第二，涉外裁决根据《民事诉讼法》第 291 条的规定进行执行："对中华人民共和国涉外仲裁机构作出的裁决，被申请人提出证据证明仲裁裁决有下列情形之一的，经人民法院组成合议庭审查核实，裁定不予执行：（一）当事人在合同中没有订有仲裁条款或者事后没有达成书面仲裁协议的；（二）被申请人没有得到指定仲裁员或者进行仲裁程序的通知，或者由于其他不属于被申请人负责的原因未能陈述意见的；（三）仲裁庭的组成或者仲裁的程序与仲裁规则不符的；（四）裁决的事项不属于仲裁协议的范围或者仲裁机构无权仲裁的。人民法院认定执行该裁决违背社会公共利益的，裁定不予执行。"人民法院保留适用这些理由的自由裁量权。

（2）执行异议。

仲裁裁决的执行决定是终局决定，不得在中国上诉。在主管法院作出准予执行的裁决后，败诉方没有进一步的补救办法，法院可以执行法院判决的同样方式执行裁决。对于仲裁程序当事人之间关于执行裁决的法院裁定是不可上诉的，根据《关于执行裁决的司法解释》的规定，根据未参与仲裁程序的第三人的申请作出的法院判决，在收到该决定后 10 日内提出申请的，可以由上一级别法院重新考虑。根据《关于执行裁决的司法解释》的规定，拒绝执行决定的终局性的另一个例外情况是，由于仲裁裁决本身的技术缺陷，如金钱给付具体数额不明确或者计算方法不明确导致无法计算出具体数额，情况没有得到补救，导致执行能力不足。这种否定的决定可以由上一级法院重新考虑，但须在收到此类决定后 10 日内提出申请。

### （十）裁决的公布

目前，中国《仲裁法》对于是否可以公布仲裁裁决没有规定。虽然人们普遍认为仲裁是保密的，一些仲裁机构会在对当事人和案件信息进行脱敏处理后公布裁决书，或者公布案例汇编。实践中，在裁决公布前并未事先获得当事人和仲裁员的许可，中国法律尚未涉及是否需要此类许可。如果任何一方当事人在收到裁决书后短时间内没有反对，是否可以推定同意公布的问题也是如此。

## 七、外国仲裁裁决的执行

### （一）根据公约和条约执行

#### 1. 国际公约

如前文所述，《纽约公约》适用于在中国承认和执行外国仲裁裁决，无论有关裁决是由特设仲裁庭作出还是在仲裁机构的主持下作出，但有两项保留：（1）只有在《纽约公约》另一缔约国境内作出的裁决才能在中国执行——互惠保留；（2）裁决必须是商业性质的——商业保留。

中国还与其他国家政府缔结了许多关于司法协助的双边条约，这些条约无一例外地规定，只要中国和双边条约的外国缔约国都是《纽约公约》的缔约国，仲裁裁决均应根据《纽约公约》予以承认和执行。中国也是 1965 年《国际投资争端解决中心公约》的缔约国，根据该公约作出的任何裁决将被视为外国仲裁裁决，并根据该公约在中国执行。

2. 承认和执行的程序

根据《民事诉讼法》第290条的规定，申请执行裁决的当事人必须首先确定中国管辖法院所在地，然后向该法院提出承认和执行申请。申请不必区分承认和执行，但承认程序是必要的，因为它相当于《纽约公约》所依据裁决的国家的"执行程序"。

3. 法院司法审查的范围

在法院作出任何裁决之前，应听取被申请执行裁决的当事人的意见。法院将在程序结束时作出允许或拒绝执行的裁决。此类法院裁决通常会在法院接受执行外国仲裁裁决的申请后两个月内作出。如果外国裁决是《纽约公约》的裁决，则提交执行申请的中国法院应按照《纽约公约》第5条第1款和第2款的理由审查申请。拒绝承认与执行的理由基本上是程序性的，只有《纽约公约》规定的少数例外。

申请人应当连同承认和执行外国仲裁裁决的书面申请，向法院提交经正式认证的裁决原件或其经正式核证的副本，以及本条所述的协议原件。上述文件的原文非中文的，应提交由认证翻译人员的中文翻译，建议申请人聘请一名中国律师提供必要的服务。

根据《纽约公约》，即使驳回理由成立，中国法院在理论上保留执行裁决的剩余自由裁量权。同时，对法院裁决的准予或拒绝承认和执行，《纽约公约》没有规定上诉程序。

（二）不适用公约或条约的执行

1. 在没有条约适用的情况下执行的可能性

如上文所述，即使没有公约或双边条约适用，外国仲裁裁决也有可能在中国得到承认和执行。《民事诉讼法》第290条就是承认和执行外国仲裁裁决的依据。根据该条规定，国外仲裁机构的裁决，需要中华人民共和国人民法院承认和执行的，应当由当事人直接向被执行人住所地或者其财产所在地的中级人民法院申请，人民法院应当依照中华人民共和国缔结或者参加的国际条约，或者按照互惠原则办理。

2. 承认和执行的条件

在没有条约依据的情况下拒绝执行外国裁决的理由与《纽约公约》规定的

理由相似甚至相同，提出承认和执行申请的法定时限为自收到裁决之日起两年内。依据《民事诉讼法》第246条的规定，申请人应当在期限届满前向中国有管辖权的法院申请法院执行裁定。

3. 承认和执行的程序

《民事诉讼法》第290条规定，需要中华人民共和国人民法院承认和执行的，应当由当事人直接向被执行人住所地或者其财产所在地的中级人民法院申请执行。申请书中应提交的文件包括：（1）中文承认和执行申请书；（2）仲裁协议；（3）裁决。如果仲裁协议和裁决书不是中文的，则应提供这些文件的认证中文译本。当法院决定通过裁决承认裁决时，外国裁决可以在该裁决的基础上执行，而无须法院进一步许可。在实践中，即使申请人寻求执行所有外国仲裁裁决，无论是基于条约还是中国国内法规，都需要首先得到中国法院的承认。当法院确定外国裁决可以得到承认时，该裁决才可以在中国执行，且无须单独的执行程序。

### （三）公共政策规则

中国立法中没有使用"公共政策"或"公共秩序"一词。中国法律对国际公共政策（秩序）和国内公共政策没有明确的区别。中国法院在审查外国仲裁裁决的执行申请时将适用上述公共政策的定义。在中国，违反公共政策始终是拒绝承认和执行的理由。中国的公共政策通常被理解为"社会和公共利益"。

## 八、仲裁裁决的司法审查

作为对仲裁裁决的司法救济而要求撤销的法院程序适用于国内和涉外裁决，但不适用于外国裁决。实践中，中国律师将拒绝承认和执行仲裁裁决视为对任何类型仲裁中作出的裁决的"二次追索权"。

### （一）就仲裁裁决的案情提出上诉

仲裁裁决作出后，在中国境内具有法律效力和既判力。中国法律没有规定向作出裁决的仲裁机构或者其他仲裁机构提出仲裁上诉的权利，即作为一项基本法律原则，中国法律不允许就仲裁裁决的案情向法院提出上诉。

### (二) 撤销仲裁裁决

1. 撤销的理由

(1) 国内裁决。

《仲裁法》第 58 条对撤销国内仲裁裁决的理由进行了规定:"当事人提出证据证明裁决有下列情形之一的,可以向仲裁委员会所在地的中级人民法院申请撤销裁决:(一) 没有仲裁协议的;(二) 裁决的事项不属于仲裁协议的范围或者仲裁委员会无权仲裁的;(三) 仲裁庭的组成或者仲裁的程序违反法定程序的;(四) 裁决所根据的证据是伪造的;(五) 对方当事人隐瞒了足以影响公正裁决的证据的;(六) 仲裁员在仲裁该案时有索贿受贿,徇私舞弊,枉法裁决行为的。人民法院经组成合议庭审查核实裁决有前款规定情形之一的,应当裁定撤销⋯⋯"

结合前述规定,就国内仲裁裁决而言,可以在一定程度上审查争议的是非曲直,如仲裁协议是否约束当事人、是否存在隐瞒证据和伪造证据等。

(2) 涉外裁决。

关于撤销涉外仲裁裁决,《民事诉讼法》第 291 条所列理由依照《仲裁法》第 70 条的规定适用。这些理由是:①当事人在合同中没有订有仲裁条款或者事后没有达成书面仲裁协议的;②被申请人没有得到指定仲裁员或者进行仲裁程序的通知,或者由于其他不属于被申请人负责的原因未能陈述意见的;③仲裁庭的组成或者仲裁的程序与仲裁规则不符的;④裁决的事项不属于仲裁协议的范围或者仲裁机构无权仲裁的。人民法院认定执行该裁决违背社会公共利益的,裁定不予执行。

从上述理由可以看出,中国法院在考虑撤销涉外裁决的申请时,一般不会审查裁决的是非曲直,只有少数的例外。公共政策就是其中之一。

(3) 权利的行使。

撤销裁决的法定依据是中国法律的强制性规定,在争议发生之前或之后,无论是全部还是部分,都不能通过当事人协议减损或排除。从仲裁裁决败诉方的实际角度来看,它可以在收到裁决之日起 6 个月内提起撤销裁决的诉讼,也可以等待仲裁胜诉方申请执行 (两年内),届时仲裁胜诉方有权进行审理。

如果执行申请是在裁决书作出之日起 6 个月内提出的,败诉方也可能在该期限内启动撤销裁决的司法程序。在这种情况下,法院应中止执行程序,并审理撤销裁决的申请。由于撤销国内裁决的理由和不执行国内裁决的理由相同，申请撤销裁决的失败申请人不应有希望以同样的理由成功抗拒执行。涉外仲裁裁决的情况相同，撤销和不执行的理由也相同。

2. 撤销裁决的程序

申请撤销仲裁裁决，应当向仲裁管理地的仲裁委员会所在地的中级人民法院提出。申请撤销仲裁裁决的期限为当事人收到裁决之日起6个月。

《仲裁法》第五章撤销仲裁裁决的程序独立于该法第六章规定的裁决执行程序。此外，在撤销程序中法院撤销裁决失败的一方当事人不得在执行同一裁决的程序中以同样的理由作为抗辩理由。如果一项或多项撤销理由在仲裁期间显而易见且当事人没有及时提出异议，则可以禁止援引这些理由，如仲裁庭的组成不规范或仲裁程序未能严格按照仲裁规则的程序进行。实践中，关键是要确定一方当事人是否放弃了仲裁程序权利。放弃异议条款在中国仲裁机构的仲裁规则中经常出现。例如，《上海国际仲裁中心仲裁规则》第9条规定："一方当事人知道或者应当知道本规则规定或仲裁协议约定的任何条款或情形未被遵守，但仍参加仲裁程序或继续进行仲裁程序且不对此情况及时地、明确地提出书面异议的，视为放弃提出异议的权利。"

根据《仲裁法》第61条的规定，中国法院在撤销程序中，可以将一个或多个事项发回仲裁庭重新仲裁。仲裁庭同意重新仲裁的，法院可以中止撤销程序，而让仲裁庭有机会消除本来可以撤销裁决的理由。

如果裁决因仲裁协议无效而被撤销，仲裁协议将不会恢复。事实上，如果裁决因任何法定理由被撤销，仲裁协议将不会就仲裁中的申请/反申请所涵盖的事项恢复。

3. 协议放弃或排除

提起撤销仲裁裁决诉讼的权利不能通过当事人之间的协议放弃或排除。这种排除协议将不被视为有效，因为一方当事人不能通过私人协议剥夺其根据中国法律诉诸司法救济的权利，无论这种协议是在争议发生之前还是之后订立的。排除任何撤销裁决理由的协议也是无效的。但是，如上文所述，一方当事人可以放弃其在仲裁程序中的权利。

4. 撤销裁决的效力

仲裁裁决在被撤销后被视为无效，不再对当事人具有约束力。作出这种裁决所依据的仲裁协议被认为对裁决所涵盖的申请不再有效或用尽。

5. 其他救济手段

除撤销仲裁裁决的诉讼和一方当事人对执行裁决的异议（许多人认为这是对裁决的事实上的追索手段）外，根据中国法律，没有其他救济仲裁裁决的手段。

# 第五节　涉外调解

调解，作为最重要的替代式争议解决方式之一，其灵活性和高效性已得到世界范围内的认可和关注。2018 年，联合国贸易法委员会第十一届会议通过的《联合国关于调解所产生的国际和解协议公约》（以下简称《新加坡公约》）对于国际商事调解的发展具有里程碑意义，有观点认为《新加坡公约》的落地标志着国际商事争议解决真正实现了仲裁、调解与诉讼"三驾马车"的合力驱动。[1]在共建"一带一路"倡议背景下，中国涉外调解对法律服务提出新要求的同时，也为推进高水平对外开放提供了有力支撑。

## 一、涉外调解的重要成果

2023 年是共建"一带一路"倡议提出十周年。2019 年 4 月 26 日，习近平总书记在第二届"一带一路"国际合作高峰论坛开幕式上指出："我们要秉持共商共建共享原则，倡导多边主义，大家的事大家商量着办，推动各方各施所长、各尽所能，通过双边合作、三方合作、多边合作等各种形式，把大家的优势和潜能充分发挥出来，聚沙成塔、积水成渊。"在法律服务方面，替代式争议解决是各国法域之间差异的异中之同，而调解和仲裁又是替代式争议解决的主要内容。自"一带一路"倡议提出以来，中国涉外调解一直在进行积极的探索和创新，具体表现如下。

---

〔1〕 参见刘晓红：《〈新加坡调解公约〉生效后中国涉外调解的发展》，载最高人民法院国际商事法庭网站，https://cicc.court.gov.cn/html/1/218/62/164/2270.html，最后访问日期：2023 年 7 月。

其一，涉外调解政策支撑逐步完善。在中央有关文件方面，2014 年《中共中央关于全面推进依法治国若干重大问题的决定》指出：要健全社会矛盾纠纷预防化解机制，完善调解、仲裁、行政裁决、行政复议、诉讼等有机衔接、相互协调的多元化纠纷解决机制。加强行业性、专业性人民调解组织建设，完善人民调解、行政调解、司法调解联动工作体系。2019 年中共中央办公厅、国务院办公厅印发的《关于加快推进公共法律服务体系建设的意见》提出，要坚持改革创新、统筹协调，创新公共法律服务内容、形式和供给模式，整合优化各类法律服务资源，促进资源共建共享。该文件同时指出要完善律师调解和商事调解制度，推动建立国际商事调解组织，加强与其他国家法律事务的交流与合作。2021 年中央全面深化改革委员会第十八次会议审议通过的《关于加强诉源治理推动矛盾纠纷源头化解的意见》指出，要完善预防性法律制度，从源头上减少诉讼增量。最高人民法院为落实此文件于同年印发《关于深化人民法院一站式多元解纷机制建设推动矛盾纠纷源头化解的实施意见》，该实施意见体现了调解与诉讼的对接机制，对调解成功需司法确认或需人民法院出具调解书的案件，通过专用案号出具法律文书；同时，该实施意见提出信息互通共享机制，根据平台将涉案案由进行分类，通过线上方式推送至适宜的单位调解组织或调解员进行调解，保证调解的专业性；另外，该实施意见扩大了调解人员的范围，将更多符合条件的人民调解员、行业性专业性调解组织、律师纳入特邀调解名册；对于涉外调解案件，该实施意见强调在涉外商事案件中，应当邀请符合条件的外国人参与调解。

在中央的政策支撑与指引下，国家司法部门的努力同样为完善商事调解制度提供了有力保障。2015 年最高人民法院发布的《关于人民法院为"一带一路"建设提供司法服务和保障的若干意见》强调在国际商事案件中贯彻调解优先原则，并将适当引入域外国际商事仲裁机构、国际商事调解机构，使更多国际商事纠纷在中国获得高效解决。2018 年，中国国际贸易促进委员会调解中心、上海经贸商事调解中心作为首批纳入最高人民法院国际商事法庭"一站式"国际商事纠纷多元化解决平台的调解机构，也为有效处理涉外纠纷提供了便捷高效的方案。在"一站式"国际商事纠纷多元化解决平台的框架下，可以有效实现国际商事法庭诉讼机制与调解的有效衔接，即当事人可以选择调解机构将争议提请调解，经调解达成的调解协议可以向国际商事法庭申请制作调解书或判决书。

同时，在 2021 年司法部印发的《全国公共法律服务体系建设规划（2021—2025 年）》亦提出要创新新时代调解工作，加强和规范商事调解工作，积极服务"一带一路"、粤港澳大湾区、海南自贸港及各地自贸区建设。此外，文件也指出要加强与国际商事调解组织的交流合作，推进完善上海合作组织成员国司法部长会议机制，推动成立上海合作组织法律服务委员会，深化法律服务领域交流合作，推进"一带一路"律师联盟工作。

2022 年外交部宣布将携手多国共同筹建国际调解院，国际调解院的设立不仅将为推进人类命运共同体发挥重要作用，也为国际商事争议解决提供更为便捷、经济和灵活的选择。

其二，地方有效做法为涉外调解发展保驾护航。在上海，2011 年上海经贸商事调解中心经批准成立，是中国第一家专业从事商事调解纠纷的独立机构，此外上海经贸商事调解中心设有知识产权、海事海商、房地产、能源及环保、金融、国际贸易六个专业委员会，为专业领域调解提供专业法律服务。在北京，2016 年北京融商"一带一路"法律与商事服务中心成立，该中心是国内第一家以民间方式制定国际调解规则的民间组织。公开数据显示，截至 2019 年，受理进入调解程序 96 件，调解成功率为 70%。2020 年 4 月 23 日，北京融商"一带一路"法律与商事服务中心暨"一带一路"国际商事调解中心与马来西亚调解中心在线签署关于共同设立"一带一路"国际商事调解中心马来西亚吉隆坡区域调解室的合作备忘录。根据合作备忘录，双方将共建吉隆坡调解室、设立（中外）调解员联合专家组，并约定调解所达成的和解协议须在马来西亚和中国法律框架内，在《新加坡公约》精神下，促进当事人诚信自觉履行。同时双方也将在共同促进调解及其他多元化争端解决方式、信息交换、研发项目和培训方面等多项内容上进行合作。在粤港澳大湾区，2020 年，广东省高级人民法院联合省司法厅发布了《广东自贸区跨境商事纠纷调解规则》，规定了当事人可自愿选择国际公约、惯例及域外法律调解商事争议，在不违反我国法律的前提下，人民法院可以特邀具有专门经验的人员进行调解。调解的期限、地点和方式均由当事人约定。达成调解协议后，当事人还可申请人民法院进行司法确认。[1]2020 年深圳市前海国际商事调解中心成立，该中心致力于服务粤港澳大湾区、先行示范区建设以及为"一带一路"经贸商事提供法治保障。2022 年《深圳经济特区矛盾纠纷多元化解条例》以专章形式结合特区的实际对涉外调解的落地进行细化。2020 年海南出台的《海南省多元化解纠纷条例》第 15 条规定商会、行业协会、民办非企业单位、商事仲裁机构等可以依法成立商事调解组织，在法律允许的范围内开展商事调解活动。同时，境外商事调解机构可以依照国家有关规定参与商事调解。

各地在推进涉外商事纠纷多元化解机制的同时，皆极其重视涉外调解发挥的重要作用。目前而言，各地在推进涉外调解具有以下特点：首先，各地都采用机构调解的方式，通过发布调解规则为当事人提供可视化的流程和指引；其次，《深圳市前海国际商事调解中心调解规则（试行）》和《上海经贸商事调解中心调解规则（试行）》对联合调解作出规定，《北京融商"一带一路"法律与商事服务中心"一带一路"国际商事调解中心调解规则》提供了示范条款供当事人协议选择适用；此外，在调解协议的转化方面，当事人可以选择通过仲裁裁决、司法公证或法院确认的方式确保调解协议的履行。

其三，专业领域取得新发展。自 2021 年 11 月 1 日起施行的《中国国际贸易促进委员会/中国国际商会调解中心知识产权争议调解规则》系中国首个面向解决涉外知识产权争议的专业领域商事调解规则，该规则包含五章共计 44 条。值得一提的是，该规则第二章规定了调解程序，其中第 8 条规定当事人未约定调解机构但同意依据此规则进行调解的，可以认定为选择在调解中心进行调解，此规定极大尊重了当事人的合意选择，允许当事人在纠纷产生前或纠纷产生后通过协商选择调解的方式定分止争。

总体来说，在服务"一带一路"倡议建设过程中，中国涉外商事纠纷多元化解机制的发展有助于维护多元稳定的国际经济格局和经贸关系，坚持开放包容的理念及共商、共建、共享的合作精神，以更为灵活便利的方式解决商事争议。

---

[1] 林晔晗、马卓尔：《商事纠纷多元化解的"大湾区样本"》，载《人民法院报》2021 年 3 月 2 日，第 8 版。

## 二、涉外调解的实践挑战

其一，专门立法缺位。综观全球，已有 30 多个国家或地区制定了关于国际商事调解的专门法律规范[1]，较具代表性的为新加坡于 2020 年推出的《新加坡公约调解法》[2]，此法案可以说是为适用《新加坡调解公约》专门推出的专项法案。《新加坡调解公约》的出台必然掀起世界范围内对于商事调解立法的倾向，也是争端解决的革新的国际趋势，中国不应当错过这一良好的契机。就目前而言，虽然地方立法在推动涉外调解中已取得了一定成绩，但仍缺乏统一的法律规范。目前国内有两种观点：第一种观点认为，可以将调解纳入现行《仲裁法》，形成完备的《商事仲裁调解法》；第二种观点则主张，由于国内"大调解"格局基本形成，以单独的法律对调解进行规定更为适宜。[3]虽在观点上有所分歧，但目前理论界和实务界都一致赞同伴随实践的需要，商事仲裁通过立法方式的可能性在逐步提升，这也将在未来对中国法治发展提供强劲推力，为营造良好的营商环境提供有力支撑。

其二，程序衔接缺位。举例而言，中国目前的法律仅允许机构调解，即不允许以个人名义作出临时调解，这样规定的好处是可以解决调解员资质和职业道德的规范缺位，但《新加坡调解公约》并没有禁止临时调解。《新加坡调解公约》第 4 条第 1 款（b）项规定，当事人出具的显示和解协议产生于调解的证据即可作为申请依据，在条文的讨论过程中，对于"显示和解协议产生于调解的证据"这一行文产生了激烈讨论，工作组考虑到个人调解在许多国家不具有公信力，机构背书可以更好地对调解合法性和公信力提供保障，最终决定要求当事人提供调解过程管理机构的证明，仅在当事人无法出具调解员在和解协议上签名、由调解员签署已进行调解的文件和调解机构证明时，才允许当事人

---

[1] 参见郭子平：《我国国际商事调解特区立法：问题争议、解决机制及制度贡献》，载《深圳大学学报（人文社会科学版）》2023 年第 4 期。

[2] Singapore Convention on Mediation ACT 2020, *arrived at* https://sso.agc.gov.sg/Act/SCMA2020.

[3] 参见王国华、施长艳：《〈新加坡公约〉与中国国际商事调解机制的冲突及破解之道》，载《中国海商法研究》2023 年第 2 期。

提交其他证据。[1]事实上基于个人调解作出的和解协议能否得到执行仍未规定，这将导致和解协议与国内现行的执行程序产生冲突，这也是实践中不可回避的问题。

其三，执行模式亟待厘清。涉外调解在中国的执行模式目前可以分为三种。第一种模式是调解直接获得强制执行力，例如《最高人民法院国际商事法庭程序规则（试行）》第24条规定国际商事法庭制发的调解书即在中国境内具有强制执行力。第二种模式是转化模式，即当事人可以依据达成的和解协议提请仲裁机构依据和解协议内容作出仲裁裁决。例如，《中国国际贸易促进委员会/中国国际商会调解中心知识产权争议调解规则》第30条规定，当事人可以在和解协议中订立如下仲裁条款："任何一方均可将本和解协议提交中国国际经济贸易仲裁委员会、中国海事仲裁委员会或北京仲裁委员会（三者择其一），由该会主任指定一名独任仲裁员，组成仲裁庭，按照和解协议的内容作出仲裁裁决。仲裁庭有权按照其认为适当的程序和方式审理案件，且具体程序和期限不受该会仲裁规则有关条款的限制。仲裁裁决是终局的，对各方当事人均有约束力。"又如，《海南省多元化解纠纷条例》第38条规定，当事人可以将和解协议向公证机构申请进行公证。事实上，如果当事人在申请执行时，仍需面临和解协议向司法确认、仲裁裁决或司法公证的转化，将在一定层面上折损调解本身的效率优势，也势必降低当事人选择调解解决纠纷的意愿。如何协调好执行模式与效率稳定的界限，是今后涉外调解实践中需要回答的问题之一。

### 三、涉外调解的未来展望

前文已经提及，纠纷解决在"一带一路"建设中发挥着纽带作用，对于纠纷解决而言，司法审判是最后一道防线，但其不可能完全替代其他非诉讼纠纷解决机制。调解作为非诉讼纠纷解决机制的重要组成部分，是全面依法治国的重要组成部分，也是共建"一带一路"和国际贸易繁荣的主要方式，而涉外调解也符合商事往来中市场主体对合作共赢、定分止争的期待。中国涉外调解发

---

[1] 参见孙巍编著：《〈联合国关于调解所产生的国际和解协议公约〉立法背景及条文释义》，法律出版社2018年版，第39-46页。

展欣欣向荣，进行了诸多探索与创新。例如，在跨境执行模式层面，2022年深圳国际仲裁院与新加坡国际调解中心创设的"新加坡调解+深圳仲裁"模式在一定程度上解决了当前执行的问题。又如，在国际合作层面，2022年中国国际贸易促进委员会调解中心与以色列商事仲裁协会签署了《共建中以商事调解中心合作协议》，为"一带一路"共建国家的纠纷解决提供了新的渠道和方式。可以预见，在推进共建"一带一路"高质量发展的过程中，我国将继续为国际商事纠纷解决提供中国智慧。

# 第六节　外国法律查明与研究

在2020年11月16日至17日召开的中央全面依法治国工作会议中，习近平总书记强调："要坚持统筹推进国内法治和涉外法治。"坚持统筹推进国内法治和涉外法治，是习近平法治思想的重要组成部分，国内法治和涉外法治是国内法治的两个方面，而国内法治和国际法治是全球法治的两个方面，都不可或缺。涉外法治在国内法治和国际法治之间发挥着桥梁纽带、互动融通的作用。统筹国内、国际两个大局是我们党治国理政的基本理念和基本经验，在法治建设和法治发展领域，体现为统筹推进国内法治和涉外法治，更好维护国家主权、安全、发展利益。[1]域外法的查明与研究，在推进涉外法治背景下被赋予了新的时代特征：一方面，域外法有助于解决在涉外审判实践中准据法适用问题，提高涉外司法审判效能；另一方面，域外法亦可为中国企业提供外国法律前瞻性研究和预判，在服务"一带一路"倡议中为中国企业"走出去"保驾护航。因此，准确把握"一带一路"建设司法服务和保障，域外法查明和研究是积极回应"一带一路"建设中市场主体需求的有效着力点和落脚点。

## 一、外国法律查明的主要做法

针对外国法律查明的义务，《涉外民事关系法律适用法》第10条作出了规定，即涉外民事关系适用的外国法律，由人民法院、仲裁机构或者行政机关查

---

[1]　黄进：《坚持统筹推进国内法治和涉外法治》，载《光明日报》2020年12月9日，第11版。

明。当事人选择适用外国法律的，应当提供该国法律。我国法官观点认为，中国并未简单采纳所谓外国法律"事实说"或者"法律说"的观点，而是根据实际情况，采取了法院查明外国法律为主、当事人提供外国法律为辅的做法。[1]

而对于外国法律查明的途径，最高人民法院于 1988 年印发的《关于贯彻执行〈中华人民共和国民法通则〉若干问题的意见（试行）》第 193 条规定："对于应当适用的外国法律，可通过下列途径查明：①由当事人提供；②由与我国订立司法协助协定的缔约对方的中央机关提供；③由我国驻该国使领馆提供；④由该国驻我国使馆提供；⑤由中外法律专家提供。通过以上途径仍不能查明的，适用中华人民共和国法律。"在 2018 年最高人民法院发布的《关于设立国际商事法庭若干问题的规定》及《全国法院涉外商事海事审判工作座谈会会议纪要》中，又增设了法律查明服务机构途径。可以看出，外国法律查明在我国可以通过当事人途径、司法协助、外交途径、专业机构途径或专家途径进行。应当认为，外国法律查明的途径并无次序之分，此外多样的查明途径亦呈现多元化趋势，如存在当事人根据公开的法律学术书籍和本国生效裁判文书等途径提供域外法律的途径。

值得一提的是，2022 年我国最高人民法院与新加坡最高法院签署的《关于法律查明问题的合作谅解备忘录》，为两国法院在涉外审判中查明对方法律提供了便利，采用谅解备忘录的做法有效消除当事人提供外国法的偏差，有助于提升双方法律适用中的准确性。根据该谅解备忘录，针对法院正在审理的民商事诉讼需要适用对方国家法律时，可通过最高司法审判机关请求对方针对其民商事国内法和司法实践提供信息与意见。这是我国最高人民法院与外国签订的第一份有关法律查明问题的合作谅解备忘录，具有开创性历史意义，为国际社会司法合作提供了有益借鉴。

## 二、外国法律查明的实践观察

2015 年最高人民法院《关于人民法院为"一带一路"建设提供司法服务和保障的若干意见》中强调，要依法准确适用国际条约和惯例，准确查明和适用

---

[1] 高晓力：《涉外民商事审判实践中外国法的查明》，载《武大国际法评论》2014 年第 1 期。

外国法律，增强裁判的国际公信力。要依照《涉外民事关系法律适用法》等冲突规范的规定，全面综合考虑法律关系的主体、客体、内容、法律事实等涉外因素，充分尊重当事人选择准据法的权利，积极查明和准确适用外国法，消除共建各国中外当事人国际商事往来中的法律疑虑。此外，该意见提出建立外国法律查明工作平台，打造稳定透明的"一带一路"国际法治环境，营造公平公正的营商环境。2019年最高人民法院发布的《关于人民法院进一步为"一带一路"建设提供司法服务和保障的意见》及2020年《关于人民法院服务保障进一步扩大对外开放的指导意见》中屡次强调整合与提升域外法查明中心平台功能，探索多渠道准确查明适用外国法律，提高人民法院在涉外案件中查明和适用域外法的能力。

同时，自由贸易试验区在"一带一路"建设中是最佳的试金石，因此我国一直重视在自由贸易试验区进行我国可行的域外法查明路径的探索。最高人民法院在2016年《关于为自由贸易试验区建设提供司法保障的意见》中规定了人民法院审理涉自由贸易试验区的涉外民商事案件外国法律查明的路径次序，即以当事人提供为主，人民法院依职权查明为辅的双轨制模式。当事人约定适用外国法律，无正当理由未提供该外国法律或者该国法律没有规定的，适用中国法律。当事人不能提供、按照我国参加的国际条约规定的途径亦不能查明的外国法律，可在一审开庭审理之前由当事人共同指定专家提供。根据冲突法规范应当适用外国法的，法院应当依职权查明外国法。此外，2019年最高人民法院《关于人民法院为中国（上海）自由贸易试验区临港新片区建设提供司法服务和保障的意见》中指出，应在域外法查明过程中充分发挥专家作用。2021年最高人民法院《关于人民法院为北京市国家服务业扩大开放综合示范区、中国（北京）自由贸易试验区建设提供司法服务和保障的意见》中指出，要完善域外法查明规则，健全域外法律及案例资源库，准确适用外商投资法律法规，营造国际一流法治化营商环境。此外，2022年最高人民法院《关于人民法院支持和保障浦东新区高水平改革开放打造社会主义现代化建设引领区的意见》中提出，要引入域外法查明专家作为专家证人参与诉讼制度，提升国际商事审判法律适用水平。

2019年最高人民法院《关于建立"一带一路"国际商事争端解决机制和机构的意见》强调，要尽快建立"一带一路"建设参与国法律数据库及外国法查明中心，加强对涉"一带一路"建设案件的信息化管理和大数据分析，为法官提供智能服务，确保法律适用正确、裁判尺度统一。同年最高人民法院域外法查明平台上线，标志着全国法院域外法查明统一平台的正式建立。该平台联合西南政法大学中国—东盟法律研究中心、蓝海法律查明和商事调解中心、中国政法大学外国法查明研究中心、华东政法大学外国法查明研究中心、武汉大学外国法查明研究中心五家机构共建统一的域外法查明平台，同时发挥最高人民法院聘请的来自 14 个国家和地区的 31 位国际商事专家委员在域外法查明方面的作用，为各级人民法院和社会各界提供优质高效的法律查明服务。

综观外国法律查明的新近发展，外国法律查明亦呈现需求增加、涉及地区增多、问题愈加精细复杂的特点。[1]有研究显示，截至 2022 年 8 月，通过中国裁判文书网检索到共 52 例载明通过专业机构进行外国法律查明的案件，[2]同时结合最高人民法院国际商事法庭公布的域外法查明案件都可以看出，专业机构提供域外法查明的作用愈加明显。根据前述特征，可以总结出在推进涉外法治背景下为外国法律查明的新意涵。

第一，为统筹推进国内法治和涉外法治，新时期的外国法律查明工作面临新的需求，具有新的特点，已经超越了传统的外国法律查明框架。《上海涉外商事审判域外法查明白皮书（2015—2021）》的调研报告显示，对域外成文法查明需求占比 68.10%；对判例查明需求占比 25.23%，诉讼费承担、仲裁等程序性事项查明占比 4.7%；对国际条约、国际惯例如《儿童权利公约》等的查明占比 1.97%。[3]外国法律查明不再局限于域外成文法，其范围已经拓展到司法判例、程序性事项等方面，同时呈现精细化、碎片化的特征。

第二，对外国法律查明的认知，正在发生改变。传统国际私法领域的外国法律查明，是狭义的外国法律查明。随着涉外法治发展，新时期的外国法律查明是广义的外国法律查明，只要有国际交流和处理涉外事务，就涉及外国法律查明。无论是查明的需求主体，还是所涉领域，都已发生显著的变化。站在全

〔1〕 沈红雨：《"一带一路"背景下国际商事诉讼与域外法查明制度的新发展》，载最高人民法院国际商事法庭网站，https://cicc.court.gov.cn/html/1/224/228/1098.html，最后访问日期：2023 年 7 月。
〔2〕 参见肖永平、仇念轩：《完善我国法院运用专业机构查明外国法的建议》，载《国际法学刊》2022 年第 4 期。
〔3〕 上海市高级人民法院：《上海涉外商事审判域外法查明白皮书（2015—2021）》，第 7-8 页。

球的角度，外国法律查明不仅包括特定外国法律的查明，还包括中国法律的查明，以及第三国的法律查明。从查明的目的看，不仅包括争议解决领域的外国法律查明，还包括争议预防领域的外国法律查明。根据现有检索到的裁判文书显示，域外法查明涵盖合同、海事、继承、侵权等多个领域。

第三，从目前的外国法律查明实践看，制定外国法律查明的规范指引，实现外国法律查明的制度化、规范化可以充分服务"一带一路"高质量发展。2020年上海海事法院确认了此种做法，根据《上海海事法院关于涉外海事审判中外国法律查明工作的指导意见（试行）》及《上海海事法院关于外国法律查明统一委托工作规则（试行）》，审判业务庭可以通过法院诉讼服务中心对外委托。

第四，从外国法律查明的要求看，不仅要解决"查"的问题，还要解决"明"的问题。在新鑫海航运有限公司与深圳市鑫联升国际物流有限公司、大连凯斯克有限公司海上、通海水域货物运输合同纠纷案〔1〕中，大连海事法院通过外国法律查明机构查明当事人约定的准据法予以适用，充分体现了通过专业机构为外国法律查明与适用的有效实践。

第五，目前外国法律查明领域还存在许多挑战，如存在查明耗时长、专家证人出庭的诉讼成本高，当事人提供的域外成文法以及判例不够全面、充分，查明途径、程序以及认定无法查明的标准，尚不够统一〔2〕等诸多问题亟待解决。因此既要克服供给不足的问题，也要解决能力不足和传播不足的问题，为加强涉外法治工作提供有力的法律保障。〔3〕

# 第七节　涉外司法鉴定

## 一、涉外司法鉴定的时代内涵

司法鉴定制度是解决诉讼涉及的专门性问题、帮助司法机关查明案件事实

---

〔1〕　（2018）辽72民初758号。

〔2〕　沈红雨：《"一带一路"背景下国际商事诉讼与域外法查明制度的新发展》，载 https://cicc.court.gov.cn/html/1/224/228/1098.html，最后访问日期：2023年7月2日。

〔3〕　参见刘静坤、张南、余萌：《加强外国法查明工作　积极推进涉外法治——涉外法治背景下外国法查明学术研讨会综述》，载《人民法院报》2021年12月9日，第8版。

的司法保障制度。党的十八大以来,在党中央、国务院的领导下,我国涉外法律服务领域日益拓展,服务质量逐步提升。在 2020 年中央全面依法治国工作会议上,习近平总书记明确提出"坚持统筹推进国内法治和涉外法治",形成了习近平法治思想中系统的涉外法治观。党的十九届五中全会通过的《中共中央关于制定国民经济和社会发展第十四个五年规划和二〇三五年远景目标的建议》中明确"加强涉外法治体系建设",法律服务是强化涉外法治体系建设的重要抓手,其发展水平是法治水平的重要标尺,涉外司法鉴定又是涉外法律服务的重要组成部分。在服务"一带一路"倡议过程中,重视发展涉外司法鉴定既是落实加强涉外法治体系建设的现实需要,也是服务高水平对外开放的联通路径。

发展涉外法律服务是中国涉外法治建设的重大部署,而涉外司法鉴定是涉外法律服务的组成要素。2016 年 12 月 30 日,司法部、外交部、商务部与国务院法制办公室联合发布的《关于发展涉外法律服务业的意见》着眼于对外开放面临新形势新任务和涉外法律服务业在全面依法治国和经济社会发展中的作用,提出了健全完善扶持保障政策、进一步建设涉外法律服务机构、发展壮大涉外法律服务队伍、健全涉外法律服务方式、提高涉外法律服务质量、稳步推进法律服务业开放等多项举措,这对增强我国在国际法律事务中的话语权和影响力,维护我国公民、法人在海外及外国公民、法人在我国的正当权益具有重要作用。该文件在宏观层面提出要建立完善涉外司法鉴定事项报告制度,进一步规范涉外司法鉴定工作。据不完全统计,司法部司法鉴定科学技术研究所 2013 年至 2015 年共受理涉外司法鉴定及相关鉴定服务近 900 例,受理类型包括死亡原因鉴定、损伤程度鉴定、骨龄鉴定、刑事责任能力评定、民事行为能力认定,以及亲子鉴定服务和指纹捺印服务。由此可见,涉外司法鉴定是服务"一带一路"倡议建设的实际需求。涉外司法鉴定在中国企业和公民"走出去"与外国企业和公民"引进来"过程中发挥着保驾护航的重要作用。

涉外司法鉴定具有范围广、专业性强的特点,这也对司法鉴定机构提出了较高的要求,目前我国已有诸多涉外司法鉴定的有效实践。中国裁判文书网数据库显示,自 2013 年至 2018 年,涉及司法鉴定的涉外案件逐年递增,自 2018 年至 2021 年已公开的涉及司法鉴定的涉外案件均保持在 500 件以上。另外,在司法行政（法律服务）案例数据库中对司法鉴定工作案例类型进行检索，得到自2018年至今已公开的涉外司法鉴定典型案例。其中，在温州医科大学司法鉴定中心对涉外人员急性肺出血猝死的法医病理鉴定案[1]中，司法鉴定中心为外籍人员提供的鉴定意见得到确认，为办案机关提供了有效意见。

## 二、涉外司法鉴定的制度发展

### (一) 健全完善统一司法鉴定管理体制

2017年，中央全面深化改革领导小组第三十七次会议审议通过了《关于健全统一司法鉴定管理体制的实施意见》。该会议指出，司法鉴定制度是解决诉讼涉及的专门性问题、帮助司法机关查明案件事实的司法保障制度。健全统一的司法鉴定管理体制，要适应以审判为中心的诉讼制度改革，完善工作机制，严格执业责任，强化监督管理，加强司法鉴定与办案工作的衔接，不断提高司法鉴定质量和公信力，保障诉讼活动顺利进行，促进司法公正。2017年11月，司法部印发的《关于严格准入 严格监管 提高司法鉴定质量和公信力的意见》进一步细化了准入条件，严格准入程序。该文件强调，强化对鉴定机构和鉴定人的严格准入、严格监管，是健全统一司法鉴定管理体制改革的必然要求，是保障鉴定质量和维护司法鉴定行业公信力的必然要求。

2018年司法部、国家市场监督管理总局印发的《关于规范和推进司法鉴定认证认可工作的通知》规范了严格的司法鉴定登记管理和质量管理标准，为司法鉴定认证认可工作提供了有效规范。此外，面对实践中存在工作衔接不畅的问题，2019年司法部、国家市场监督管理总局印发《关于加快推进司法鉴定资质认定工作的指导意见》，为进一步规范工作程序，完善工作机制，就加快推进司法鉴定资质认定工作作出了细化的流程标准。

2020年司法部印发的《关于进一步深化改革强化监管提高司法鉴定质量和公信力的意见》旨在进一步深化改革、强化监管，提高司法鉴定质量和公信

---

[1] 温州医科大学司法鉴定中心对涉外人员急性肺出血猝死的法医病理鉴定案，案例编号：ZJSJYW1524536908。见司法行政（法律服务）案例库，载 http://alk.12348.gov.cn/，最后访问日期：2023年7月1日。

力，该意见提出了以下具体改革措施：其一，加强司法鉴定行业的建设。要求各级司法行政机关要结合职能履行抓行业党建工作责任，把抓业务与抓党建紧密结合起来，加强党对司法鉴定行业的领导，发挥党建引领作用，推动党建和业务深度融合、相互促进。其二，加强鉴定机构建设。以严格的准入登记、诚信的评价体系、健全的资质评估制度和完善的淘汰退出机制促进行业健康有序、良性的发展。其三，加强鉴定人队伍建设。习近平总书记在中央人才工作会议上强调"人才是实现民族振兴、赢得国际竞争主动的战略资源"〔1〕，涉外司法鉴定人才队伍建设要把好用人关，建立完善鉴定人能力考核标准，对申请从事司法鉴定业务的个人职称专业、工作经历、业务能力等进行实质审核，实施严格准入，同时也要重视人才培养、教育培训制度和职业保障。其四，加强质量建设。该意见强调要充分发挥专家作用。组建地方和国家专家库，发挥专家在评审准入、质量管理、行业监管等方面作用。完善专家咨询机制，探索技术争议解决。其五，加强科技信息化建设。明确要加快"智慧鉴定"建设工作，实现网上审批、网上服务、执业监管、投诉处理、综合管理等一体化功能。其六，强化公益属性。完善司法鉴定机构依法减免相关费用制度，加强司法鉴定与法律援助工作的衔接。推动将公民非正常死亡处理、行政执法、公益诉讼和应对国内、国际重大公共事件等鉴定需求纳入政府购买服务指导性目录。其七，加强监督管理。该意见明确要加强事中、事后监管双管齐下，进一步规范司法鉴定机构和鉴定人在诉讼活动之外开展鉴定业务。

### （二）深化司法鉴定人职称制度改革

2021 年人力资源社会保障部、司法部印发的《关于深化公共法律服务专业人员职称制度改革的指导意见》是贯彻落实中共中央办公厅、国务院办公厅《关于深化职称制度改革的意见》的重要举措，该指导意见进一步为加强公共法律服务队伍建设提供了有力支撑。为规范涉外司法鉴定人评价机制，该指导意见提出以下举措：其一，健全职称体系。该意见将公共法律服务专业人员支撑的专业类别分为公证员和司法鉴定人，司法鉴定人是指在司法鉴定机构从事

---

〔1〕 习近平：《深入实施新时代人才强国战略　加快建设世界重要人才中心和创新高地》，载《求是》2021 年第 24 期。

司法鉴定业务的专业技术人员；在职称层级方面，明确司法鉴定人的职称名称为初级司法鉴定人、中级司法鉴定人、副高级司法鉴定人、正高级司法鉴定人；在职业类别方面，明确司法鉴定人执业类别为法医类、物证类、声像资料、环境损害四个专业方向。其二，完善评价标准。该指导意见指出要充分体现公共法律服务职业特点，突出评价公共法律服务专业人员的专业能力、业绩和贡献。破除唯论文、唯学历、唯资历、唯奖项倾向，分类完善公共法律服务人才评价标准。改变在成果评价中过分依赖论文、论著的局面，推行代表作制度，各地区可结合实际建立成果代表作清单，注重代表性成果的质量、贡献和影响力。对于司法鉴定人，司法鉴定意见书、指导案例、标准规范制定等可作为业绩，重点评价司法鉴定实务、解决疑难复杂司法鉴定案件、新技术新方法运用、科技成果转化等方面的能力。此外，依据该指导意见，人力资源社会保障部会同司法部制定了《司法鉴定人职称评价基本标准》的国家标准，并明确各地区可根据实际制定本地区标准，具有自主评审权的用人单位可根据本单位实际制定单位标准，但地区标准和单位标准不得低于国家标准。该文件进一步加强和规范了司法鉴定人的职称评定，明确了司法鉴定的执业秩序和标准，有利于提高涉外司法鉴定的服务质量，切实提升司法鉴定的公信力。

### 三、涉外司法鉴定的地方实践

涉外法律服务在"一带一路"倡议建设中，立足于服务大局、创新发展、统筹兼顾、立足国情的基本原则，为构建开放型经济、提升国际竞争力提供支撑。在地方实践中，自由贸易试验区在高水平对外开放过程中发挥引领作用，因此在总结地方实践时将主要聚焦部分典型方案。

#### （一）广东省涉外司法鉴定的典型方案

2017年广东省司法厅、广东省商务厅、广东省人民政府外事办公室和广东省人民政府法制办公室共同印发《关于发展涉外法律服务业的实施意见》，该文件指明，发展涉外法律服务业是立足于广东作为对外开放的前沿优势，适应经济全球化进程、构建开放型经济新体制、应对维护国家安全稳定新挑战的需要，是推进全面依法治省、促进全方位对外开放、建设完备的法律服务体系的重要举措。该文件在建设涉外司法鉴定方面主要采取以下举措：其一，建立并完善涉外法律合作交流平台，支持省市律师、司法鉴定协会加强与"一带一路"共建国家（地区）相关行业协会的联系、交流和合作，推动建立"一带一路"和自由贸易区国际法律服务合作平台。其二，允许具有中国国籍的港澳居民申请从事司法鉴定业务，发展壮大司法鉴定人队伍。其三，建立并完善涉外司法鉴定事项报告制度，进一步规范涉外司法鉴定工作。

2022 年深圳市前海管理局印发的《深圳市前海深港现代服务业合作区管理局关于支持前海深港国际法务区高端法律服务业集聚的实施办法（试行）》为支持法律服务机构及港澳法律专业人士在前海深港国际法务区集聚发展提供了资金的落户支持。依据该实施办法，经业务主管部门批准在前海合作区新设立或新迁入的仲裁、公证、司法鉴定、法律查明、商事调解、合规等机构，可以给予一次性 50 万元的落户支持。可以预见，鼓励政策的实施将对涉外司法鉴定的发展注入催化剂。

### （二）上海市涉外司法鉴定的典型方案

2021 年上海市司法局、上海市发展和改革委员会和上海市市场监督管理局印发的《上海市司法鉴定收费管理办法》规范了司法鉴定收费标准，为司法鉴定行业的健康发展提供有力保障。

2022 年上海市公布《上海市公共法律服务办法》，该文件旨在加快推进公共法律服务体系建设，提高公共法律服务能力和水平，满足人民群众日益增长的公共法律服务需求，提升城市软实力，促进城市治理体系和治理能力现代化。首先，该文件明确了行业协会的社会责任，规定律师、公证、司法鉴定、仲裁、调解等法律服务行业协会应当发挥行业自律作用，组织、指导和监督本行业法律服务机构、法律服务人员开展公共法律服务活动。其次，明确司法行政部门的具体职责，即司法行政部门应当加强司法鉴定人和司法鉴定机构能力建设，组织开展司法鉴定人业务培训，推动提升司法鉴定机构的公益属性。同时，司法鉴定机构亦应当通过在线服务、便民咨询等方式，提升司法鉴定便利化水平。同时，为满足浦东新区法律服务引领区建设的需要，文件明确集聚律师、公证、司法鉴定、仲裁、调解等法律服务资源，探索创新相关管理措施，服务保障浦东新区高水平改革开放、打造社会主义现代化建设引领区。

2023 年上海市司法局、上海市档案局联合印发的《上海市司法鉴定业务档案管理办法》对司法鉴定业务档案管理的收集、整理、保护和利用作出规定，该文件有效解决部分司法鉴定机构的档案管理混乱、归档不及时、缺少统一档案管理等问题，有效整合了司法鉴定业务档案的统一规范，切实提升司法鉴定的高质量发展。

2023 年上海市司法局印发《市司法局优化法治化营商环境若干举措》，着力优化营商环境制度供给。该文件第 14 项强调积极推进上海国际法律服务中心建设，为市场主体提供专业化、国际化、高能级的法律服务。该文件要求加快虹桥国际中央法务区建设，抓紧建成一期示范功能性平台，汇聚更多专业性强、知名度高的律师事务所、仲裁机构、公证机构、司法鉴定机构等法律服务机构。制订实施浦东新区高能级现代法律服务引领区建设方案，进一步强化高质量法律服务供给。值得一提的是，上海市司法局将"修订上海市司法鉴定收费管理办法"纳入 2023 年度重大行政决策事项目录，亦体现了司法鉴定在对外开放过程中为市场主体提供高水平服务的效能作用，有助于保护企业合法权益。

### (三) 四川省涉外司法鉴定的典型方案

2018 年四川省成都市发布的《成都市关于发展涉外法律服务业的实施意见 (征求意见稿) 》中指出，强化对司法鉴定机构进行涉外服务能力培训，不断提升社会中介组织涉外法律服务保障水平。根据该文件，成都市在建设涉外司法鉴定工作中应当采取多项举措：第一，为涉外司法鉴定机构提供完善的扶持保障政策。依据该文件，对于仲裁、商事调解、律师、公证、司法鉴定五大法律服务机构，按其涉外法律服务业务规模给予每年 5% 最高不超过 100 万元的财政扶持和支持。第二，优化高校公共法律服务体系，探索建立自由贸易试验区公共法律服务中心，聚合律师、公证、司法鉴定、法律援助等法律服务资源，"一站式"提供国际贸易、跨国企业并购、知识产权、破产清算等法律服务产品。第三，加强对涉外司法鉴定机构的监督，文件明确建立完善涉外司法鉴定事项报告制度，加强涉外法律服务机构规范化建设。完善内部风险控制机制，建立健全执业管理、利益冲突审查、收费与财务管理、投诉查处等内部管理制度，提升成都涉外法律服务机构规范化水平和市场美誉度。例如，成都市着力打造具有国际影响力的司法鉴定机构品牌已取得一定效果，在鼓励司法鉴定机构"走出去"发展过程中，培养了通过 AABB（美国血库协会）、CAP（美国病理专家协会）等国际权威机构认证的司法鉴定所。[1]

### （四）海南省涉外司法鉴定的典型方案

2021 年海南省发展和改革委员会发布的《海南省国民经济和社会发展第十四个五年规划和二〇三五年远景目标纲要》强调，要全面推进国际领先的法律服务体系建设。合理配置律师、公证、司法鉴定、调解、仲裁等法律服务资源，加强法律服务整合和服务网络建设，建成更高水平的海南自由贸易港公共法律服务体系。引进法律服务高端人才，加强与国外、我国港澳台地区法律服务的交流与合作。建成能够办理高端涉外法律事务的国际化法律服务机构，培养熟悉国际规则、具有国际视野的高素质涉外法律服务队伍。

2021 年海南省印发《法治海南建设规划（2021—2025 年）》，提出"落实涉外司法鉴定事项报告制度，不断提高涉外司法鉴定质量"。该文件以建立有力的法治保障体系为落脚点，充分发挥法治对海南自由贸易港建设的引领、规范、保障和服务作用，文件专门强调要健全法律职业人员惩戒机制，建立律师、公证员、司法鉴定人、法律工作者不良执业信息记录披露和查询制度，体现了对涉外司法鉴定工作开展的规范化，亦充分体现了海南自由贸易港对涉外司法鉴定制度的重视态度。

值得一提的是，海南省于 2023 年首次对全省司法鉴定机构进行诚信等级评价，促进司法鉴定机构依法诚信规范执业，推进司法鉴定质量和行业公信力不断提升，可以预见，通过常态化诚信评估工作能有效提升司法鉴定机构水平，为涉外司法鉴定提供高质量支撑。

# 第八节　涉外法律援助

## 一、涉外法律援助的实践观察

在世界百年变局的时代背景下，切实提升涉外法律体系建设是统筹推进国

---

〔1〕　袁宗勇：《关于发展壮大涉外法律服务业的探索与思考》，载《中国司法》2017 年第 8 期。

内法治和涉外法治的关键路径。涉外法律服务涉及律师、公证、仲裁、调解、司法鉴定、法律查明、法律援助等领域，与对外交往主体密切相关，是当事人参与频次最高的涉外法治活动，因此，完善涉外法律服务体系对加强涉外法治体系建设而言必不可少。[1]如前所述，涉外法律援助、涉外司法鉴定、涉外公证作为涉外法律服务的重要组成部分，可以切实维护我国公民、法人在海外及外国公民、法人在我国的正当权益，依法维护海外侨胞权益。

涉外法律援助的需求日益增多，以广西壮族自治区为例，相关数据显示，2020 年至 2021 年广西壮族自治区已办理涉外法律援助案件达到 596 起。[2]法律服务水平能够彰显国家法治体系的软实力，涉外法律援助较为直接地体现国家对于外国公民在我国的正当权益。

在政策支撑方面，2019 年中共中央办公厅、国务院办公厅印发的《关于加快推进公共法律服务体系建设的意见》明确降低法律援助门槛，扩大法律援助范围，加强公共法律服务实体平台、热线平台、网络平台等基础设施建设，改善服务条件。同时，该意见还强调加强队伍建设，优化公共法律服务队伍结构，稳步增加律师、公证员、法律援助人员、仲裁员数量，加快发展政府法律顾问队伍，适应需要发展司法鉴定人队伍，积极发展专职人民调解员队伍，增加有专业背景的人民调解员数量，规范发展基层法律服务工作者队伍。培养壮大擅长办理维护特殊群体合法权益及化解相关社会矛盾的专业公益法律服务机构和公益律师队伍。发展壮大涉外法律服务队伍，加快培养涉外律师领军人才，建立涉外律师人才库。鼓励、引导社会力量参与公共法律服务，实现公共法律服务提供主体多元化。

2021 年中共中央印发的《法治中国建设规划（2020—2025 年）》明确指出，要紧紧围绕人民日益增长的美好生活需要加强公共法律服务，加快整合律师、公证、调解、仲裁、法律援助、司法鉴定等公共法律服务资源；推动建设一支高素质涉外法律服务队伍、建设一批高水平涉外法律服务机构。

在立法方面，2021 年十三届全国人大常委会第三十次会议通过了新制定的

---

[1] 黄进：《论统筹推进国内法治和涉外法治》，载《中国社会科学》2022 年第 12 期。

[2] 数据参见司法部网站（http://www.moj.gov.cn/pub/sfbgw/fzgz/fzgzggflfwx/fzgzggflfw/202111/t20211115_441488.html）。

《法律援助法》，该法自 2022 年 1 月 1 日起施行。法律援助法的出台，将法律援助的成熟做法和实践经验转化为法律，为人民群众获得及时便利、优质高效的法律援助服务提供法治保障。涉外法律援助相关条款体现在《法律援助法》第 69 条中，即对外国人和无国籍人提供法律援助，我国法律有规定的，适用法律规定；我国法律没有规定的，可以根据我国缔结或者参加的国际条约，或者按照互惠原则，参照适用本法的相关规定。《法律援助法》的出台回应了涉外法律援助工作的立法法治需求，是涉外法治体系建设日益成熟的重要体现。

在司法方面，涉外法律援助发挥的作用日益显著。根据司法行政（法律服务）案例数据库中法律援助工作案例类型检索 2013 年至今已公开的涉外法律援助案例，并选取其中较具代表性的典型案例 14 起（其中刑事案件 6 起，民事案件 8 起）可以发现，在民事案件中，以具体案由进行分类可以得到侵权责任纠纷案件 2 起，劳动争议案件 3 起，婚姻家庭、继承纠纷案件 3 起。（见表 2-1）

表 2-1  2013 年至今已公开的涉外法律援助案例类型和案由

| 序号 | 案例名称 | 案例编号 | 案件类型 | 具体案由 |
|---|---|---|---|---|
| 1 | 福建省莆田市涵江区法律援助中心对缅甸籍船员吴某涉嫌销售伪劣产品罪提供法律援助案 | FJFYGL 1656552559 | 刑事案件 | 销售伪劣产品罪 |
| 2 | 江西省南昌市法律援助中心对江某某提供劳务者损害责任纠纷提供法律援助案 | JXFYGL 1662452280 | 民事案件 | 劳动争议 |
| 3 | 安徽省铜陵市义安区法律援助中心对外籍人 HUTH 某离婚纠纷提供法律援助案 | AHFYGL 1648602728 | 民事案件 | 婚姻家庭纠纷 |
| 4 | 浙江省宁波市法律援助中心对王某某劳动争议提供法律援助案 | ZJFYGL 1595232195 | 民事案件 | 劳动争议 |
| 5 | 广东省广州市法律援助处对赖某等 3 人海上人身损害责任纠纷提供法律援助案 | GDFYGL 1615168360 | 民事案件 | 侵权责任纠纷 |

续表

| 序号 | 案例名称 | 案例编号 | 案件类型 | 具体案由 |
|---|---|---|---|---|
| 6 | 浙江省温州市瓯海区法律援助中心对小菲抚养权纠纷提供法律援助案 | ZJFYGL 1559803605 | 民事纠纷 | 婚姻家庭纠纷 |
| 7 | 广西壮族自治区柳城县法律援助中心对刘某法定继承提供法律援助案 | GXFYGL 1541380477 | 民事纠纷 | 继承纠纷 |
| 8 | 广东省佛山市法律援助处对外籍人ELIAS涉嫌走私毒品提供法律援助案 | GDFYGL 1523406758 | 刑事案件 | 走私毒品罪 |
| 9 | 江苏省南京市雨花台区法律援助中心对安徽农民工国外打工丧命提供法律援助案 | SFBFYGL 1514271261 | 民事案件 | 劳动争议 |
| 10 | 安徽省马鞍山市法律援助中心对刘某铁路运输人身损害责任纠纷提供法律援助案 | AHFYGL 1514179950 | 民事案件 | 侵权责任纠纷 |
| 11 | 广西防城港市法律援助中心为外籍人陈某夫妻偷越国边（境）提供法律援助案 | FYGL 1513734421 | 刑事案件 | 偷越国（边）境罪 |
| 12 | 浙江省宁波市海曙区法律援助中心对外国人MOMO危险驾驶提供法律援助案 | ZJFYGL 152315046 | 刑事案件 | 危险驾驶罪 |
| 13 | 宁夏回族自治区中卫市法律援助中心对缅甸人蔡某某涉嫌贩卖毒品罪提供法律援助案 | FYGL 1513747185 | 刑事案件 | 贩卖毒品罪 |
| 14 | 浙江省湖州市安吉县法律援助中心对外籍人士赛缪尔涉嫌诈骗罪提供法律援助案 | ZJFYGL 1513245724 | 刑事案件 | 诈骗罪 |

　　结合相关典型案例可以看出，涉外法律援助在实践中对涉外法律服务队伍提出较高的要求，以表2-1中浙江省湖州市安吉县法律援助中心对外籍人士赛缪尔涉嫌诈骗罪提供法律援助案为例，办理该案的援助律师不仅要处理涉案的法律问题，也要洞悉外国人管理的相关法律法规，并为被辩护人作出合理解释。

在实务方面，涉外法律援助工作需要加强涉外法治人才建设工作。习近平总书记反复强调，"全面推进依法治国，建设一支德才兼备的高素质法治队伍至关重要"，加强涉外法治工作，需要加快培养一批政治素质高、通晓国际规则、具有国际眼光和国际视野的涉外法治人才。2014年党的十八届四中全会决定提出"发展涉外法律服务业""建设通晓国际法律规则、善于处理涉外法律事务的涉外法治人才队伍"。2017年《关于发展涉外法律服务业的意见》要求，建立一支通晓国际规则、具有世界眼光和国际视野的高素质涉外法律服务队伍，建设一批规模大、实力强、服务水平高的涉外法律服务机构，更好地服务经济社会发展。

## 二、涉外法律援助的创新举措

### （一）着力打造国际法律服务平台提供集中服务

2017年广西壮族自治区积极打造边境地区人民调解队伍，建立健全多元化边贸纠纷解决机制，率先建立涉外法律服务工作站——中越法律服务（浦寨）工作站，积极拓展涉外法律援助、公证、司法鉴定业务，形成涉外公共法律服务链。2017年成都市设立"涉外法律援助工作站"助力外籍人士解决法律难题，工作站为外籍人士提供专业法律援助服务以及免费的国内法查明、咨询服务，免费代拟法律文书；为市民提供免费涉外法律查明、咨询服务，免费代拟法律文书；依据《四川省法律援助条例》《成都市法律援助条例》，为经济困难无力支付法律服务费用的归侨、侨眷提供法律援助预受理服务。

### （二）律师行业"走出去"提升法律援助保障能力

2016年黑龙江省黑河市成立俄罗斯公民维权工作站，配备了专职译员和专职律师开展涉外法律援助，有效解决了双方在对方国家因劳务纠纷、劳动报酬纠纷等事件对涉外法律援助服务的需求。2021年10月26日，中国驻巴基斯坦拉合尔总领馆与四川中奥律师事务所（巴基斯坦分所）签订法律顾问协议，议定共同设立"巴基斯坦华侨华人法律援助中心"。

可以预见，在深化"一带一路"倡议建设中，为适应我国实施"走出去"的需要，对于涉外法律援助的需求愈加增多，可以切实维护我国公民、法人在海外及外国公民、法人在我国的正当权益。

# 第九节　中国法治的国际传播

## 一、中国法治国际传播的重要意义

党的十八大以来，中国特色社会主义法治建设成绩斐然。中国法治的国际传播，是全面依法治国战略布局的重要组成部分，是建设涉外法治体系、开展涉外法治工作的关键环节，也是中国参与全球治理、提升中国法治话语权和影响力、推动构建人类命运共同体的必由之路。

中国法治的国际传播是全面依法治国战略布局的重要组成部分。党的十八届四中全会明确了全面推进依法治国的重大任务，强调要增强我国在国际法律事务中的话语权和影响力，运用法律手段维护我国主权、安全、发展利益。党的十九大报告指出要推进国际传播能力建设，讲好中国故事，展现真实、立体、全面的中国，提高国家文化软实力。党的二十大报告强调，要增强中华文明传播力、影响力。坚守中华文化立场，提炼展示中华文明的精神标识和文化精髓，加快构建中国话语权和中国叙事体系，讲好中国故事、传播好中国声音，展现可信、可爱、可敬的中国形象。加强国际传播能力建设，全面提升国际传播效能，形成同我国综合国力和国际地位相匹配的国际话语权。深化文化交流互鉴，推动中华文化更好地走向世界。总而言之，法治是人类文明进步的重要标志，是治国理政的基本方式，是中国共产党和中国人民的不懈追求，而中国法治的国际传播是推进全面依法治国重大决策部署的有效路径。

中国法治的国际传播是统筹推进国内法治和涉外法治的重要组成部分。国内法治和涉外法治是国内法治的两个方面，而国内法治和国际法治是全球法治的两个方面，都不可或缺。涉外法治在国内法治和国际法治之间发挥着桥梁纽带、互动融通的作用。[1]加强中国法治的国际传播，努力展示真实、立体、全面的法治中国，有助于展现我国涉外法治建设的良好形象，服务人类进步，不断推动人类命运共同体建设。

---

〔1〕 黄进：《坚持统筹推进国内法治和涉外法治》，载《光明日报》2020年12月9日，第11版。

中国法治的国际传播是增强我国在国际法律事务和全球治理体系变革中的话语权和影响力，也是共建"一带一路"高质量发展的应有之义。2021年5月31日，习近平总书记在主持十九届中央政治局第三十次集体学习时强调："讲好中国故事，传播好中国声音，展示真实、立体、全面的中国，是加强我国国际传播能力建设的重要任务。"因此，中国法治的国际传播是对外宣传的重要领域，是对中国特色社会主义制度、国家治理体系和治理能力现代化的直接宣传，直接关系到中国的国际软实力。[1]

## 二、中国法治国际传播的实践观察

### （一）中国法治国际传播工作稳步推进

2015年最高人民法院英文网站暨新版中国裁判文书网开通，最高人民法院英文网站作为对外发布的权威平台和面向世界的重要窗口，向世界讲述中国法治好故事，传播中国法治好声音，回应国际社会对我国法治建设和司法工作的关注，满足国际社会对中国司法的认知需求。值得一提的是，最高人民法院英文网站是在中国日报社提供相关支持下建立的，双方以此为起点，将完善长效务实的合作机制，深化国际传播合作，共同向全世界讲述中国法治故事，传播中国法治声音，为塑造良好国家形象作出更大贡献。2019年司法部英文网站正式上线，建设英文网站是司法部贯彻落实习近平总书记全面依法治国新理念新思想新战略，用以展示中国法治成就，讲好中国法治故事，传播中国法治声音，更好地展示全面依法治国以及司法行政工作的重要举措。司法部英文网站密切关注中国依法治国实践以及司法行政工作改革发展，积极宣传中国法治建设成就，介绍国外法治先进经验。司法部英文网站设置多个栏目，包括全面依法治国、关于司法部、新闻中心、政策发布、法律服务、互动交流、展示全面依法治国以及司法行政系统重要活动、新修订法律法规、开放交流等。2021年最高人民法院印发《关于进一步规范人民法院组织机构、职务名称、工作场所英译文的通知》，该通知立足新发展阶段实际，全面吸收和展示了党的十八大以来

---

〔1〕 黄进：《深入推进中国法治的国际传播》，载人民网，http://media.people.com.cn/GB/n1/2020/0108/c14677-31538925.html，最后访问日期：2023年7月1日。

人民法院深化司法体制改革的重要成果，结合新修订的人民法院组织法、法官法，规范了最高人民法院巡回法庭、国际商事法庭、知识产权法庭，以及金融法院、知识产权法院、互联网法院等改革成果的英译文。以是否符合国际传播的实效性为标准，注重全球化表达、区域化表达、分众化表达，英译文既便于外国读者准确理解，又符合我国制度实际、不扭曲术语原意。2022 年中国翻译协会新版英文网站正式上线，该新版网站的建设旨在进一步加强习近平新时代中国特色社会主义思想对外宣介，扩大中国翻译协会国际影响力，服务中国翻译行业对外交流，推动中国翻译事业高质量发展。

自"一带一路"倡议提出十周年以来，中国法治的国际传播取得了重大进展，相关工作稳步推进。可以预见，中国法治的国际传播将继续为推动"一带一路"高质量发展取得新成效。

## （二）中国法治国际传播方式持续创新

2016 年 2 月 19 日，习近平总书记在党的新闻舆论工作座谈会上指出："讲故事，是国际传播的最佳方式。"讲好中国法治故事，意义重大、影响深远，自"一带一路"倡议提出以来，中国法治的国际传播方式持续创新，主要体现在以下方面：

其一，国际法治主场外交备受关注。中国法学会主办的中国法治国际论坛、最高人民法院主办的中国—中东欧国家最高法院院长会议、中国—东盟大法官论坛、丝绸之路（敦煌）司法合作国际论坛、第十三次上海合作组织成员方最高法院院长会议、世界执行大会等多项国际性会议在国际上获得了广泛关注，让国际更好地认识中国法治。同时，律师行业对中国法治的国际传播同样贡献显著，如 2019 年在广州举行的世界律师大会的议题包括："一带一路"与法律服务、科技发展与法律服务、跨境投资与并购、国际贸易与合规、国际商事争议解决、律师公益法律服务与社会责任。在大会召开之前，中华全国律师协会发起"一带一路"律师联盟，"一带一路"相关国家和地区的律师协会、法律机构等组织以及律师个人自愿结成的非政府、非营利性的国际性专业组织，也是在中国登记注册的第一个国际性律师组织。

其二，司法实践的国际传播得到认可。最高人民法院知识产权法庭定期以中英文发布法庭年度报告和裁判要旨，参与编写世界知识产权组织《全球专利案件管理司法指南》。2022 年 3 月，最高人民法院知识产权法庭审理的 4 起药品专利案件裁判文书入选南方中心与联合国贸易和发展会议"知识产权与公共卫生案例数据库"。据统计，最高人民法院知识产权法庭中英文网站访问量已超 2.1 亿人次，其中英文网站访问量 5588 万人次，成功向世界展示我国加强知识产权司法保护的新成就、新形象，有效提升了我国司法的国际影响力。同时，地方司法机关也为司法实践国际传播作出巨大贡献。以上海为例，近年来上海市法院以中英文形式发布了《上海法院知识产权审判白皮书》《上海法院知识产权司法保护十大案件》《上海法院加强知识产权保护力度典型案件》《上海法院专利审判白皮书》《上海市高级人民法院涉外、涉港澳台商事审判白皮书（2017—2021）》《上海涉外商事审判域外法查明白皮书（2015—2021）》《上海知识产权检察白皮书》等文件，系统分析司法机关在办理的相关案件实践经验，研判各类案件的趋势特点，确保中国司法实践的国际传播更加畅通。

其三，科研院校贡献丰富实践。科研院校在中国法治的国际传播中起到促进作用，加强中国优秀法学研究成果对外宣传，推动专家学者对外发声是中国法治的国际传播途径之一，在这一方面国内高校已取得一定成绩。例如，2022 年华东政法大学主办的《法学》杂志推出英文法学学术期刊季刊。《法学》英文期刊定位在"中国问题、中国视角、中国立场"，在选稿内容方面侧重介绍中国法治建设成就、研究中国法治问题，宣传中国学者对相关国际法律问题的看法和研究成果。同时，在中国法治的国际传播工作中，科研院校也承载着联通实务界和理论界的纽带作用。例如，中国政法大学全面依法治国研究院自2019 年以来举办"中国法治的国际传播"学术研讨会，联通司法机构、科研单位、新闻媒体等部门，共同探讨新时代新征程中的中国涉外法治体系建设和中国法治国际传播的新问题、新挑战、新机遇、新发展。此外，科研院校亦可发挥对中国法治国际传播能力的研究功能，如中国政法大学发布的《中国涉外法治蓝皮书》、对外经济贸易大学《中国涉外法治发展报告》都为涉外法治建设提供了系统梳理和客观评价，有助于聚焦问题，有针对性地在内容建设、载体选择、方法更新、技术支持、管理创新等方面下功夫，努力提高中国法治国际传播的传播力、引导力、影响力、公信力。

## （三）涉外人才培养模式积极探索

2017年5月3日，习近平总书记在考察中国政法大学时指出："全面依法治国是一个系统工程，法治人才培养是其重要组成部分。"人才是讲好我国法治故事的关键所在，国际法治传播人才即为涉外法治人才。2023年中共中央办公厅、国务院办公厅印发的《关于加强新时代法学教育和法学理论研究的意见》对中国法治国际传播人才培养提供了支撑引领作用，该意见明确指出要加强我国优秀法学研究成果对外宣传，推动专家学者对外发声，创新对外话语表达方式，提升中国特色社会主义法学理论体系和话语体系的国际传播能力，认真总结我国法治体系建设和法治实践经验，阐发中华优秀传统法律文化，讲好中国法治故事，提升中国特色社会主义法治体系和法治理论的国际影响力和话语权，加强与共建"一带一路"国家法治学术交流合作。多语言能力是中国法治国际传播不可或缺的关键一环，国内高校在创新涉外法治人才培养模式方面探索和开展了涉外法治人才培养模式。例如，中国政法大学与北京外国语大学合作，共同培养法学+英语联合学士学位人才，为提升我国在国际法律事务和全球治理方面的话语权和影响力作出积极贡献。此外，中国政法大学全面依法治国研究院开设的中国法英文视频公开课，为涉外法治人才培养中的使用外语推广应用中国法律能力提供了有效平台，亦将宣传中国法治的建设成就，增进国际社会对中国法治的理解与认同。可以预见，在科研院校的不断努力下，涉外法治人才的创新培养将为中国法治的国际传播提供源源不断的后备力量。

# 第三章

# "一带一路"法律服务领域的成功实践

## 第一节　国际贸易领域

### 一、"一带一路"倡议下的国际贸易：贸易畅通、成果显著

#### (一)"一带一路"倡议下的国际贸易基本情况

我国向来是世界贸易大国。在全球化的浪潮下，我国于 2001 年加入世界贸易组织（WTO），国际贸易迎来迅猛增长，一跃成为世界第二大经济体及全球第一大货物贸易国。但同时，我国贸易发展也面临着内部结构不均衡、外部开放格局受限等挑战。为建立更为多元开放包容的贸易体系，习近平总书记于 2013 年提出共建"新丝绸之路经济带"和"21 世纪海上丝绸之路"的重大合作倡议，助力共建各国贸易的互联互通和深远发展。2013—2022 年，中国与"一带一路"共建国家货物进出口总额由 6.5 万亿元增至 13.8 万亿元，年均增长 8.7%。[1]这十年以来，"一带一路"相关贸易取得实打实、沉甸甸的成就，对国际贸易格局产生深远影响。

随着各国对"一带一路"倡议的积极响应，共建"一带一路"的成果和作用也不断深化。对中国而言，中国企业"走出去"变得更为便捷和通畅，各国营商环境对中国相对更友好，进出口贸易渠道增多，贸易量稳步增长。对其他共建国家而言，"一带一路"倡议下的贸易合作也带来了重大利好。世界银行报告显示，共建"一带一路"使参与方贸易增加 4.1%，使低收入国家 GDP 增加 3.4%。[2]在坚持"共商、共建、共享"的原则下，"一带一路"倡议为共建各国带来了切实利益，成为贸易领域合作共赢的新典范。

此外，"一带一路"下的国际贸易也呈现出一系列新的特征。第一，国际

---

〔1〕　参见《中国对外贸易形势报告（2023 年春季）》，商务部国际贸易经济合作研究院，第 6 页。

〔2〕　参见《共建"一带一路"十周年：成就与展望》，载 https://www.yidaiyilu.gov.cn/p/325456.html，最后访问日期：2023 年 9 月 1 日。

贸易多元化不断发展。货物贸易领域稳步提升，除传统的商品交易外，天然气等新商品的交易、电子商务等新的交易形式不断涌现。此外，服务贸易也迎来了快速发展，2021 年，中国与"一带一路"共建国家完成服贸进出口总额超过 1000 亿美元，服务外包业务快速增长。[1] 第二，贸易互补性不断增强。2013—2022 年，中间产品占中国对共建国家的出口比重由 49.8%升至 56.3%。中间产品贸易的提升，意味着中国与共建国家之间的供应链联系更为紧密，在互补中共同发展。第三，贸易便利化水平不断提升，中国已与 13 个共建国家签署 7 个自贸协定，共建国家优质农产品和食品进口准入持续扩大，推进实施"经认证的经营者"（AEO）互认等措施，促进贸易便利化。[2]

### （二）"一带一路"倡议下国际贸易领域法律服务基本情况

法治是"一带一路"建设的重要保障，法律服务在其中的重要性不言而喻。随着"一带一路"倡议带动国际贸易的新发展，"一带一路"共建国家之间与贸易相关的法律服务呈现出新趋势。

首先，外需市场的多元化和国际贸易的新发展与潜在挑战，对法律服务的精细化、专业化需求日益增多。一方面，"一带一路"的推进面临着逆全球化趋势的影响，地缘政治格局变化也带来一定的风险，中国企业在开展国际贸易的过程中面临着诸多不确定因素，亟须更多的专业涉外法律人才提供跨国性、综合性法律服务；另一方面，外国企业在进入中国市场的过程中，为降低违法性风险、提高贸易效率，也需要涉外法律人才予以支持，对本土法律服务的需求越来越大。

此外，"一带一路"倡议下国际贸易的法律服务更强调其综合性和灵活性。在"一带一路"共商共建的背景下，在贸易往来中维持良好的合作关系具有重要的价值和意义。因此，对于贸易过程中产生的争议，其解决方式往往更具有灵活性，双方可通过友好协商、结构性谈判、专家组裁定等方式解决纠纷，为客户挽回损失，帮助双方继续开展交易与合作，弘扬"以和为贵"的争议解决

---

〔1〕 参见《中国"一带一路"贸易投资发展报告 2022》，载 http://chinawto. mofcom. gov. cn/article/e/r/202211/20221103366410. shtml，最后访问日期：2023 年 10 月 19 日。

〔2〕 参见《中国对外贸易形势报告（2023 年春季）》，商务部国际贸易经济合作研究院，第 6-7 页。

传统。例如，北京京都律师事务所涉外业务团队在多次法律服务中都曾积极采取结构性谈判、专家组裁定等方式，站在客户角度解决纠纷，最大化地保障客户的长远利益。

而且，"一带一路"倡议下国际贸易的风险评估和合规性要求日益突出，法律合规服务的重要性凸显。随着贸易环境的变化，商品的交易不仅要进行质量担保和知识产权方面的权利担保，往往还需要在劳工保护、环境保护、供应链安全等方面满足特定要求，还可能需要应对部分国家出台的出口管制甚至制裁等不利政策。为应对这些要求，企业合规管理法在国际贸易中越来越重要，如 AEO 资格的获得、国际性标准的认证、供应链合规体系等，正需要专业法律团队的深度参与和指导，相关需求正不断涌现。

法律服务的发展和进步离不开法律专业人才的培养和保障。为满足"一带一路"建设和开放过程中的涉外法律服务需要，国家正大力推进涉外法治人才的培养，改革教育模式，由法学院培养和律所见习联动，加大对英美法和共建各国法律制度的研究和了解，在实践中培养优质法律团队，以满足国际化的专业法律服务需求。2017 年 6 月，"一带一路"跨境律师人才库正式建立，共有 143 家中外律师事务所、205 名中外律师首次被纳入"一带一路"跨境律师人才库。[1] 2018 年 4 月，司法部积极开展涉外律师人才库建设，编印《全国千名涉外律师人才名册》。[2] 截至 2021 年，我国涉外律师已有 1.2 万余人。[3] 这些专业律师团队正充分利用他们的知识和经验，切实地为国际贸易往来提供保障和支持。

---

[1] 参见《努力提升涉外法律服务能力和水平，我国涉外法律服务工作迈出新步伐》，载 http://www.moj.gov.cn/pub/sfbgw/fzgz/fzgzggflfwx/fzgzlsgz/202110/t20211025_439925.html，最后访问日期：2023 年 11 月 1 日。

[2] 参见《努力提升涉外法律服务能力和水平，我国涉外法律服务工作迈出新步伐》，载 http://www.moj.gov.cn/pub/sfbgw/fzgz/fzgzggflfwx/fzgzlsgz/202110/t20211025_439925.html，最后访问日期：2023 年 9 月 1 日。

[3] 参见《官方：中国律师队伍已达 52 万人 涉外律师 1.2 万余人》，载 http://www.chinapeace.gov.cn/chinapeace/c100007/2021-03/26/content_12467180.shtml，最后访问日期：2023 年 7 月 1 日。

## 二、国际贸易法律服务典型案例：勇于维权、专业服务

**案例一** 美国反倾销反补贴调查应诉成功案 ◄

### 案情概述

2019年9月26日，美国玻璃包装联盟（American Glass Packaging Coalition）作为本案申请人代表美国国内玻璃容器制造产业向美国政府提起对华玻璃容器制品的反倾销、反补贴调查。申请人主张对中国的出口企业征收高达818.57%的反倾销税，申诉人还针对我国银行贷款（包括买方信贷、卖方信贷等）、税收、生产投入（包括原材料、土地、能源等）以及政府拨款四大类35个具体项目提出了反补贴申诉。涉案金额超过4.5亿美元，涉及我国11个省市175家企业的对美出口。

栖霞长裕玻璃有限公司是中国玻璃容器的龙头企业，作为本案被抽样的强制答卷企业之一，在应对美国产业的无端指控时，独自联合美国进口商一起聘请了在国际贸易救济领域经验丰富、声誉卓著的中美法律团队，坚定应对美国国际贸易委员会（ITC）的损害调查。

### 裁判结果

本案以ITC五位委员5∶0投票裁定无损害结案，即中国所有的玻璃容器企业可以在不承担任何反倾销、反补贴税率的情况下继续将商品出口美国市场。

#### ◦承办团队◦

本案由北京市盈科律师事务所（以下简称盈科）WTO/国际贸易救济中心和美国HUSCH BLACKWELL LLP律师事务所联合承办。盈科WTO/国际贸易救济中心系中国商务部律师库贸易救济调查子库的律师团队之一。

### 🔷 典型意义

本案是美国新一届 ITC 委员会成立以来，中国产业在美国单独对中国发起的反倾销、反补贴调查中赢得无损害裁决的首例，玻璃容器产业下诸多中国企业的权益成功得到维护。本案获胜有以下两点启示：

第一，美国 ITC 委员在裁决案件时，也许会受到一些大的政治气候的影响。但是，如果我方举证充分扎实、抗辩得当，ITC 委员依然还是会本着基本的职业素养作出较为公正的裁决。

第二，中国产业在遭受美国反倾销、反补贴调查后，不要轻言放弃，在专业律师团队分析下如果有获胜的机会，一定要"抱团取暖"，坚定应诉。企业要克服短视和"搭便车"心理，否则，将不断重现"一个和尚挑水喝，两个和尚抬水喝，三个和尚没水喝"的局面。

### 案例二 矿石交易单方解除合同仲裁案 ◄

### 🔷 案情概述

中资背景的 A 公司与矿石业巨头 B 公司签订了一份矿石长期买卖协议，期限为七年半，由 A 公司在 B 公司处采购四种不同类型的矿石，并设有季度采购货量指标，货物单价按照普氏指数（Platts Index）计算。根据该长期协议，双方应根据商定的货物类型和发运计划，就每一票货物单独签订买卖合同，付款方式均为信用证。B 公司在交易初期就清楚 A 公司无法独立开具信用证。从第一份买卖合同开始，B 公司无一例外地接受了 A 公司委托第三方开立的信用证。双方在前五年的合作中没有产生任何实质争议。

2015 年底，当合同运行至五年半时，B 公司突然通知 A 公司，第三方提供的信用证将不再被接受，除非 A 公司愿意提供备用信用证。因 A 公司无法满足该项要求，B 公司在 2015 年年底单方解除了整个合同，终止了最后两年的矿石采购。

双方的争议包括：B 公司是否有权拒绝第三人提供的信用证，是否有效地解除了合同；若未有效解除，B 公司是否应赔偿 A 公司的损失；长期合同项下的货物尾款应该如何结算，即 B 公司应退款，或是 A 公司付欠款。A 公司依据合同的仲裁条款在新加坡提起仲裁，仲裁程序适用新加坡国际仲裁中心（SIAC）规则。仲裁庭由三名仲裁员组成，两名仲裁员由双方选任，SIAC主席依申请任命了首席仲裁员。合同适用西澳大利亚州法律。

### 裁判结果

仲裁庭最终裁决：B公司无权拒绝A公司委托第三方开立的信用证；相应地，B公司单方解除合同的行为非法。尽管B公司解约非法，但长期协议的货物单价以普氏指数证明的市场价格为准，A公司能够在市场上以同等价格购买替代货物，因此没有遭受实际损失。对于已交付的货物，A公司的货款已付清，根据价格调整条款，B公司履行部分退款义务，无权扣留退款。

### 承办团队

北京金诚同达律师事务所的国际贸易/海事海商团队在本案中代理仲裁申请人A公司，由易旸等律师牵头处理，负责起草控辩文书，新加坡天佐律师行（Oon & Bazul LLP）的叶明光律师团队负责协助开庭并起草结案陈词。

### 典型意义

中资企业如何利用法律的武器在境外维权一直是一个难题。在启动仲裁前，A公司曾主动向B公司抛出橄榄枝，希望通过和解方式解决双方之间的分歧，但"礼之用，和为贵"显然不是B公司选择接受的准则。矿石业巨头B公司利用其在市场上的绝对优势地位，以A公司委托第三方开立信用证与合同不符作为借口，不仅单方解除了合同，而且主张使用无争议的退款冲抵其据称的损失，拒绝与A公司进行和谈。B公司认为中资A公司不会因此大动干戈，甚至不敢启动或推进仲裁。但A公司坚定地提起仲裁程序。在仲裁过程中，B公司曾请求仲裁庭责令A公司提供费用担保（security for costs），并在仲裁程序的各个环节设置障碍。但在律师团队的协助下，困难均被A公司一一化解。

一起持续近三年的大型仲裁案件耗时耗力，维权的背后是A公司提供的大量资金支持，以及律师团队的时间投入。毋庸置疑，该案的胜诉为中资企业的海外维权注入了一针强心剂。其重大意义在于，过程虽艰难曲折，但只要勇于突破固有思维，在尊重合同和法律的前提下敢于采用法律武器维护自身合法权益，通过精心组织、严密论证，动用一切能动员的力量，必将取得最终胜利。

### 案例三 镀锡/镀铬产品海外贸易救济调查应对案

#### 案情概述

美国商务部和美国国际贸易委员会应美国某钢铁公司及多个行业协会的申请，对来自中国的镀锡/镀铬产品发起反倾销、反补贴调查，中方律师团队代理的某国有企业即在受调查之列。近年来，该国有企业出口美国涉案产品的数量占美国进口中国该涉案产品总数的比例巨大，如不积极应诉，美国商务部或将采取申请方所提交的倾销幅度和补贴税率进行裁定并征收高昂关税，这无疑将对该国有企业造成巨大损失，并对其他中国企业出口信心造成严重打击。

我方律师团队在接受该国有企业的委托后，结合过往经验，对调查过程中可能的难点及解决策略进行细致分析，充分答复美国商务部下发的一系列问卷，积极抗辩美国商务部在单一税率推定、关联企业认定以及不利可得事实适用等方面的违规做法，全力为该国有企业争取合理税率。

#### 裁判结果

美国商务部在反补贴初裁中基本全部接受了中方律师团队的主张，在申请方指控的14家关联企业中，有11家企业被认定为不计入补贴归属，有多达12个申请方指控的项目未被认定为补贴措施，从而调整了对该国有企业补贴幅度的计算。我方律师团队在本案中取得了阶段性的成功，也为终裁结果以及进一步维护企业权益奠定了基础。

#### ∘ 承办团队 ∘

本案由北京高文律师事务所管健、王钰伟、彭敏、刘恬妤律师承办。

**典型意义**

多年来，美国频频滥用贸易救济措施，在对华反倾销、反补贴调查中采取多种违规做法，对中国企业开出畸高税率，严重损害了中国企业的合法贸易利益。本案中，企业迎难而上，针对美国商务部的不合理做法积极进行有力的抗辩，为今后涉及此类贸易问题的企业树立了一个可供参照的"中国典范"，同时鼓励更多的企业在海外拿起法律武器捍卫自身正当权益。

（1）面对美国商务部要求繁杂的"双反"调查，企业积极应对，全力克服应诉中的困难，为自己争取利益，也为中国镀锡/镀铬产品争取了在美国的市场；

（2）运用国际经贸的类似案例与经验，充分分析和利用美国贸易救济法规，知己知彼，对美国不合理或不合法的做法进行全面且有理有据的抗辩；

（3）充分利用美国判例法的特点，对美国商务部的违规做法积极争取有利于中国企业的结果，为中国企业今后在美国"双反"调查中的类似问题积累可参照的案例；

（4）深入理解国有企业应诉背后的重大意义，对每一份提交的材料进行严格把关，为中国企业在海外积极维权树立榜样，为中国企业在国际市场站稳脚跟奠定坚实基础。

## 三、"一带一路"国际贸易法律风险防范：全力以赴、防患未然

### （一）"一带一路"国际贸易的主要法律问题和风险

"一带一路"共建国家多属于发展中国家和新兴经济体，国家和地区间的法治水平差异大，法治环境较为复杂，企业在进行国际贸易的过程中，容易遇到一系列法律风险和难题，集中在地缘风险、合规性风险、安全风险、知识产权风险、汇兑风险等方面。

地缘风险："一带一路"共建各国和地区地缘条件复杂，政权更替、区域战争、政治经济联动制裁及封锁事件时有发生，各国间的关系存在不稳定因素，且存在一定文化差异和历史遗留问题，加大了对外贸易的难度，也会引发潜在

的法律问题。[1]

合规性风险："一带一路"共建各国和地区之间法律制度差异巨大,在对外贸易往来过程中,企业有可能违反他国法律、法规的禁止性及义务性规定,或者其他的规范类义务,从而给贸易的开展和企业的运营带来风险。

安全风险："一带一路"共建各国和地区治安程度不一,货物在运输、交付过程中,可能会遭遇海盗、盗窃、恐怖主义等违法犯罪行为,给国际贸易的开展造成阻碍,可能导致货物损失甚至人员伤亡。

知识产权风险："一带一路"共建各国和地区的经济发展水平各有不同,知识产权保护意识、保护水平和保护制度有很大差异。在货物交易的过程中,由于制度缺乏、保护意识不足等因素,货物相关的知识产权可能面临被侵权的风险。

汇兑风险:在国际贸易进行结算时,往往需要将本币与外币在特定汇率下进行支付结算。而"一带一路"部分共建国家和地区外汇短缺,汇兑能力不足,还可能采取一定的限制汇兑政策,与人民币之间的汇率产生较大波动,可能导致货款迟延支付、货款贬值等法律风险。[2]

## (二)"一带一路"国际贸易的风险成因分析

第一,外部法律环境复杂多变,法律服务对接困难,给"一带一路"相关贸易往来带来一定风险。"一带一路"从陆上和海洋两方面,贯穿了整个亚欧大陆,这些共建国家及地区中包含多种法律体系,国内法差异巨大,且不同国家加入的贸易协定也不尽相同,面临国内法、国际法两个层面的衔接问题,法律环境较为复杂,适用法律也面临考验。[3]

第二,"一带一路"共建国家的营商环境稳定性不足,各国的政治、经济因素可能引发一系列法律风险,如政府变动与干预、货物扣押、外汇限兑等。

---

〔1〕 龚剑超:《基于"一带一路"倡议的中国对外贸易探究》,载《现代营销(下旬刊)》2021年第4期。

〔2〕 张海亮、梅媚、齐兰:《"一带一路"倡议下企业如何规避外汇风险——基于经营性对冲和金融性对冲的比较》,载《国际贸易问题》2020年第3期。

〔3〕 何啸风、罗传钰、章敏丹:《法律服务视阈下企业参与"一带一路"建设的法律保障策略》,载《浙江金融》2020年第4期。

"一带一路"共建国家多为发展中国家，存在政治局势稳定性不足、经济水平发展不高、营商环境不成熟等先天性不足，这些因素引发的法律风险相对难以控制。[1]因此，与共建国家的贸易过程中，可能面临因政治、经济不稳定而引发多重法律风险。

第三，企业自身对共建国家的法律缺乏了解，且彼此之间语言、文化差异较大，在进行贸易往来的过程中可能存在沟通不畅、决策不当，进而导致不利局面。受限于语言文化差异、专业人才储备、共建国家资讯发展水平和管制程度等因素，企业难以通过公开渠道获取政策及法律信息，带来信息不对称的困境，在进行贸易往来中可能作出不利决策，进一步增大交易的法律风险。

第四，"一带一路"倡议下的国际贸易保障机制仍较为碎片化，缺乏系统性、综合性。虽然在国家主导下开展了一系列的贸易便利化措施，但在贸易的谈判和争议解决过程中，企业可运用的救济手段仍然较为分散，各国执行力度也相差较大，在各国进行的诉讼、仲裁可能耗时费力且无法达到期望的效果，未能及时挽回损失，影响外贸信心。

### （三）"一带一路"国际贸易风险防范的对策与启示

当前，共建"一带一路"正处于迈向高质量发展的关键阶段，挑战与收获并存，风险与机遇同在。鉴于此，通过总结"一带一路"建设十年来的贸易成果和法律服务典型案例，有助于为"一带一路"共建国家国际贸易的发展提供更多的支持，切实保障"一带一路"倡议的落地实施。

第一，共建国家应继续推进友好协作，推动贸易便利化措施的落实，给予一定的制度保障，促进贸易往来的统一协调，减少不必要的调查措施和限制，避免因各类差异造成潜在的摩擦和冲突。我国在坚持"共商、共建、共享"的"一带一路"原则的基础上，强调开放与包容性，可考虑主动加入或以合作的方式对待区域贸易体系，徐徐图之，与共建各国共同发展。企业在"走出去"和"走进来"的过程中，也应充分秉持友好协商、包容互谅的精神，共同解决难题。

---

[1] 何啸风、罗传钰、章敏丹：《法律服务视阈下企业参与"一带一路"建设的法律保障策略》，载《浙江金融》2020年第4期。

第二，完善争议解决机制，促进贸易纠纷的友好公正高效解决。处理"一带一路"经贸活动中的争议纠纷时，应遵循国际条约和国际惯例，建立完善公正高效的争议解决平台，依法行使司法管辖权，积极修订和完善与各共建国家与地区的司法协助条约，促进共建各国家与地区司法判决的有效承认与执行。[1]企业在面临贸易纠纷时，既要注重与贸易伙伴的友好关系，采取协商、谈判等方式解决，又要积极利用法律武器维护自身权益，积极应诉并沉着应对，还要重视与其他同类竞争企业的关系，在"走出去"的过程中拧成一股线，避免因恶性竞争带来不利影响。

第三，更加注重贸易往来过程中的合规性要求，保障交易的顺利开展。货物运输过程中海关申报要求和程序、当地税收政策的法律法规、环境标准的特定要求，这些是企业在"一带一路"共建国家与地区开展国际贸易必须遵守的合规性要求。为此，专业法律团队在合规服务方面大有可为，通过提供专业性、科学性的法律意见，帮助进行合规方面的调整和准备，为客户降低风险。

第四，构建健全完善的"一带一路"法律服务体系，为企业在"走出去"过程中提供系统性、针对性的风险预警与防控机制。面对复杂多变的法律局面，需要培养各类特色法律人才，由专业法律团队对风险进行有效识别，整合"一带一路"涉及的有效资源，并提供相应的解决预案，以化解潜在的危机与损失，维护客户利益。

"一带一路"的发展已进入"工笔画"阶段，良好的法治环境和优质的法律服务则是不可或缺的一支"工笔"。值得期待的是，在不断的实战淬炼中，在一次次钻研和成长中，我国一众律师团队已纷纷成长为优质的涉外律师精英，在国际贸易领域提供着优质的法律服务，还可以与国际律师一同合作，提供无缝对接的跨境法律服务。随着中国法学教育的革新以及律所的发展，涉外法律人才还将不断涌现，协助中国企业走向世界，为"一带一路"建设保驾护航。

---

[1] 刘斌斌：《"一带一路"建设中法律服务的必要性及其路径研究》，载《西北民族大学学报（哲学社会科学版）》2020年第1期。

# 第二节　国际投资领域

## 一、国际投资领域的法律服务概况

自"一带一路"倡议提出以来，中国对"一带一路"共建国家及地区的投资取得了长足的发展，投资金额持续增长，投资方式多样化，投资区域越来越广泛，投资行业众多，并且越来越倾向于高端产业，呈现出了各种不同的特点。

### （一）我国对"一带一路"共建国家投资合作情况

2013 年至 2023 年 10 月，中国与"一带一路"共建国家进出口总额累计超过 21 万亿美元，对共建国家直接投资累计超过 2700 亿美元。[1]

统计数据显示，2013 年至 2023 年 10 月，我国与共建国家进出口总额累计超过 21 万亿美元，对共建国家直接投资累计超过 2700 亿美元。"菌草"、鲁班工坊、打井供水等一批"小而美"民生项目，为共建国家摆脱贫困、培育职业能力、改善生活条件等发挥了重要作用，共建国家民众获得感、幸福感不断增强。在互联互通上，"六廊六路多国多港"的互联互通架构基本形成，中老铁路、雅万高铁、比雷埃夫斯港等一大批标志性工程项目陆续建成并投运，中欧班列开辟了亚欧陆路运输新通道，为共建国家经济社会发展提供了有力支撑。共建"一带一路"还提升了国内各区域开放水平，推动我国开放空间从沿海、沿江向内陆、沿边延伸，实现了沿海开放与内陆沿边开放相互促进、共同发展。[2]

2013 年至 2022 年，我国与共建国家累计双向投资超过 3800 亿美元，其中对共建国家的直接投资超过 2400 亿美元，涵盖经济社会发展的多个领域。我国还与共建国家合作建设了一系列的经贸合作区，截至 2022 年年底，累计投资已经超过 600 亿美元。同时，共建国家也积极投资中国，共享中国的发展机遇，

---

〔1〕　数据参见网址：http://www.scio.gov.cn/gxzl/ydyl_26587/jmwl_26592/jmwl_26593/202311/t20231124_819543.html。

〔2〕　数据参见网址：https://finance.sina.com.cn/roll/2023-11-27/doc-imzvziqy6059600.shtml。

十年来累计对华投资超过 1400 亿美元，在华新设的企业接近 6.7 万家。[1]

2024 年 1 月至 7 月，我国企业在"一带一路"共建国家非金融类直接投资 1275.4 亿元人民币，同比增长 10%（以美元计为 179.4 亿美元，增长 7.7%）。

对外承包工程方面，我国企业在"一带一路"共建国家新签承包工程合同额 7828.2 亿元人民币，增长 24.8%（以美元计为 1101.1 亿美元，增长 22.3%）；完成营业额 4968 亿元人民币，增长 7.4%（以美元计为 698.8 亿美元，增长 5.2%）。[2]

从投资的行业来看，金融、能源、原材料和工业等领域是跨境并购的主要行业。在 2000—2016 年，金融行业是"一带一路"地区跨境并购交易数量最多的行业，其次为原材料和工业。跨境并购获得资金最多的行业为能源行业，其次为金融和电信服务行业。此外，高新科技、日常消费品等也是"一带一路"地区接受跨境并购较多的行业。

从投资的地域来看，中国对东亚十国的投资最多，2015 年大约占到 77%的比重。而在东亚十国中，中国对外投资最多的又是新加坡，2015 年达到 100 多亿美元，占到东亚投资金额的 74%。相对来讲，中国对中东欧地区的投资相对较少，但近年来也在增长当中。[3]

### （二）"一带一路"倡议下投资领域的法律服务的基本情况

"一带一路"倡议下国际投资业务的长足发展，对于涉外法律服务提出了更高的要求。一方面，随着企业法治观念和风险意识的提高，从保护企业利益、减少企业损失的角度出发，需要各类法律服务机构提供优质、高效的法律服务，而且法律服务要贯穿企业投资的全过程（事前—事中—事后）；另一方面，随着对外投资的形式越来越多样化，投资金额越来越大，投资架构更加复杂，客观上也对法律服务机构提出了更好的要求。只有适应形势的发展，努力预防和

---

[1] 数据参见网址：https://finance.sina.com.cn/china/2023-10-10/doc-imzqraui6983137.shtml。

[2] 数据参见网址：https://www.mofcom.gov.cn/tjsj/gwjjhztj/art/2024/art_87eae7067fee4010afab313db24b0b71.html。

[3] 参见《坚定不移推进共建"一带一路"高质量发展走深走实的愿景与行动——共建"一带一路"未来十年发展展望》，载 https://www.gov.cn/yaowen/liebiao/202311/content_6916832.htm，最后访问日期：2023 年 7 月 6 日。

解决企业在国际投资中面临的各种问题，才能最大限度地减小和化解投资风险。

在这个过程中，中国律师为"一带一路"倡议下的国际投资项目提供了全面的法律服务。内容主要包括以下几类：（1）投资目的国的法律环境、政策及风险研究；（2）投资项目或者被投资方的尽职调查；（3）交易架构设计；（4）起草、审核投资项目的各类法律文件；（5）参与客户与交易对方的谈判、协商等；（6）办理投资项目的交割；（7）代理客户办理各类审批、核准、备案等行政手续；（8）代理客户参加投资争议的调解、仲裁和诉讼程序；（9）向客户提供日常的法律咨询服务。

中国律师的服务，为我国企业起到了保驾护航的作用，极大地维护了企业的合法利益。例如，2021年，无锡市司法局、律师协会通过建设"一带一路"法律服务中心，全市律师为500余家"一带一路"的境外投资企业提供尽职调查，帮助3200余家企业制订法律风险防范方案，帮助挽回经济损失450余亿元人民币。

除律师的直接法律服务外，相关主管机关、行业协会等在这方面也做了大量的工作。2016年9月18日，中华全国律师协会在北京启动了中国律师服务"一带一路"倡议建设项目。2017年6月26日，中华全国律师协会正式发布《"一带一路"沿线国家法律环境国别报告》，同时宣布成立"一带一路"跨境律师人才库。2019年12月8日，"一带一路"律师联盟在广州成立，联盟总部（秘书处）设在中国北京。联盟通过搭建以"一带一路"有关国家和地区律师为主的交流合作平台，建立律师、律师组织与联盟的日常沟通协调机制，为相关企业和部门提供法律咨询、意见建议等法律服务支持。

### （三）"一带一路"倡议下投资领域的法律服务的特点

"一带一路"共建国家中大多数属于新兴经济体和发展中国家，政治和商业环境复杂且波动性较大，这些国家除了在法律、税收等方面与中国的治理体系存在较大差异，其自身的法律体系也不尽相同，甚至某些方面的规范仍处于缺失状态。因此，中国企业在"一带一路"共建国家及地区开展投资所面临的法律风险较大，尤其需要借助专业的法律服务，识别相关的法律风险因素并加以防范。

从行业分布来看，中国企业的投资涉及多个领域和行业，不仅涵盖传统的基础设施建设、交通、能源、矿产、制造、贸易等行业，还在不断向以信息技术、绿色节能发展为代表的新型技术和产业领域积极拓展。在"一带一路"建设过程中，相关项目涉及的法律服务类型涵盖投资、融资、并购、建设工程、合规管理、争议解决等多方面。因此，整体而言，"一带一路"倡议下投资领域的法律服务具备多元化、综合化和创新化的特点，能够为投资人提供针对不同项目和市场的定制化、高效化和优化的法律方案和解决方案。

随着"一带一路"倡议的不断发展，不同国家的法律环境和政策等都有可能发生不同程度的改变，在境外投资过程中，应加强与当地专业律师的沟通和合作。因此，中国的律师事务所也在积极扩大境外法律服务的范围，为中国企业提供更全面和更专业的支持。

### （四）"一带一路"倡议下投资领域的法律服务成就和效果

从 2013 年提出"一带一路"倡议至今，中国企业牢牢把握这千载难逢的时代机遇，已成为"一带一路"建设的主力军，而"一带一路"倡议下的投资领域法律服务也为中国企业积极实施"走出去"提供了有力支持，并取得了显著成效。结合"一带一路"境外投资领域的主要项目类型，具体体现在以下方面。

1. 跨境并购

在并购项目中，投资人可以利用收购股权或资产的方式，迅速实现在海外市场开展业务的目标，并且在时间成本上也相对较低。但是，投资人往往需要通过全面的尽职调查和评估，来选择合适的并购目标，其中，法律尽职调查在识别目标项目的法律风险方面发挥了重要作用。而在后续正式投资阶段，更多的工作将会由专业的律师主导，进行统一的协调工作，包括起草合同、评估风险以及解决交易中出现的法律问题。国际化的专业法律顾问团队所拥有的丰富的境外并购经验可以保证项目的顺利进行。

2. 绿地投资

相对于并购项目，绿地投资周期长、投入大，投资人需要承担更多项目前期风险，而且对投资人的资金实力和境外市场的运营能力要求也比较高；另外，绿地项目可以为东道国带来更多资金，创造更多就业机会，因此也较容易得到政府支持。律师在此过程中通常负责进行尽职调查，仔细审查绿地投资项目的法律情况，对有关土地使用权、环境保护、建设规划等方面的当地法律进行深入研究分析，协助办理项目所需的审批手续和许可证，并与相关政府部门进行沟通和协商，以使得绿地投资项目符合当地法律法规的要求；参与绿地投资的合同谈判和起草，确保投资人的权益得到充分保护。

3. 项目融资

境外投资项目通常需要大量资金，因此涉及与国际金融机构、国际投资人和当地政府的合作。律师在此过程中也发挥了重要作用，协助达成融资安排、尽职调查和处理融资文件，提供风险评估和管理，帮助投资人合理评估投资风险，并采取相应的法律措施来保护其权益。

4. 合规运作

在投资完成后，项目后续还应持续符合目标国家及地区在劳动用工、安全生产、环境保护、知识产权等方面的合规运营要求。在此过程中，律师为投资人提供专业的法律意见和风险评估，协助投资人了解目标国家的法律和法规，并对可能面临的风险进行评估，以保证投资项目持续符合当地法律及政策。

## 二、国际投资领域典型案例

**案例一** 中资企业在墨西哥进行绿地投资全流程法律服务

### 项目概述

2021年年底，一家中概股公司客户，基于产业结构优化调整的需求，拟前往墨西哥进行跨境投资、建设生产基地。律师团队快速响应，深入了解东道国外商投资政策以及投资相关主要法律体系，协助客户完成前期的投资法律可行性分析、投资政策解读，并在投资路径选择、架构搭建设计、境外投资审批、资金出境建议等关键事项中提供专业法律意见。而在客户敲定投资计划后，律师团队继而对客户选定的土地进行法律尽职调查，排查土地投资风险；主导交易方案及交易文件的设计，协助客户进行交易谈判，落实投前法律合规措施。完成交易文件签署后，协助客户进行土地交割，并着手提供以厂房建设为主的直至完成投后的资产整合。

与此同时，根据客户的商业安排，律师团队还参与客户在交易过渡期的经营安排，包括通过墨西哥 shelter 模式完成生产线的组建、开展生产模式试运营，实现了"资产并购"与"落地生产"的快速衔接、双线并进。

总括而言，律师团队在该项目中扮演了"项目总协调法律顾问"的角色，为客户提供贯穿投资前端、中端、后端全流程的法律服务。项目顺利落地，厂房建设阶段接近尾声，整个项目投资总额接近 1 亿美元。

### ◈ 项目成果

2022 年年初，客户就该项目进行公告披露；2022 年 3 月前后，完成意向地块的法律尽职调查；2022 年 5 月，完成地块正式协议的签署，同时开始相关报建手续的办理。同期，客户物色合适租赁厂房，以 shelter 模式逐步开展生产经营。目前，客户投资地块尚在厂房开发、建设过程中，项目整体如期推进，进度顺利。

◇ 承办团队 ◇

本项目系由以盈科全球总部合伙人翟彩娟律师领衔的投融资与涉外法律服务团队承办。

### ◈ 典型意义

本案项目的成功落地，对于有意投资落地墨西哥的中国企业具有广泛的借鉴意义。首先，本案并购标的是墨西哥土地，通过开展尽职调查所涉及要点，基本摸清了墨西哥土地标的所涉及多样化的风险点。而项目交易方案乃至配套文件的设计，融合了土地瑕疵、投前合规的解决思路，为合规推进投资交易提供了示范样板。而在交易过渡期中活用 shelter 商业模式的成功经验，也为境外投资企业优化缩短投资收益周期提供了启示。

此外，随着越来越多类似本项目的服务实践经验，中国涉外律师提供覆盖境外并购的全流程法律服务已逐渐成型，提供的法律服务可贯穿绿地投资前端、中端、后端的各个环节。加上与企业客户已有长期的信任基础、熟悉的文化环境及沟通习惯，未来在协助企业客户"走出去"的服务当中，中国涉外律师必将担任更为重要的角色，必将发挥越来越大的作用。

 **案例二** 为汽车行业上市公司投资设厂生产提供法律服务项目

 **项目概述**

2023年4月，上海兰迪律师事务所汪蕴青律师团队全体成员协同兰迪墨西哥办公室的墨西哥当地律师共同为汽车零部件行业A股上市公司某汽车零部件集团在墨西哥设立子公司，及建设墨西哥工厂过程中涉及向某墨西哥工业园购买面积超过220亩、价值865万美元的土地的提供土地尽职调查、正式土地购买协议（英文、西班牙语双语对照版）的审核、修订及谈判服务。在进行正式土地购买协议的审核、修订与谈判服务时，由于土地出让方的土地产权登记文件尚在审批过程中，还未获得墨西哥公共部门颁发的正式土地登记文件，加上双方签署交易文件及签署后交付施工期限的紧迫性，需要律师团队审查大量正在办理土地产权登记文件过程中的当地土地规划及审批文件，并在交易合同中作出对土地购买方交易有保障的约定。

 **项目成果**

承办团队在较短的尽职调查、协议审核和谈判期限内对土地交易文件向客户及对方提出中文、英文和西班牙语版的反馈修改意见，为确保土地尽职调查和交易谈判及协议修改在规定期限内顺利完成、双方达成一致签署协议和保障工厂建设顺利按期推进提供了全面、尽职、高效、专业的跨境法律服务保障。

> ◇ **承办团队** ◇
>
> 本项目由上海兰迪律师事务所汪蕴青律师团队承办。

 **典型意义**

近年来，墨西哥凭借《美墨加协定》和位于北美大陆的独特地缘优势，吸引了大量以北美为主要目标市场的中国制造业企业投资建厂。中资企业落地墨西哥面临公司治理结构安排、土地厂房买卖租赁、种类繁多的许可申请等各环节的风险与合规挑战，需要中方涉外律师同时考虑维护中方利益、加速项目推进和投资东道国国情等多重因素，整体统筹安排尽职调查、协议审核修订、谈判等各项具体法律服务工作。该非诉法律服务项目涉及跨多种语言（中文、英文、西班牙语）、多法域（中国大陆法域、墨西哥法域）的土地尽职调查、土地交易协议审核、修改及谈判沟通，需要承办团队成员具备多语言、多法域高效协同工作的专业能力，体现了中国小语种涉外律师团队在该类项目中对外方律师的管理、协同能力，和为"走出去"投资建厂的中方企业提供高效优质法律服务的能力。

## 案例三　中化国际并购新加坡上市公司案

### 项目概述

A 股上市公司中化国际（控股）股份有限公司（以下简称中化国际，世界 500 强企业中化集团下属公司）通过其境外全资子公司中化国际（新加坡）有限公司（以下简称中化新）收购新加坡上市公司 Halcyon Agri Corporation Limited（Halcyon）主要股东股份，并通过要约收购、一系列重组，完成了其境内外天然橡胶业务整合。

本次收购与重组中，中化新于 2016 年 7 月完成对 Halcyon 主要股东股份的收购，并以现金方式对 Halcyon 所有已发行股份发出强制全面要约收购；2016 年 8 月 22 日，强制全面要约收购完成；2016 年 9 月 9 日，Halcyon 发出自愿全面收购要约，通过增发新股与中化新的子公司 GMG Global Limited（GMG）进行换股；前述换股完成后，Halcyon 于 2016 年 10 月再次增发新股，收购中化国际除了 GMG 以外的其他境内外天然橡胶资产和业务。

### 项目成果

通过本次收购和重组，中化国际既实现产业整合又形成优势互补，成为全球最大的天然橡胶供应商。

> **·○ 承办团队 ○·**
>
> 本项目由上海市通力律师事务所佘铭、陈巍、史成律师承办。

### ◆ 典型意义

本项目涉及的法律问题较为复杂，主要体现在以下四个方面：

（1）从适用法律看，本项目至少涉及了中国和新加坡两个国家的法律。同时，也涉及了公司法、证券法、国有资产有关法律法规、反垄断法等众多主要的法律法规。

（2）从交易主体看，本项目的收购方系境内上市公司，同时系一家国有控股企业；被收购方系境外上市公司，而项目重组过程中又涉及了较多的有限责任公司以及境外上市公司。交易主体性质的多样性也增加了本项目法律问题的复杂性和难度。

（3）从交易结构看，本项目的交易结构非常复杂，既包括了公司内部重组（该等重组包括转股、增资、股权出资），也包含了资产的置出和置入，境内主体境外投资手续、上市公司要约收购、换股以及境外上市公司退市等复杂的交易形式和结构。复杂的交易结构中产生了很多复杂的法律问题，需要在本项目中一一论证并解决。

（4）从需要论证和解决的法律问题看，本项目涉及的适用法律、主体、交易结构的复杂性，导致本项目涉及的法律关系和需要解决的法律问题也非常多且复杂，包括但不限于返程投资、国有资产处置、资产评估、境外投资、两地上市公司的信息披露、反垄断、要约收购等各方面的法律问题。进一步地，该等法律问题可能涉及若干个国家和地区的法律和政府审批程序等，如至少包括国内的商务部门、发改部门、外汇管理局、税务部门、工商部门、国资委、证券部门，以及新加坡的证券交易所、美国外资投资委员会、相关反垄断监管部门等。

总体而言，本项目的典型意义体现在：本项目涉及两个国家的共三家上市公司，交易结构十分复杂，项目所耗时间也较长。本项目无论是从交易架构、商业安排还是法律问题，都给各中介机构，特别是律师提出了非常高的要求。

同时由于本项目涉及跨境，如何协商、解决各方的利益诉求以及每个国家的法律问题系本项目的难度和重点之一。同时，由于涉及上市公司，又需要考虑一系列市场因素、信息披露问题等。通过本次收购和重组，中化国际既实现产业整合又形成优势互补，成为全球最大的天然橡胶供应商。

**案例四　兖煤澳洲收购力拓集团澳洲煤炭运营资产案**

 **案情概述**

兖矿能源于 2017 年 9 月宣布，其控股子公司兖煤澳洲成功收购力拓集团（Rio Tinto）所属联合煤炭公司（Coal & Allied Industries Limited，C&A）100% 股权。

兖煤澳洲在 2017 年年初即与力拓集团达成以 23.5 亿美元或 24.5 亿美元（视是否分期支付）现金收购 C&A 100% 股权的交易方案。6 月，在本次收购即将完成所有法定程序时，国际能源巨头嘉能可（Glencore）向力拓集团发出一份合计 34.7 亿美元的竞争报价，与兖煤澳洲竞购 C&A 股权。最终，兖煤澳洲凭借优化对价支付安排、提供对价支付保证、能以较快速度完成交割等优势胜出。其后，兖煤澳洲与竞争对手嘉能可进行了充分沟通，并在 C&A 旗下核心资产 HVO 上达成合作，与嘉能可共同控制 HVO 合资公司全部股权。资金方面，兖煤澳洲为支付本次收购价款进行了规模为 23.5 亿美元的配股融资。兖矿能源作为兖煤澳洲的控股股东，在该次配股中认购高达 10 亿美元份额，并在境内资本市场同步启动非公开发行股票融资。此外，嘉能可作为基石投资人，投资 3 亿美元参与兖煤澳洲本次配股。

**项目成果**

兖煤澳洲成功收购 C&A 100% 股权，并通过 C&A 与嘉能可共同控制 HVO 合资公司（联合煤炭持有 HVO 合资公司 51% 股权，嘉能可持有 HVO 合资公司 49% 股权）。

○ **承办团队** ○

　　该次收购由金杜中国办公室韩杰律师、唐丽子律师牵头，金杜中国办公室律师郝玉洁、赵京川、孙勇、高照，以及金杜澳洲办公室律师David Friedlander、Paul Schroder 和 Robert Kelly 一起参与完成。

### ◆ 典型意义

　　兖矿能源是山东省大型煤炭企业，是中国首家且当时唯一拥有境内外四地上市平台的煤炭行业上市公司。本次交易被媒体称为"教科书式"的中资企业境外收购，堪称中国大型国有控股上市公司在错综复杂的国际资本市场上完成竞争性收购的里程碑式案例。

　　收购完成后，兖煤澳洲管理和拥有符合 JORC 标准的可观煤炭资源量和储量，从收购前的行业中游水平跃升为澳洲最大的专业化煤炭生产商，有效提升了中资煤炭企业在行业中的定价权和话语权。

　　在当时煤炭行业下行的背景下，兖矿能源凭借本次收购在拓展产业布局的同时有效盘活存量资产。由于 C&A 财务状况良好，兖煤澳洲的整体财务结构和现金流水平在收购完成后得到有效改善。

　　同时，兖矿能源与嘉能可的竞争吸引了国际投资者的关注，在兖煤澳洲配股、HVO 合资公司等事项上与嘉能可的合作提升了兖矿能源在国际资本市场上的声誉。通过强强联合，最大限度释放了 C&A 的增长潜力。

### 案例五　助力巴基斯坦卡西姆港燃煤电站项目推进

### ◆ 项目概述

　　巴基斯坦卡西姆港燃煤电站项目的推进是电建海投成功发展火电业务的缩影。卡西姆港项目由电建海投和卡塔尔 AMC 公司共同投资开发。项目总装机1320 兆瓦，总投资约 20.85 亿美元，年发电量 95 亿千瓦时。

　　早在 2013 年，中巴两国就提出了卡西姆港项目的构想。此项目位列"中巴经济走廊早期收获清单"，是"中巴经济走廊"排在首位的优先实施项目。

A 项目位于巴基斯坦，装机 1320MW，由 D 公司和国际投资人 C 公司按照 51：49 的股权比例进行投资开发，以项目融资的方式获得贷款。该项目被列入 "中巴经济走廊能源类优先实施项目"清单。

### 项目成果

（1）巴基斯坦政府审批。

遵照巴基斯坦《私有电力项目快速推进指南》，完成了 A 项目投资开发流程和所需获得的重要政府执照、许可及相关前提条件，顺利签署实施协议及购电协议。

（2）中国政府审批。

遵照中国政府有关境外投资的政策规定，完成了发改委、商务部、国资委等各项投资备案手续。

（3）技术可研。

项目可行性研究旨在通过对实施方案和技术应用的综合比选确立最终方案，一直是企业投资建设项目的重要依据。D 公司在 A 项目工程可研方面做了大量工作，主要内容如下：

①聘请专业的咨询团队，分别对煤炭、码头、安保等方面进行专题研究、综合考察，保证项目掌握最前沿可靠的专业数据，确保项目在可研阶段实事求是。

②选择最具经验的科研设计团队，对 A 项目技术层面进行全方位考察，最终选定合适的技术方案。

③聘请第三方咨询机构进行可研评审，确保项目符合行业标准，使项目可研报告具备权威性。

（4）电价申请。

项目获得巴基斯坦出具的发电许可及电价批复。

（5）土地租赁。

与当地港务局签订了《土地租赁与港口服务协议》及相关租地协议。

（6）投资协议。

①持续推动巴基斯坦政府修订电力政策，以适应进口燃煤电站项目的特点。

②巴基斯坦内阁经济协调委员会出台《电力政策 2015》以及购电协议（PPA）和实施协议（IA）修订模板。

③与巴基斯坦政府签订实施协议与购电方签订购电协议。

（7）环评工作。

环评工作拟定分步走的策略，一期进行电站本身的环境评估，二期进行码头航道和灰场等附属设施的环境评估，分阶段开展环评工作并获得批复。

（8）电网接入。

同巴基斯坦国家输变电公司一同完成电力系统潮流计算、短路计算、暂态稳定分析等各项电网纳入准备工作。

（9）购煤准备。

通过多方调研，完成煤炭供应可行性研究，形成可靠的煤炭供应方案。

---

◦ 承办团队 ◦

D 公司是专业从事海外投资业务市场开发、项目建设、项目运营与投资风险管理的法人主体，D 公司以投资为先导，带动海外 EPC 业务发展，努力构建以海外投资开发与资产运营为主，具有全球竞争力的卓越企业。

---

 **典型意义**

2013 年，中国将中巴经济走廊纳入"一带一路"倡议，旨在进一步巩固中巴两国双边合作关系，促进两国互利互惠。此后，来自中国的基建和投资项目增速明显。D 公司对此高度重视，并选定 A 项目作为重点跟进。国家"一带一路"倡议与中巴经济走廊建设为 A 项目实施和切实落地提供了有力的引导和支持，A 项目对中巴经济走廊其他能源项目起到引领和示范效应，对落实国家"一带一路"倡议具有重要意义。

## 三、相关法律问题分析与风险防范

### (一)"一带一路"倡议下投资存在的主要法律问题

中国企业在"一带一路"投资中涉及的法律风险通常集中在外资市场准入、国家安全审查、投资者保护、公司治理、建设工程、贸易纠纷、劳务、环境保护、知识产权等合规经营以及外汇管理、争议管辖等领域,主要体现在如下几个方面。

1. 外商投资准入限制及安全审查风险

一些"一带一路"共建国家出于本国利益的需要,在一些敏感行业中,通过严格的市场准入或者附加条件来限制外资的进入,包括在行业、领域的投资范围、持股比例、投资金额、投资期限、技术转让、外汇汇出等方面的限制,或提高对外商投资的审批、登记、备案等程序方面的要求。同时,有的国家也相继出台了一些暂时性或永久性规定,大幅度加强了对外商直接投资的国家安全审查。一些国家基于国家安全、反垄断等理由,对投资、并购交易直接行使否决权,或采取"临时立法"手段干预交易结果,从而造成投资、并购交易无法顺利进行,或加大了投资、并购的成本与风险。例如,在新冠疫情暴发之后,澳大利亚政府出台了一系列针对外商投资的临时升级管制措施,以及 FIRB 最新立法政策,使得蒙牛乳业对澳大利亚乳制品及饮料企业 Lion-Dairy & Drinks Pty Ltd 的收购计划迟迟没有通过 FIRB 的批准,最终不得不宣布终止交易。在"一带一路"跨境投资中,如何处理投资标的公司所在国家日益演变的管制/批准环境,已成为一个重要的风险防范问题,必须引起特别重视。

2. 劳动用工法律风险

海外投资项目会涉及雇用和管理当地员工的问题,不同国家和地区的劳动合同法律法规可能不同,包括员工权利、雇用期限、解雇程序等。如果企业违反当地的平等就业政策,即因为民族、肤色、性别、宗教信仰等原因实行差别待遇,或者违反所在国的劳动保护、工作条件、休息休假、待遇和福利、社会保障方面的法律法规,就会面临行政处罚、民事诉讼等法律风险。此外,企业还需要处理好与工会的关系,遇到问题与工会进行友好协商,否则可能会面临罢工和激烈抗议的风险。

3. 环境保护方面的风险

如果企业违反所在国的环境标准和法律，引发环境问题，就可能导致面临行政处罚等法律责任。例如，柬埔寨当地政府曾因环境问题收回了中国投资者的森林采伐权。中石油和中石化在蒙古、印度尼西亚等国的某些项目也都遇到了当地环境组织的抵制。

4. 合法合规运营风险

"一带一路"倡议下的跨境投资，涉及的国家法律、商业规则等各不相同，因此存在较高的合规风险。投资人需确保项目在东道国当地合法合规运营，包括但不限于环境保护、数据和隐私保护、反腐败、反恐怖融资、贸易管制等方面。除此之外，欧美等发达国家以及一些国际组织的监管态势也日趋严格，不同国家、不同调查机构之间展开了越来越紧密的配合。这对于中国企业经营活动在各法域项下全流程、全方位的合规提出了巨大的挑战。

5. 税收风险

一些"一带一路"共建国家的税收环境较差，税收体系不够完善，对外国企业征收超额利润税，加之中国企业对跨境税收法规、税收环境和税制差异的认识不足，没有采取合理的税务风险管理制度，导致其面临着重复征收和其他税收法律风险。

6. 知识产权法律风险

"一带一路"以绿地投资、基础设施、交通、通信和能源等项目居多，在这些领域知识产权密集，中国企业在参与"一带一路"投资合作时既有可能面临潜在的知识产权侵权风险，同时需要注意防范潜在的自身知识产权流失的风险，避免签署含有对中方不利的让步、瑕疵或限制性条款，以免引起知识产权诉讼，甚至面临巨额索赔。

7. 争端解决风险

"一带一路"倡议涉及跨国合作，不同国家或地区的法律可能存在差异或冲突，因此合同的适用法律、争议解决等问题可能引发争议，或者导致合同解释或执行的困难或争议。如果投资所在国不是《纽约公约》或《华盛顿公约》的缔约方，那么承认和执行国际仲裁裁决在当地会存在很大的障碍。此外，跨国投资并购合同通常会约定争端解决方式，但不同国家或地区的争端解决机制可能存在差异或缺陷，也会导致争端解决的效率或公正性受到影响。

其他法律风险包括基于所在国标准方面的风险、目标企业的反并购风险、并购程序的合法性风险，以及被并购企业隐瞒担保、诉讼纠纷等导致的风险等。

### (二) 产生法律风险的主要原因

#### 1. 立法方面

"一带一路"共建国家分属于不同的法系，各个国家在立法模式、法律分类、法律逻辑、法律术语、法律程序、法律适用规则等方面的差异非常大，与我国的法律制度有很大不同。此外，有些发展中国家的法律制度和规则不统一，法律不完善或缺乏透明度，政府干预色彩明显；有些国家的法律与国际标准或惯例不符，如很多国家属于伊斯兰法系，其法律制度与我们熟知的大陆法系和英美法系存在较大差异；有些国家的法律随着政治变化而变化，东道国政治不稳定难免会导致政策波动，从而影响海外投资的结果。

#### 2. 行政执法方面

"一带一路"共建国家的行政机构和监管部门的效率和能力参差不齐，有些国家执法具有随意性和多变性，行政执法程序十分复杂，有时会基于本国利益的需要，对外国投资者进行选择性执法，执法标准前后矛盾，导致中国企业面临非常不确定的投资环境；有些国家的政府机构和监管部门存在腐败或歧视现象；还有些国家政府部门则对外国投资人和企业有较高的门槛或限制。

#### 3. 司法方面

"一带一路"共建各国在司法制度、诉讼程序上存在明显的差异，部分国家的司法层次、专业程度偏低；而且，由于许多国家并非《纽约公约》的缔约方，也没有加入世贸组织，因此，在这些国家发生的境外并购项目如果出现争议需要进行国际仲裁，即使取得有利于中方的裁决，也很难得到东道国法庭的认可与执行。

#### 4. 区际法律冲突方面

"一带一路"共建国家之间可能存在不同或相互矛盾的管辖权、适用法律、争议解决方式等问题，往往导致投资人和参与者难以确定自己的权利义务和救济途径。

5. 当地保护主义

一些国家为了本国的经济利益，通过关税壁垒和非关税壁垒，包括绿色壁垒、技术壁垒、认证认可制度、反垄断审查、国家安全审查、知识产权保护等，限制国际投资自由与便利化，借以保护其本国的产业。

6. 当地人文环境与社会意识

"一带一路"共建国家的文化、宗教、语言、风俗习惯等与中国存在较大差异，可能导致沟通障碍或误解，影响合作关系和信任度。同时，共建国家的国民法律意识和法治观念参差不齐，缺乏契约精神、不尊重交易对方的合法权益的情况也时有发生，这也使我国企业面临潜在的违约、欺诈等法律风险。有些当事人法律水平不高，又不愿意聘用专业律师，导致合同约定不明确、不具体，或者合同条款之间不一致，也可能产生法律纠纷。

## （三）法律风险的防范措施

为了应对上述法律风险，参与境外投资交易的中国企业可以采取以下措施。

1. 加强事前的风险识别与评估

首先，在开展投资之前，中方投资人需要对东道国的法律法规、投资环境、政策稳定性等做好充分的调研，并通过政府主管部门发布的《对外投资合作国别（地区）指南》《对外投资合作国别（地区）产业导向目录》《国别贸易投资环境报告》等文件，掌握东道国的外资审批制度、政府审查程序、项目资质许可的类别及审批机构、审批流程、补贴政策及稳定性等，继而评估东道国法律环境的风险程度及其对投资项目的影响。

其次，投资之前，中方投资人需要对目标公司进行详尽的尽职调查，以了解其合法合规情况，包括但不限于公司股权架构，是否已取得相关的资质证照与许可，是否存在大额借贷/担保，是否曾经或正在受到行政处罚、诉讼或仲裁等。

最后，根据项目的具体情况，有时还需针对交易对方进行背景调查，包括其资产状况等，尤其是贿赂、腐败严重的地区，更有必要进行全面的事前调查。对于东道国政府为利益相关方的投资项目，需考虑东道国政府的资产情况，熟悉相关司法管辖区的主权豁免政策，并针对相关司法管辖区考虑主权豁免弃权声明；在东道国与我国已签订了双边投资协定的情况下，则需考虑有关投资项目是否符合提起投资仲裁的条件，以便未来能够向东道国提起仲裁。

在此过程中，应主动加强与当地监管部门的事前沟通，对拟议交易是否涉及敏感国家、敏感行业等进行判断，并根据监管机构的要求采取相应措施，从而有效降低交易被否决的风险。此外，还需要与当地的行业协会、律师及专业机构保持紧密的联系和沟通，以确保投资交易符合当地法律法规及政策，并制订适宜的风险管理及合规解决方案。

2. 通过交易条款的设置，降低法律风险

对于前期评估及尽职调查已识别的法律风险，在交易文件中通过设置陈述与保证条款、交割先决条件条款、交割后义务条款、协议解除条款等，以保护投资人利益。例如，在尽职调查中发现被收购公司的某项关键业务存在合规风险，可以要求对方在交易交割前解决该等合规问题，并取得相关政府部门的批准，作为交割先决条件。如未满足该条件，则投资人有权解除交易。此外，在东道国法律和监管框架尚存在漏洞或不确定性的情况下，通过交易文件的约定也可以在符合当地法律的前提下弥补该等漏洞。

在付款安排上，投资人可以考虑根据项目情况，设置阶段性里程碑事件并进行分期付款；对于交割后可能存在的敞口风险，留有一定比例的尾款并设置扣款机制，亦可在一定程度上降低交易风险。

此外，在境外并购项目中，交易各方通常还会设置包括分手费（若一方退出交易）、强制性折价收购（若一方在交易后做出了被合同禁止的行为）等"违约金"条款，明确规定违约方应就其违约行为承担的赔偿金额。面对不断趋严的外国投资监管审批环境，为获得更大的交易确定性，境外卖方会更加强化对其有利的保护机制，包括要求中国投资人承担高额的反向分手费。如何避免或降低反向分手费安排中所隐藏的风险，并提出合理的条件，以减少卖方对于交易不确定性的顾虑，将成为中国企业需要面对的常态问题。

3. 采取多元化的争端解决机制

通常在境外投资交易中，国际仲裁常常成为主要的争议解决手段。如果双方约定采取国际仲裁的争议解决方式，则纠纷可以在一个中立第三国得到解决，并可以自由选择仲裁员。此外，鉴于仲裁在中立的第三国进行，还能避免受到东道国地方保护主义影响。在裁决作出后，所有针对裁决的撤销程序均由仲裁地法院审理，这意味着裁决被推翻的可能性较小。尽管大多数"一带一路"共建国家都加入了《纽约公约》，但地方法庭在实施对本国企业的裁决过程中仍然会遇到障碍。对此，律师可以对当地法律进行评估，并在此基础上起草有针对性的争议解决条款，以减少潜在的执行障碍。

除此以外，中国企业在处理争端时，还可以采取各种谈判、协商、斡旋和调停等方式；对于已与中国签订了双边投资条约或自由贸易协定的国家的项目，也可以通过双边投资条约或自由贸易协定规定的程序，来实现对其投资利益的全面保障。

4. 牢固树立法治意识和风险意识，完善企业内部管理制度

在"一带一路"投资过程中，中国企业对外投资需要充分认识到投资环境的多样性和不确定性，以及完善内部管理制度的必要性。首先，严格遵守国际法律、国际公约以及东道国的法律法规，充分听取所在国法律专家的咨询意见，确保企业在跨境投资过程中合法合规，以避免可能的法律纠纷。其次，通过与专业法律团队合作，中国企业应在投资前进行全面的风险评估和尽职调查，慎重做出投资决定并制定相应的风险应对策略，确保投资项目经过充分论证和风险评估后才予以实施。再次，通过在企业内部建立有效的内部管理制度，帮助企业规范运营流程，提高决策的科学性和合理性，减少管理漏洞和风险；同时，加强内部培训，提升当地员工的法律意识和风险意识，以便更好地应对各类挑战。最后，中国企业还可以建立完善的风险监测和预警机制，持续不断地提高自身的风险防范能力，以适应东道国投资政策及环境的变化。

综上，企业应当牢固树立法治意识和风险意识，积极完善内部管理制度，以确保投资活动在合法合规的框架下稳健发展，为中国企业在国际舞台上赢得更大的发展空间和竞争优势。

# 第三节　国际金融保险领域

## 一、"一带一路"视阈下国际金融保险领域的法律服务概况

"一带一路"倡议构想框架从规划到实施，为中国企业"走出去"开展多种形式海外经济合作提供了新引擎，带来了历史性的新契机。国际金融保险为"一带一路"建设提供风险管理服务、项目融资支持和保险需求研究，既是全

球金融发展的需要，更是保险业服务实体经济发展，落实企业"走出去"，更好地发挥功能作用的一项重要工作，是中国推动开放经济、加强与共建国家经济合作的重要举措。

（一）"一带一路"建设面临巨大的国际金融保险服务需求

"一带一路"建设是我国金融保险领域改革发展的新时空。"一带一路"共建国家大多数是新兴经济体和发展中国家，是目前全球贸易和跨境投资增长最快的地区之一。中国企业"走出去"将可能面临较多的政治、经济、法律风险。国际金融保险对"一带一路"建设的互联互通、项目投资、贸易合作有一定的保障作用，特别是风险比较集中的能源、资源、装备、工程等合作领域，工程保险、责任保险、货物运输保险、船舶保险、能源保险、海外投资保险、信用保险、重装备保险，以及海外工程的财产保险均可以有力地发挥风险管理和保障作用。所以说，"一带一路"建设项目的落地实施，将为国际金融保险领域提供丰富的可保资源和极其广阔的发展空间。

（二）"一带一路"建设中的国际金融保险领域服务内容

保险是现代社会风险管理的基本手段，也是国际经济事务中通行的风险防范成熟机制，理应在"一带一路"建设中发挥更大作用。当前，我国金融业加快双向开放，国际金融保险必须紧跟国家政策，加快"走出去"，充分发挥风险管理、资金融通的专业价值，更好更全面地服务"一带一路"倡议，为中国海外利益保驾护航。

## 二、国际金融保险领域的典型案例

**案例一**　中国出口商涉外付款保函索赔案

**项目概述**

中国出口商同法国进口商签订了基础交易合同——国际货物买卖合同。为了担保法国进口商能够履行国际货物买卖合同项下的付款义务，该进口商的俄罗斯大股东作为委托人向瑞士信贷银行股份有限公司（以下简称瑞士信贷银行或者担保行）提供了反担保。根据俄罗斯大股东的指示，瑞士信贷银行开立了两份以法国进口商为申请人，以中国出口商为受益人的付款保函。

该两份付款保函要求的索赔文件为：（1）索赔书。（2）支持声明，即受益人声明，表明申请人在哪些方面违反了基础交易合同项下的义务。该声明可以在索赔书中作出，也可以在一份单独签署的随附于该索赔书的单据中作出，或在一份单独签署的指明该索赔书的单据中作出。（3）标注"未付款"的开给申请人的未付款商业发票副本。（4）显示由受益人发货至保函中列出的一系列收货公司及其地址的海运或空运提单副本。同时，该两份付款保函要求交单的所有文件必须是英文的。

根据基础交易合同的约定，国际货物买卖合同项下的货物需要交付给全球十几家终端商家。在基础交易合同履行过程中，又恰逢全球暴发疫情，法国进口商经营状况不断恶化，不能按照合同约定支付货款。基于此，中国出口商不得不向担保行索赔付款保函项下的款项。在保函索赔过程中，法国进口商因资不抵债而被法国法院裁定进入破产程序。此外，根据两份保函的约定，如果委托人同意接受不符点，担保行亦会同意接受不符点。然而，由于案涉两份保函属于分离式保函，在索赔过程中，虽然作为申请人的法国进口商同意接受不符点，但作为保函指示人的俄罗斯大股东却拒绝接受不符点。因此，担保行亦拒绝支付部分存在不符点的索赔，从而导致受益人未能全额收回货款。

### 项目成果

接受中国进口商的委托后，在承办律师的带领和指导下，律师团队充分考虑了中国进口商的商业目标、风险防范和利益保护需求，为客户制定了合适的整体方案和策略；就本案不符点梳理相关材料，进行分析、制订最优的解决方案；起草了索赔申请书及不符点说明材料；帮助客户向担保行提出索赔申请，并联络、跟进索赔流程；帮助客户与进口商、担保行进行沟通；帮助客户将索赔材料提交通知行预审并根据反馈意见修改索赔材料。

承办团队通过积极工作，在法国进口商进入破产程序后，帮助客户向瑞士信贷银行索赔 9 460 522.80 美元，除去存在不符点的 1 563 898.80 美元，帮助客户共计收回 7 896 624.00 美元，让客户成功地避免了遭受重大损失的风险。

○ **承办团队** ○

本项目由北京浩天律师事务所蒋琪律师负责，杨东勤律师、邵晶晶律师共同参与。

■ **典型意义**

随着我国"一带一路"倡议持续深入推进，中国企业"走出去"参与海外项目工程建设成为常态。应业主或项目发包方要求，越来越多的中国企业开立独立保函为基础交易提供保障，其中尤以见索即付保函居多。该涉外保函索赔案涉及的当事人分布在中国、法国、瑞士和俄罗斯四个国家，不仅涉及保函索赔问题，还涉及分离式保函问题和保函申请人破产问题，属于"一带一路"视阈下保函法律服务的典型案例。

金融债权跨境追索新突破 助推中国调解书在澳大利亚

**案例二** 法院获承认

■ **案情概述**

（一）境内债权确权

2019 年，中国某国有银行在某法院对某集团及某自然人等提起金融借款纠纷，此后各方在诉讼阶段达成和解，各被告同意连带偿还贷款本息人民币 4000万余元，某法院就此出具了《民事调解书》。但此后，被告仅偿还了近 200 万元本息。因被告名下无其他可供执行财产，法院终止了执行程序。某银行在境内追索无果，面临重大经济损失，债务人心存侥幸，企图隐瞒财产状况，消极对待债务履行。

（二）海外资产调查

根据债权人提供的初步资产线索，中澳律师团队迅速行动，通过一切途径、方式、渠道对债务人在澳洲资产进行了多轮充分、有效的尽职调查，最终成功确认债务人有可供执行的资产。海外资产的有效尽职调查，是推进并启动中国境内民事调解书在澳洲承认与执行的前提，避免客户时间、经济等成本的无效投入。

### （三）中国民事调解书在澳洲的承认与执行

本案中中国境内债权以具有强制执行效力的民事调解书予以确认，然而，与此不同的是，澳洲法律体系下的调解（Mediation）是庭外程序，调解员是双方共同指定的专业调解员；同时，与国内不同的是，调解程序由调解员主持而不是法官主持。而最终达成的调解协议是一种对双方均有约束力的合同（Contract）或证书（Deed），但不是法院制作的司法文书。除非双方另行根据调解协议内容向法院申请 Consent Orders，否则这类调解协议不具有被法院强制执行的效力。

针对民事调解书在澳洲的承认与执行，在本案之前，是没有判例的。由于两国的法律体系不同，且没有司法互助条约，对国内法院的生效法律文书尤其是本案涉及的民事调解书无法依据条约或国际公约进行承认与执行。由于司法实践的习惯和文化不同，导致两国的法律实践对于"调解程序"的认知是大不相同的，得出的结论因而会产生重大的分歧。

### ◆ 项目成果

律师团队启动澳洲新南威尔士州高院的诉讼程序，主要围绕着中国的民事调解书是否具有强制执行的效力进行了核心举证以及抗辩，涉及法律专家证人出庭、对民事调解书相对应的司法文书翻译的准确性的翻译专家证人出庭、专家大律师开庭十二次，最终获得新南威尔士州高院初步支持备案的 Order&Judgement，确认中国民事调解书在澳洲法下法官理解为"Mediation Judgement"，直接确认了中国民事调解书的强制执行力。

### ◦ 承办团队 ◦

本项目由以北京德和衡（青岛）律师事务所张美萍律师团队为核心的包括国内律师、澳洲事务所律师、大律师三方的服务团队承办。

### ◈ 典型意义

创造澳洲司法先例。本案在澳洲法系统上首次创建了澳洲法院可以备案并强制执行中国法院出具的民事调解书的判例，成为这一司法领域的里程碑式案例。

本案通过境内外律师的全面协同，最终使得澳大利亚新南威尔士州法官全面理解并接受了中国民事调解书具有强制执行效力的观点。

此案创制的判例法为国内大量通过民事调解书获得司法债权的债权人，特别是金融机构，在澳洲追索、执行债务人转移并藏匿在澳洲的资产开辟了更为广阔的道路。

随着共建"一带一路"合作领域不断拓展，平等民商事主体之间的跨境交易和投资大量增加，国际民商事纠纷增多，在本国或者在外国申请承认和执行外国法院判决的案件数量也有所增长。作为国际司法协助的主要内容，承认和执行外国法院生效判决对于增强各国法院判决的国际流动性，促进各国司法交流与合作具有十分重要的意义。

中澳之间没有司法互助条约，此次澳大利亚新南威尔士州高院承认中国民事调解书的判决效力，对我国未来在普通法系国家寻求判决的执行有着重大的意义。它是对我国民事调解制度效力的一种域外认定，提升了民事调解效力的国际流动性，在促进大陆法系和普通法系的司法交流和合作方面有着十分积极的意义。

### 案例三　代表开曼某基金诉某保险公司跨境金融增信案

### ◈ 案情概述

巴西某公司设立开曼某基金并以发行基金份额的方式向投资人募集资金。后某基金贷款至巴西某公司用于不动产建设和修缮项目，到期后巴西某公司应向某基金还本付息，基金再向投资人支付款项回购发行的基金份额，以实现投资人的投资目的。除基础担保措施外，为保障某基金可以成功募集所需资金，增强投资人的投资意愿，巴西某公司以某基金作为投保人向某保险公司购买保险作为金融增信措施，即案涉保险合同，被保险人包括某基金、巴西某公司等。后巴西某公司无法还本付息导致基金无法赎回，投资人向某基金发出索赔通知，某基金遂依据保险合同向某保险公司提出理赔，保险人接到索赔通知后一直未履行定损核赔义务，故某基金作为申请人提起本案仲裁，请求某保险公司支付合同所保障的因未履行发售文件义务而被提起发售类索赔所遭受的损失和费用2500余万美元及迟延履行利息，并最终获得仲裁庭支持。

### 裁判结果

后某保险公司向法院申请撤销仲裁裁决，北京金融法院最终驳回某保险公司的撤裁申请。

此外，因某保险公司怠于履行仲裁裁决，某基金向法院申请强制执行，后裁决金额全部执行到位，案件终结。

### ○─ 承办团队 ─○

本案由北京市君泽君（深圳）律师事务所赵宇律师带领赵倩、邱菁华律师共同承办。

### 典型意义

本案在以下几个方面具有突出亮点和典型性：

（1）关于境外特殊实体参与境内诉讼主体适格性的亮点。

《涉外民事关系法律适用法》第14条规定，法人及其分支机构的民事权利能力、民事行为能力等事项，适用登记地法律。申请人某基金系开曼群岛注册成立的独立投资组合公司SPC内部设立的独立投资组合SP，在开曼法项下SP拥有独立的资产却不具有独立的法律主体地位，故SPC下设SP参与商事诉讼应列明SPC代表哪一个SP，即SPC-SP。本案作为申请人的某基金主体身份即是如此列示，仲裁委员会对其于本案中的申请人主体资格予以确认并相应列明。

（2）关于本案涉外程序的亮点。

本案涉及中国和开曼群岛的法律，贸仲创造了"在三个国家和七个地点进行在线审理的创新组合",来自仲裁庭、当事人和专家证人的近 20 名参与者通过视频连接参加了审理。庭审在我国深圳、北京、上海、香港和英国伦敦举行,来自新加坡、伦敦和开曼群岛的多名海外专家证人在规定时间内在线作证,双方提供的翻译人员也通过视频连线参与了专家证人出庭过程。

(3) 关于仲裁条款有效性的亮点。

本案合同虽约定了贸仲华南分会与香港国际仲裁中心两个仲裁机构,但同时明确约定具体由被保险人选择。即仲裁协议虽未具体选定某一个仲裁机构,但当事人已经协商一致约定了确定唯一仲裁机构的规则——由被保险人直接选择即确定。一旦选择,仲裁机构则具有唯一性,这并不违反仲裁法及其司法解释关于选定的仲裁委员会需明确且具有唯一确定性的要求。这一观点也被最高人民法院的司法实践所认可。

(4) 关于综合适用商事仲裁争议解决各程序、全流程的亮点。

本案不仅涉及仲裁庭组庭、开庭程序等普通仲裁程序,还涉及外国专家证人询问程序等仲裁争议解决中较为罕见的程序。仲裁程序外,本案还涉及商事仲裁司法监督程序之一的撤销仲裁裁决程序,以及涉外仲裁的强制执行程序。

在实体上,本保险纠纷涉及保险法中罕见的跨境金融保险和专业保险的结合,在法律适用上存在空白,是保险领域中极为复杂和创新的案件。仲裁庭由三位中国权威保险专家组成。当事人双方及其来自中国和英国的代理律师对保险合同条款的含义、保险范围、保险责任的构成、免责条款等问题进行了激烈的诉辩,最终仲裁庭依据中国法律作出认定。本案涉及中国和开曼群岛法律,来自中国开曼群岛、新加坡、英国和爱尔兰的十多位律师和专家证人参加了庭审。最终,这起重大且经典的跨境仲裁案件我方获得全面胜诉。

## 三、国际金融保险领域的相关法律问题分析与风险防控

2023 年是"一带一路"倡议影响力和号召力进一步增强的一年,同时也是"一带一路"建设从"大写意"转向"工笔画"的一年。中国企业积极响应国家"一带一路"高质量发展的倡议,不断提升境外投资管理能力,"一带一路"走深走实效益日益凸显。但中国企业在"走出去"的同时,也面临日益复杂的境外投资环境及风险形势,国际金融保险领域的相关法律问题分析与风险防控

亟待关注。

## (一)"一带一路"建设中国际金融保险领域的风险类型

"一带一路"正在构建一个巨大的经济圈,在基础建设投资开发、商业贸易、环境、能源、产业技术等多领域开展国际经济合作,目的在于稳定共建国家之间的货币金融关系,促进资源在各国间的优化配置,控制金融风险并推动经济一体化。自"一带一路"倡议提出以来,依靠有效的双多边机制和区域合作平台,贸易畅通、资金融通不断深化,但由于"一带一路"共建国家多为新兴经济体或发展中国家,金融发展水平差异较大、跨境资本流动受限、融资方式单一、国别风险凸显、规则差异而产生的摩擦及标准不一致易带来互联互通受阻等问题,使"一带一路"金融合作仍面临着不少的挑战。[1]

### 1. 政治风险

政治风险的常见表现为贸易国(地区)所在地战争或暴乱、对华关系紧张、政府违约与征收、歧视性干预、政策变动等。政治风险备受瞩目的原因,在于其"突发且难以控制"的风险特征。风险事件一旦发生,往往会给企业带来重大甚至毁灭性的打击。与发达国家(地区)相比,发展中国家(地区)政治环境较为不稳定,不确定因素较多,如频繁的政府换届、政治冲突事件等,加大了政治风险的发生概率与可能影响。

### 2. 外汇风险

外汇风险的常见表现为贸易国(地区)所在地外汇管制导致企业境外资金难以回收,或货币汇率出现不利变动导致汇兑损失。外汇管制方面,部分国家(尤其是发展中国家)对境外投资者的货币兑换、账户设立、资金跨境设有限制或要求(如缴税等),影响境外投资资本的汇进及收益的汇出,导致"投出去难"及"收回来难",增加跨境资金流动的成本,加大境内外现金流管理的难度。汇率变动方面,企业境外投资往往涉及多个币种间的结算,如美元—当地货币—人民币间结算等。汇率一旦出现超预期的不利变动,可能会给企业带

---

[1] 国务院国资委等监管机构先后颁布了《中央企业境外投资监督管理办法》和《中央企业违规经营投资责任追究实施办法(试行)》等管理办法,目标企业海外投资监管面临新形势、新任务和新要求。

来巨额的汇兑损失。未来随着人民币汇率市场化机制的日益完善，汇率走势会更具弹性，企业在"走出去"时也会面临更加复杂的汇率市场环境。近两年，人民币相对美元升值趋势明显，这也给收入以美元计价为主而成本按人民币计价为主的部分"走出去"企业带来较大的汇兑损失风险。

3. 资产保值增值风险

如何实现境外投资项目的保值增值一直是企业关注的焦点之一。资产交易价格与实际价值存在较大差异、权属划分不清、保管与核销不当等都可能造成境外交易损失，即企业普遍关注的资产"保值风险"。然而，事实上部分企业忽视对资产"增值风险"的管控，即项目实际收益远不及预期，投入资源未能创造效益，或管理层"怕做错"所以闲置可用资源，导致机会成本居高不下，影响企业整体的可持续经营。

4. 合规风险

随着中国对外合作日益增加，不规范行为的负面影响也在进一步加大。一方面，中国企业（特别是国有企业）的合规性容易被放大审视。多边金融机构制裁、出口管制、投资审查、反垄断诉讼、数据泄露等风险隐患频出，企业面临复杂的外部合规环境。另一方面，国资委出台的《中央企业合规管理指引（试行）》将企业海外投资经营行为列为合规管理重点，国家发展改革委等七部委共同制定《企业境外经营合规管理指引》重点推进企业境外经营活动的合规管理工作，体现境内监管机构对企业境外合规管理工作的重视。同时，部分企业内部缺乏对相关信息的日常储备（如"法规政策库"等），国际化法律人才匮乏，加大企业合规风险管理的难度。在境外合规风险、境内监管压力、自身管理不足等多重因素作用下，企业迫切需要规范境外投资经营行为，以最大限度地降低合规风险给企业造成的负面影响。

5. 财务风险

一方面，企业跨境财务管理面临许多挑战，加大财务管理难度；另一方面，境外应收账款风险频发，曾发生多例境外业主/项目发包方拖欠支付款项，进而造成公司流动性不足或资金断裂的事件。财务风险管控工作不容忽视。发展中国家（地区）由于司法体系不健全，付款方拖欠款项的可能性较高，欠发达的金融体系也加大了企业财务管理难度。

(二)"一带一路"国际金融保险法律制度重构

近年来,企业境外投资风险事件与案例不断,也凸显境外交易风险管理工作的必要性。"一带一路"倡议是推动全球经济复苏的新引擎,也是推动全球经济和文化进一步整合的伟大工程。在"一带一路"建设和推进中,法治是重要保障,法律服务工作大有可为。打造"一带一路"金融大动脉是"一带一路"倡议稳健、可持续发展的重要保障。

"一带一路"国际金融领域发展过程中,国际金融保险是不可或缺的风险管理解决方案。发展国际金融保险领域既可以通过保险合同转移企业的经济风险,也可以通过保险专业的风险管理机制,不断延伸风险管理的链条,降低受损企业风险事故带来的经济损失。保险具有识别衡量和分析风险的专业作用,这种独特之处是其他金融服务不可代替的,也是国际金融保险领域促进"一带一路"倡议下的项目成功落地和相关企业可持续发展的应有之义。完善国际金融保险领域保障体系需要注意以下两点。

1. 构建适用于企业海外贸易的国际金融保险保障体系

实施"一带一路"建设将极大地促进我国的境外贸易。国际金融保险保障体系要充分运用海外投资保险,服务于我国企业"走出去"开展的海外投资涉及征收、违约、经营中断、战争及政治暴乱、汇兑限制等风险保障,优先支持能源资源合作、优势产能转移、农业投资合作项目以及收购类业务等领域,提高我国企业海外权益保障,助推我国企业开辟海外市场,扩大产品出口。

2. 加强国际金融保险服务的顶层设计

从行业层面,一是要积极推动把国际金融保险机制作为一项制度性安排纳入国家"一带一路"建设的总体布局之中,加快出台保险业服务"一带一路"建设的指导意见,推动出台保险业服务"一带一路"建设的鼓励政策。二是要积极对接国家政策,制定参与"一带一路"的规划设想和实施方案,并从长远规划与现实发展中找到结合点、找到融入"一带一路"建设大局的有效途径。

(三)律师行业在筑牢"一带一路"国际金融保险风险防控领域的工作内容及重要作用

建立多元化、灵活、高效的"一带一路"投资保护与纠纷解决机制是"一带一路"倡议顺利推进的重要条件之一。2018 年 1 月 23 日,中央全面深化改革领导小组第二次会议审议通过了《关于建立"一带一路"国际商事争端解决机制和机构的意见》。该意见指出,建立"一带一路"国际商事争端解决机制和机构,应当遵循共商共建共享、公正高效便利、尊重当事人意思自治、纠纷解决方式多元化的原则,对公平公正、专业高效、透明便利且低成本地解决国际商事纠纷,持续优化"一带一路"法治化的营商环境,打造国际法治合作新平台具有重大现实意义和深远历史意义。

目前我国资本市场体系正在逐步完善,但在当前外部环境复杂严峻和不确定因素增多的形势下,国际金融保险风险防控领域的律师作为专业人士需要发挥重要的作用,为"一带一路"倡议的发展保驾护航,更好地帮助当事人"走出去"。

1. 能够帮助企业构筑金融风险应对机制

金融风险控制仍是当下十分重要的问题,抓好金融风险控制,有利于提高资本市场整体的信用度,增加流动性,更加便于解决企业长期以来存在的融资难、融资费用高的问题,能够让金融为实体经济服务,降低企业融资成本。因此,每个企业都需要根据自身的金融特点,建立差异化、有自身特色的风险应对机制,并根据经营中的变化,适时对机制进行调整。

例如,融资阶段可以拆分成融资前、融资过程中和融资成功后这三个环节,对应的每个环节又分别包括:制订完备的融资计划、风险防控方案;提供真实的信息与证明资料、签订规范的借款协议、依法办理相关手续;将融资用途限定在企业生产经营方面、有计划地合理使用贷款资金和发生纠纷后积极稳妥地处理。律师在以上环节中均可发挥重要作用。除此之外,律师也可以协助企业进行投资者教育、进行企业金融刑事合规培训等多方面的工作,帮助企业构筑更完善的金融风险应对机制。

2. 能够为企业资本化贡献力量,同时也要坚守职业道德,做好"守门人"的工作

对于从事金融保险领域的律师来说,应积极响应"一带一路"倡议的号召,持续加强资本市场的法治供给,为资本市场的治理尽一份力。与此同时,在企业进行资本化运作方面,律师事务所作为中介机构也更应该勤勉尽责,坚

守律师职业道德的要求,努力做好"守门人"的工作,为出具的每一份法律文书负责。在帮助企业"走出去"的过程中也要守好法律底线,不损害社会公共利益。例如,律师及律师事务所为证券发行、上市和交易等证券业务活动出具法律意见书,能够为资本市场消除法律隐患,在一定程度上维护了资本市场的法律秩序,提升了资本市场的整体质量,推动了资本市场的健康发展。

3. 能够帮助投融资者更好地作出商业决策

国际金融保险领域的律师能够为投融资者在作出决策时进行法律方面的专业分析,帮助投资者理性作出抉择。例如,在投融资时,投融资者需要对于融资、投资环境的法律制度进行考察和论证,考量政策和制度的合规性并分析可能的法律风险及合法的规避措施,在此过程中要求律师出具法律意见书,审查上述内容,为投融资者在作出商业决策时能够更加准确地进行判断和分析,规避可能的风险,促进金融市场的良性发展。

4. 能够帮助保险领域发展更加规范化

在金融行业中,保险是一种重要的金融手段,其可以利用自身的资金优势和技术优势,承担企业的风险责任,为企业提供风险保障和保险服务。近年来,中国的保险市场处于既有发展又有潜力的状态,资产管理业务中存在不规范、多层嵌套、刚性兑付、规避金融监管和宏观调控等问题,资管行业正面临着快速重构和洗牌,但与此同时,银保监会将保险资产管理产品由注册制逐步过渡到登记制,保险资管蓝海市场更加广阔。这对于国际金融保险领域的律师来说,既是机遇,又是挑战。

随着国家对金融行业的监管及标准日趋严格,企业在各个环节都应满足国家规定的合规性要求,切实落实企业的社会责任,律师在此过程中应更好地协助企业满足合规性要求,促进企业良性发展。例如,保险公司在设立、运营、并购、融资、上市的过程中,以及保险产品的开发与报备、承保、核保与理赔、代位追偿,甚至保险资金运用等各环节中,律师均应发挥作用,切实帮助保险公司规范化地进行管理与发展。

综上所述,国际金融保险领域既存在机遇,又存在挑战。该领域的律师应在企业资本化、保险公司规范化、投融资者作出战略决策等各个环节中,帮助企业和投资者进行风险管理和控制,既要做好投资交易的"催化剂",也要做好风险控制的"守门人",为每一份法律文书负责,对每一个案件负责,切实地为中国企业"走出去"保驾护航。

## 第四节 国际合规法律服务领域

### 一、国际合规法律服务领域的法律服务概况

#### (一)"一带一路"倡议下国际合规领域法律服务的基本情况

国际合规监管,是活跃于"一带一路"共建国家的中资企业需重点关注的问题。中资企业面临多元化、复杂化的合规监管,一方面需遵守中国国内和东道国法律法规的双重规制,另一方面还需遵守日趋严格的国际组织监管,如多边开发银行合规制裁。此外,在某些情况下还可能面临第三国的长臂管辖。一旦遭受执法或处罚,还可能引起连锁反应,给企业经营带来不可忽视的负面影响。以多边开发银行合规制裁为例,世界银行集团(世行)、亚洲开发银行(亚行)及非洲开发银行(非发行)等5家开发银行于2010年4月签署了交叉禁令制裁协议,在开发银行贷款项目中因腐败、欺诈、串通等禁止性行为被其中一家开发银行实施交叉禁令制裁的企业或个人,同样不得参与其他多家开发银行的资助类项目。

国际合规领域的法律服务围绕着对"一带一路"共建国家和地区的重点投资行业展开。根据商务部统计数据,2022年,中国企业在"一带一路"共建国家非金融类直接投资1410.5亿元人民币,占同期总额的17.9%,主要投向新加坡、印度尼西亚、马来西亚、泰国、越南、巴基斯坦、阿拉伯联合酋长国、柬埔寨、塞尔维亚和孟加拉国等国家。对外承包工程方面,中国企业在"一带一路"共建国家新签对外承包工程项目合同5514份,完成营业额5713.1亿元人民币,占同期总额的54.8%。[1] 投资行业上,中国对"一带一路"国家的投资涉及所有相关行业,但目前投资的重点仍是基础设施领域,包括以铁路、公

---

〔1〕 参见商务部统计数据,网址为:http://fec.mofcom.gov.cn/article/fwydyl/tjsj/202302/2023020 3384457.shtml。

路建设为核心的重大交通基础项目合作和大型能源资源开发利用合作。

在相关项目中，合规法律服务贯穿项目投标、项目签署、项目融资、项目运营、项目结算以及可能涉及的项目纠纷等多个环节，涉及反腐败与反贿赂、知识产权、环境保护、劳动用工、数据安全、国际税收、反洗钱、国际仲裁等多领域的法律问题和国际合规监管。具体来说：

（1）"一带一路"是"廉洁之路"。为实现这一目标和愿景，反腐败法律服务发挥了重大作用，在《联合国反腐败公约》等国际公约和双边投资条约反腐败条款的基础上，反腐败法律服务力图实现中国与共建国家反腐败政策的对接与融合，最终形成切实有效的反腐败合规方案。

（2）"一带一路"是"创新之路"。法律服务需化解知识产权风险的后顾之忧，在知识产权保护国际公约的基础上，知识产权保护相关法律服务需深入了解当地知识产权保护政策，把握当地知识产权保护水平与差异性，为"走出去"企业提供高效务实的知识产权保护策略。

（3）"一带一路"是"绿色之路"。环境保护问题在域外投资过程中易被忽略，在对外投资和建设过程中，能源管理与环境保护相关法律服务需结合当地能源、环保法律要求，协助"走出去"企业划清环境保护门槛，避免因环境保护问题引发其他投资风险。

（4）"一带一路"的建设离不开当地劳工的共同努力。劳工保护法律服务需聚焦劳动合规法律风险，尊重当地劳动法律法规，包括符合当地聘用与辞退条件、薪资待遇和福利保障要求等。

（5）"一带一路"高质量互通互联需要网络与数据安全法律服务的保驾护航。法律服务在电子商务、云计算、大数据、物联网和人工智能方面发挥着重要作用。在网络基础薄弱、网络安全复杂的国家和地区，网络与数据安全法律服务需充分识别网络威胁及漏洞，保障"一带一路"网络空间顺利合作与发展。

协助企业搭建权责清晰的合规治理及管理结构，也是国际合规领域重要的法律服务项目之一。对于中资企业面临的国际合规监管风险，国家相关部门陆续出台了一系列政策文件不断细化企业境外经营合规要求，包括《民营企业境外投资经营行为规范》《合规管理体系指南》《企业境外经营合规管理指引》

等，为企业提供了对外贸易、境外投资、对外承包工程及境外日常经营中较为全面的风险提示和合规建设指导。企业搭建合规管理体系，在遵循、参考国家出台的相关政策的基础上，还需充分考虑业务运营所涉及的"一带一路"共建国家的法律、政治及文化，如此才能真正落地执行，以做到及时识别风险、评估风险和处置风险。

## (二) 共建"一带一路"倡议下国际合规法律服务领域的特点

不同于国内合规法律服务工作，"一带一路"倡议下的国际合规法律服务具有以下独有的特征。

其一，多元化。"一带一路"国际合规法律服务范围广泛且贯穿项目全流程，从项目前期调查到项目结算，涉及反垄断、反腐败和反贿赂、反洗钱、环境保护、劳动保护、网络安全和数据合规等多个领域。同时，国际合规法律服务往往涉及多重法域。相关合作国横跨亚、非、欧、南北美及大洋洲。各国不尽相同的法律规范、经济水平、文化观念，抑或不成文的惯例等均对合规法律服务提出不同要求。鉴别合作国所处法系、识别所在国针对性法律风险类别、评估各类法律风险高低，建立相对应的风险防控、风险管理体系是合规法律服务团队的职责所在。

其二，专业化与精深化。"一带一路"共建国家合规法律服务往往涉及三层制度要求，即中国法律法规、东道国法律法规及相关国际规则，制度繁复且专业性极高。因而，越来越多的法律服务团队选择设立专人专项开展与该领域相关的学术研究及实务总结，致力于用全面完备的理论构建体系化的合规管理机制，准确、严谨地解决实践问题。同时，相关司法机构也积极组织各类"一带一路"法律服务交流论坛，邀请一线法律服务工作者总结分享法律服务国际化向广度拓展、向深度推进的经验，并编撰典型案例供业界学习。高质量文章的发表不仅让更多的企业受益，也为合规领域不同主体间的合作奠定了基础。

其三，极富变动性。中国企业在"走出去"的过程中不断面临着各类新问题与新挑战，不仅考验着中国企业的应变能力，也激励着国际合规法律服务领域持续创新其工作方式和问题解决方法。合规律师需要敏锐关注新兴合作模式的合规风险需求，深入了解企业正开展的或计划推进的新兴业务领域，通过列席不同业务部门经营决策讨论及时掌握业务动态，并提出专业合规建议，从而预防因无法实时跟进业务而产生的合规风险。

其四，信息化。"一带一路"共建国家分布较广、数量较多，难免存在中国的法律服务从业者无法现场提供国际合规法律服务的情形。互联网与法律服务的深度融合打破了固有的地域限制，在创新国际合规法律服务模式的同时，推动其普及化、专业化地发展，让高质量的法律服务能够在全球范围内自由流动，使中国企业可以轻松获取有力的合规法律支持，减少不必要的法律服务费用支出。

(三) "一带一路"倡议下国际合规法律服务领域的成就和效果

自"一带一路"倡议被提出以来，中国在国际合规法律服务领域取得了诸多成就。

（1）在政府层面，商务部建立"'走出去'公共服务平台"，汇集"一带一路"经贸合作、境外投资政策法规、统计数据与最新资讯。政府相关部门不断推动企业境外投资合规建设，积极开展论坛及相关研讨会，推动涉外法治建设不同行业之间的交流与理论探讨，开展"一带一路"服务机制全球大会暨法律与商事综合服务能力建设论坛、"一带一路"国际商事法律服务示范区系列论坛等学术与实践研讨，促进"一带一路"法律研究与创新。

（2）在司法层面，司法部建立了全国涉外律师人才库，形成《全国千名涉外律师人才名单》，为跨国犯罪与追逃追赃、国际贸易、知识产权及信息安全、国际经济合作、能源与基础设施、跨境投资、金融与资本市场、海商海事、民商事诉讼与仲裁等多个领域提供法律服务。北京金融法院与北京融商"一带一路"法律与商事服务中心等调解组织签署合作协议，构建了涉"一带一路"金融纠纷的调解机制，极大地促进了纠纷化解效果。

（3）在民间层面，全国与各地律协也积极协助建立"一带一路"律师联盟、"一带一路"法律服务平台与人才库，聚集涉外服务法律资源，为"一带一路"对应领域提供高质量法律服务，为中国企业出海提供法律支持。以"一带一路"法律服务研究会、"一带一路"律师联盟为代表的专业性、非营利性社团组织的建立，为高校、律师等专业人士提供了信息交流、寻求合作、共同发展的沟通平台。同时，全国及各地律师协会、律师事务所积极推进在"一带一路"共建国家设立代表处、开展境外联营或联盟合作，进一步推进了"一带一路"建设过程中法律服务的广度与深度，许多律师事务所也走出国门，在全球多地设立境外分支机构，为"一带一路"共建国家提供了优秀的涉外合规法律人才。

在提供"一带一路"法律服务的过程中，不断累积、形成的优秀经验和案例为企业"走出去"过程中识别对应领域风险提供了具体指导。其中，最高人民法院陆续发布涉"一带一路"建设典型案例，反映出对应领域法律服务在"一带一路"建设中的突出作用，此外，中国国际贸易促进委员会、部分高校以及律师事务所也陆续发布"一带一路"法律服务相关书籍，如中国国际贸易促进委员会编撰的《"一带一路"国别法律研究丛书》，充分提示了具体国别下的劳工、环保、贸易、投资等领域风险；《"一带一路"建设中国际贸易和投资风险防控法律实务丛书》则涵盖国际网络贸易、跨境投资并购、国际知识产权保护、国际货物运输风险识别和防范等内容，为出海企业提供专业务实的风险防范方案。

得益于政府、司法及民间组织从多角度推进"一带一路"法律建设，我国国际合规法律服务取得了多方位的效果，并促进了"一带一路"倡议的新发展。"一带一路"项目硕果累累，同样也预示着中国企业在全球市场的主导能力显著提升。具体来说，在合规方面，企业合规意识及风险防控意识不断增强，建立起以风险识别、风险评估及风险处置为核心的合规管理体系，不断提高自身应对其他国家或国际组织的监管执法或制裁的能力，增强劳动用工、知识产权、网络安全与数据等多领域的合规意识，推动企业在国际合作开发建设中的高效、自治及互利共赢。

## 二、国际合规法律服务领域的典型案例

**案例一**　代理及咨询类合同风险管理项目

### 项目概述

某国内大型通讯服务商 E 公司在海外经营过程中通常需要聘请代理、咨询公司就市场拓展、投标、市场咨询提供服务。承办律师协助 E 公司厘清代理、

中介、咨询等合同下其与第三方服务商之间不同的法律关系，以美国法、法国法和英国法为例，对商业贿赂风险、代理风险、违规投标风险等进行提示，完善合同条款，并分别就不同经营风险出具合规方案。

### 项目成果

由于 E 公司在域外经营过程中通常使用一份合同模板处理代理、居间、咨询等第三方服务，因此，其聘请第三方提供相关服务时极易忽略不同法律关系下特定的合规风险。承办律师接受委托后，结合 E 公司海外经营现状，协助 E 公司充分理解不同法律关系下的第三方服务合规风险，并结合《美国反海外腐败法》《法国萨宾第二法案》《英国反贿赂法》的规定，重点对域外反腐败法的管辖范围、抗辩事由、高管免责、连带责任、处罚因素（加重和减轻情节）等问题进行分析，协助 E 公司有效预防域外经营过程中高发的商业贿赂风险。此外，承办律师还协助 E 公司对增强第三方合同控制权、保护 E 公司利益提供方案，包括 E 公司审计权、第三方报告义务、风险信号筛查、风险持续监控方案等。承办律师还就代理人合规、投标合规等问题进行提示并出具风险管理方案，对不同类型的第三方服务合同条款进行完善。

○ **承办团队** ○

本项目由上海市通力律师事务所潘永建律师（合伙人）牵头并主要负责，团队成员包括沙莎、吴若蘅。

### 典型意义

域外法律和营商环境的差异性是中国企业"走出去"过程中面临的较大难题，基于该困境，企业往往需要聘请当地的第三方服务机构提供咨询、代理、居间等法律服务，因而容易引发贿赂、非法代理、违法投标等法律风险。承办律师结合 E 公司经营现状以及域外监管高风险问题，重点就商业贿赂风险进行提示，协助 E 公司全面理解英美法律对商业贿赂的监管重点，切实帮助 E 公司预防商业贿赂风险。此外，承办律师为 E 公司设计了全面的第三方服务合同管理方案，针对不同类型服务合同，完善风险管控合同条款，打好企业出海经营合同"地基"，奠定了企业维护自身利益、防范违法风险的重要基础。

**案例二** **A 国工程项目（应对外国政府执法）**

 **项目概述**

B 公司是一家在其所处行业位于世界领先地位的大型企业。B 公司多年来参与"一带一路"共建国家和地区的工程建设和改造项目，并取得积极进展。

A 国是"一带一路"共建国家之一。为更好地开拓在 A 国的业务，B 公司曾聘用当地代理机构 C 公司，约定由 C 公司为 B 公司在当地招投标项目中提供咨询建议；B 公司则按照约定向 C 公司支付一定比例的代理费。由于 A 国工程项目主管部门发生贪腐案件，C 公司也被发现涉嫌参与腐败行为并遭受调查。

B 公司因此被要求配合调查。B 公司在收到 A 国政府问询函时，尚不清楚案件的具体走向及自身在案件中的角色。因此，若 B 公司回复不当，则有可能将自身置于不利地位。承办律师接受 B 公司委托，就案件所涉及项目材料进行审阅和评估，最终协助 B 公司在短时间内拟定有效应对方案，在限定期限内回复 A 国政府问询的同时，确保其自身不被进一步暴露在法律风险之中。

**项目成果**

考虑到工程项目的复杂性，为切实保障 B 公司的合法权益及其资产和人员安全，承办律师从以下四个方面考虑并分析该案，最终形成有效应对方案：首先，承办律师梳理了案涉招投标项目中 B 公司的角色，及其承担的责任；其次，承办律师分析了 B 公司与 C 公司的代理合同，厘清二者各自的责任；再次，承办律师与 A 国当地的优秀律所合作，由其就此案中 B 公司可能承担的法律责任提供专业意见；最后，承办律师综合前述分析，进一步研判 B 公司拟对外提交的信息和材料，在不违反配合调查义务的前提下权衡利弊，确定最后提交的信息和材料，以及后续的应对方案。

通过本项目，承办律师帮助 B 公司充分了解了在收到外国政府问询的情形下应当考虑的潜在风险，以及多样化的应对策略。在承办律师的全力协助下，

B公司对A国政府后续的进一步问询有了充分准备和把握，并最终避免案件进一步升级，B公司也未在本案中承担责任。

○─ **承办团队** ─○

本项目由上海市方达律师事务所尹云霞律师（合伙人）牵头和主要负责，团队成员包括康英杰律师（合伙人）、黄燕妮律师。

 **典型意义**

企业境外经营合规不仅是企业的法律责任，也是企业的社会责任和商业道德，是提升中国企业国际竞争力和品牌形象的重要手段。企业出海机遇和风险并存。企业在境外经营过程中，除考虑自身在经营所在国所需遵循的相关法律要求外，也需考虑经销商、代理商等合作伙伴可能给自身带来的法律及合规风险，做好境外第三方的合规管控。在遇到外国政府问询时，切不可盲目向外提供信息和要求，需冷静研判利弊及风险，在必要时候寻求外部专业机构的帮助。

**案例三** 助力中国企业成功应对跨境供应链合规挑战 ◂┈┈┈┈

 **项目概述**

本项目是由全球最大的高空升降作业平台制造商美国Snorkel公司发起的全球供应链合规审查，涉案企业是位于山东的中国最大的车桥制造商之一，该企业也是美国Snorkel公司全球采购在中国最大的供应商。

欧美跨国公司在本国政府的压力和相关法规的要求下，重新梳理和整合其全球供应链体系，中国作为全球供应链中最重要的供应端，自然成为欧美企业供应链合规的主要审查对象。

 **项目成果**

在律师团队的协助和指导下，山东这家车辆配件出口企业搭建的供应链合规体系成功通过Snorkel公司全球供应链合规审查，保住了美国和欧洲出口市场，且由于供应链合规体系的建立获得了欧美进口商的信赖，为企业带来了更多的海外采购订单。

⊸○ **承办团队** ○⊸

　　本案由北京市盈科律师事务所 WTO/国际贸易救济中心承办，该团队为中国商务部律师库贸易救济调查子库的律师团队之一。

### 典型意义

　　2021 年 6 月，美国政府发布"供应链百日调查报告"，首次提出供应链战略，包含四个方面：团结盟友、友岸外包、战略储备、投资美国。其中关于"友岸外包"的深层次意图是通过政策和法律的手段推动供应链重构，迫使本国企业的产业链从中国转移。

　　在这种大背景之下，中国企业如果违反欧美等相关供应链合规，企业将失去参与欧美国际市场的能力。因此，帮助中国企业"走出去"拓展国际业务的过程中做好供应链合规审查，是中国律师涉外法律服务的重要领域。

**案例四** 外国在华机构个人信息保护合规项目

### 项目概述

　　委托人是韩国方在中国设立，为在华韩国企业提供中韩投资贸易资讯、展会活动信息的机构，在中韩经贸交往中具有巨大影响力。委托人在中国各大城市有多个分支机构，涉及在中国进行个人信息处理。随着《个人信息保护法》的出台，亟须个人信息合规法律服务。承办律师为委托人提供个人信息保护、数据合规专项服务，为其进行全面的个人信息保护合规诊断、制定合规指引、实现合规落地及培训，为其制定了企业内部管理制度、个人信息保护操作规程（包括个人信息收集、使用、存储、提供、境外传输、删除等各个流程的操作指南）、个人信息处理同意书、个人信息保护政策等合规文件，并指导合规落地，并将制度推行至委托人全国各个分支机构。

**项目成果**

自 2021 年开始为委托人设计合规制度、进行内部培训、协助制度的落地，于 2022 年 2 月结项并提交了《个人信息合规最终报告》。承办律师设计的制度已作为应对全球各国个人信息保护体系（包括 GDPR 等）制定的内部管理制度之一被委托人的韩国总部正式承认，目前在委托人各机构运行良好，为委托人的个人信息保护合规发挥了重要作用。

◦ **承办团队** ◦

本案是由君泽君律师事务所叶俭律师团队承办。主办律师包括叶俭、胡奕宜两名合伙人，朴哉泳外国法律顾问以及若干名律师助理。

 **典型意义**

首先，本项目律师为委托人实现了"从无到有"的合规服务，真正实现了"发现问题，解决问题"并且为委托人提供持续解决问题的能力。律师根据委托人的实际需求，作出一站式法律服务，包括合规诊断、设置内部管理制度、实际落地合规服务。与一般法律服务不同，本项目既跟随委托人一步步实现合规状态，又提供工具使得委托人有自查自纠、保持合规状态的能力。并且为委托人持续关注个人信息保护、数据安全相关的法律法规更新，及时作出调整完善。同时根据委托人的内部组织情况，设置了能够实现长期规范的内部合规管理制度，避免只解决现有问题而不能持续规范。其次，实现了委托人在全国各个分支机构的合规全覆盖。律师全面调查了解了全国各地分支机构的个人信息合规情况，据此制定出系统的合规制度和操作流程，以满足全国推广的需要。最后，考虑到委托人为韩国企业，为了便于和委托人沟通联络，更好地理解以及设计符合委托人需求的法律产品，团队指派了韩国籍法律顾问全程参与项目。通过中韩两国律师的合作，最大限度地实现委托人的利益。

### 三、国际合规法律服务领域相关法律问题分析与风险防范

"一带一路"共建国家众多，法律制度与合规环境迥异，企业在参与"一带一路"项目中可能面临诸多合规挑战。总体来看，主要的合规风险集中在反腐败、数据保护、多边开发银行制裁三个方面。

腐败问题在"一带一路"共建国家尤为突出，普遍存在的腐败风险为"一带一路"的顺利实施和中国企业的合法权益带来潜在风险。实践中，不乏有中国企业在相关国家通过合法程序中标的项目，被以存在腐败问题为由取消，或因腐败质疑导致项目实施滞后，甚至有中国企业及员工被卷入东道国政府官员的腐败调查案件。

在数据保护方面，随着"一带一路"的推进和数字经济的高速发展，大量的数据跨境传输与我国企业的"走出去"相伴出现，数据合规问题越发引起企业关注。目前，全球大部分国家和地区已经建立各自的数据保护体系，在当前数据全球化的趋势下，数据在跨境流动中将引起数据主权国和数据接收国的权力交换和妥协。由于国际协调机制的缺失，企业"出海"可能面临越来越激烈的数据主权博弈，数据管辖权冲突、数据储存标准不统一、数据跨境流动自由度受限等问题颇为突出。

此外，多边开发银行制裁也逐渐成为参与"一带一路"项目的中国企业面临的重要挑战。许多"一带一路"项目接受了多边开发银行的资助，企业参与相关项目需要遵守多边开发银行的合规要求，如果企业出现欺诈、串通、腐败等不当行为，可能面临多边开发银行的制裁，从而被禁止参与相关项目。我国企业在参与"一带一路"项目投标时，由于不了解多边开发银行的合规要求或企业内部合规体系不健全，可能出现不当行为。同时，多边开发银行之间还建立了交叉制裁机制，遭受交叉制裁将使企业面临严重的经济损失、声誉风险等不利后果。

#### （一）合规领域相关法律问题产生的主要原因

"一带一路"共建国家覆盖亚非欧的广大地区，不同国家在立法、执法、文化环境和社会意识形态等方面的差异是相关法律问题产生的主要原因。

第一，各国的法律制度不尽相同，对于项目所在国法律法规和国际通行规

则的了解不足是合规风险产生的最重要原因。以数据保护为例，"一带一路"共建国家的数据保护立法有的主张市场效率导向，认为数据的自由传输是促进资源优化配置的关键，而有的则采取权利保护导向，强调数据的个人主权归属，注重保障"个人同意"等主体意识行为。不同的立法思想带来不同的法律规范，企业需要根据实际情况，关注当地法律规定，因地制宜。

第二，"一带一路"共建国家的政府执法水平参差不齐。同时，部分国家政商关系复杂，个别国家政权更迭频繁、社会动荡，执法环境进一步滋生腐败。"软执法"削弱了法律的实施效果，既加剧了企业的合规风险，也提高了企业的经营成本，助长企业通过不正当手段达到商业目的的不良风气，进而形成恶性循环。

**（二）防范、规避和解决上述法律问题的主要方法**

第一，加强风险识别与动态合规管理。中国企业进行"一带一路"项目投资前，首先要梳理当地法律规定和国际通行规则，在项目开展前做好前期的法律尽职调查、市场环境调查等工作，识别关键流程和重点领域的合规风险点。建议中国企业同时关注第三国长臂管辖连接点，了解相关项目遭遇第三国政府执法的可能性。同时，加强合规风险的动态跟踪、定期重检，及时根据法规更新、监管变化、社会动态调整合规风险管控措施。

第二，完善企业合规管理体系。"打铁还需自身硬"，企业抵御外部合规风险的重要方式是自身建立完善的合规管理机制。一方面，建立自上而下、覆盖国内外经营主体的合规组织架构，制定全面有效的合规政策制度，加强对员工的法律合规培训，建立合规运行机制，确保合规要求的实际执行。另一方面，设置有效的合规举报、咨询渠道，制定合规考核和奖惩机制，鼓励对不当行为的举报和调查，建立合规问责制度，追究违规人员的责任。

第三，建立危机事件处理机制。为有效应对海外政府执法和其他危机事件，企业应建立危机事件应急处理机制，包括制订书面的应急预案或合规指引，明确应急事件的处理流程、人员组织形式、处置方式等，提前对员工开展培训，了解与政府部门和公众沟通的注意事项，防止风险事件处理不当导致负面影响的扩大。

## 第五节 基础建设领域

### 一、基础建设领域的法律服务概况

#### (一)"一带一路"倡议下基础建设领域的基本情况

基础建设是"一带一路"倡议的核心领域之一。自"一带一路"倡议提出至今十多年来,该领域的国际合作不断加深。据中国对外承包商会会长介绍,自"一带一路"基础设施发展指数于 2017 年首次发布 6 年来,"一带一路"基建项目合作持续升温。

根据商务部数据,2022 年,我国对外承包工程完成营业额 10 424.9 亿元人民币,增长 4.3%(折合 1549.9 亿美元,与上年基本持平);新签合同额 17 021.7 亿元人民币,增长 2.1%(折合 2530.7 亿美元,下降 2.1%),我国企业在"一带一路"共建国家承包工程营业额达到 849.4 亿美元,新签合同额 1296.2 亿美元,分别占总额的 54.8% 和 51.2%,为高质量共建"一带一路"作出了积极贡献。[1]2023 年 1 月至 6 月,我国企业在"一带一路"共建国家新签承包工程合同额 3301 亿元人民币,占同期我国对外承包工程新签合同额的 50.3%;完成营业额 2777.2 亿元人民币,同比增长 11.5%(折合 400.8 亿美元,同比增长 4.4%),占同期总额的 56.7%。[2]

在基础建设的各个细分领域中,交通、能源是投资需求与市场潜力最大的领域,通信、能源则是投资需求增长最快的领域。[3]

在能源方面,根据不完全统计,自 2022 年以来,76 个共建国家中共有 53 个国家开展了电力工程领域的项目建设;目前正在推进和实施的项目超过 310

---

〔1〕 商务部:《商务部合作司负责人谈 2022 年我国对外投资合作情况》,载 https://www.gov.cn/xinwen/2023-02/10/content_ 5740989. htm,最后访问日期:2023 年 8 月 10 日。

〔2〕 商务部:《2023 年上半年我国企业在"一带一路"沿线国家非金融类直接投资同比增长 23.3%》,载 http://data. mofcom. gov. cn/article/zxtj/202307/60125. html,最后访问日期:2023 年 8 月 10 日。

〔3〕 参见中国对外承包工程商会、中国出口信用保险公司:《"一带一路"共建国家基础设施发展指数报告 2023》,第 6 页。

个，涉及金额超 292 亿美元；共建国家发电总量已由 2021 年的 5477.7TWh 升至 2022 年的 5569.4TWh。近年来，各国能源转型的愿望迫切，加大力度发展了风电、光伏、地热能、核能等清洁能源项目。[1]据不完全统计，2022 年共有超过 85 个风电、光伏等可再生能源项目在"一带一路"共建国家开工建设，占全部在建电力项目总数的 49.4%；来自中国、德国、法国、西班牙等国的企业在这一领域表现突出，成为推动共建国家可再生能源发展的主力。[2]

在交通方面，根据不完全统计，自 2022 年以来，76 个共建国家中共有 56 个国家开展了交通领域的项目建设；目前正在推进和实施的项目超过 400 个，涉及金额超过 450 亿美元。作为推动经济发展的重要动力，交通基础设施依然是"一带一路"共建国家的重点支持领域，未来一段时期内，交通基础设施需求将稳定增长。[3]

### （二）"一带一路"倡议下基础建设领域的法律服务方式及成果

"一带一路"倡议下的基础设施建设工程离不开法律服务的保驾护航。国际基础设施建设工程从项目启动到相关争议的解决，面临诸多中国法、外国法甚至国际法项下的法律问题。据笔者所知，基础建设领域的法律服务主要包括以下几个方面。

1. 协助项目签约

在招投标阶段，业主会聘请律师协助编写项目招标文件，以确保招标文件要求符合适用法律的规定；承包商则会聘请律师研究招标文件，充分评估业主提出的条款、条件在法律上是否可行，提示承包商可能存在的风险。项目中标之后，业主与承包商双方律师将协助各自的客户进行合同条款磋商、谈判与签约。

---

〔1〕 参见中国对外承包工程商会、中国出口信用保险公司：《"一带一路"共建国家基础设施发展指数报告 2023》，第 6 页。

〔2〕 参见中国对外承包工程商会、中国出口信用保险公司：《"一带一路"共建国家基础设施发展指数报告 2023》，第 11 页。

〔3〕 参见中国对外承包工程商会、中国出口信用保险公司：《"一带一路"共建国家基础设施发展指数报告 2023》，第 7 页。

2. 为项目提供全程法律服务

由于基础建设项目往往涉及多个法域、众多相关主体，事项庞杂，建设周期长，项目履行过程中大大小小的法律问题层出不穷。笔者也注意到，近年来越来越多的中国海外承包商会为基础建设项目聘请全程法律顾问，为项目提供"一揽子"法律服务。通常而言，全程法律服务的工作范围包括：

（1）在客户启动实质性工作前，就项目实施中的重大风险点向客户作出提示，在项目实施过程中定期向客户汇报进展并提示相应风险；

（2）向客户推荐和遴选项目中涉及不同法域的律所及律师（例如，项目所在地律师、境外设备采购所涉及法域的律师等），确定海外律师的工作范围并组织、协调、配合、监督海外律师工作；

（3）协助客户在项目所在地设立子公司及/或分公司，与项目所在地律师共同协助处理项目执行过程中涉及当地员工聘用、资金、税务以及其他等方面的法律问题；

（4）为客户在项目执行全过程提供法律咨询服务，协助项目现场工作，跟进合同履行过程中的各个环节（包括涉及施工、许可、劳工、索赔等方面问题）；

（5）协助客户管理境内供应商、分包商，包括起草、审阅相关协议并就其履行、变更、索赔等问题向客户提供法律建议；

（6）协助客户处理在其他法域下涉及的问题，如与境外供应商、分包商之间的谈判沟通，审阅并修改相关合同及处理可能的争议等；

（7）根据客户需求，参加与业主及其他各方的重要会议。

3. 协助争议解决与化解

若项目相关主体因项目履行出现分歧、争议，律师可协助客户解决或化解争议。首先，律师可基于事实情况、合同约定与法律规定，就争议问题为客户提供法律评估、咨询意见，帮助客户确定合理的立场，与对方进行协商、友好解决争议。若协商无法解决，客户可委托律师根据合同约定的争议解决方式，寻求通过法律途径维护自身权益。

## 二、基础建设领域典型案例

**案例一** 加拿大 A 公司与中国企业建设工程施工合同纠纷系列案

 **案情概述**

加拿大籍当事人 A 计划在加拿大复建中国五台山的特大型唐代木构建筑。经过与我国 B 公司、C 公司及 D 公司的深入讨论,四方共同签订了《工程总承包合同》及其《补充合同》等一系列合同。合同中明确规定,B 公司、C 公司、D 公司需负责组织和派遣施工团队至加拿大,包工包料施工。

在合同签署后,当事人 A 依照约定向 B、C、D 公司支付了相应的工程款。然而,B、C、D 公司却以各种理由敷衍塞责,未能如期完成所有的施工和安装任务。当事人 A 不得不向中国法院提起诉讼,要求 B、C、D 公司返还已收到的工程款差额,并赔偿因此产生的所有损失。

**裁判结果**

重宇合众律师事务所对《工程总承包合同》等工程合同的法律效力进行了深入分析。根据相关法律规定,B、C、D 公司作为合同方,应当具备相应的建设工程施工总承包、古建筑工程专业承包、对外工程承包等资质。然而,由于 B、C、D 公司缺乏相关资质,因此所签订的建设工程施工合同应视为无效。最终,法院判决支持了当事人 A 的维权诉求。

该系列诉讼属于涉外建设工程施工合同纠纷,历时 6 年先后进行了多个相关司法程序且福建重宇合众律师事务所代表的当事人 A 均胜诉,该系列诉讼案审理过程中还衍生出了名誉权纠纷、清算责任纠纷等相关诉讼案件亦获胜诉。

**承办团队**

本案由福建重宇合众律师事务所首席合伙人涂崇禹律师率领的多名律师共同代理完成。

### 典型意义

建设工程施工合同属于专业性强且复杂的专门合同，法律不管是对发包方还是承包方都提出了更高的要求，尤其对合同效力及工程验收等内容都进行了专门性的约定，这有别于一般的普通合同之签约即生效的规定。在签订建设工程施工合同过程前，应当对承包方的施工资质、施工能力进行充分的审查，就工程进度款的支付及工程验收、违约、管辖等进行详细的约定，以避免后续争议的发生。

### 案例二 代理中国承包商应诉阿根廷风电项目群五宗国际仲裁案

### 案情概述

2018 年，中国某工程企业与阿根廷某公司分别就阿根廷境内的五个风电厂建设项目签署 EPC 合同，担任五个项目的总承包商，总体负责项目的设计、采购和施工工作。其后，该工程企业按照约定履行合同，五个项目于 2021 年年初陆续实现实质完工和商业运行，实际投入使用并开始为阿根廷业主带来发电收入。然而，阿根廷业主声称中国企业完成的项目存在工期延误和质量问题，给其造成了损失，并于 2021 年 8 月依据五份 EPC 合同中的争议解决条款针对中国工程企业分别提起了五宗国际商事仲裁案件，索赔金额合计高达 1 亿美元。

按照本案仲裁机构的规则，中国工程企业作为仲裁被申请人，需要在较短时间内针对阿根廷公司的五份仲裁通知提交答辩书。承办律师在接到案件后迅速组建案件工作团队，集中研究案件基础材料，通过问题清单、会议等形式与企业沟通，全面掌握案件基础事实。由于 EPC 合同适用阿根廷法律，承办律师团队还协助企业展开境外律师遴选工作，委托了一个优秀的阿根廷律师团队为案件提供阿根廷法律支持。在此基础上，承办律师团队对中国企业在案涉工程争议中的实体理据展开了深入分析，确定了针对业主仲裁请求的答辩思路，并在与企业沟通后进一步确定了向业主提出反请求的应对策略。其后，承办律师团队继续密集工作，按期完成了五份答辩书与五份反请求书，提交至仲裁庭。反请求金额超过 1 亿美元。

**裁判结果**

承办律师团队提交的答辩书和反请求书突出体现了其理据较为充分，使业主意识到通过仲裁解决纠纷并非最佳方案。因此，阿根廷业主很快主动联系中国企业展开协商，展示出了更为强烈的和解意向。其后，律师团队协助中国企业与阿根廷业主展开和解谈判，逐步确定了对中国企业较为有利的和解方案。2022年5月，双方最终达成和解，共同向仲裁机构提出撤回本案的仲裁请求和仲裁反请求，案件至此顺利结束。

◦──── **承办团队** ────◦

本案由北京市中伦律师事务所孙巍、黄兴宇、王子越、蔡云飞、张卓律师承办。

 **典型意义**

本案争议是典型的国际建设工程纠纷，涉及复杂的案件事实和专业的法律问题。同时，本案也具有"时间紧、任务重"的特点，一方面，业主方同时就五个属于同一项目群但实际上相对独立施工的项目提起仲裁，五宗案件的事实和法律问题均不尽相同，律师团队需要独立核实分析并分别准备仲裁文书；另一方面，中国企业作为仲裁被申请人，必须要在较短的期限内确定应诉策略，准备和提交答辩书，以及确定是否提出反请求、具体如何提出反请求。本案中，承办团队顶住了时间与任务量的双重压力，代表中国企业顺利完成应诉，并通过有理有力的答辩与反请求促使阿根廷业主转变态度、主动和解，为企业圆满地化解了法律风险。

本案的顺利解决也证明了专业的中国律师团队代理中国企业参与国际仲裁的优势。一方面，中国律师可以与中国企业高效沟通、顺畅理解中国企业的指示和诉求，不存在语言文化方面的隔阂；另一方面，具有国际案件经验的中国律师可以充分调动境外律师等资源支持案件，将企业的诉求呈现在专业的法律文书中，协助企业在国际争议解决的平台上有理有力地主张权利。

**案例三** 阿尔及利亚某大学城设计施工总承包项目争议解决

 **项目概述**

本案涉及阿尔及利亚某大学城设计施工总承包项目的争议解决全流程法律服务。该大学城项目始于 2012 年，是阿尔及利亚与中国合作的重要工程项目，旨在为阿尔及利亚提供现代化教育基础设施，并促进两国间的友好合作关系。然而，项目涉及复杂的技术要求、特殊的地质条件，以及受到疫情的影响，工程工期延期了 10 年，由此导致了严重的履约问题和索赔争议。工期延期引发了国际工程合同履行、索赔和结算争议，也是后疫情时代最典型的因业主延期支付导致项目资金困难、因疫情的不利影响产生争议的疑难复杂国际工程争议案件。本项目中，承办律师作为该央企子公司承包商的法律顾问，完成了项目法律尽职调查、工期延期处置、保函争议解决、项目索赔与反索赔等一系列工作。

**项目成果**

本案涉及的争议内容包括设计责任、复杂地质条件导致的工期和费用索赔、合同履行成本测算、合同终止后果评估、计量和工期延期、追加合同和补充协议、材料调差、汇率调差及损失模型、面积调差、保函延期和争议等方面。该项目合同以法语为准，履约文件包括阿拉伯语、法语，适用阿尔及利亚法律，并在当地法院解决争议。

承办律师在服务中解决这些纷争需处理复杂的技术问题，解读和适用当地法规和工程规范，尤其需要面对复杂地质条件导致的工期和费用索赔、总体工期合法化、调差支付、账单拆分等问题，并需要协助承包商与业主就争议进行谈判，为当地诉讼工作提供法律支持。

◦承办团队◦

本项目由北京市安理律师事务所陈远飞、陈建辉、李梦圆律师承办。

**典型意义**

本案涉及的国际工程 EPC 合同工期、结算纠纷充分展示了北京安理律师事务所国际工程团队专业的法律与合约管理经验，尤其在对阿尔及利亚法律和法规的熟悉和对当地工程市场的了解上。承办律师国际工程团队凭借团队成员在阿尔及利亚长期的常驻经验，以法语、英语、阿拉伯语提供全面的国际工程纠纷法律服务。

承办律师国际工程团队代表某央企子公司，不依靠外所和当地所（当地诉讼出庭除外），全面独立开展并完成了以下工作：一是梳理 2012—2022 年十年间的合同文件、补充协议、来往信函、计量资料、形成于近十年前的地勘报告、设计合同、设计文件、工期延期文件，客户管理团队几经更换，资料收集难度较大，工作难度很大，工作量巨大；二是全面就设计责任、复杂地质条件导致的工期和费用索赔、合同履行成本测算、合同终止后果评估、计量和工期延期、追加合同和补充协议、材料调差、汇率调差及损失模型、面积调差、保函延期和争议、索赔等方面提供全面的法律服务；三是其中涉及包括但不限于以上领域的复杂技术问题、当地法式工程规范的解读和适用、法律和行政法规的解读和适用，其中最为复杂的是因复杂地质条件导致的工期和费用索赔、总体工期合法化、调差支付、账单在有限工期内如何进行拆分、保函延期和争议；四是与业主就争议进行谈判并在当地开展相应的诉讼工作。

此案不仅是解决当前争议，还对非洲法属市场的中资企业同类型 EPC 项目具有重要启示和影响。业主解除合同可能导致巨额索赔，影响承包商乃至中国公司在阿尔及利亚市场的声誉和品牌形象。北京市安理律师事务所国际工程团队在本案中为客户提供了详尽的项目收尾法律建议暨项目管理手册，包括从项目开工到项目验收、临时进口设备处置、代表处合规运营和撤离方案等，集国际工程团队非洲十余年一线法律与合约管理经验总结而成，除较为妥善处理案涉工程的争议外，还可以助力提升行业及阿尔及利亚区域市场的项目管理和争议解决水平。

### 案例四

袁氏公司与马国农业部签约实施杂交水稻
在马国阿拉奥特拉全产业链示范园区本土化项目 ◀┈┈

#### 项目概述

马达加斯加共和国（以下简称马国）是位于印度洋西部的非洲岛国，国土面积仅 60 万平方千米，一半以上的国土适合种植水稻，但是因当地水稻品种产量较低，马国的粮食一直未能自给。

袁氏公司在国家功勋科学家袁隆平院士的关心和支持下，经过十多年的艰苦开创，把中国的杂交水稻带到了亚洲、中东、非洲、美洲等地，是国内出口规模排名前列的种业公司之一。

马国政府出于满足本国日益增长的水稻消费需求、减少谷物进口，保障国家粮食安全，基于对袁氏公司雄厚的专业技术和良好的商誉信任，于 2019 年开始与袁氏种业正式签订相关产业协议，共同推动杂交水稻在马国水稻适种区，如阿拉奥特拉等地的本土化工作（以下简称项目）。尹湘南律师作为袁氏公司的法律顾问为项目提供全程专业法律服务。

#### 项目成果

（1）律师团队为袁氏公司与马国农业、畜牧业和渔业部成功签订产业协议提供法律咨询、合同审查修改、法律意见等专业法律服务。马国政府于 2019 年开始和袁氏公司进行磋商，拟委托袁氏公司在水稻适种区阿拉奥特拉等地进行杂交水稻选育、种植、加工、销售等全产业园区的建设和运营。该协议的重点在于马国政府部门和袁氏公司之间关于分工、工作方法（外事会议及监督机制）、知识产权（独有知产和衍生知产权利的界定方法）、资金安排、项目实施各方主体的具体责任、保密以及争议解决方面。经过多次沟通协商，最后双方于 2020 年 4 月在马国成功签署了项目产业协议，马国政府授权袁氏公司在马国建立占地 4000 公顷、年产 1 万吨杂交水稻种子的产业运营基地。

（2）律师团队为项目的落地实施系列环节协议的谈判、签订、出具相关法律意见和咨询提供了全程法律服务，保障项目的落地实施顺利。包括但不限于实施项目模式的安排，设计、采购及施工方的选择，项目建设管理（项目部的组建和现场管理）、知识产权条款、风险防控、利润分配等，并和不同环节的供应商进行谈判签约履行，直至满足项目的全部运营条件。

（3）目前袁氏公司已经在马国建立起了杂交水稻育种、制种、销售、大米回收加工、大米销售的全产业链示范园区运营，得到马国政府和农民的普遍认可。

（4）项目的第一个阶段落地，将马国原来每公顷水稻产量从2.7吨左右提升到7吨以上，本土化年产1万吨杂交水稻种子就可以辐射马国超过30万公顷的水稻面积，每公顷至少可增产2.5吨，3—5年内可增产到70万吨以上，从而实现马国粮食自给。

---

◦ **承办团队** ◦

本项目由上海兰迪（长沙）律师事务所主任，国家一级律师尹湘南承办。

---

**典型意义**

本项目不仅是一宗"一带一路"产业园区法律服务案例，项目本身在其他非洲国家的可复制性更是对马国乃至整个非洲产生重大经济影响以及积极社会影响的重大事件。中国律师通过专业服务协助中国科学家和企业通过科研、种植、推广、生产、收购、销售等全水稻产业链园区运营方式帮助马国实现大幅增产进而实现粮食自给，继而促进马国的社会经济整体水平的提升。项目带来的中非共同发展之政治和社会意义远远超过了本身的经济意义。马国政府在其最大面值的流通纸币（20 000阿里亚里）上印制了来自中国的杂交水稻稻穗图案就足以说明了这一点。

## 案例五 | 代表中国两家承包商与埃塞俄比亚公路局就莫塔公路施工争议达成和解项目

### ◈ 项目概述

中方承包商（江西中煤建设集团有限公司和江西省交通工程集团公司）与业主埃塞俄比亚公路局签订施工合同，承建埃塞俄比亚莫塔公路项目，合同总价款折合人民币超过 2 亿元。合同履行过程中，由于业主长期出现延迟支付工程进度款以及当地内战引发的特殊风险，中方承包商向业主发出终止合同通知。因业主不同意终止合同，并以中方承包商违约为由要求兑付保函，双方产生争议。

施工合同约定的争议解决方式为争议应当先提交给双方选定的争议解决专家（Dispute Resolution Expert，DRE），对 DRE 作出的争议解决建议不服的，再将争议提交至 ICC 仲裁（仲裁地为法国巴黎）。

### ◈ 项目成果

北京市君合律师事务所接受委托时，中方承包商已就业主违约情形向其发出了合同终止通知，并引发了业主索兑保函的连锁反应。该团队深度审阅了客户提供的大量案件材料后，就解约事宜和保函索兑向中方承保商出具了详实的策略分析意见和行动方案。在中方承包商决定启动法律程序解决争议后，律师团队全程为中方承包商提供全方面、多角度的法律支持，包括但不限于：因双方就 DRE 人选无法达成一致，律师团队代表中方承包商向 ICC 申请指定 DRE 人选；在 DRE 程序中全权代表中方承包商就所涉各项事宜与 DRE 沟通，协调埃塞律师提供埃塞法律支持，协同索赔顾问准备所有提交给 DRE 的文件，前往埃塞当地参与听证等。DRE 最终作出有利于中方的结论，确认中方承包商合同终止有效，成功为客户进行了止损。

○ 承办团队 ○

本项目由北京市君合律师事务所合伙人周显峰律师、狄青律师和胡宇鹏律师领导海外基础设施建设以及跨境争议解决团队全程参与，提供从策略分析到程序执行的全流程服务。

◆ 典型意义

君合律师事务所代表中方承包商在施工合同下主动启动 DRE 争议解决程序主张权利，整合跨国资源（如埃塞律师与工程顾问协作）及精准把握国际工程争议规则，成功获得对中方承包商有利的 DRE 专家建议，并据此最终促成了中方承包商与业主达成和解，成为埃塞俄比亚当地第一家非战争原因与业主达成和解的中国承包商。案件的成功代理，不仅化解了保函兑付风险，避免国企重大经济损失，更在埃塞俄比亚市场树立了中资企业运用争议机制维护权益的标杆。此外，案件展现了中国律师在海外工程争议解决领域的专业能力——从国际仲裁程序把控到跨国团队协作，为客户在共建"一带一路"项目中防范风险、高效止损提供了可复制的成功经验，亦为维护国有企业海外权益贡献了典型范例。

## 三、相关法律问题分析与风险防范

"一带一路"项下的基础建设工程项目通常受到东道国的立法、行政甚至司法管辖，牵涉复杂的多方关系，并面临较长时间段内的经济、环境等不确定性因素所带来的风险。项目从开工到完工的过程中，许多环节都会面临不同的法律问题，本部分选取了几个国际基础设施建设工程案件中较为常见并具有典型意义的法律问题进行详细讨论。

### （一）"一带一路"倡议下的基础建设工程项目相关法律问题

1. 合同生效、开工条件受制于东道国政府

"一带一路"倡议下基础建设工程项目的启动往往需要符合东道国的行政程序。基础建设工程对于各国尤其是发展中国家而言，是国家经济与民生发展

的重要方面，故而各国对相关项目的准入与启动往往有着严格的审查要求。对于承包商而言，这就导致基建工程相关合同的生效与开工都受制于东道国政府的行政手续，因而给合同生效与工程开工的时间带来很大的不确定性。如在缔结合同时对此种风险认识不充分，则很容易陷入由此引发的风险。

在中国某投资者与西非某国政府的交通设施建设工程项目纠纷中，上述问题就导致中国承包商付出了较大的缔约成本。在该项目中，早在2010年，承包商即与某市政管理机构订立了关于前期调研、方案设计的谅解备忘录。2012年，承包商即与该国公路部签署了工程合同。然而，由于融资原因，该合同需在该国政府与中国国家开发银行间贷款协议生效后方可生效，而该国政府需为此提供申请文件，国开行也要对项目进行尽职调查。直至2017年，该国财政部长才通知国开行，表示愿意继续进行本项目并就此订立相关协议，其后双方还申请了一系列政府部门及国会的审批。该工程合同于2019年才最终生效，历时近十年。在此期间，中国承包商为推进该项目付出了较大的时间及人力成本。

在另一起中国国有企业（承包商）与某中东欧电力公司的争议中，中国承包商也因为等待政府审批开工付出了较大的缔约成本，甚至面临项目无法顺利推进的风险。该案中，中国承包商早在2014年即与该电力公司签订了煤电机组建设合同。然而，直至2020年，该国政府才完成项目开工所需的各项前置条件，特别是政府和议会审批等，才授意业主向承包商发出开工通知。在这六年的时间中，全球兴起"去煤化"浪潮，原分包合同中的锅炉制造商已经退出了燃煤市场。中国承包商因而不得不再行寻找替代供应商，并就更换供应商的问题寻求业主的同意。由于业主始终不认可对承包商提供的替代供应商，该项目面临无法正式启动的困境。

2. 合同履行受到东道国政府行为干预

除上述合同生效、开工方面的影响外，在合同履行过程中，东道国的政府行为也会影响中国承包商的利益。

在某国有企业承建的越南某交通运输项目中，中国企业与越南相关政府机构（业主）就其原有合同约定进行了补充约定，增加了原有合同的工程量及价款。在中国企业已经按新合同履行完毕、越南业主准备结算时，越南国家审计署提出要对补充合同进行审计，不认可补充合同的效力。这一突发情况使业主面临了很大压力,致其无法继续按合同及附录的约定向中国企业支付工程款。承办律师团队介入后,成功以"本项目利用了中国国家开发援助资金,故项目合同按越南法律属于准国际条约性质,不受越南国内审计法的限制"为由说服越南审计署放弃了其不合理的主张,解决了结算障碍。

3. 中国承包商违反当地法律

在笔者团队处理的一宗中国国有企业承建的卢旺达某会展中心项目中,中国承包商将该项目剩余的钢筋转移到其在该国承建的另一项目中使用。该承包商认为,由于会展中心项目已经用不上这批钢筋,业主也不会支付相关费用,本着避免浪费的原则,将其用于其他项目合情合理。但是,该行为引发了两个方面的法律风险:首先,按 EPC 合同约定,钢筋一旦运抵项目现场,其物权就转移至业主名下,承包商未经业主同意即使用存在法律风险;其次,由于卢旺达政府就会展中心的建材提供了免税进口的优惠,承包商将钢筋用于其他项目还存在偷税漏税的嫌疑。事件发生后,业主以此大做文章,并推动政府对中国承包商启动了刑事程序,进而据此终止了 EPC 合同。

4. 承包商未及时、严格按合同主张权利

与国内工程市场环境不同,国际工程受制于语言、习惯、文化等诸多差异性因素,各方当事人对合同的重视和依赖程度更高。国际工程争议解决中,仲裁庭通常也更倾向于严格适用合同条款。

但是从中国承包商在海外基础设施项目中的碰壁经验可以发现,大量的中国承包商存在不严格按照合同履约的问题。其中最突出的表现在于,中国承包商往往出于维护友好关系和项目大局等考虑,做不到及时、严格按照合同约定的索赔程序发出索赔通知、索赔支撑文件。国际建设工程案件中,中国承包商往往因上述问题而面临失去实体索赔权的风险。

5. 争议解决相关问题

在争议解决方面,"一带一路"倡议下的基础设施建设合同往往会约定仲裁条款,由国际仲裁机构管理仲裁或进行临时仲裁。然而,由于相关争议涉及的主体较为复杂,争议的管辖方面主要会产生以下法律问题。

其一,合同的争议解决条款如无专业的争议解决律师把关,常常会出现瑕疵、无法执行的仲裁条款,如同时约定法院诉讼与仲裁;约定在 A 仲裁机构仲裁、适用 B 仲裁机构规则；合同的不同语言版本约定不同的仲裁机构；约定不存在的仲裁机构或仲裁规则等。瑕疵仲裁条款可能导致实际无法提起仲裁，或者导致最终裁决无法得到执行。

其二，由于基础建设工程往往在总承包合同下还有若干分包合同，如果分包合同约定的争议解决方式与总承包合同不一致，往往导致同一根本原因引发的纠纷在多个不同国家的机构、多种大相径庭的程序中解决，显著增加了争议解决成本和不确定性。

其三，基础建设工程相关纠纷不仅可以通过投资仲裁或商事仲裁解决，相关案件通常也属于东道国国内法院的管辖范围。因此，同一个争议可能会涉及投资仲裁、商事仲裁与国内法院间的平行管辖。若工程合同对管辖的约定不明，一方可能会同时通过多种程序寻求救济。一方面，这为保护投资者的权利提供了更多路径；但另一方面，平行程序也会引发双重救济、冲突裁判等问题。

除上述管辖权方面的问题外，"一带一路"基础设施建设相关争议的实体裁判也面临多重挑战。国际建设工程仲裁往往很看重对证人的盘问以及对证据的考察，但大多数建设工程的工期跨度长，涉及主体较为复杂，相关资料也较为繁复。如何收集并调取相关证人及证据成为应对争议的一大挑战。此外，由于建设工程所在地在海外，多数合同都会约定适用当地法律。在语言不同、法律体系不同的情况下，如何准确理解当地法律并维护自身权利也是中国投资者在争端中维护自身权益的重要考虑方面。

### (二) 产生法律问题的原因及相关风险防范

产生上述法律问题的原因主要有以下三个方面。

第一，在投资环境方面，东道国政府政治及经济环境具有较大的不确定性，其法律体系对于中国投资者来说也较为陌生。此外，由于基础建设工程与政府部门关系密切，往往是东道国的重点项目，所涉及的项目金额较大，此类项目也就会更多受到东道国政府的审查与管理。

第二，在项目开展方面，中国企业在海外承建的基础建设项目大量采用 PPP (Public-Private-Partnership) 或 EPC (Engineering, Procurement, and Construction) 模式。采用这类模式的项目合同涉及的环节多、周期长，合同履行过程中也会涉及较为复杂的多方关系，如东道国政府或企业、总承包企业、分包企业、银行、保险公司、咨询公司、实际施工人等。因此，相关项目的进行往往会受到多方利益因素的影响，可能会在各个环节出现问题。

第三，在法律制度方面，基础建设工程不仅涉及相关总包及分包合同，还涉及双边投资条约及有关国际公约，同时还属于相关国家的国内法管辖范围内。其所涉法律关系层级较多，可适用的法律体系也较为繁杂，故而会在合同订立、履约与争议解决方面产生较多纠纷。

第四，承包商自身合同管理能力不足，主要体现在以下方面：投标前未能对合同文件进行细致评估，导致报价不能够完整而准确地反映在合同条款中；在合同履行过程中，将合同文件"束之高阁"，按照自己的习惯做法和片面理解实施项目，不能够以合同为依据和"准绳"；不善于编制与更新工期进度计划、不善于同期记录；索赔意识淡薄等。

对于境外基础建设项目中的风险，中国投资者可以采取前期尽职调查、细致评估合同，后期严格按照合同约定履约、善用"外脑"的方式加以防范，司法行政机关也能通过设立境外律师与专家名册等方式，助力中国投资者海外纠纷的妥善解决。

1. 加强前期调查与风险评估

中国投资者应在项目启动前对东道国的政治、经济环境进行全面深入的调研，了解该国的权力体系、政府结构及政治环境，评估该国政府的经济发展及财政支出稳定性，充分预测项目发展进程中可能遇到的阻碍，以及对投标文件进行细致评估。对于识别出的风险，若决定承担，也应考虑要求与风险相匹配的"风险溢价"。若超出自身承受范围，则应在合同中进行相应的风险分担。

2. 严格履约

在履约过程中，投资者应委派专人负责监控合同的履行状态，以及专人负责定期更新工期计划，并与合同约定相对照，以便第一时间识别索赔事件，按照合同约定发出索赔通知与索赔支撑文件。此外，投资者要建立文件管理系统，保管好项目履行过程中的各类同期文件，如投标文件、合同文件、进度文件、质量文件、成本文件、往来文件、索赔文件，以便日后在争议解决程序中使用。

3. 善于借助"外脑"

在国际工程市场中，活跃着一批在不同领域掌握专业知识和技能的"外脑",为国际工程项目的融资机构、投资人、总承包商等提供专业的顾问服务。这些"外脑"包括法律顾问、税务顾问、保险顾问、成本和工期索赔顾问,以及在技术方面的专家等。这些"外脑"利用其掌握的最佳实践和专业资源,往往会给当事人带来可观的经济收益。

由于先天经验不足、缺乏语言优势,中国承包商很难仅通过自力更生,就能在短时间内实现海外 EPC 项目管理能力的提升和风险管理体系的完善。在这种背景下,中国投资者可积极运用"外脑"的力量来弥补自身专业能力的不足,提高海外项目管理能力,从而在海外建设工程市场上实现良性可持续发展。

4. 司法行政机关建立境外律师与专家名册

建设工程领域的纠纷对当事人、对法律问题和专业问题的理解都有较高的要求。同时,建设工程类案件常常是"牵一发而动全身",如一旦在工期问题上陷入争议,双方同时也会涉及质量、定损等其他息息相关的方面。而这每一项都具有独特的专业性,因此,当建设工程类企业出现海外争议时,各环节的争议一般都需要相关领域专家的参与和帮助。

然而,从企业的角度出发,在"人生地不熟"的司法管辖区选择适合帮助其化解争议的专家,是较大的挑战。对当地法律市场的不熟悉,以及整体上面对国际性争议经验的缺乏,都可能使问题恶化,导致本应主张的权利得不到救济与保障。结合投资者的实际需求,司法行政机关可协助建立境外律师与专家名册,进行相应指引,使投资者在面临实际法律服务需要之时"有章可循"。

# 第六节 能源与自然资源领域

## 一、能源与自然资源领域的法律服务概况

### (一)能源与自然资源领域概况

自"一带一路"倡议提出以来的十多年间,我国企业积极地"走出去",积极地与"一带一路"共建国家和地区广泛合作,取得了丰硕的成果。在能源、自然资源领域,众多项目在各个国家纷纷落地。

根据中国商务部统计的数据，2023 年 1—6 月，我国企业在"一带一路"共建国家非金融类直接投资 801.7 亿元人民币，同比增长 23.3%（折合 115.7 亿美元，同比增长 15.4%），占同期总额的 18.6%，较上年同期上升 0.1 个百分点，主要投向新加坡、印度尼西亚、马来西亚、阿拉伯联合酋长国、越南、泰国、老挝、哈萨克斯坦、柬埔寨和俄罗斯等国家。

对外承包工程方面，我国企业在"一带一路"共建国家新签承包工程合同额 3301 亿元人民币，同比下降 2.5%（折合 476.4 亿美元，同比下降 8.8%），占同期我国对外承包工程新签合同额的 50.3%；完成营业额 2777.2 亿元人民币，同比增长 11.5%（折合 400.8 亿美元，同比增长 4.4%），占同期总额的 56.7%。

### (二) 能源与自然资源领域工程项目发展趋势

近年来，国际工程市场的竞争越来越激烈，承包利润缩水，承包条件逐渐苛刻，承包风险也越来越大。在此市场形势下，我国"走出去"时间早、国际经验丰富、实力雄厚的领军承包企业，开始探索以投资拉动工程承包甚至转型开展境外投资，向国际工程价值链的高端发展，投融建营一体化项目运作模式应运而生，即集项目的投资、建设和运营于一体的、全寿命期全产业链的项目运作模式。与传统承包工程项目相比，投融建营一体化项目的收益水平更高，但运作模式和交易架构更为复杂，运作难度更大，面临的风险也更高。而境外投融建营一体化项目的运作需要多个专业平台企业参与，如投资平台、工程平台和运营平台等，通常由集团公司协调下属平台企业共同"走出去"、共同运作投融建营一体化项目，并处理各平台企业之间的利益划分。

在境外电力和基础设施等特许经营项目上，投融建营一体化模式成了发展趋势，该类经营项目一旦投产，将具有长期、稳定的产品或服务销售收入，如电费收入、高速公路通行费等。而项目产品和服务的价格起伏波动很大、较大程度上受市场因素调节的非特许经营行业，如矿产资源项目等，其运营风险非常大，相应所需的运营能力要求也很高，而承包企业传统上仅擅长于工程建设业务，对运营业务并不擅长，因此投融建营一体化项目并不适用于该类项目。

（三）能源与自然资源领域盈科律师事务所律师提供的法律服务

从 2017 年 6 月开始，在司法部的正确指导和各方大力支持下，经过两年多的努力筹备，"一带一路"律师联盟于 2019 年 12 月 8 日在广州正式宣布成立，为"一带一路"建设相关部门提供法律咨询、意见建议，并为"一带一路"共建国家和地区的国际经贸活动提供法律服务支持。

在能源与自然资源领域，中国律所和律师充分发挥其作用，在诸多子领域对外提供法律服务，如能源与自然资源投资领域，能源与自然资源勘探、开发领域，能源与自然资源项目相关运维领域，能源与自然资源项目相关设施弃置领域等。北京盈科（上海）律师事务所始终紧紧把握世界经济脉搏和行业发展机遇，发挥"全球视野、本土智慧"的优势，秉承"诚信、卓越、创新、开放、共享"的律所文化，切实践行"以律师为本、以客户为导向，事务所可持续发展，政府和社会满意"的发展理念，不断提升律师的专业能力和综合素质，不断探索和拓展执业的新思路与新观念，并力求在提供优质、高效、全面法律服务的同时，提供全球商务法律服务，为客户创造更多价值。为响应国家"一带一路"政策，北京盈科（上海）律师事务所提供了优质的能源和自然资源领域的法律服务，为企业"走出去"提供了高效助力和动能，主要包括：

其一，在能源与自然资源项目启动之前，进行尽职调查。这包括法律尽职调查、财务尽职调查、商务尽职调查和技术尽职调查等。项目团队在必要时还会进行初步的现场勘测，并进行项目的可行性研究，包括经济、技术和合法合规方面的可行性研究，最后再设计项目的交易模式和投资路径。除调研东道国市场准入要求、公司设立要求、承包资质要求、当地成分要求、税务要求、外汇管理要求、劳动用工要求和法律适用与争议解决等法律内容外，还会调研东道国的外国投资法律、投资鼓励和限制政策、投资审批程序、行业法律要求、项目许可要求、融资政策、土地制度、环境保护要求、设备材料进出口要求、项目退出限制、知识产权保护制度和其他事项，如是否可能会受到当地文化、宗教等因素影响等。

其二，在能源与自然资源投资项目实施时，为企业进行投资方案设计，并协助企业取得投资准入与关键许可、行政审批。项目团队会结合当地法律法规，提示企业是否需要许可、需要哪些关键许可、是否一定需要在当地设立商业实体，以及如果需要相应许可，审批手续是什么，是否必须在当地设立商业实体，并在此基础上进行投资方案设计。投资方案设计直接关系到项目运作的法律可行性、投资安全和投资的成本控制与收益水平。在进行投资方案设计时，项目团队会重点考量以下三点：（1）投资比例和项目公司治理结构；（2）合资伙伴的选择；（3）投资路径的选择。

其三，在自然资源勘探、开发领域，在获得东道国投资批准后，助力企业参与多个投资方之间的共同勘探、开发作业并保障其权益。例如，对联合作业协议进行审核，确定在勘探、评估、开发和生产阶段各方的权利与义务，以及在作业控制权、财务承诺、资产开发决定权以及联合作业信息管理、权益出让等方面进行把关。

其四，在能源与自然资源项目运维领域，特别是新能源领域，为企业运营过程中的法律合规性提供支持，如为能源购销协议提供机制与条款设计，并解答公司日常经营中的法律咨询和提供其他专项法律服务，必要时，帮助企业进行诉讼、仲裁等争议解决。

其五，在能源与自然资源项目设施弃置阶段，帮助企业对相应弃置设施进行责任、风险等方面的法律评估，并协助企业取得弃置设施的监管审批。

其六，文书准备。上述诸多服务的文书涉及公司章程、合作协议和保密协议等，文书文字涉及英文、中文、印度尼西亚文等，项目团队通过跨国律师团队的共同服务，可以确保在文件陈述以及翻译校对上准确无误，为企业的投资和发展保驾护航。

其七，专业律师团队。跨国项目的特点是法律的规定很可能是完全不同的体系，同时项目落地的要求是需要满足当地法律以及金融机构的要求，如设立当地的项目子公司、建立当地的合资企业、完成国内的报备等工作，如此才能在后期融资放款以及项目落地方面更为顺畅。项目的完整服务需要跨国律师团队的协同努力，而盈科律师事务所具有完善的全球法律服务网络，对于客户的需求可以提供较为精准的靶向服务。

## 二、能源与自然资源领域典型案例

 **案例一** 中国 A 公司承接印度尼西亚某工业园空分装置及发电机组的总包工程案

### 项目概述

中国 A 公司为上市国企，主要从事轴流压缩机、离心压缩机、能量回收透平装置等作为主导产品的能量转换设备制造，以及能量转换设备全生命周期健康管理、EPC、金融业务、投资业务等。

2020 年年底，A 公司参与印度尼西亚某工业园肯达里基地和北莫罗瓦里基地等项目，根据印度尼西亚本国第 3 号"关于国家战略项目促进的总统令"之规定，该项目已被确定为印度尼西亚的国家战略项目（PSN），也是中国与印度尼西亚共建"一带一路"的重点项目。A 公司承接了工业园区二期项目 20 万 $Nm^3/h$ 空分装置及 8 套发电装置机组的总包工程，其中该空分装置项目是印度尼西亚国内最大的空分装置。

A 公司是带资进场，在印度尼西亚当地开展配套发电 FEPC 项目，因此需要对印度尼西亚的合作方进行尽职调查，并完成国内的投资准备工作。

### 项目成果

北京盈科（上海）律师事务所与北京市盈科（西安）律师事务所合作，共同投标本项目并中标。上海分所程尧律师、刘新海律师协同西安分所当地律师担任该项目的投标实控人和投标答辩人；该项目中标后，北京盈科（上海）律师事务所和北京市盈科（西安）律师事务所共同为项目提供全程法律服务并促进项目的顺利进行。

--- ○ **承办团队** ○ ---

北京盈科（上海）律师事务所程尧律师担任该项目的团队负责律师，协同上海分所刘新海律师，北京市盈科（西安）律师事务所律师共同办理。

**典型意义**

（1）项目前期风险防控。

其一，盈科律师事务所团队对当地合作方开展了尽职调查，并向 A 公司提供风控建议。调查的范围包括：①印度尼西亚合作公司基本信息、公司的历史沿革、股权结构、对外投资、公司章程、治理结构、决策机制、生产经营资质、进出口贸易资质、外商投资资质等依法成立及合法存续、生产经营的情况；②核查印度尼西亚合作公司资产权利情况、债权债务情况；③印度尼西亚合作公司对外担保及信用查询；④印度尼西亚合作公司经营合规性（包括股东、供应商之间关联交易的合规性）及涉诉情况查询等。

其二，盈科律师事务所团队提供了中国企业出口投资，以及融资需要的审批、登记、备案、报告及监管的准备工作（包括发改委、外管局、银保监会等），并针对印度尼西亚项目的投融资，结合印度尼西亚法律进行了风险评估（包括向印度尼西亚银行 Bank Indonesia 以及印度尼西亚财政部报告等）。

（2）项目担保方案设计。

盈科律师事务所团队针对 A 公司在印度尼西亚的项目情况，结合印度尼西亚法律，与印度尼西亚律师团队共同提供给 A 公司最佳的抵押担保方案。

在设计项目担保方案时，团队根据融资银行的要求和当地法律规定，评估了适格的抵押权人（A 公司当地的合资公司）、A 公司是否可以控制抵押物并收回后续的项目款项等方面，为 A 公司提供了卓有成效的项目建议。

该案例涉及印度尼西亚的国家战略项目，这个 FEPC 项目前期的法律尽职调查在土地方面、诉讼案件方面存在复杂的情况；在项目后期架构上，存在项目建成后延期付款以及在印度尼西亚当地办理各项担保事宜的情况。总结而言，本项目是盈科律师事务所团队成功的法律服务案例。

**案例二** 　**格鲁吉亚卡杜里水电站项目专项法律服务**　←┄

 **项目概述**

四川省大型国企川投国际拟收购位于格鲁吉亚的卡杜里水电站，为评估项目合法性、可行性以及安全性,按照中国国资委的要求,在收购之前,川投国际通过招投标委托北京盈科(成都)律师事务所肖登国律师涉外团队依法对目标公司和水电站开展法律尽职调查和设计收购架构。

律师团队评估该案是否适用返程投资、债转股等相关情形,并前往四川省发改委、商务厅、外汇管理局等部门,了解境外投资收购备案的情况。

尽职调查过程中,律师团队开始收集目标公司的所有资料并开展法律尽职调查工作。尽职调查主要涉及目标公司的历史沿革、公司架构、环境保护、劳动劳工、合同交易、税务、电力市场、发电和售电法律法规、诉讼仲裁等方面。

涉外团队在股权交割过程中,为客户提供涉外投资的架构设计、风险的依法规避服务。为客户准备股权交割文件,如董事会决议、授权、交易合同等,并为客户安排相关资料的公证认证工作。

为尽职履职,肖登国律师在新冠疫情非常严重期间,即 2021 年 9 月至 11 月亲自到格鲁吉亚首都第比利斯,核实所有原件资料,调查不动产等;他与格鲁吉亚律师一同完成了股权交割、新公司的注册,并顺利完成境外企业收购。

### ◈ 项目成果

肖登国律师团队全面完成卡杜里水电站和东方电力公司的全部法律尽职调查和股权收购,全部完成法律尽职调查并完成股权交割。目前卡杜里水电站正常发电和售电,经营非常好,取得了良好的社会和经济效益。

### ⟡ 承办团队 ⟡

本项目的律师团队为:北京盈科(成都)律师事务所股权高级合伙人、国际部部长肖登国;北京盈科(成都)律师事务所律师冯琦滢;北京盈科(成都)律师事务所律师肖悦;北京盈科(成都)律师事务所律师于孟嘉。

### ◈ 典型意义

在新冠疫情期间,此次海外并购是四川省大型国企川投国际境外投资并购的成功案件，律师团队"逆行"到格鲁吉亚开展工作，体现了中国律师的社会责任和担当，也体现了国有企业境外收购的法律和技术的复杂性。该项目体现了中国涉外律师的高水平的专业素质、尽职履责，为进行海外投资的国企的每一步投资行为提供所在国和中国的法律支撑，确保项目能够依法合规地稳步推进，使得国有企业在决策时，能够有效地规避海外法律风险、环境风险等。一方面，体现了国企重视涉外法律工作；另一方面，律师的工作有利于中国企业顺利"走出去"，实现盈利。卡杜里水电站是格鲁吉亚独立后的第一个新建水电站，是中国与格鲁吉亚第一个重要的能源项目。此案也充分说明，中国国企在海外投资受到"一带一路"共建国家的欢迎，中国与共建国家共建、共享"一带一路"的成果。

## 案例三　明阳智慧能源意大利塔兰托海上风电设备项目

 **项目概述**

金杜律师事务所为客户明阳智能与意大利 Renexia 公司参与意大利塔兰托海上风电设备项目（塔兰托项目）提供全流程法律服务，历时一年半之久。明阳智能成立于 2006 年，是致力于打造清洁能源全生命周期价值链管理与系统解决方案的供应商，在 2021 年全球新能源企业 500 强中位居第 18 位，稳居全球海上风电创新企业排名第一位。交易对方 Renexia 公司作为意大利主要的清洁能源公司，致力于开发、设计、建造和运营可再生能源发电厂，塔兰托项目的 EPC 总承包由 Renexia 公司的全资子公司 Renexia service 负责。

塔兰托项目位于意大利南部阿普利亚地区塔兰托港附近，投资额为 5100 万欧元，由明阳智能为 Renexia 公司提供风机供货及运维服务，总装机容量 30 兆瓦，使用 10 台由明阳智能 MySE3.0-135 机组为低风速区域定制化研发的 3.0 兆瓦海上风电机组。为保证机组顺利出口，以及机组在塔托兰项目服役期间的运行稳定性，明阳智能先后配合 Renexia 公司对机组进行了相关的认证，并顺利获得了 TüV NORD 颁发的 SSDA 证书（特定场址设计评估）与 CE 证书，以及鉴衡认证中心颁发的型式认证证书。除提供设备外，明阳智能还将为客户提供 20 年的项目运维，凭借丰富的海上运维经验，为项目的可靠运行和收益保驾护航。该项目同时由法国 NatixisS. A. 银行提供无追索项目融资服务，并由中国出口信用保险公司承保。

### 项目成果

意大利塔兰托海上风电项目始于 2020 年，2021 年在欧洲新冠疫情快速蔓延的背景下实现风电机组到港，于 2022 年 4 月 21 日举行全容量并网仪式。该项目的交付严格按照欧洲标准和欧洲商业习惯进行，项目建成后成为意大利第一座建设并投产的海上风电场，获得地中海第一座商业化规模海上风电场的殊荣，也成为南欧海上风电项目发展的里程碑。项目并网后预计每年可以满足当地近两万个家庭的用电需求，在 25 年的使用寿命中，将减少约 730 000 吨二氧化碳排放。

#### ◦ 承办团队 ◦

北京市金杜律师事务所北京办公室黄建雯律师（金杜律师事务所"一带一路"国际合作与促进中心主任）作为牵头律师与金杜律师事务所米兰办公室 Daniele Raynaud 通力合作，完成该项目。

### 典型意义

意大利塔兰托项目创造了多项第一：中国海上风电主机设备首次进军欧洲；地中海首个商业化运营海上风电项目；意大利首个海上风电项目。项目的顺利实施成为中国海上风电设备在海外的标杆项目，为相关企业后续参与国际竞标、谈判带来示范效应。塔兰托项目是意大利以及整个地中海地区首座建设并投运的商业化海上风电场。于中意双方而言，项目的落成在绿色能源开发和生态转型中具有里程碑意义。

塔兰托项目的顺利进行是高度国际化合作的结果，包括中国供应商明阳智能、意大利 Renexia 公司及其子公司，荷兰吊装分包商 Van Oord，意大利安装分包商 IVPC，法国 NatixisS. A. 银行，展示了中国企业广泛合作的能力。项目在新冠疫情蔓延的艰难条件下如期建成并网，不仅展示了中国高端制造业的能力与形象，也加深了中欧企业在海上风电技术与经验上的交流，为国际合作共同促进清洁能源的发展、应对全球气候变化贡献力量。

同时，金杜律师事务所联合北京和国际办公室承办该项目并提供全流程法律服务，体现了律师事务所和律师行业对我国"一带一路"倡议具体建设的深度参与，展示了律师事务所应对复杂跨境交易的综合管理能力，凸显了律师事务所国际资源的深度与为客户服务的实力，进一步扩大了中国律师事务所和中国律师在欧洲市场的影响力。

## 案例四　宁德时代印度尼西亚动力电池产业链项目

 **项目概述**

2022 年 4 月 14 日，宁德时代控股子公司广东邦普的下属公司普勤时代与印度尼西亚 PT Aneka Tambang（ANTAM）和 PT Industri Baterai Indonesia（IBI）签署三方协议，共同打造包括镍矿开采和冶炼、电池材料、电池制造和电池回收等在内的动力电池产业链项目。根据协议，三方将在印度尼西亚北马鲁古省东哈马黑拉县的 FHT 工业园区及印度尼西亚其他相关工业园区投资建设动力电池产业链项目。

合作方 ANTAM 是一家印度尼西亚上市的国有矿业公司，合作方 IBI 是一家印度尼西亚国有公司，由印度尼西亚国家石油公司、国家电力公司、国家矿业公司以及 ANTAM 新组建的专门用于开展电池生产的投资公司，主要在印度尼西亚及海外投资电池及相关产业链项目。

**项目成果**

宁德时代法务合规部成立专项工作组，为项目前期合资协议的起草和谈判以及后期的执行落地提供全周期法律支持，并确保项目在法律方面都能以透明、高效和合规的方式进行。具体法务工作主要包括以下四个方面：

（1）法律咨询与指导。在整个项目周期内，法务团队为项目组提供持续的法律咨询和支持，作为内外沟通的桥梁，协调印度尼西亚当地律所资源、公证人和对"一带一路"法律服务有丰富经验的国际律所资源，针对项目执行中可能出现的各类法律问题，提供专业的解决方案，帮助项目组规避法律风险。

（2）合同起草与谈判。法务团队深入参与合资协议以及项目购地、厂房租赁、建设工程总承包等重大合同的审核与谈判，积极与项目组沟通，确保合同条款既能满足项目需求，又能保护公司的合法权益，同时确保合同条款符合国际标准和当地法律法规要求，为项目的顺利推进打下了坚实的基础。

（3）尽职调查。法务团队主导对投资项目所在园区进行了详尽的法律尽职调查，确保项目的合规性和可持续性，与项目组紧密合作，及时解决调查中发现的问题，为项目组提供了可靠的决策依据。

（4）合规管理。法务合规团队与项目组保持密切沟通，确保所有操作都在合法合规的框架内进行，包括根据项目架构完成全球范围内所涉及法域的经营者集中申报。

通过以上努力，宁德时代法务合规部不仅为印度尼西亚动力电池产业链项目的成功推进提供了坚实的法律保证，也确保了该项目的合规性和可持续性。

○─ **承办团队** ─○

宁德时代法务合规部成立专项工作组支持印度尼西亚动力电池产业链项目，为该项目配备具有丰富涉外、投资法律工作经验的法务人员全程参与项目。

◆ **典型意义**

该项目将进一步完善宁德时代在电池行业的战略布局，保障上游关键资源和原材料供应，降低生产成本，并推进公司电池回收产业链布局。同时，印度尼西亚动力电池产业链项目推动了中国和印度尼西亚在动力电池领域的产业合作，促进了印度尼西亚相关产业的发展，为"一带一路"共建国家的绿色能源技术和产业供应链发展提供了支持。此外，项目的开展还有助于加强中国与印度尼西亚之间的双边贸易往来。随着项目的推进，涉及的设备、原材料以及产品的进出口将增加，从而进一步提升两国之间的贸易规模和水平。

综上，宁德时代印度尼西亚产业链项目契合了"一带一路"倡议的精神和目标，通过加强经济合作、技术交流、贸易往来等，促进了中国和印度尼西亚两国的共同发展，也为"一带一路"的深入推进提供了有力支持。作为中国新能源企业的重要代表，宁德时代的印度尼西亚项目为其他中国企业在"一带一路"共建国家开展投资和产业合作提供了示范，其成功经验可以鼓励更多企业积极参与"一带一路"建设，拓展国际市场，推动产业合作和互利共赢。

## 三、能源与自然资源领域投资面临的风险与防范建议

中国企业对"一带一路"投资项目的总投资通常较大，而"一带一路"共建国家以发展中国家为主，各国经济、政治和法律情况存在较大差异。以上述我国企业在印度尼西亚对外能源类的投资为例，我们可以看到在"一带一路"共建国家进行能源与自然资源类投资可能面临多重风险。企业需要提前做好尽职调查、提前规划布局应对方法，以避免投资计划无法落地。

### （一）融资问题

我国海外承包企业一般资产总规模相对较小、资产负债率高、净资产比例低，导致企业融资能力相对低下，这限制了我国海外承包企业的投融资能力。而境外能源电力、矿产资源和基础设施项目的投资建设通常需要高额的投资和融资，如我国企业在印度尼西亚、孟加拉国和巴基斯坦投资的 $2\times660MW$ 燃煤电站项目，总投资一般为 20 多亿美元，以自有资金 25% 的比例计算，需提供 5 亿多美元的自有资金。如此高额的自有资金，一般海外承包企业是难以承受的。

在取得银行贷款的同时，企业可通过多种途径取得自有资金：第一种是寻找合资方，由合资方根据其参股比例提供相应的自有资金；第二种是发行企业债券，以发债获得的资金作为项目自有资金等。例如，2017 年，中国电建以电建海投为平台，通过子公司成功在我国香港特区发行 5 亿美元高级永续债券，首期票面利率仅为 3.5%，这一发债融资的成本比项目融资模式下的融资成本低得多，提高了电建海投对其海外投资项目的注资能力。

### （二）项目承包模式问题

海外的项目承包模式多为设计采购施工总承包（EPC）模式，在 EPC 模式

上通过各种延伸，发展出了 EPCm 模式（设计采购施工管理承包）、EPCs 模式（设计采购施工监理承包）、LSTK 模式（设计采购施工试运行总承包）、PMC 模式（项目管理承包，包括选择 EPC 承包商）、PEIC 模式（设计采购安装施工承包）等模式。而投融建营一体化模式则囊括了 EPC 模式、EPC 前的投融资和 EPC 后的运行和维护，具体又可以分为 BOO（建造—拥有—运营）、BOT（建造—运营—转让）、ROT（重建—运营—转让）等模式。在 EPC 的国际竞争日益激烈的当下，中国企业的海外 EPC 承包已经不再占据优势，而投融建营一体化模式则可以发挥出中国企业的融资优势，也可以为中国企业获得更大的投资收益。

在投融建营一体化模式下，可以保留较大程度的项目利润，但这也意味着风险的保留，无法向集团系统外转嫁项目运作风险。例如，在常规工程建设承发包模式下，如果承包商在工程实施过程中发生严重误期或质量性能问题，业主通常可以根据承包合同追究承包商的违约责任，如收取误期违约金和性能违约金。但在投融建营一体化模式下，项目工程是集团系统工程平台承包建设的，在此情况下，业主向承包商收取违约金、追究赔偿责任等对于集团整体利益来说已变得毫无意义。

此外，我国企业在投资境外项目时，还需要关注当地政府的土地政策、对外国企业承包工程的规定以及招标方式。比如，巴基斯坦的土地制度主要有三种：私有地主所有制、游特瓦里（Ryotwari）所有制和国家所有制。巴基斯坦承包工程市场管理相对宽松，外国承包工程企业进入巴基斯坦市场只需在巴基斯坦工程理事会（PEC）注册即可，此外，政府积极鼓励投资者通过 BOT、BOOT 和 PPP（公私合营）等方式参与项目建设。

（三）投资限制问题

东道国通常会对外商投资设定限制，如限制或禁止外商进入特定领域、对外商持股东道国企业的限制、限制股权转让、限制投资方式等措施。由于能源领域涉及国家战略储备、国家安全等问题，对于投资准入权利、范围、方式等问题，东道国可能会作出较为严格的规定。

如沙特阿拉伯明确石油资源的勘探和生产禁止外商投资；乌兹别克斯坦虽然没有出台禁止、限制外国投资的法律法规，但是对国家垄断行业，如能源及重点矿产品（如铀）开发等领域有股权限制，外资所占股份一般不得超过50%；阿联酋对外国投资自然资源领域有特别规定，阿联酋的石化工业完全由各酋长国自行所有和控制。

并不是所有国家对外资投资能源领域都存在抵触情绪。以巴基斯坦为例，根据《1976年外国私人投资（促进与保护）法案》《1992年经济改革促进和保护法案》以及相关投资优惠政策规定，该国对外资行业准入规定完全不同于沙特阿拉伯和阿联酋，巴基斯坦所有经济领域向外资开放，外资同本国投资者享有同等待遇，允许外资拥有100%的股权。没有最低投资金额方面的限制。

（四）环境保护问题

"一带一路"共建国家大多拥有丰富的自然资源，中国企业可以因地制宜，投资、发展适合的能源项目。而中国企业在进行项目建设时，既需要遵守东道国环境保护方面的法律法规和政策要求，还需要了解当地对于环境保护的需求。比如，建造水电站、煤电站等能源领域项目时，企业就需要取得全部相关审批，注重保护当地的环境利益，和当地居民和环保组织保持有效沟通。

首先，企业可以调查东道国的环境保护制度，如巴基斯坦建立了以《巴基斯坦环境保护法》为核心的环保法规体系，主要包括《巴基斯坦国家环境质量标准》，省级可持续发展基金委员会制度，工业污染费制度，并对污染事故设定了最高100万卢比罚款，或2年以下有期徒刑，或关停、收缴其工厂、设备等，或恢复环境等责任。

其次，企业进行投资前可以对项目周边环境进行调查，评估项目对当地环境的影响，并了解当地对于环境保护的需求，作出符合多方利益的调整。如卡西姆项目在实施的同时，企业需采取积极措施处理施工和生活垃圾、减少污染物的排放，且移植和栽种红树木，尽可能地减少对当地环境的损害，积极维持和当地居民、组织的联系，最终项目也得以成功落实。若企业不重视当地对环境保护的需求，仅重视符合政策法律的规定（如环评证书），可能会遭遇当地势力的阻碍。比如，肯尼亚 Lamu 燃煤电站项目，在实施过程中多次因环境问题被当地势力起诉，最终法院判定 Lamu 燃煤电站项目获得的环境影响评估证书无效，使项目无法继续实施。

### (五) 税收问题

"一带一路"共建国家较多，各国对于税收的规定通常较为复杂，且均存在一定不同。在国际投资中，企业可能遇到国家的税收制度不完善、政府征税权力过大导致对外资企业设置超额的利润税、重复征税等问题，使企业在税收问题中遇到障碍，降低企业对外投资的意愿。

例如，巴基斯坦税法体系主要包括2001年《所得税条例》、2002年《所得税规则》、1990年《销售税法案》、2005年《联邦消费税法案》、2011年《信德省服务销售税法案》、2012年《旁遮普省服务销售税法案》，及其他省级服务销售税条例等。该国的企业所得税在2018年之后固定为30%，销售税税率为16%—21%。

大多国家对外商投资规定的税率较高，如果企业按照BOT模式承包项目，在项目完成后，就按照各国的税收体系缴纳高额的税款，这将在较大程度上降低企业的收益率。因此，企业可以在项目开始前就积极和当地政府或当地合作企业谈判、磋商，通过争取当地政府的税收优惠政策或转移税收的支付义务主体等方式，降低企业的缴税金额。如在柬埔寨甘再水电站项目中，柬埔寨政府给予项目自商业运行日开始后9年的利润税免税期；或将交税的义务通过合同方式转移给当地企业，这样可以让当地企业迫于压力和当地政府谈判，政府也可能因此降低对当地企业征税的税率。

### (六) 知识产权问题

知识产权通常包括商标、专利、著作权等类别，企业的商务行为将不可避免地涉及知识产权的使用。就当下而言，知识产权已是企业商务领域竞争的核心竞争力、重要资产。然而，知识产权具有地域性，即使存在国际性知识产权条约、协定，如《保护文学艺术作品伯尔尼公约》《保护工业产权巴黎公约》等，也并不意味着在投资国受到完全、及时的保护。值得注意的是，企业在进行海外项目投资时，要了解当地政府对于知识产权的具体规定，避免因违反知识产权法律而受到不良处罚。

根据世界知识产权组织发布的《2022年世界知识产权指数》，2021年我国的知识产权指数最高，然后是波黑、欧盟等国家或地区，知识产权指数较低的是牙买加、洪都拉斯、巴基斯坦等国家。

### （七）劳动用工问题

劳动用工问题是企业对外投资时需要考虑的重点因素，大部分国家都对外资的用工问题进行了法律规定。在项目开始后，就涉及雇用当地工人和技术管理人员的法定比例，当地工会的制衡或外国劳工的签证问题等。企业需要提前做好合规调研，避免在劳动用工领域产生违法，甚至影响项目进度。

如巴基斯坦劳动法对雇用合同的规定，要求工商业雇主应与雇员签署雇佣合同，合同应对雇用性质、雇用期限、职位、工资福利等作出规定。企业应提前评估当地法律，做好当地劳动方面法律的合规，预防出现大规模的劳资问题。若企业对劳动用工的问题不予重视，忽视当地员工的诉求，就可能出现，如印度、印度尼西亚、越南等亚洲国家的中企雇用工人的罢工、抗议、骚乱现象。

对于我国对外投资企业而言，首先，可以参考《2019"一带一路"能源资源投资政治风险评估报告》以关注被投资国的政治情况，制定具体的预警机制和应对方案。其次，可以购买商业机构等机构提供的投资保险，把政治风险引起的投资损失纳入投保范围。再次，在项目合作合同中，将政治风险予以约定，保证在出现重大政治事件时，可以使投资人退出。复次，可以要求当地政府提供主权担保以确保项目的顺利进展。最后，因地制宜，和当地政府保持联系和沟通，及时取得相关的政治信息或资源。

## 第七节　知识产权领域

### 一、知识产权领域法律服务概况

知识产权保护是经济全球化和国际经贸合作的通行证，知识产权法律服务是"一带一路"倡议法律服务的重要领域之一。优质高效的知识产权法律服务，不仅是维护内外资企业合法权益的需要，更是推进我国创新型国家建设、推动高质量发展的内在要求。

### （一）"一带一路"倡议下知识产权保护的基本情况

"一带一路"共建国家知识产权发展状况参差不齐，在政策体系和法律制度、商标和专利的申请量和授权量、著作权和商业秘密诉讼案例、所参与的知识产权国际协作制度的类型和数量、知识产权国际协作途径在本国知识产权保护中所发挥的具体作用等方面都存在较大差异。东南亚、南亚、东北亚、中亚、西亚、北非、中东欧等区域的知识产权环境迥异，法律保护制度和国际保护体系不一。世界知识产权组织发布的《2022年全球创新指数报告》体现了不同国家对知识产权的保护程度。从具体的国家排名来看，瑞士、美国、瑞典、英国和荷兰是世界上最具创新性的经济体，中国位居第十一位，即将进入全球创新十强国家之列。"一带一路"共建国家创新指数得分低于全球平均水平，90%的"一带一路"共建国家创新指数得分下跌，整体排名靠后，各区域不同国家创新能力持续分化。中东地区创新能力较为活跃，卡塔尔和沙特的创新指数得分连续三年增长。新加坡、以色列和爱沙尼亚表现亮眼，印度的创新指数实现了三年连续增长。东盟国家虽然创新指数排名整体有一定提升，但除印度尼西亚外，其他国家得分普遍下滑，尤其是过去表现活跃的马来西亚、越南和菲律宾等国。东南欧多数国家的创新指数得分与排名也出现较大下跌。

十多年来，"一带一路"共建国家和地区知识产权合作不断深化，一系列务实合作项目扎实推进，取得了积极进展。2016年，"一带一路"知识产权高级别会议通过了《加强"一带一路"国家知识产权领域合作的共同倡议》。2018年，"一带一路"知识产权高级别会议发布了《关于进一步推进"一带一路"国家知识产权务实合作的联合声明》。2019年，中国与欧盟完成历时8年的中欧地区地理标志合作与保护协定谈判，对地理标志设定了高水平的保护规则，并在附录中纳入双方各275项具有各自地区特色的地理标志产品。2020年1月，印度尼西亚批准了《视听表演北京条约》，成为第30个批准该条约的缔约方。该条约填补了视听表演领域给予表演者全面保护的国际条约的空白，于2020年4月对30个缔约方生效。2022年年初，中国正式加入《工业品外观设计国际注册海牙协定》（以下简称《海牙协定》）和版权方面的《马拉喀什条约》。截至2023年4月，中国国家知识产权局已与56个共建国家知识产权管理机构签署了合作协议，如中国授权的发明专利可以直接在柬埔寨办理登记生效手续，老挝对中国发明专利审查结果予以认可。国家知识产权局还加大了与共建"一带一路"国家的知识产权信息化合作，向近30个国家提供"云专利审查"系统账号，推进国家间知识产权信息交换与业务共享。[1]

## （二）"一带一路"倡议下知识产权法律服务的基本情况

"一带一路"共建国家和地区多数属于新兴经济体和发展中国家，这些国家的市场规模和资源禀赋优势明显，普遍处于经济发展上升期。与此同时，"一带一路"共建国家和地区知识产权法治水平差异较大，法治环境复杂，国际经贸合作、跨国投资经营存在知识产权法律风险，容易发生矛盾纠纷，对涉外知识产权法律服务需求日益增多。"一带一路"知识产权法律服务的主要方式是境内外知识产权申请和维护、知识产权转让和运用，以及知识产权侵权纠纷解决等。十多年来，共建"一带一路"倡议展现出蓬勃活力，越来越多的创新型企业深度参与其中，知识产权申请持续活跃。根据国家知识产权局2023年4月24日在国新办新闻发布会上披露的数据，2022年中国企业在共建"一带一路"国家专利申请公开量达到1.2万件，同比增长16.4%。其中，电机、电气装置、电能，药品，材料、冶金三个技术领域的申请公开量同比增长最快，增幅均超过70%。同时，知识产权转让和运用在共建"一带一路"国家和地区贸易中愈加重要。根据2022年12月28日国家知识产权局新闻发布会的数据，向境外转让或许可过专利的企业中，有37.9%向共建"一带一路"国家或地区许可或转让过专利。该比例与向美国、欧洲等两大市场许可或转让专利的比例基本相当。此外，中国企业积极通过提升自身创新能力增强发展的自主性进一步提升。中国专利权人引进专利超九成来自美欧日等发达国家。在反映遭遇技术引进难的企业中，从美国、欧洲引进专利技术难的比例最高，均超过三成。有84.1%的企业选择加大自主创新研发投入以应对技术引进难的问题。但是，中国企业"走出去"知识产权保护仍显不足。2022年被调查的企业专利权人中，向境外提交过专利申请的比例仅为向境外出口过产品比例的1/3，也就是说，有2/3的企业向境外出口产品，但并没有取得相关专利保护。这一方面表明，中国部分企业出口产品知识产权"含金量"仍然不高；另一方面，也说明相关企业和产品"走出去"易遭受知识产权风险。

---

[1] 参见中华人民共和国中央人民政府网站，载 https://www.gov.cn/lianbo/2023-04/24/content_5753009.htm，最后访问日期：2023年7月23日。

### （三）"一带一路"倡议下知识产权法律服务的特点

知识产权法律服务需求旺盛、类型丰富。总体来看，十年来全球创新活动的研发费用不断增长，根据《2022年全球创新指数报告》，即使受新冠疫情影响增速有所放缓，2020年全球研发投资增长率仍有3.3%，2021年全球顶级企业的研发支出增加近10%。研发产出的成果必然需要转化为企业知识产权，并随即产生知识产权维护、管理、运用、保护等一系列知识产权法律服务需求。与此同时，知识产权法律服务种类不断丰富，除知识产权申请、维护和保护外，知识产权战略和布局、风险评估和预防、FTO检索和分析、知识产权行业监测、质押融资、知识产权价值评估、投资入股、上市过程的企业知识产权审核等服务应市场需求也日益丰富。知识产权需求不断增长和类型的进一步丰富，反映出知识产权在企业国际竞争中占据越来越重要的位置。

境外企业在华知识产权法律服务占比较大。知识产权的创造、运用、保护和管理等仍以境外企业在华知识产权法律服务为主。从绝对数量上看，共建国家在华发明专利申请和授权量远高于中国企业在共建国家专利申请公开量和授权量，我国知识产权使用费进口额远超出口额，逆差明显。这表明目前我国仍是知识产权大国，还算不上知识产权强国。中国在一些关键技术上还在被别人"卡脖子"，依然受制于人。要在国际竞争中保持优势，实现高质量发展，就必须统筹推进知识产权强国建设，全面提升我国知识产权综合实力，实现中国制造向中国创造转变，中国速度向中国质量转变，中国产品向中国品牌转变。

中国企业境外知识产权法律服务增长较快。目前无论是从知识产权申请数量上看，还是从知识产权使用费进出口额等数据上看，与境外企业"走进来"相比，中国企业"走出去"的知识产权相应数量都较少，但从纵向比较上看，仍然呈逐年上升趋势，且增长速度较快。中国申请人提交的PCT国际专利申请量在2019年至2022年连续四年位居世界第一；加入海牙协定的第一年，外观设计申请量就达到世界第二；马德里商标国际注册申请量连续多年位居世界第三。这些都反映出中国企业创新力快速增强，越来越重视发挥知识产权在加强企业国际竞争力中的作用，也充分体现了我国知识产权的价值和国际竞争力的提升。

### （四）"一带一路"倡议下知识产权法律服务的成就和效果

"一带一路"知识产权申请逐步增长。十多年来，共有 115 个共建"一带一路"国家来华申请专利，合计申请专利 25.3 万件，年均增长 5.6%。中国在共建"一带一路"国家的专利申请也同步增长，数据显示，2019 年共建"一带一路"国家在中国专利申请量增长了 9.7%，中国在共建"一带一路"国家提交的专利申请公开量增加了 8.5%。2021 年，共建国家在华发明专利申请和授权分别为 2.5 万件和 1.6 万件，同比分别增长 7.7% 和 18.1%。中国企业在共建国家专利申请公开量和授权量分别为 8596 件和 4711 件，同比分别增长 29.4% 和 15.3%。截至 2022 年年底，国外在华发明专利有效量达 86.1 万件，同比增长 4.5%，其中涉及国外企业 5.8 万家，较上年增加 0.2 万家。国外在华有效注册商标 203 万件，同比增长 5.9%。

"一带一路"知识产权运用效益显著提升。2012 年至 2021 年，我国知识产权使用费进出口总额累计 2.19 万亿元，年均增长 13.7%，其中出口年均增长 31.2%，超过进口增速近 20 个百分点。2022 年 Brand Finance 全球最具价值品牌 500 强中，中国占 84 个，比 2012 年增加了 52 个，总价值达 1.6 万亿美元。2022 年知识产权使用费进出口总额 3872.5 亿元。2023 年 1—5 月，我国知识产权使用费进口额为 1208 亿元，出口额为 369.8 亿元，进出口额均实现增长。知识产权贸易表现出较强韧性，知识产权有力支撑了创新型经济、品牌经济、区域特色经济和开放型经济发展。

"一带一路"倡议的知识产权保护更加有力。2021 年至 2022 年，我国企业涉"337 调查"终裁性判决 213 家次，其中获得占优判决（包括终止调查、原告撤回、裁定不侵权等）的比例达到六成以上，是 2020 年的 2 倍多。知识产权保护社会满意度显著提升至 81.25 分，较 2012 年提高 17.6 分。截至 2022 年年底，累计建设国家级知识产权保护中心 62 家，快速维权中心达 35 家，累计建设国家地理标志产品保护示范区 103 个，知识产权保护力度进一步加大。

"一带一路"知识产权法律服务队伍建设得到进一步强化。2023 年 6 月，司法部发布《2022 年度律师、基层法律服务工作统计分析》。统计数据显示，截至 2022 年年底，全国共有执业律师 65.16 万多人，律师事务所 3.86 万多家。对比 2021 统计数据，2022 年全国执业律师人数比上一年度新增 7.68 万，涨幅超 13%。经过多年的不懈努力，一大批规模大、实力强、服务水平高的涉外法律服务机构，和一支具有世界眼光和国际视野，积极参加国际知识产权法律服务交流，通晓国际知识产权法律规则、熟练处理国际法律事务、主动作为、高效服务的涉外知识产权律师人才队伍已经初步形成。

## 二、知识产权领域典型案例

**案例一** 美国某公司诉中国某公司产品商业外观侵权案

### 案情概述

美国某公司（原告）以中国某公司（被告）不太熟悉且易忽视的一类知识产权商业外观（Trade Dress）为基础，在美国法院起诉被告在亚马逊平台上销售的产品外观侵犯原告的商业外观权，以期获得高额赔偿金并将被告同类产品拒绝在美国市场之外。被告为此项产品进入美国市场已进行不少投入，市场已逐渐打开，不想就此放弃美国市场，但鉴于美国漫长的诉讼周期和高昂的诉讼费用，进退两难。

北京高文律师事务所律师团队接受被告委托后，通过调查原告的多起类似案件，结合美国法律制度关于商业外观获得保护应具备的前提，核实原告商业外观商标注册状态和历史，找到原告权利基础薄弱点，对原告的商业外观商标注册提起撤销反诉；利用证据开示制度（Discovery）充分挖掘原告证据，做到知己知彼并争取应对时间。通过一系列"组合拳"，逐渐扭转被告的不利地位，最终原告放弃诉讼初期咄咄逼人的气势，以较为务实的态度回到谈判桌上。

### 裁判结果

律师团队始终以帮助当事人解决实际问题为目的，而非仅以一纸胜诉判决为目的。考虑到原告主张的商业外观的权利边界不清，日后非案涉的其他类似外观仍可能被诉侵权，造成双方诉累，因此有针对性地提出和解方案。最终双方达成和解，原告明确了其商业外观权利边界，以及确认不侵权的情况。法院以合议判决结案。

**承办团队**

本案由北京高文律师事务所王正志、王海燕、李亚楠、张磊律师承办。

### 典型意义

近年来，中国电商企业在海外频繁遭受知识产权侵权诉讼，本案是此类典型案件之一。本案通过积极应诉、主动反诉，进而促使原告方明确权利边界以及确认不侵权的情况，解决双方的后顾之忧，实现双方共赢，为此类海外知识产权纠纷提供一种有效解决方案。

（1）面对海外知识产权诉讼，不"谈诉色变"，不同于大多数中国电商面对海外诉讼一味赔款停售的妥协做法，而是积极应对。（2）充分利用知识产权以及外国诉讼制度本身的特点，为己方争取应对时间及做到知己知彼。（3）以诉促和，有针对性提出反诉，打击对方核心利益，为和解创造了有利条件。（4）创造性提出解决问题的方案，超越"就事论事"，促使原告明确权利边界以及确认不侵权的情况，解决双方的后顾之忧，为中国企业继续在美国的经营活动彻底扫清来自原告方的障碍。

### 案例二 保乐力加洋酒集团商标刑事保护案

### 案情概述

保乐力加集团是由法国两家最大的酒类公司保乐公司和力加公司于 1975 年合并而来的，目前已经成为了全球烈酒和葡萄酒行业的巨头之一，在全球高端、超高端酒类中排名第一。保乐力加集团旗下拥有芝华士、马爹利、百龄坛、绝对伏特加、格兰威特等多个世界知名的洋酒品牌，产品畅销全球 160 多个国家。2018 年，广东省江门市公安局破获了一起特大假冒洋酒案件。涉案犯罪嫌疑人林某慈于 2014 年左右开始纠集郑某坚、陈某洽等人成立犯罪集团，专门从事用低档洋酒灌装、包装成高档洋酒并销售的假冒注册商标的犯罪活动，并将假冒洋酒通过汇酒轩公司对外销售，其中涉及保乐力加旗下马爹利、百龄坛、芝华士等多个品牌。泰和泰律师代理马爹利、芝华士等公司从公安侦查阶段便介入该案件，一方面帮助客户了解案件进展，另外一方面通过指导客户出具鉴定书等工作协助公安机关查明案件事实。在之后的刑事诉讼程序中，律师亦代理客户（第三人，被害单位）参诉，并针对商标权利人出具鉴定的法律依据及性质、鉴定方法及合理性、非法经营额的计算方法、被告的定罪及量刑等问题充分发表了代理意见。

### 裁判结果

新会区人民法院判定包括林某慈在内的一百余名被告构成假冒注册商标罪，其中林某慈作为该犯罪集团的首要分子被判处有期徒刑六年二个月，并处罚金1.6亿元。

--- ◦ 承办团队 ◦ ---

本案由泰和泰（北京）律师事务所王潇律师承办。

### 典型意义

这是一起特大制售假酒案件（新会区人民检察院官方定性），刑事卷宗超过200卷，光现场查扣的假冒酒便有10多万支，该犯罪集团半年时间对外销售的假冒酒便高达30余万支，涉案金额高达3.6亿多元（法院最终认定的非法经营额），最终130多人被批捕并被判刑，成为江门地区批捕人数最多的犯罪集团。这也是保乐力加集团目前在中国所做的涉案金额最高、侵权人数最多的刑事保护案件。该案对于保乐力加集团肃清市场、维护品牌声誉具有重大意义，同时防止了更多的假酒流入市场，维护了消费者的合法权益。

**案例三** 故宫博物院、中央民族乐团与环球音乐集团（Universal Music Group）《故宫之声》音乐文化项目专项法律服务项目

### 案情概述

故宫博物院、中央民族乐团与环球音乐集团合作，邀请国内外知名音乐家，

以故宫建筑群及文物藏品为创作灵感，用声音记录故宫的四时变换，用音乐传递故宫承载的中华优秀传统文化，联合推出《故宫之声》系列音乐，并由环球音乐集团负责全球发行，对外传播中华优秀传统文化。北京市诺恒律师事务所接受中央民族乐团的委托，全程参与该项目的合规研判、商务谈判、合同草拟、修改、审核等环节，包括涉及美国、加拿大、墨西哥等国家关于以永久下载的形式发行音视频的相关法律规定的查询和释明工作，并提供最终法律意见。

 **裁判结果**

各方正式签署项目合作协议。

◦ **承办团队** ◦

本案由北京市诺恒律师事务所林悟江、杨冰清律师承办。

 **典型意义**

故宫博物院、中央民族乐团同为国家级的文化单位，本次以我国优秀传统文化要素为基础打造优秀音乐，并与国际知名音乐集团合作全球发行，可谓是中华优秀传统文化"走出去"的典型范例。该专项法律服务不仅涉及音乐传统实体形式的知识产权保护，还涉及新型数字传媒形式的知识产权保护，不仅涉及中国地区法律适用，还涉及多国域外法律适用，充分体现了律师利用专业优势服务于文化"走出去"的能力。

## 三、知识产权领域法律问题分析与风险防范

中国企业在向"一带一路"共建国家开展投资时，面临着诸多知识产权法律问题和风险，需要通过熟悉知识产权国际保护规则、推动区域知识产权一体化建设等措施加以防范。

**(一) 法律问题**

**1. 知识产权境外申请及取得周期长**

以专利为例,对于专利的确认主要通过三种方式:一是普通申请,即申请人逐一向东道国相关主管部门递交专利申请。二是巴黎申请,即根据《巴黎公约》规定在一个成员方提出专利申请。三是 PCT 申请,即根据《专利合作条约》的规定提交国际专利申请。商标的注册申请既可以逐一向东道国申请,也可以根据《马德里协定》向东道国申请。巴黎申请、PCT 申请和马德里申请均为中国企业在境外取得知识产权提供了便利,但由于公告及异议等必经程序,即使不存在任何异议,仍需耗费大量的时间方能最终取得。相当一部分中国公司直至准备进入东道国时,才开始进行相关申请工作,这样的安排不能满足项目进度的需要,严重影响"走出去"进程。

**2. 知识产权保护需要进一步加强**

以中国第一贸易伙伴——美国为例。2021 年,中国企业在美国新立案和结案的知识产权诉讼案件共 1253 起,其中,新立案 862 起,较 2020 年同比增长 69%;专利诉讼案件数量为 359 起,较 2020 年同比增长 37.02%;商标诉讼案件 529 起,较 2020 年增长 112.45%;商业秘密诉讼案件 14 起。上述三类案件涉及中国企业 5693 家(次),其中中国企业作为原告(权利人)138 家(次),作为被告共计 5555 家(次),被告占比高达 98%。诉讼结果方面,中国企业整体胜诉率偏低:74%专利诉讼以撤案结案,72%商标诉讼案件中被告缺席判败诉,鲜有中国企业获胜,加之平均两年以上的长诉讼周期,一旦败诉,中国企业将不可避免地面临平均接近千万美元的判赔额。[1]

**3. 知识产权使用需要关注东道国具体法律规定**

知识产权的境外使用常常涉及排他许可的地域限制问题,尤其是在相关产品的制造需要进行国际采购,或者相关产品需要从东道国出口的情形下,问题更为突出。许可范围的明确划分不仅关乎被许可知识产权的使用及归属问题,更与企业的自身发展和未来战略规划,尤其是与企业的知识产权体系息息相关。

---

[1] 参见黄栋、王娟娟:《"一带一路"背景下企业创新国际化中的海外知识产权保护》,载《企业经济》2023 年第 5 期。

因此，许可范围不只是许可方式的选择问题，更是相关具体条款的约定将如何影响中国企业在东道国的投资效益及市场划定等问题。此外，排他许可的相关约定也常常可能与东道国的反垄断法发生关联。某些排他许可条款稍不注意，即可能与当地的反垄断法律或竞争法律相抵触。

### （二）主要原因

**1. 知识产权的地域性特征**

这一特征决定了依照中国法律取得的知识产权，原则上只有在中国境内是合法有效的，得到东道国法律的确认是在该国范围内使用相关知识产权的前提。在我国企业投资"一带一路"共建国家中，一些国家是多项知识产权保护公约（如《巴黎公约》《TRIPS 协定》《商标国际注册马德里协定》），以及世界知识产权组织的成员方，还有一些国家已经与我国签署合作协议。如果东道国既不是国际公约的成员方，又没有与我国签订知识产权合作协议，则中国企业只能通过普通申请的方式向东道国申请该国知识产权。复杂多样的知识产权法律环境使得企业在共建国家知识产权获权成本明显增加，收益难以保障。

**2. "一带一路"共建国家和地区的知识产权制度和保护水平各不相同**

"一带一路"共建国家中的法律制度体系包括大陆法系（如波兰、印度尼西亚等）、英美法系（如新加坡、巴基斯坦等）和伊斯兰法系（如沙特阿拉伯、伊朗等）多种法系，立法、司法、行政执法体系和程序各异。各国知识产权保护水平和立法水平差异较大。中亚一些国家的知识产权保护水平较低，如阿富汗、不丹、伊朗等；但有的国家知识产权保护水平相对较高，如以色列、新加坡、爱沙尼亚等；新加坡跟中国一样将知识产权分门别类地制定法律，菲律宾仅制定了笼统的知识产权法，还有一些阿拉伯国家习惯依据风俗进行经贸合作。

**3. 缺乏统一有效的知识产权争端解决机制**

各国种族、语言、文化存在较大差异，知识产权发展程度不同，中国企业在共建国家遭遇知识产权纠纷时，因企业自身缺少当地国家知识产权专业人才等原因，往往难以通过"当地救济"的方式顺利解决知识产权争端。如依靠国际组织进行救济，则需要知识产权争议双方所在国都加入该国际组织。"一带一路"共建国家中，有的国家没有加入 WTO，无法采用此种救济方式。且由于美方持续阻挠 WTO 上诉机构大法官遴选，上诉机构自 2019 年 12 月 11 日起至今停摆。"一带一路"共建区域知识产权争端解决机制的缺失,在较大程度上阻碍了国家间知识产权贸易往来,对企业维护自身合法权益带来了消极影响。

（三）防范措施

1. 进一步加强知识产权合作机制建设

与共建国家特别是中国企业开展贸易往来较多的国家、具有较大国际影响力和较完善知识产权体系的国家,开展全方位业务合作,协调知识产权制度,实质性推进检索、审查、保护的一体化进程,助力双边或多边企业知识产权密集型产业贸易畅通。对共建潜力国家,如越南、马来西亚、泰国等,这些国家与中国贸易关系密切,但知识产权体系不完善,国际影响力较弱,利用"丝路基金"等资金渠道,帮助该国完善知识产权制度,便于中国企业在该国的知识产权布局和合法权益保护。

2. 构建知识产权国际争端解决新机制

推进"一带一路"知识产权争端协调机制一体化,协商设立区域知识产权仲裁机构。进一步发挥现有国际仲裁机构解决知识产权争端的作用。坚定维护WTO 多边贸易协定,尽快恢复 WTO 争端解决机制功能,并就 WTO 争端机制改革尽快达成一致,使其保持中立、有约束性、两级审理等核心特征,成为一个所有成员方均可使用的、完整的和运转良好的争端解决机制。

3. 促进企业重视并完善知识产权战略体系和布局

建立健全中国企业"走出去"知识产权公共服务平台,加强"一带一路"共建国家知识产权政策法规及业务指南、境外知识产权安全风险防范、知识产权案件统计数据、年度典型维权案例等公共信息服务的供给。引导企业提前进行知识产权布局,先行取得东道国的知识产权,并做好知识产权维权。提前了解东道国知识产权特殊规定,慎重考虑技术交易模式,避免因部分国家特殊的法律规定可能带来的不利影响。

4. 引导企业做好避免遭受知识产权侵权的防范措施

强化中国企业知识产权风险防范意识,在境外进行投资之前,提前进行知识产权研判,熟悉东道国知识产权保护制度,根据东道国知识产权整体情况,灵活地确定在当地的投资模式、技术引进情况以及投资比例等,加强企业知识产权管理。

**5. 推动建立知识产权侵权快速应对和预警机制**

如在东道国被诉侵权，企业应克服畏难情绪，积极采取应对措施，启动企业内部知识产权处理程序，制定应对策略，尽快采取相应的法律手段，进行应诉、抗辩和减少可能的损失，并向政府机关、行业协会报告涉诉具体情况。政府、协会必要时为企业提供知识产权法律服务援助，对涉诉企业进行知识产权应诉指导和帮扶。政府、协会应及时发出预警，提请中国企业加强注意，防止更多企业陷入纠纷。

# 第八节　数字经济法律服务领域

2023 年，中国迎来了贯彻落实党的二十大精神的开局之年，十周岁的"一带一路"倡议业已取得了举世瞩目的发展成就。该倡议不仅有力推动了政策沟通、设施联通、贸易畅通、资金融通和民心相通，十多年来"一带一路"共建国家通过通力合作，在数字经济合作层面也取得了长足发展，数字"一带一路"已从愿景转变为现实，同时对我国涉外数字经济法律服务也提出了新的要求。我们相信在各方共同努力下，"一带一路"倡议将继续秉持共商、共建、共享的原则，在数字"一带一路"上实现互利共赢的目标。

## 一、中国与"一带一路"共建国家和地区数字经济合作项下的法律服务概况

### （一）中国与"一带一路"共建国家和地区数字经济合作背景及现状

数字经济合作在推动中国与"一带一路"共建国家的合作中发挥了重要作用。首先，随着各国信息化水平的提高和数字化转型的深入，中国与"一带一路"共建国家在网络安全、数据跨境传输、税收制度等领域进行国际交流合作的空间进一步扩大。在此期间，完善数字治理和相关政策的沟通与联动势在必行。其次，中国蓬勃发展的电子商务贸易为"一带一路"共建国家带去了新的参考范式和经济增长点，其中，互联网技术和电子商务平台的存在本身即可突破传统贸易的地域局限，疫情期间跨境电商的发展也佐证了前述事实。此外，

数字经济的合作与发展也有利于"一带一路"共建各国信息基础设施的建设与联通，前述交流合作为各国的硬件能力提出了新的要求，为顺应经济增长点，把握时代趋势，各国在"一带一路"合作期间还着力提升了互联网和宽带覆盖率，以及更广泛应用信息通信技术（ICT），在此期间更是通过数字资金融通，主动深化与中国的经贸合作。

中国式现代化道路的成功实践坚定了共建国家发展数字经济的意愿，共建伙伴国家相信，通过与中国紧密合作，其可以夯实新经济发展模式，并助力本国数字经济稳健发展。

### （二）"一带一路"倡议下数字经济法律服务的产业分布及未来展望

截至目前，中国已与 17 个国家签署"数字丝绸之路"合作谅解备忘录，与 23 个国家建立"丝路电商"双边合作机制，与周边国家累计建设 34 条跨境陆缆和多条国际海缆，中国与"一带一路"共建国家和地区的数字经济合作正在不断深化。

在政策和制度层面，中国与"一带一路"共建国家和地区也达成了多项共识，取得了丰硕成果。在过去的十多年中，中国提出并推动了多项合作倡议，包括《中国—东盟关于建立数字经济合作伙伴关系的倡议》《中阿数据安全合作倡议》《中非数字创新伙伴计划》。此外，中国还与 29 个国家共同核准了《"一带一路"融资指导原则》，积极推进 5G 基站、数据中心和智慧城市等设施的建设，借助北斗卫星导航系统来支持"空间信息走廊"的发展。

"一带一路"倡议也致力于对传统基础设施，如港口、铁路、道路、能源和水利等进行数字化升级和改造，重点项目包括"中日韩数据港""中国—东盟信息港"以及"数字化"中欧班列等。我国还发布了《"一带一路"债务可持续性分析框架》，秉持了平等参与、利益共享和风险共担的原则，加强了数字领域的规则标准联通，推动了区域性数字政策协调，帮助企业合规的同时保障各方的权益。

从数字经济法律服务角度看，目前既存在中国企业"走出去"，也存在"一带一路"共建国家企业"引进来"的情况，对法律服务及相关行业从业者提出了更细致的要求。随着中国数字经济的快速发展，数字化创新和转型的大潮从互联网等领域向传统行业渗透，中国出海企业纷纷进入"出海数字化"阶段。这一变化使得数字经济的出海扩展到更多行业和领域，对安全合规、隐私数据、数据本地化等问题都提出了具体要求。对此，商务部、中央网信办、工业和信息化部于 2021 年联合印发《数字经济对外投资合作工作指引》，指引了推动数字经济对外投资合作，积极融入数字经济全球产业链、加快推进数字基础设施建设等 11 项重点工作，在合规的前提下，鼓励数字经济企业"走出去"。与此同时，中国也强烈鼓励"一带一路"共建国家企业"引进来"，在严格落实我国法律法规有关数据出境安全、个人隐私保护的相关政策的前提下，在中国境内开展自由贸易。

### (三) 当下"一带一路"数字经济法律服务的挑战及应对

近年来，美国对中国高端科技产业不断打压，通过采取将中国企业列入实体清单、推出"净化网络"计划等方式，阻碍了数字"一带一路"建设。此外，全球数字经济尚未形成统一且广泛认可的多边规则，各国基于不同国情和历史文化制定了自身的规则，而这些规则存在较为广泛的差异。再者，"一带一路"共建国家互联网普及率欠发达，各国在数字空间治理方面存在不足。以上种种都为数字经济法律合作提出了挑战，且各国数字经济规则繁杂，更新速度快，但因其尚在摸索进程中，目前也缺乏实质性案例指引，从而对从业人员提出了相当高的要求。

从思想层面上，笔者认为数字友好五通建设是推动数字化发展和国际合作的重要举措。虽然直面西方的压制，我们仍应该坚定推进与共建国家的交流，在确保数字安全的前提下，参与国际规则标准制定，并加强与其他国家的合作。通过数字友好政策沟通，数字友好设施联通，数字友好贸易畅通，加强数字友好资金融通，促进数字友好文化交流等方式推动与共建国家进行友好协商，共同制定相关政策并达成数字经济法律共识。

从人才培养层面上，我们也需要培养一批有国际视野和领导力的数字法律服务人才。这类人才应熟悉世界前沿数字法律制度，洞悉我国的数字法律的发展阶段及实践走向，同时了解"一带一路"共建国家的数字立法标准及理论依据，从而可以在我国与共建国家的经贸往来中，为企业提供更高质量的数字法律服务。同时在数字经济合作标准制定过程中，提出相应的实践建议。

## 二、中国与"一带一路"共建国家和地区数字经济合作项下的法律服务典型案例

**案例一** 某知名汽车配件企业在华公司网络安全与个人信息合规项目

###  项目概述

某知名汽车配件生产研发企业拥有80余年历史，长期致力于研发、生产、销售汽车重要配件，在亚洲、美洲多个国家拥有分公司，产品销往全世界。

该企业在华多个城市设置分支机构，伴随《网络安全法》《数据安全法》《个人信息保护法》的出台，为更好地推进该企业在华分公司的数据合规，保证其在华的生产、销售业务持续稳定进行，有必要对企业进行网络安全及个人信息安全方面的风险检测及合规控制。

该企业在华公司委托泰和泰（北京）律师事务所冯超律师团队负责其网络安全与个人信息合规法律建设项目的工作。

律师团队在接受该企业委托后，咨询网络安全及汽车工业领域行业主管部门，查询行业监管动态，根据监管部门要求，对该企业所在行业特点、网络系统及数据情况进行了着重分析，制订了初步调查方案。

针对该企业在华分公司，律师团队根据股权架构、关联关系梳理了该企业全部在华分公司、关联公司及下属分支机构情况，从尽职调查、方案规划、企业网络安全及个人信息制度设计、整改建议并监督实施四个方面为该企业提供了法律服务，形成了可供企业长期使用的制度建设，以达到规避企业网络安全与个人信息安全事故及合规风险的目的。

### 项目成果

首先，协助企业对其使用的网络系统进行风险评估，结合企业业务特点，与公司业务及技术部门一道深入盘查系统架构及设计，在实现系统目标的同时主要检测系统的安全防护能力、使用的安全技术措施是否落实等，并通过安全

演练的方式，对系统针对外来入侵、内部账号违规操作等可能导致安全事故的情况进行预演，评估系统的安全预警及防范能力。

其次，梳理在华公司所掌握的内部员工、客户及上下游供应商的个人信息规模及类别，对个人信息进行分类分级管理，去除非必要信息，对敏感个人信息制定了详细的管理制度及技术措施，完成一整套个人信息管理方案。

最后，针对《个人信息保护法》的要求，基于在华各个公司的业务运行需求，形成了一整套个人信息合规文件，包括《隐私政策》《IT 手册》《安全手册》等。

◦─ **承办团队** ─◦

该案件由泰和泰（北京）律师事务所高级合伙人、国际业务部主任冯超律师承办。

◆ **典型意义**

近年来，相继出台的《网络安全法》《数据安全法》《个人信息保护法》《个人信息保护合规审计管理办法》等法律法规显示出国家对于数据监管力度的加强以及对个人信息安全的重视。无论是从业务发展还是从员工人力资源管理的角度，企业对个人信息保护均成为其无法忽视的问题。

因此，无论是从技术层面制定严格的制度及技术措施防范数据安全事故，还是从《个人信息保护法》明确规定的个人信息告知同意原则两个方面而言，企业在收集、使用、处理、对外提供个人信息等处理活动中，均应完善其制度建设，并对技术措施不断监测和升级，以确保满足与企业经营管理相匹配的数据及个人信息合规体系。

该企业在华公司作为工业领域重要主体，在华分支机构较多，辐射范围较广，拥有多条生产线及覆盖点、线、面的销售渠道，网络安全及数据合规尤其重要。律师团队结合该公司行业特点及数据情况，专门设计了针对不同分支机构以及针对客户、供应商信息的尽职调查，在业务场景及人力资源场景等多个环节进行数据合规整改。在工作过程中，律师团队发现其网络系统风险较高的地方，以及制度未完善的部分，也专门设计了针对性的监测、排查工作，改进、优化了技术措施和方案，并完善了制度文件。

该企业对于律师团队的网络安全与个人信息合规设计与整改工作成果非常满意，有利于企业之后数据及网络合规持续稳定、良好运转进而支持其业务部门开展运营。该案例对于工业领域企业的网络及数据合规设计与整改工作形成了良好的示范作用，也为后续律师团队进行企业数据及网络合规工作积累经验。

## 案例二　某中资企业全球数据合规项目

### ⬢ 项目概述

某中资企业经营智能穿戴产品（AIoT 物联网），并全面开展海外布局、拓展全球范围的智能穿戴服务市场，在此过程中，合规工作需要跨越多个国家和地区，包括欧盟、新加坡、澳大利亚与美国等。

智能穿戴设备是指将传感器、无线通信、多媒体相结合，直接将传感设备穿在身上的便携式设备，在应用软件的支持下对数据进行感知、记录、分析和调控。同时，随着功能的不断增加，智能穿戴产业链中将融入更多参与者，各参与者在提供技术便利的同时，也提高了黑客入侵等事件发生的概率。设备在运行过程中所采集并传输的运行数据、位置信息和健康信息将面临信息破解和泄露的风险。因此，对于智能穿戴设备厂商来讲，如何做好设备的数据安全和隐私保护是重中之重，并且也是各国监管部门关心的问题。

盈科律师事务所接受该企业委托后，为企业提供了数据合规制度体系搭建、多个国家地区的法律政策分析意见、数据收集合规设计、隐私政策完善、第三方数据共享合规整改等服务，同时为企业的海外数据中心部署与业务落地提供切实可行的方案意见。

### ⬢ 项目成果

为企业海外布局提供可落地性的综合方案，包括产品落地方案建议、合规方案建议、合规方案落地等，针对不同国家和地区的不同要求，提供有针对性的合规策略，并有效统筹集团之间的合规工作，高效地推进各项工作，为企业的海外战略快速落地提供了强有力的法律支撑。

○ **承办团队** ○

本项目由盈科律师事务所全球 ESG 中心数据合规分中心主任、盈科权益高级合伙人郭卫红律师领衔的网络数据合规团队承办，其是国内最早专注于网络数据法律领域的律师团队之一。

**典型意义**

智能穿戴设备可以高效收集、处理敏感、实时的信息及数据。而对于这些信息和数据的管理，无论是从个人信息的保护，还是从网络与数据安全的角度，智能穿戴行业对于数据合规业务的需求都十分迫切。同时，中资企业在进行海外布局时，对于投资目的地国数据保护法规的不熟悉、实践操作经验的缺乏也使得企业在落地出海计划时受到阻碍。因此，本项目从企业需求出发，为企业及其相关产业提供智能穿戴设备数据合规服务，提供可以落地的多地区数据合规方案，为企业成功实现全球化、降低海外投资经营风险提供了合规保障。

## 三、中国与"一带一路"共建国家和地区数字经济合作项下主要法律问题分析与风险防范

全球数字贸易近年来发展显著，已成为促进并逐步替代传统经济增长模式的重要经济发展部分。我们已看到，中国未来要将数字经济作为促进经济增长的重要驱动力，并且加强数字经济领域的国际合作。其中就必然要应对监管挑战、人力资源和核心技术挑战、关税挑战、跨国数据保护的法律挑战四大挑战，在此四大挑战中寻找机遇进一步参与并推动制定数字经济领域国际新规则，通过数字经济带动更大范围、更宽领域、更深层次的对外开放，从而加强与"一带一路"共建国家和地区的数字贸易，为全球经济增长注入新的动力。

数字经济及数字贸易在当今世界具有无可替代的优越性。它通过大数据、云计算、人工智能等新的科技手段，利用国际电子支付、结算等数字金融工具加快了各个地区的交易速度，拓展了交易量。近三年来，新冠疫情导致跨境出

行受限，大量依赖面对面的传统服务贸易转到线上，推动数字贸易逆势增长，不仅引起了全球经济的根本性变革，也令全球经济向数字经济倾斜。

为抓住数字经济发展的新风口与新机遇，带动中国传统产业加快实现数字化转型，进一步推动中国数字领域新兴产业加快融入全球产业体系，中国政府高度重视数字经贸国际合作。中国不仅已宣布申请加入《数字经济伙伴关系协定》（DEPA）及其他相关国际经贸协定，还计划在"十四五"时期，推进数字服务出口基地建设和打造数字贸易示范区等，以此加强和"一带一路"共建国家和地区的合作，并为中国的数字经济发展乃至世界各国之间的数字贸易提供助力。

然而，"一带一路"共建国家和地区大多属于发展中国家，经济发展还不成熟，尤其大多数国家属于"互联网发展中国家"，如非洲国家的互联网普及率目前只有15%左右，深陷数字鸿沟。中国要进行"一带一路"倡议下的数字经济国际合作，尤其是和"一带一路"共建国家和地区进行数字贸易，将遭遇以下立法、司法、执法方面的法律壁垒：

第一，监管壁垒。在新冠疫情冲击下，各国跨境电商发展迅速，因此，大量的电商货物贸易必然伴随着涌入及交换的大量数字信息，给传统货物监管部门和数据监管部门带来了巨大挑战，对部分过往电商数量及规模较小的"一带一路"共建国家监管部门带来的挑战尤为巨大。

第二，关税壁垒。随着跨境数字贸易规模日益扩大，各国税收主权和利益受到较大影响，促使净进口国维护本国税收利益的意愿越发强烈，单边征收数字税的国家逐步增多。当前中国与"一带一路"共建国家主要采用单边数字服务税体系，缺乏相应的协调机制，这种单边数字服务税不仅会增加中国与共建国家的贸易摩擦，未来还会影响跨境数字贸易的开展和准入。

第三，跨国数据保护的法律壁垒。发展区域数字经济，开展数字贸易，必将涉及各国的网络与数据安全问题。数字贸易尤其是企业出海、跨境电商非常依赖于数据的移动、存储和使用。随着跨境数据流动变得更加频繁，其中个人信息、商业信息保护以及随之产生的法律问题及纠纷，已摆在中国与"一带一路"共建国家面前，成为中国与共建国家发展数字经济发展的主要挑战。

此外还必须认识到，"一带一路"共建国家之间存在明显的法律冲突问题。

首先是因宗教信仰问题而产生的法律冲突。同时，"一带一路"共建国家对待法治的态度和标准的差异也会导致频繁而严重的法律冲突。"一带一路"共建国家和地区在对待法治的态度及标准上各有差异，尤其在司法制度及法律适用层面，不同法系、不同制度间的冲突在所难免。而且，因对法治的态度和标准的差异所导致的法律冲突极易发生在制定国内法、双边条约和多边条约过程中。推进"一带一路"建设，一方面需要与共建国家共同制定双边或多边条约，另一方面需要对国内法进行适当的调整。所以，因对法治态度和标准的差异而导致的法律冲突，对推进"一带一路"倡议所带来的阻碍作用是不言而喻的。相应地，解决好这些法律冲突，对"一带一路"倡议的有效落实具有直接的现实意义。

上述提及的法律问题及挑战，也是国际上发展数字经济普遍面对的挑战。积极应对这些挑战，将促进中国与包括"一带一路"共建国家在内的世界各国进行数字贸易，并推动中国参与制定数字经济国际新规则。我们可以从以下措施着手面对当前的挑战和法律问题。

第一，监管和关税问题。由于中国已与150多个国家、30多个国际组织签署了200多份"一带一路"共建合作文件，其中不少共建国家已与中国在数字贸易领域展开较为广泛的合作。中国可推动相关部委与这些国家在已签署的"一带一路"合作文件中，补充签订数字贸易的监管协议和关税协议，填补监管空白，进一步加强国际信息交换，避免在国际上发生不必要的纠纷。

第二，跨境数据保护的法律问题。当前，包括CPTPP、RCEP和DEPA在内的多项国际协定已经被纳入跨境电子商务、数字交易的相关法律问题解决方案，如在RCEP协定中已包含"合法的公共政策目标"和"基本安全利益"等豁免条件，可用于证明国内要求限制跨境数据流的合理性。中国可考虑与"一带一路"共建中的区域性国际组织，尤其是与东盟、非盟等国家组织，参考CPTPP、RCEP等国际协议的相关条款，结合各国具体情况，率先建立中国与东盟之间、中国与非盟之间的数字信息安全保护法等法律法规，完善个人信息、商业信息保护、数据跨境流动、安全防护等制度；明确加强个人信息、商业信息保护的原则，包括收集限制、数据质量、目的规范、使用限制、安全保障和透明度，要求各缔约国依据这些原则建立国内法律框架以实现一定标准的数据保护。

第三，"一带一路"倡议下数字经济法律问题既是国际问题也是国内法律问题。围绕"一带一路"建设仍可继续推进国内相关立法的修改与完善，加快完善与细化国内法中关于数据安全保护相关的法律法规，并将其落实到执行层面，同时未来还可以把有关"一带一路"数字经济建设中的国际条约的内容通过国内法的形式确认下来，使其获得国内法的效力。如此，不仅可以提升民众对"一带一路"数字建设重要性的认识，而且可以使有关国际条约、多边条约、双边条约获得国家强制力的保障。

第四，充分发挥企业在"一带一路"数字经济中具有的能动性，提高企业的数字化能力，重视数据收集、分析和研究，精准对接"一带一路"区域经济发展及共建各国家产业的需求，把握不同消费市场特点，向数字化、智能化供应商转型。

第五，加强企业的数据安全保护能力与意识，提高企业对数据安全的保密意识和警觉性，通过国内立法及国际条约的构建，增强企业的数据安全合规体系，刺激企业搭建数据安全运营管理平台，采取有效的数据安全保护技术措施，进行常态化安全管理，降低数据泄露风险，并遵守不同国家相关的法律法规，减少因数据安全隐患带来的损失，增加国际合作伙伴间数据信任关系的建立。

2023 年时值"一带一路"倡议提出十周年，世界格局正发生深刻变革，中国与"一带一路"共建国家的合作呈现新趋势。当前，处于数字经济发展初期的"一带一路"共建国家和地区，有着迫切的数字发展愿景和动力，也有着巨大的未开发市场。中国企业要掌握自身的数字技术优势，加强数据合规与数据保护，增强与共建国家在数字合作框架、数字基础设施、数字化能力等方面的合作，助力新时代中国经济转型和"数字丝绸之路"高质量发展。

## 第九节　海事海商领域

随着"一带一路"倡议提出十多年来，中国与共建国家贸易额度大幅提升，作为对外进出口贸易主要运输方式的海上运输在 10 年间大幅发展，涉外海事海商案件数量随之显著提升，相关领域的法律问题及风险防范被业内持续关注。

## 一、"一带一路"海事海商领域法律服务概况

### （一）存在的主要法律问题

1. 多式联运或长途海运的特点造成海事海商案件中证据收集难、认定难

通过检索中国裁判文书网相关案例，涉外海事纠纷主要涉及货物运输、货运代理、船员劳务、船舶买卖、船舶租赁、集装箱租赁、海上保险、人身损害、财产损害、船舶碰撞损害、污染损害、养殖损害纠纷等，其中货物运输合同纠纷案件数量占比最大，货损纠纷又是货物运输合同纠纷的争议焦点。以货损纠纷为例，司法实践中表现出货损原因难以查明、责任划分争议较大等问题。例如，在厦门市明穗粮油贸易有限公司诉大西洋墨西哥私人有限公司海上货物运输合同纠纷案[1]中，"DDGS 货物发生变色但其营养成分仍符合买卖合同约定的标准，这种情况是否构成货损"是案件的主要争议焦点之一，法院认定过程中充分考虑了货损纠纷发生时货物性质和有关贸易背景情况，最终认定构成货损。司法实践中，因海运的货物多种多样，认定其是否发生损坏的标准也是多种多样的。又如，在一些以多式联运为基础的跨境运输合同案件中，合同约定由承运人负责全部物流运输工作，但实践中承运人存在将不同区段分包给不同区段承运人的情况，若收货人在最终验收时发现货物有损害，要求承运人赔偿货损，而承运人因不掌握各区段承运情况，也未参与货损鉴定，无法就货损相关事实举证抗辩，在诉讼过程中处于被动地位。

2. 海洋生态保护问题

远距离海运过程中，船舶污染海洋的事件层出不穷，尤其是邮轮、载有毒化学物品的船舶发生海上事故后严重污染海洋，给海洋生物资源、海滨环境、沿岸居民生产生活造成严重危害。我国已加入《国际船舶油污损害民事责任公约》《国际燃油污染损害民事责任国际公约》，公约将应用赔偿责任限制制度的程序决定权交给缔约国行使，我国于 2000 年 7 月 1 日施行的《海事诉讼特别程序法》中规定了设立油污损害赔偿责任限制基金的相关内容，但司法实践中就

---

[1] 参见广东省高级人民法院（2018）粤民终 1769 号民事判决书、（2016）粤 72 民初 1446 号民事判决书。

基金的设立问题亦存在争议，如《海事诉讼特别程序法》第106条第1款规定，利害关系人未收到通知时，给予利害关系人30日公告期限，但按照公约中的规定，船舶油污损害赔偿责任基金的设立并不能必然导致当事人权利义务的变化，通用该法的此项规定，时限明显过长，不符合公约的立法目的。

3. 海事海商案件中准据法查明存在困境

《涉外民事关系法律适用法》第10条规定，"涉外民事关系适用的外国法律，由人民法院、仲裁机构或者行政机关查明。当事人选择适用外国法律的，应当提供该国法律。不能查明外国法律或者该国法律没有规定的，适用中华人民共和国法律"。该条虽对外国法律的适用情形进行了规定，但没有明确人民法院、仲裁机构、行政机关查明的责任分配，亦未对人民法院、仲裁机构、行政机关查明的外国法律不一致的情况下如何判断进行规定，导致实践中出现外国法律查明主体不明的情况。另一典型问题是，需要查明外国法的案件中被法院认定为无法查明最终适用中国法的案件数量较多，反映出需当事人提供外国法律的情形规定不明确的问题。同时，我国对于人民法院、仲裁机构、行政机关可采取的查明手段、当事人提供可采取的方式或手段及程序均没有作出规定，导致司法实践中查明外国法律存在困境。

4. 海事仲裁裁决执行问题

海事仲裁是航运争议解决的方式之一，仲裁裁决能否得到我国法院及"一带一路"共建国家法院的认可决定着海事仲裁能否成为有效的争议解决方式。实践中，对于外国仲裁机构作出的海事仲裁裁决，共建国家是否予以承认和执行，不同国家持有不同的态度，并在裁决执行的管辖权问题上存在争议。

5. 文书送达存在困境

因跨境海运的行业特点，司法实践中很多案件存在送达困境。由于"一带一路"倡议的签约国很多不是《关于向外国送达商事诉讼文书和非诉文书海牙公约》的成员，也未与我国就送达事项签订条约，如果仅凭外交送达，就存在送达周期长、送达成功率低的情况。司法实践中，案件中的外方主体一旦出现消极应诉的情况，将导致争议双方之间花费更多的时间和费用成本，并因此导致各方之间矛盾升级，不利于解决实质争议。

（二）上述法律问题产生的主要原因

1. 立法相对滞后

《海商法》自 1993 年 7 月 1 日起施行至今已有二十多年，其间国际航运实践、政策已发生深刻变化，该法已不能适应当今的海事海商纠纷案件的处理。另外，该法自施行以来，我国民事法律立法已经取得阶段性的成果，该法中的许多规定已不能与《民法典》等法律规定相协调。并且，受该法客观情况的限制，该法对很多复杂问题仅作了原则性规定，缺乏可操作性。该法中缺乏船舶污染损害赔偿制度等内容，也无法为目前的海事争议案件处理提供遵循。

2. 区际法律、贸易惯例及风俗习惯不同

"一带一路"倡议共建国家遍及世界各地，多数国家与我国的法律、贸易惯例、风俗存在很大差异，与之交易的企业应当了解并尊重当地的法律、贸易惯例、风俗。其中有些国家规定部分海域禁止从事捕捞活动，有些国家规定某些产品或原料禁止进出口等，如果不了解交易方所在国家的法律规定、贸易惯例及风俗习惯，企业很可能违反相应的法律规定并因此承担责任。

3. 我国航运业结构发展不均衡

我国目前国际航运企业总体上仍以中小企业居多，中小企业在国际航运市场中竞争力较弱，且法律意识较弱，交易前无法进行充分的风险评估，后续外国企业发生纠纷时，因协议约定不明或约定利于对方的情况时有发生，加之涉外海事案件中存在的证据搜集困难、准据法查找困难、送达难、执行难等事实问题，中小企业在涉外海事案件中经常处于劣势地位，难以维护自身合法权益。

## 二、海事海商领域典型案例

 **案例一** "AEOLIAN GRACE" 轮劳合社救助仲裁案

 **案情概述**

（1）事故经过。

2020 年 3 月 3 日，"AEOLIAN GRACE" 轮在巴西南圣弗朗西斯科港装载

65 804.095 吨大豆后，离泊驶往锚地，途中发生搁浅事故，搁浅地点距离装货泊位约 500 米，搁浅水域底质为石头和淤泥，搁浅部位在船右舷。

2020 年 3 月 4 日 23 时 30 分至 2020 年 3 月 5 日 1 时 30 分，港方协助船方尝试趁高潮将船舶脱浅，结果高潮并未达到预期水位，脱浅失败。另外，预测 3 月 9 日将出现大潮高水位。

（2）救助作业。

船东于 2020 年 3 月 6 日与专业救助人 SMIT 公司签订 LOF 2020 标准救助合同，随后 SMIT 公司委派救助船长等人员赶赴现场制订救助计划和协调工作，同时将租用的两艘拖轮派至现场。

3 月 7—8 日，SMIT 公司主要工作是检测 "AEOLIAN GRACE" 轮周围水深和确定具体搁浅部位，并指示将燃油泵至左舷燃油舱以防泄漏。

3 月 9 日，SMIT 公司指示 "AEOLIAN GRACE" 轮船员往左侧压载舱打压载水以调整船舶浮态，主机半速倒车，同时在 "AEOLIAN GRACE" 轮艏艉各安排一艘拖轮协助，最终顺利脱浅。

### ◈ 裁判结果

救助人、船、货三方对救助报酬金额无法达成一致，救助人向伦敦劳合社申请仲裁，请求救助报酬 450 万美元及其利息和法律费用。

一审裁决救助报酬为 400 万美元，占获救价值比例近 12%。船方和货方不服，提出上诉，二审裁决救助报酬 300 万美元，占获救价值比例约 8.8%，再次减损 100 万美元。

> ┈┈┈○ **承办团队** ○┈┈┈
>
> 该案由国外律师和国内律师合力完成：北京市盈科（大连）律师事务所滕立夫律师和汪鹏南律师；国际律师事务所 CLYDE & CO 伦敦总部的合伙人 Martin Hall 律师和 Catherine Wang（汪润萌）律师。

## 典型意义

（1）贸易行业意义。

根据商务部官网信息，我国是世界上最大的大豆消费国，产需缺口巨大，2020 年大豆进口量突破 1 亿吨。大豆进口的主要运输方式是海运，属于典型的大宗散货运输，受海上环境和运输条件等因素影响，货损货差难以避免，运输事故也时有发生，我国大豆进口企业及其保险人每年都会因此遭受很大的经济损失。本案的有效解决，不但成功地为国内大豆进口企业及其保险人挽回巨额经济损失，同时也为整个大豆进口行业树立了司法信心，我们在航运领域已具备为国内大豆进口企业提供国际法律服务的软实力。

（2）航运法律行业意义。

受历史因素影响，国际海难救助实务普遍采用英国劳合社制定的标准合同，相应的争议解决方式都是在英国伦敦劳合社仲裁。我国是贸易大国和海运大国，国内企业几乎不可避免地会遇到海运事故，涉及海难救助纠纷，但时至今日鲜有国内企业参与劳合社救助仲裁的报道（劳合社官网有历年案件的介绍）。主要原因可能是忌于国际法律制度的陌生而退求求和，该案可能是国内第一起参与劳合社救助仲裁的案件，救助人在海难救助中占据证据优势和法律保障优势，但承办律师代表获救方（货主及其保险人）据理力争，不断压缩救助报酬金额，充分展现了我国航运法律服务能力和水平的提升，也是在世界航运法律领域发出的中国声音。

**案例二** 涉外船舶建造合同中解约日、交船期是否受不可抗力影响的相关法律问题

## 案情概述

我国香港地区某公司（买方）与内地某船厂（卖方）签订船舶买卖合同，合同约定由买方向卖方购买一艘散货船，并明确约定预计交船时间和解约日。同时，合同约定如果卖方预计到，尽管其已克尽职责，到解约日船舶仍然不能

准备好交付，卖方可以书面形式通知买方，声明其预计船舶将会备妥交付的时间，并建议一个新的解约日。收到上述通知后，买方有权选择根据合同约定于收到通知后 7 日内解除本合同，或者选择接受新的日期作为新的解约日。如果买方在收到卖方的通知后 7 日内没有宣布其选择，或者买方接受新的日期，卖方通知建议的新日期应被视为新的解约日，并且取代合同约定的解约日。而且，如果在船舶建造期间发生不可抗力，预计交船时间应当被延期，并且所有与交船有关的日期包括违约金起算日应被相应调整。合同约定受英国法支配，并根据英国法解释，任何合同项下的争议应在我国香港地区提交仲裁。

合同履行过程中，因卖方未能按照合同约定在解约日前提交准备就绪通知书并交付船舶，买方行使了合同约定的解约权，并就此委托律师团队提起了仲裁，要求确认买方解除合同的行为有效，并要求卖方立即返还预付款及利息。经仲裁裁决，买方胜诉。

### ◈ 裁判结果

仲裁庭认为，买卖双方使用了挪威买卖合同格式作为其交易的合同范本，该格式是为二手船买卖设计的。但实际上，买卖双方之间的交易为船舶建造合同。这就明显造成了很多的不确定性。不论合同的形式如何，双方当事人之间的合同都是建造合同，为了商业上的可行性，该协议亦应当解释为船舶建造合同。虽然最初将交船日期确定为一个日历日期，但船舶建造合同中的交船日期可以在合同的有效期间内不断调整，反映了合同允许的延迟期间，特别是相关条款中的不可抗力情形导致的调整。但这种机制会从理论上给船厂在履行其合同义务时一个无限期间。这种情形很明显不被买方或者其投资人接受。因此，船厂和买方可以同意买方在累计一定的可允许的延迟期间（通常为 180 天或 210 天）过后享有解约权，或者在合同中约定一个日历日期作为"必须结束的最后日期"，在该日期之后，买方有权解除合同。而合同约定的解约日很明显是双方有意将其作为"必须结束的最后日期"。所以，从整体及合同订立的目的上考虑和解释，仲裁庭认为合同中的不可抗力条款不是用来影响"必须结束的最后日期"的，该条款主要是为了限定交船时间（该期间不需要承担约定违约金）可允许的迟延。协议中亦没有明确措辞表明因不可抗力产生的可允许迟延期间可以使解约日延长。故，买方解除协议的行为是有效并合法的。

◇○承办团队

本案由北京市安理律师事务所高凤培律师和高晴律师承办。

### 典型意义

本案适用英国法，在我国香港地区临时仲裁。从接受买方委托开始，律师团队提起并参与了香港仲裁程序、通过我国内地法院在香港地区仲裁过程中完成了财产保全。取得胜诉的仲裁裁决后，继续代表买方在我国内地法院申请执行香港地区仲裁裁决。本案历经数年，最终取得了令客户满意的结果。

从我国香港地区的仲裁庭的裁判观点来看，本案合同所涉船舶为新造船舶，合同实为船舶建造合同，却采用了国际上常用的二手船买卖合同，在合同范本与实际交易存在偏差的情况下，合同条款解释将存在问题。在日后的此类交易过程中，无论是船舶买方，还是船舶卖方，均应根据交易的实际情况选择合适的合同范本。

同时，船舶建造合同以及船舶买卖合同中约定的交船日期、解约日等日期均直接关系买卖双方的权利义务，在合同签订之初以及合同履行过程中，应密切关注其条款履行的可行性以及履行过程中是否存在违约行为，以保障合同各方的权利义务。

**案例三** 代表福建省某国企香港全资子公司处理从印度尼西亚进口的一系列无正本提单放货纠纷案

### 案情概述

2022 年 7 月，北京安杰世泽（厦门）律师事务所代表福建省国资委下属企业福建某国企的香港全资子公司，处理一起涉及从印度尼西亚进口的 10 船货物无正本提单放货纠纷案。本案因承运人未凭正本提单放货引发争议，涉及 10 艘船舶，案涉金额巨大。船舶所有人辩称其并非涉案提单承运人，主张对提单持有人不负有交付货物的义务，且不存在无单放货行为。案涉船舶分别登记在日本、巴拿马、马绍尔群岛和中国，船舶所有人涉及日本、中国和马绍尔群岛等地注册的企业，且均为国际运输船舶。

律师团队通过船舶自动识别系统（AIS）对案涉船舶进行全球查询和全天候跟进，最终在 1 个月内在中国的五家海事法院成功扣押案涉船舶和货物。律师团队创新性地采取了灵活的组合保全方式：对中国籍船舶采取"活扣"方式，即扣押船舶所有权证书，禁止船舶交易、转让和抵押等处分行为，但不影响船舶的正常运营；对巴拿马、马绍尔群岛和日本籍船舶采取"死扣"方式，即在卸货港实际扣押案涉船舶或其姊妹船；对货物仍在堆场的，则采取扣押货物的方式。这些措施有效维护了客户的合法权益，并取得迅速保全的效果。

### 🔷 裁判结果

此系列案件取得良好的效果，律师团队帮助中国企业成功索赔近人民币 2 亿元的损失。承运人的识别关系到海上货物运输合同的权利主体和责任主体的确定。案件审理过程中，天津海事法院以及天津市高级人民法院高度认可并采纳了律师团队关于承运人识别的新观点。这一关键突破聚焦于根据《海商法》中的两项条款：第 42 条第 1 项所规定的"'承运人'，是指本人或者委托他人以本人名义与托运人订立海上货物运输合同的人"，明确了海上货物运输合同订立主体的界定标准；以及第 71 条所述"提单，是指用以证明海上货物运输合同和货物已经由承运人接收或者装船，以及承运人保证据以交付货物的单证"，点明了提单所承载的多元法律功能与意义，我国应对《海商法》实施三十多年以来的司法实践进行承继，除非有明确约定或在提单上另有记载期租人为承运人，否则，登记船舶所有人或光租人应被识别为承运人。对于推定承运人与签发提单权利来源下的雇主责任本质有所不同，认为推定承运人应在采用提单文义识别方法和特殊的识别方法仍不能识别承运人的情况下采用，并限定推定的次数和明确规定推定不利方的反证程度。

○·承办团队·○

　　本系列案件由北京安杰世泽（厦门）律师事务所管理合伙人安寿志牵头负责，杨东洋、王鹏鑫等律师参与承办。

　　■ 典型意义

　　本案在保全措施上实现了创新，灵活运用"活扣"和"死扣"相结合的方式，有效维护了客户的合法权益，为类似案件提供了可借鉴的实践方案。本案的成功不仅为中国企业挽回了巨额损失，也为我国企业在国际航运领域的法律权益保护提供了有益经验。此举还有利于贯彻法律平等原则，维护共建"一带一路"良好法治环境，也为建设海洋强国添砖加瓦。

　　安杰世泽律师团队运用实证分析法，对我国法院此前已作出的 132 个提单承运人识别司法案例进行了系统统计和分类，提出了关于承运人识别的新观点，有效推进案件办理，还在法学核心刊物《中国海商法研究》上发表了《中国海商法下的承运人识别研究》一文，为我国《海商法》的进一步完善提供了有力的实践和理论支撑，并就《海商法》修订稿向全国人大常委会法工委提交修改建议。

## 三、防范、规避上述法律风险的主要途径

### （一）加快海商领域法律新建及修订进程

　　建议完善海上货物运输、海上保险、海事仲裁等领域法律规定，以确保海事海商纠纷有据可依；加强"一带一路"缔约国之间的多边协商，就域外取证、外国法查明、域外送达、域外执行等事项达成一致规则。

### （二）建立健全多元化纠纷解决机制

　　建议进一步建立健全涉外海事海商领域司法调解、仲裁调解、行业调解等调解机制，做好诉讼和非诉之间的衔接工作。同时，应进一步提升我国涉外海事司法与仲裁公信力，尽快完善海事仲裁制度。应逐步加强准确适用国际条约、惯例、外国法律的专业能力，加强涉及共建国家当事人仲裁裁决的司法审查工

作，并加强与"一带一路"共建各国的国际司法协助。

### （三）增强企业的法律意识

随着涉外交易数量的大幅提升，企业提升法律意识刻不容缓。第一，企业应加强风险意识。企业在缔约前应先进行风险评估，就签约主体履约能力及协议履行可能性进行全面评估。第二，签订协议时应充分进行法律审查。充分就协议的各项条款进行审查，对交易过程中可能出现的各项情况进行明确，尤其注意违约责任、管辖、法律适用等条款。第三，实时关注交易进程，注意证据保全。在货运过程中了解货物现状，若出现问题及时固定证据。第四，产生纠纷后及时行使权利。若产生纠纷后，企业在通过自身力量无法与对方达成一致意见时，应及时通过诉讼或仲裁方式保障自身合法权益。

## 第十节 "一带一路"园区概览与法律实务<br>（以"两国双园"为例）

"两国双园"是双方在对方国家互设园区、双向开放，通过优势互补，促进要素自由流动、资源高效配置、市场深度融合，实现互动发展。合作双方共同进行顶层设计，根据中国的优势与东道国及所在地区位优势、资源禀赋、产业基础、基础设施、经济发展水平、市场需求结构等，共同科学、系统、清晰地编制"两国双园"发展规划，明确园区定位和产业发展方向，提出具体的时间表、路线图和任务书。整合各自优势，共同组建园区招商引资项目领导小组，每年在中国或东道国有针对性地召开一次至两次大型联合招商引资推荐会，利用博览会、海交会、食品论坛、"一带一路"高峰论坛等平台，多渠道、多维度不断推介"两国双园"，开展联合招商，提升招商引资效率。通过互利双赢的务实合作和制度性安排，不断扩大利益结合点，充分发挥各方优势和潜能，在满足所有参与者利益的基础上通过协商共同建设，努力整合所有参与者的国家发展战略，实现合作双方风险共担、利益共享，成为利益共同体，保障园区长远建设和持续发展。

有关人类命运共同体的思想是习近平新时代中国特色社会主义思想的重要

组成部分，"一带一路"倡议是我国改革开放政策在新时代的延续和深化。在当前贸易保护主义、单边主义、民粹主义等逆全球化思潮凸显的国际经济形势背景下，通过"两国双园"建设，积极推动通道开放，畅通"陆上、海上、空中、网上"对外联系通道，带动经贸合作和人文交流；营造法治化、国际化、便利化营商环境，开展投资贸易便利化创新、投资管理创新和监管方式创新，提升国际贸易便利化水平，培育外贸新动能；建立旅外乡亲信息共享平台，深化与侨领、侨商、侨团、侨企的联系，为"一带一路"倡议凝聚侨心侨力侨智侨资；积极探索建立华人华侨参与项目招引、产业发展等机制和平台，大力推动项目落地、产业集聚、金融发展，带动与"海上丝绸之路"共建国家、地区的经贸合作，与有关国家、地区打造利益共同体、责任共同体和命运共同体，成为深化改革开放的重要实践。同时，也为拓展中国经济发展空间、加快企业国际化进程提供了持续动力。

由此，本书立足"两国双园"项目，从园区项目选址、尽职调查、设立项目公司、购买土地或租赁厂房、园区建设到日常运营，依托法律合规两大国际标准（ISO37301&31022）通过构建完善的合规管理体系等方式方法为投资方和入园企业提供全方位法律服务，同时充分发挥律师以专业促进步的作用，提高大成律师事务所全球服务水平，为更多的境内外企业"走出去、引进来"，凭借"两国双园"优越的区位、政策、平台、资源、环境等优势，拓展深化投资、贸易、技术等领域的务实合作，打造"一带一路"的新典范、新高地和新亮点保驾护航，助力"两国"并蒂花，"双园"结硕果。

## 一、"一带一路"园区概览（以"两国双园"为例）

### （一）"两国双园"机制的提出及重大意义

"两国双园"是我国近年来深化国际合作的一项新模式，即两个主权国家的投资者在对方国家互设产业园区，将国内的供应商、品牌商、工厂、产业带等通过全链条外贸服务联通海外买家，在海外进行本土化运营，加强两国贸易往来。

园区，特别是现代产业园区的建设，是区域竞争优势的重要代表。产业园区与区域经济的关系是一种基于市场的合作关系，只有借助当地经济的分工协同，区域城市能级和核心竞争力才能充分发挥出来。实践中，现代产业园区不一定是区域经济的绝对制高点，但它可以发挥产业引领作用，着眼于当下与未来的产业发展，提前进行谋篇布局。作为区域经济发展的一种重要手段，现代产业园区建设具有十分重要的战略意义，集中体现在拉动地区经济增长、促进产业转型升级、加速城市化进程、实现可持续发展四个方面。

自"一带一路"倡议提出以来，园区建设作为推动中国成为世界经济大国、贸易大国，实现国家腾飞的最宝贵经验之一，获得了国际社会，尤其是"一带一路"共建国家和地区的普遍关注。近年来，共建国家纷纷借鉴国际尤其是中国经验，启动特殊经济园区发展计划。

对中国来讲，特殊经济园区是实施"一带一路"倡议、推进"走出去"升级、开展国际产能合作的"中国方案"，有望成为融合"一带一路"政策沟通、设施联通、贸易畅通、资金融通、民心相通的新载体，有望成为推动中国由单个企业、特定产业"走出去"向集群式、模式化"走出去"升级的新抓手；对共建国家来讲，特殊经济园区有助于加速共建发展中与新兴经济体的工业化、经济多元化与城市化进程，有望成为国际产能合作的新平台。

1. "两国双园"机制的提出

2019年4月25日国家主席习近平在北京人民大会堂会见马来西亚总理马哈蒂尔时正式提出"两国双园"机制。

2. "两国双园"机制的创新性

"两国双园"机制的创新性可概括为以下两个方面：

（1）从单向"走出去"，到同时"引进来"，丰富了"一带一路"倡议的内涵。

自"一带一路"倡议提出以来，我国企业积极参与"一带一路"建设，成绩斐然。但在人们的印象中，"一带一路"就是我国企业"走出去"，是对"一带一路"共建国家单向投资和开展贸易。"两国双园"机制的提出及项目实践，使得"一带一路"倡议增添了"引进来"的内涵，使"一带一路"倡议的内涵更加丰富。

（2）政府推动和民间互动有机统一。

"两国双园"项目通常是由两国政府（包括中央和地方）推动，民间积极响应，也有部分项目是民间自发启动，而后得到政府的有力推动。"两国双园"项目成为推动两国政治和经济发展的重要抓手。

3. "两国双园"机制的重大意义

（1）"两国双园"项目正在成为共建"一带一路"的示范工程和重要抓手。

（2）"两国双园"项目真正造福两国人民，有效带动和提升双边经贸往来，更好实现互利共赢。

（3）有利于提升两国双边政治关系。

新时期，在推动"一带一路"走深走实进程中，把"中国园区"作为全球共建"一带一路"、我国推进"走出去"升级战略、开展国际产能合作的重要载体与平台，不仅可以满足加速工业化、现代化进程的需求，还有助于促进基础设施互联互通、国际产能合作，有助于向全球命运共同体贡献"中国智慧"。

**（二）"两国双园"机制的项目实践**

笔者检索已知的"两国双园"项目共有 7 个，其中，中马钦州"两国双园"项目应是最早建立的项目。2012 年 4 月 1 日，中马钦州产业园开园。2013 年 2 月 5 日，马中关丹产业园正式开园。其他 6 个"两国双园"项目分别是华立中越跨境产业园（中国东兴和越南芒街两个园区）、广西崇左和越南谅山产业园、"一带一路"捷克站和义乌捷克小镇项目、中印尼福清"两国双园"项目、福建漳州中菲"两国双园"项目和烟台中英"两国双园"项目。以下仅介绍三个"两国双园"项目。

1. 中马钦州产业园

中马钦州产业园区是中国与马来西亚两国政府合作的首个产业园区，也是中国政府和外国政府合作建设的第三个国际园区，与马中关丹产业园区开创了中马"两国双园"国际合作新模式，获得习近平总书记赋予的"中马两国投资合作旗舰项目和中国—东盟合作示范区、陆海新通道重要节点"新战略定位。园区规划总面积 55 平方千米，规划总人口 50 万人。中马钦州产业园区总开发面积已达 25 平方千米，签约落户项目超过 200 个，协议总投资超过 1900 亿元人民币。重点发展生物医药、电子信息、装备制造、新能源与新材料、现代服务业和东盟传统优势产业，致力于建设高端产业集聚区、产城融合示范区、科教和人才资源富集区、国际合作与自由贸易试验区。

（1）中马钦州产业园相关的政策优惠。

①相关优惠政策。

中马钦州产业园区可享受多重叠加优惠政策。首先，国务院在批准设立中马钦州产业园区时，明确赋予园区现行国家级经济技术开发区的政策，今后视发展需要国家将出台支持园区开发建设新的优惠政策。其次，产业园区还可以享受国家新一轮西部大开发优惠政策、广西壮族自治区的优惠政策、北部湾经济区开发的优惠政策、地方自主优惠政策等。广西壮族自治区人民政府为促进园区健康发展，出台了《关于中国—马来西亚钦州产业园区开发建设的优惠政策》，专门就产业园区制定了财政政策、税收政策、土地政策、金融政策、人力资源和社会保障政策等多方面的相应扶持政策。

在地价优惠方面，园区工业园内高地出让标准为9.6万元/亩。同时，针对园区重点鼓励的产业和项目，根据国家政策，按不同企业类型可享受10%至50%的地价优惠。

其他特别扶持还包括：一是企业自建标准厂房按每平方米80元至100元给予补贴，并免收城市建设配套费。企业落户后首次获得中国驰名商标等国家级品牌的，给予一次性奖励。各类进出口企业在广西港口出口的，每个标准箱补助110元物流费用等。二是2012年起至2015年，对于国家重点培育的钦州港至东盟国家重要港口的冷藏船、滚装船以及集装箱班轮航线，每年安排1000万元予以扶持。

②税收优惠政策。

一是自2013年1月1日至2020年12月31日，园区享受国家西部大开发15%税率以及减半征收期优惠政策，除国家限制和禁止的企业外，免征企业所得税地方分享部分。

二是自2013年1月1日至2020年12月31日，园区内高新技术、轻工食品等工业企业，以及物流业、金融业、信息服务业、会展业、旅游业、文化业、广播电视、新闻出版、体育、卫生等服务企业，免征自用土地的城镇土地使用税和自用房产的房产税。

三是园区内经批准开山填海整治的土地和改造的废弃土地,从使用的月份起免征城镇土地使用税 5 年,第 6 年至第 10 年减半征收。

四是对年纳税额在 5000 万元以上的企业,对企业高管和高技术人员按照个人所得税地方所得部分 1∶1 进行奖励。

此外,在项目建设期间,园区内除上缴国家和自治区的收费或国家和自治区明确不能减免的收费以及政府专项基金外,其他行政性规费在园区内一律免缴,事业性及服务性收费按收费标准的下限执行。

③财政资金扶持情况。

首先,中央财政从 2013 年到 2015 年,每年为中马钦州产业园区提供 8 亿元资金支持。

其次,自治区财政对园区基础设施建设给予的支持包括:2012 年至 2015 年,自治区每年统筹安排支持园区建设发展的配套和补助资金不少于 2 亿元;2012 年 1 月 1 日至 2020 年 12 月 31 日,根据园区每年上划自治区增值税、营业税和所得税的数额,自治区每年通过一般性转移支付形式下达给钦州市,专项用于园区建设;2012 年 1 月 1 日至 2020 年 12 月 31 日,对可以直接通过预算安排支持园区开发建设的行政事业性收费、政府性基金,自治区每年按园区上缴自治区的数额通过预算安排项目支持园区开发建设。

2022 年 6 月 30 日,中国(广西)自由贸易试验区钦州港片区(以下简称钦州港片区)RCEP 企业服务中心、公共法律服务中心、钦州国际商事纠纷调解中心揭牌成立。钦州港片区在广西自贸试验区三个片区中率先设立 RCEP 企业服务中心、公共法律服务中心、钦州国际商事纠纷调解中心。三个中心实施合署办公、融合发展,是钦州港片区以制度创新推动 RCEP 高质量实施、优化法治化营商环境的具体体现。RCEP 企业服务中心将对标 RCEP 相关条款,指导片区企业用好 RCEP 规则优化产业布局,开拓国际市场,打造跨境产业链;钦州港片区公共法律服务中心和钦州国际商事纠纷调解中心,将以自贸试验区多元商事纠纷非诉化解模式为依托,进一步扩大基本公共法律服务事项清单范围,切实提高片区市域社会治理及涉外法律服务能力,以精准、高效、便捷的公共法律服务促进钦州港片区经济社会高质量发展。

（2）中马钦州产业园园区的功能定位。

中马钦州产业园区以打造中国—东盟合作的示范园区——"中马智造城、共赢示范区"为目标，中马钦州产业园区功能定位为"先进制造基地、信息智慧走廊、文化生态新城、合作交流窗口"。

①利用区位优势以及东盟资源优势，培育先进制造业集聚区，延伸北部湾产业链条的集聚区——先进智造园区。

②通过借鉴马来西亚"多媒体超级走廊"（MSC计划）的成功经验，通过双园互惠互利相互合作，共同发展电子信息产业，形成具有国际竞争力的研发先导区——信息智慧基地。

③将中马钦州产业园区的城市空间与园区周边的环境有机融合，创造绿色生态的山、水、城相融合的艺术空间，在城市景观的塑造中尽量展现东南亚风情特色，建设成为展现东南亚风情的宜居山水城——文化生态新城。

④依托邻近东盟的区位优势，借助中马两国政府的高度合作，将中马钦州产业园区打造成服务中国—东盟自由贸易区的信息发布平台、贸易往来平台、项目展示及商务合作窗口，建设成为邻近东盟联系世界的开放区域——合作交流窗口。

（3）中马钦州产业园产业布局。

《中马钦州产业园区产业发展规划》中明确，中马钦州产业园总体上划分为八大产业用地，分别为装备制造、电子信息、食品加工、材料与新材料、生物技术、现代物流、马来西亚中小企业综合加工区和弹性产业用地。园区在产业选择过程中围绕两个方向进行：一是立足现有基础，深化两国特色优势产业合作，作为园区近期发展的切入点；二是着眼未来发展，培育战略性新兴产业，作为园区中长期提升竞争力的着力点。中马钦州产业园区将重点发展装备制造、电子信息、食品加工、材料与新材料、生物技术、现代服务业六大产业，围绕重点产业进行合理产业布局，打造产业链，形成产业集群，塑造产业特色。

2. 马中关丹产业园

马中关丹产业园区位于马来西亚东海岸经济特区的彭亨州首府关丹市，距离马来西亚首都吉隆坡约260千米，毗邻关丹港，距关丹机场40千米，距市区25千米，关丹港到广西壮族自治区北部湾港航程仅3天。园区规划面积约12

平方千米，一期占地约 6 平方千米，二期占地约 6 平方千米。关丹产业园区开发面积达 9 平方千米，协议投资额超过 400 亿元人民币，为马来西亚创造就业岗位近 2 万个，带动关丹港每年新增吞吐量 1000 万吨。

马中关丹产业园有限公司作为园区的开发主体，由中国和马来西亚双方公司组建，负责产业园区基础设施和公共设施的投资、建设、运营和维护，中方公司——广西北部湾东盟投资有限公司占股 49%，马方公司——马来西亚关丹彭亨控股有限公司占股 51%。园区重点发展以钢铁及有色金属、机械装备制造、清洁能源及可再生能源、石油化工工业、电气电子信息工业以及科学技术研发等为主的现代服务业。截至 2020 年 7 月，马中关丹产业园共有入园企业 11 家，协议投资额超过 350 亿元人民币，全部建成运营投产后可望实现工业年产值约 400 亿元人民币，创造了国际经济合作创新典范。[1]

（1）相关优惠政策。

马中关丹产业园区设立于马来西亚东海岸经济特区，关丹产业园区的合格投资者可享受 100% 所得税减免 10 年，以及马来西亚东海岸经济特区的所有优惠政策。东海岸经济特区合格投资者一方面可获得优惠的土地价格、工业园区和具有基础设施的土地、雇用外侨员工的便利、人力资源培训优惠等非财务奖励；另一方面还可获得相应的财务奖励，主要包括：符合资格的资本开销，可获 100% 投资税务津贴长达 5 年；工业园区的发展、农业和旅游项目享受印花税豁免；原料、部件、机械、器材、零件，以及未在当地生产但在生产活动中直接使用的物品享受进口税及销售税豁免。

除此之外，马方还计划在财税、岸线开发、市场准入、进出口管理等方面给予特惠政策。

（2）园区的功能定位。

马中关丹产业园区将依托独特的港口优势，服务马来西业东海岸经济特区，面向中国沿海、辐射东南亚，努力建设成为马来西亚对外开放的东部门户、高水平的现代制造业集群和物流基地，面向中国、东盟及世界的区域性商贸、物流及加工配送中心，进而构筑马中经贸合作战略发展的新平台，打造亚太地区

---

[1] 参见"商务部研究院"，https://mp.weixin.qq.com/s/KAOQXdAJjyy6T8h——AF3hQ，最后访问日期：2023 年 11 月 18 日。

投资创业的新高地；建设成为中国—东盟经济合作的示范区。

中马钦州产业园区和马中关丹产业园区"两国双园"的开发建设，不仅有利于推进中马两国经济合作，产业园区的建成还将为中国与东盟合作持续发展创造新平台和新动力，将成为中国—东盟产业合作先导区、创新开放试验区、睦邻友好示范区，同时园区还为广西新战略支点的构建发挥积极作用。

（3）园区的产业布局。

作为马来西亚首个国家级高端工业产业园，目前马中关丹产业园区仍在规划之中。根据马中关丹产业园的发展目标，该园区将重点发展节能和环境亲和科技、替代和再生能源、高端装备和先进材料制造等。马中关丹产业园区将紧紧依托当地资源和发展较为成熟的产业，立足中国—东盟，面向亚太地区，围绕产业链，形成产业集群，打造特色产业。重点发展以石化、钢铁、汽车装配、棕榈油、橡胶、清真食品加工等双方具有传统优势的加工业；加快发展信息通信、电子电器、环保产业等为主的战略性新兴产业；积极发展以金融保险业、物流业、研发展示等为主的现代服务业。

"两国双园"企业互动机制有一些成熟或者有经验的做法值得相关园区的打造和建设借鉴：

①"两国双园"企业互动的区位优势。

"两国双园"的选址均基于优越的地理位置。应当充分依托深水港口带动产业园区发展，实现"港区互动"，尤其要有效建立钦州港与关丹港的紧密连接，拓展"海上合作"，促进"两国双园"互动发展。一方面，马来西亚丰富的铁矿石供应可从关丹港出口至钦州港，以支持钦州的船舶及汽车工业发展；另一方面，关丹港将成为东南亚的集装箱区域枢纽和集疏中心，可与钦州保税港等集疏运体系实行良性互动。

②"两国双园"的产业链条分析。

中马钦州产业园区规划围绕装备制造、电子信息、食品加工、材料与新材料、生物技术、现代服务业这六大重点产业进行合理的产业布局，打造产业链，形成产业集群，塑造相应的产业特色。马中关丹产业园则以现代钢铁、汽车装配、棕榈油加工、石油化工、清真食品等传统优势产业，金融保险、现代物流、科技研发、展览展示等现代服务业，以及电子电器、信息通信、环保产业等新兴战略性产业共三大重点产业为发展方向。"两国双园"所规划的重点产业方向具有极强的关联性和互补性。通过充分利用中国与马来西亚资源禀赋及产品的品质、特性不同形成的专业化分工，积极发展产业内贸易来避免劳动密集型产业的竞争，增进"两国双园"产业互补，将出口竞争转化为双方合作，积极打造和延伸"两国双园"产业链。

第一，石油化工产业链。中马钦州产业园区可以充分利用园区南部的钦州石化工业园，延长石化产业链，如乙烯、丙烯等石化产品，以及如润滑剂、合成橡胶、塑料、化肥、医药品等下游行业，形成广西沿海石化产业集群。石油化工同样是马中关丹产业园的重点产业方向之一，关丹市北约25公里处的关丹港口市工业区有众多石油企业，在东海岸经济特区的总体规划中被鉴定为特区的综合工业和物流枢纽。

第二，汽车产业链。中马钦州产业园临近钦州保税港区，钦州保税港区作为整车进口口岸及西部地区唯一的整车进出口通道，享受钦州保税港区保税、退税、免税等特殊优惠政策，中马产业园可以利用得天独厚的港区条件，重点发展汽车关键零部件制造，提高系统化、专业化和集成化制造水平，不断壮大和发展产业园区的汽车制造业。汽车装配作为马来西亚的传统优势产业，同样也是马中关丹园区的重点发展产业。中马钦州产业园区计划重点引进马来西亚宝腾汽车整车厂商，加快形成整车制造产能，以期成为全国有较大影响力的新整车生产基地。

第三，农副产品及食品加工业产业链。钦州拥有丰富的物产资源，中马钦州产业园可以当地盛产的农产品以及海洋产品等为原料发展大豆粮油加工业以及食品加工业，以外向型食品加工为发展方向，以食品精深加工项目为载体，通过延长产业链，在高端休闲食品、绿色有机食品、方便食品、功能食品等领域积极发展食品加工中小企业群，形成具有热带、亚热带特色的农副产品加工基地。另外，可利用钦州的农产品甘蔗，加快制糖工业的技术改造和综合利用，鼓励和引导企业加强高糖高产糖料基地建设，提高蔗糖加工深度和综合利用，循环经济水平，延伸产业链，提高附加值，形成品牌规模效应，提高糖业的综合效益。马来西亚是全球主要的棕榈油生产国之一，其油棕的产量已经占世界产量的50%以上；近年来，马来西亚致力于发展成清真食品的市场贸易和技术研发中心，具备在国际具有影响力的清真食品国际认证机构——马来西亚的伊斯兰发展署；因此，马中关丹产业园区也可利用其特产资源，发展棕榈油、燕窝和清真食品的加工等产业。

第四，多媒体电子信息产业链。电子信息产业是研制和生产电子设备及各种电子元件、器件、仪器、仪表的工业，是军民结合型工业，由广播电视设备、通信导航设备、雷达设备、电子计算机、电子元器件、电子仪器仪表和其他电子专用设备等生产行业组成。马来西亚推广的"多媒体超级走廊"（MSC）通过发展资讯通信工艺的人力资源，加强该领域的本土化及提升网上商贸活动，目前已取得一定成果，其通信线路为大容量光纤电缆，可与亚洲国家、美国以及欧洲发达国家相连，其电脑及基础设施均为世界一流。中马双方可通过"两国双园"这一平台开展合作，发挥各自优势，互惠互利。中马钦州产业园可承接马来西亚信息媒体产业转移，借鉴马来西亚"多媒体超级走廊"计划的成功经验，重点发展多媒体、电子信息、云计算等相关产业。中马产业园想要打造成为信息智慧走廊，亟须加强研发创新，完善智能终端、集成电路和平板显示、物联网等产业链。

③"两国双园"企业的协作互动机制。

基于中马两国的宏观经济环境背景，中马应继续探索中国"走出去"政策和马来西亚的经济转型计划之间的互补性，加速彼此的合作。"两国双园"的最终建成可为中马两国企业提供新的商机，帮助企业在东南亚市场拓宽发展空间。"两国双园"除了需要政府以及园区管理机构间的联系合作，双园企业间的互动合作显得尤为重要。

马中关丹园开园当天，马中两国签订的协议中就涵盖以下内容：东海岸经济特区发展理事会和广西北部湾国际港务集团在马中关丹产业园区之三个项目的投资意愿了解备忘录，有关项目为一家现代化钢铁厂，一家铝加工厂和一家棕榈油提炼厂；广西北部湾国际港务集团和常青集团在马中关丹产业园区投资棕榈油提炼厂的谅解备忘录。而中马钦州产业园目前的入驻项目中也包含亚洲三宝资源有限公司（马来西亚）的清真食品产业园项目。由此可见，"两国双园"企业在园区在起步建设阶段就已经具备了极高的合作意向，这将对"两国双园"未来的产业互动发展起到极大的促进作用。可见，"两国双园"企业具有极强的相关性，"两国双园"可相互分享借鉴建设管理先进经验，在产业链协作、资源开发、市场开拓、港口互通、海关特殊监管等方面加强合作，互利互惠，互动发展，成为两国企业合作开发、互利共赢的新桥梁与新纽带。

产业链是供应链的一个物质基础，"两国双园"可以在产业链互动合作的基础上，针对具体产业链，培育形成结构化的产业组织模式，即供应链形式。供应链模式围绕对整个生产过程起整体协调作用的核心企业，通过对信息流、物流、资金流的控制，将供应商、制造商、分销商、零售商以及最终用户连成一个整体，形成功能网链结构。供应链把从原材料的采购、运输、加工制造、分销直到到达消费者手中的整个业务流程中相应节点的企业依次连接起来。由产业链走向供应链需要核心企业以及相关企业的互助合作才能实现，因而基于客观产业链的存在以及未来供应链形成的可能，可以考虑以下两种"两国双园"企业的协作互动形式：

一是合资公司形式。合资也称合营，即由两家公司共同投入资本成立，各自拥有相应的股权，并共享合资公司利润和控制权、共同分担支出和风险。"两国双园"企业的合资模式可以采取"马方出技术+中方出资金""马方出资金+中方出技术"以及"中马出相应资金和技术+马方出相应资金和技术"的合资模式。

二是企业联盟形式。合资公司形式其实也归属于企业联盟的初级阶段。联盟企业的合作创新模式包括：技术转让、委托开发、技术人员交流、合作开发、研发机构、共建经济实体、虚拟组织等形式，从具体企业来看，合作模式可能是其中的一个或多个类型。

此处还有其他形式。考虑到中马两国资源禀赋及产品的品质、特性的不同形成了"两国双园"在生产上一定的专业化分工。此外，"两国双园"所涉及具体导向性优惠政策的差异也导致双园企业和产业集群存在一定差异。因此，"两国双园"内相同或类似企业、产业集群间可以定期及不定期举行企业和产业的交流研讨会、交流论坛等活动加强沟通协作，也可以考虑成立产业发展基金会等形式积极发展产业贸易以避免劳动密集型产业的竞争，增进彼此的产业互补，将出口竞争转化为双方合作，实现互利共赢。

总之，中马"两国双园"的建设应当立足中马双方的资源、资金、技术和市场等互补优势，通过双园企业的良性互动，促进资源优化配置，着力打造若干有特色的产业交流合作示范区，并努力使"两国双园"真正成为双方产业全方位对接与融合的载体，联手抢占国际产业发展的制高点。

3. 中印尼福清"两国双园"项目

中印尼福清"两国双园"项目是中国"一带一路"倡议和印度尼西亚"全球海洋支点"战略对接的示范项目，其将成为中国与印度尼西亚两国的产业连通器和贸易加速器。

在中印尼福清"两国双园"项目中，中方以福州元洪投资区为主体，地处福州新区中部核心地段，为"一带一路"的东南门户，是海上丝绸之路与陆上丝绸之路经济带的重要联结点。按照"科工贸"一体化发展思路，打造食品储运、加工、展示、体验、交易、结算全产业生态链和大宗食品食材供应链，建设国际化食品食材集散交易中心。印度尼西亚方采用"一园多区"模式，以三林集团民丹工业园、阿维尔纳工业园、巴塘工业园为主体，探索产业互联、设施互通、政策互惠的双园结对合作机制，构建以食品产业链、供应链为主体的合作平台，打造中国印度尼西亚之间投资贸易绿色通道，促进以海洋经济、食品轻工、工业4.0等为主的国际产业链分工合作，打造RCEP合作示范区，共建"一带一路"。

（1）印度尼西亚民丹工业园：民丹工业园位于印度尼西亚廖内群岛省省会民丹岛，与新加坡隔海相望，距离新加坡仅50千米（驳船通勤60分钟），地理位置优越。民丹工业园最初是印度尼西亚和新加坡共建的工业园区，于2007年起被印度尼西亚政府设立为自由贸易区，享受进出口税、增值税等税收豁免，并拥有外资管理独立权，无外汇管制。园区面积40平方千米，产权归属印度尼西亚三林集团，目前已建成2.7平方千米，建成100 000平方米的净出租厂房。园区海陆空立体交通体系完备，相关配套设施齐全，水电供应充足。已引进日本、新加坡、美国等外国企业入驻，主要投资电子电气、汽车、精密仪器、生活用品等加工制造业。园区特色产业是清真制造，是印度尼西亚少数清真食品加工区之一，以满足全球对清真产品日益增长的需求。

（2）印度尼西亚阿维尔那工业园：阿维尔那工业园位于印度尼西亚中爪哇省三宝垄市，距离周边港口、机场和火车站均仅十几千米，立体交通便利。园区规划开发土地面积 4.5 平方千米，产权归属印度尼西亚马龙佳集团。马龙佳集团是印度尼西亚最大的综合性集团之一，业务囊括纺织、钢铁、地产、金融等，已成功运营位于西爪哇的 MM2100 工业区。园区目前已建有一部分基础配套设施，未来计划开发工业区、陆港、航空 MRO、商业区、休闲区五大板块。中爪哇省政府和地方政府将给予免税期、税收抵扣等优惠政策，园区目前正在申报成为印度尼西亚自由贸易区。

（3）印度尼西亚巴塘工业园：巴塘工业园位于印度尼西亚中爪哇省爪哇岛北侧，介于雅加达和三宝垄之间，区位条件优越。园区可直接通往收费公路、国家公路、火车站，距三宝垄国际机场 50 千米，并将拥有自己的国际港口。园区规划土地开发面积 43 平方千米，产权归属印度尼西亚政府，已被印度尼西亚政府列为国家战略项目，有望成为经济特区。园区规划建设三大区域，即工业区（31 平方千米，首期开发 4.5 平方千米）、研发中心（8 平方千米）和休闲区（4 平方千米）。重点产业定位为化工、汽车、信息通信、纺织、食品饮料等加工制造业。目前，园区正在加紧建设道路、供电、供水、燃气、电信、污水废物处理等基础设施。

早在 30 年前的 1992 年，福州市政府与东南亚华侨协力在此建设投资区，西接福清中心城区，东部与工业经济十分活跃的长乐滨海工业园区相毗邻，东面则与正在深度开发的平潭综合实验区一水相隔，地跨福清市海口、城头两镇，元洪投资区正处在元洪国际食品产业园区向国家级中印度尼西亚"两国双园"跨越式发展的新时期，是国家落实国内国际双循环重要的空间载体，是中国第一个外商成片开发的工业集中区。园区规划范围主要包含三个层次：一是战略规划研究范围，即以元洪投资区现行规划范围约 61 平方千米为主体，统筹研究空港、海港、铁路等区域性重大基础设施；二是重点片区总体城市设计范围，即中国印尼城和"两国双园"海关特殊监管区、码头物流园区，面积约 30 平方千米；三是核心区详细城市设计范围，即位于大城湖周边，南至福清湾，总面积约 2.48 平方千米，要求达到控制性详细规划城市设计深度。其中，1.31 平方千米商务片区要求达到修建性详细规划城市设计深度。

该园区于 2003 年经中国食品协会批准为"中国食品示范园区"，2005 年 9 月由国务院正式核准为国家级工业园区。园区具有良好的港口、交通、区位条件，距福州国际机场 29 千米；作为国家一类口岸，福州港元洪作业区规划建设6 个泊位，货物年吞吐量 600 万吨，目前已建成 3 万吨级散杂货码头和 5 万吨级多用途码头；元洪作业区进境水果、进口肉类指定口岸已获国家市场监督管理总局批准立项。投资区已形成粮油食品、纺织化纤、轻工机械、能源精化四大优势产业。在园区基础上，双方将搭建产业互联、设施互通、政策互惠的产业链与供应链国际合作平台和投资贸易绿色通道。印度尼西亚方则采取"一园多区"方式，合作园区分布在民丹岛、三宝垄等地区。据统计，元洪投资区已有印度尼西亚投资企业 21 家，同时一批有海外产业链布局需求的中国企业，已和印度尼西亚三林集团等进入项目合作洽谈。园区各项配套基础设施也在紧锣密鼓地建设中，包括道路和水系启动改造，码头新增涉外作业点，食品数字经济产业中心等线上交易平台投入运营。

2022 年 9 月 5 日，《中印尼"两国双园"产业合作规划》通过专家评审，这是"两国双园"进入实施阶段的第一份发展规划，对推动"两国双园"建设具有重要意义。该规划坚持共建"一带一路"发展理念，基于双方园区的资源禀赋和福建省优势产业，结合印度尼西亚方的发展诉求，详细梳理了"两国双园"的指导思想、建设背景、发展基础、发展原则、发展定位和发展目标，并阐释了重点产业合作、国际合作平台与保障措施等。根据规划，"两国双园"围绕一个核心逻辑，打造五大跨国合作产业链，建设五大国际合作平台，通过发挥政策和平台优势，强化两国产业合作。该规划提出，打造海洋渔业、热带农业、轻工纺织、机械电子、绿色矿业五条跨国合作产业链，建设贸易、物流(冷链)、产能、金融、人文与健康五个国际合作平台，发挥政策和平台优势，强化两国产业合作。

目前，福州拟在福清市城头镇、海口镇部分区域，规划打造一个面积约 12 平方千米的中国印尼城。根据规划，中国印尼城将围绕政务中心、文化中心两个核心服务圈，商务发展轴、滨水生态轴和科教文化轴三条建设轴线，打造政务服务区：主要建设国家领事馆、政务服务中心、礼仪广场等场馆，搭建中国—印度尼西亚两国开放合作交流的政务平台，实现国家会客厅功能；文化交流区：主要建造图书馆、国际会议会展中心、印度尼西亚国家馆、文化交流中心等，探索印度尼西亚华侨与福清人民的历史联系，加强文化互动；商业服务区：

主要打造具有印度尼西亚特色的风情街和合作银行、金融结算中心及商务办公区等，让大家近距离接触印度尼西亚民俗文化，畅通两国贸易交流合作通道；教育服务区：主要建造产学研教基地、劳务培训合作中心和技术合作中心，助推两国技术交流创新，孵化高新技术型产业；产业集中区：主要引进高新技术型、高附加值型产业，构筑产业集聚区；产城融合区：主要建设居民安置区、人才公寓、医疗卫生和中小学等六大功能区。

自中国—印度尼西亚"两国双园"项目建立以来，福清市人民检察院围绕建园区、筑平台、抓项目、强产业等重点，成立"两国双园"检察工作室靠前开展服务，出台服务园区建设 12 条意见，联合园区管委会等八家单位出台《福清市涉案企业合规第三方监督评估机制实施办法（试行）》，助力营造法治化营商环境；对涉"两国双园"民营企业相关刑事案件归口集中办理，指定专人研究两国法律差异，突出金融检察服务，防范化解企业刑事风险，为园区企业创新创业保驾护航；同时，在依法治市办的大力支持下，深化检察法治宣讲，提升企业风险防控法律意识，为园区营造法治化营商环境。

## 二、"两国双园"项目操作要点与法律实务

### （一）项目法律可行性分析

项目可行性分析是园区项目评估和启动的关键一环。可行性分析既需要广度，务必全面；也需要深度，务必深入。就"两国双园"项目的法律可行性分析，服务要点包括以下几个方面。

1. 项目选址国别分析

园区项目国别选择至关重要。既要考虑国别竞争优势、宏观环境，也要考虑两国各自优势产业对接需求，以及对周边国家的辐射情况。就国别选择、法律可行性方面的调研内容主要有：

（1）两国国内法调研。

国内法调研的要点主要有以下方面：

①项目所在国对外资的行业准入情况，如是否存在持股比例限制。操作层面，可以到所在国政府网站上查找有关外商投资的法律法规。同时，可以检索

同类项目。此外，务必取得当地合作律师的法律意见。

②所在国对项目的政策和法律支持相关规定。操作层面，一方面查找当地有关法律法规，另一方面走访当地各级政府部门详细了解。此外，也可以向当地律师事务所、会计师事务所等服务机构了解。

③项目开发的基本程序和资质证照要求。操作层面，除自行网上检索外，最好由合作的当地律师出具备忘录，详细列明。

（2）两国双边投资、税务等协定调研。

①双边投资保护协定。检索两国之间是否存在双边投资保护协定。如有，则投资更有保障，同时便于到中国信用保险公司购买投资保险。

②双边税务协定。双边税务协定的调研要点是查看股息预提税和利息预提税，其目的是设计投资路径和项目公司的资本结构。投资路径是直接投资，还是通过第三地转投（第三地转投可能对中间控股公司有经济实质要求，需要考虑第三地转投的经济成本）。资本结构，是指项目公司注册资本和股东贷款的比例安排。操作层面，可以到我国国家税务总局网站上查询双边税务协定。如计划通过第三地转投的，还需要检索我国和第三国之间、第三国与投资目的国之间的双边税务协定。

（3）区域经贸协定调研。如"两国双园"项目需要辐射其他国家的，还需要对项目可能涉及的区域或全球多边公约进行调研。位于东南亚的"两国双园"项目，需要对 RCEP 等多边公约进行调研，充分利用位于东南亚的境外园区对周边国家贸易辐射。

（4）宏观环境分析。

园区外部环境分析应当着重分析环境因素的变化和发展趋势以及对园区发展可能造成的影响，要特别注意捕捉机会和识别风险。

①政治法律环境分析。

政治法律环境是指一个国家或地区的政治制度、体制、方针政策、法律法规等方面，这些因素常常制约、影响现代产业园区的运营行为，尤其是影响产业园区较长期的投资行为，主要包括政府的稳定性、特殊经济政策、税收政策、环保立法、外贸立法和劳动法等。例如，随着"一带一路"倡议全球影响力的不断扩大，中国海外产业园区沿"一带一路"取得长足进步，成为新时期最重要的国际合作平台。

②经济环境分析。

经济环境是指构成现代产业园区生存和发展的社会经济状况和国家经济政策。其中，社会经济状况主要包括经济要素的性质、水平、结构、变动趋势等多方面内容，涉及国家、社会及自然等多个领域；国家经济政策是影响地区间差距变动的主要环境性因素，其中影响最大的主要是产业布局政策、对外开放政策和财税体制改革。

经济环境分析就是要对以上各个要素进行分析，运用各种指标，准确地分析宏观经济环境对产业园区的影响，从而制定出正确的园区运营策略。通常情况下，进行经济环境分析从四个维度进行，即社会经济结构、经济发展水平、经济体制和宏观经济政策。

③社会文化环境分析。

社会文化环境可以分为文化环境和社会服务环境，主要包括社会结构价值观念、文化传统、文化教育以及人口规模等因素。其中，文化环境是指产业园区所在地区的宗教信仰、生活方式、人际交往、对事物的看法、对储蓄和投资的态度、对环境保护的态度、职业偏好选择等。社会服务环境主要是指产业园区所在地政府机构的办事效率、金融系统的服务质量、生活条件和医疗卫生条件等。

充满发展活力的现代产业园区通常依托当地深厚的地域文化，尤其是当地的经商文化。在经商文化氛围浓厚的地方，人们更具有创新精神，更愿意进行商业投资和经营。例如，浙江省产业园区众多、经济活力强，很大程度上缘于当地人的市场意识、创业精神和经商素质，这些文化因素弥补了产业基础的不足，将人文优势转化成经济优势。

④科学技术环境分析。

科学技术环境包括一个国家和地区的科技水平、技术政策、新产品开发能力以及技术发展动向等。其中，科技水平是构成技术环境的首要因素，包括科技研究的领域、科技研究成果门类分布和先进程度，以及科技成果的推广和应用三个方面。例如，硅谷成功的关键是着力依托近邻斯坦福大学与其他相关的研究机构，充分利用人才素质素养高、管理能力与学习能力强、生活环境优越等优势发展而逐步形成。

创新既是社会经济发展的持续动力，也是社会经济结构变革的推动力，刺激新的产业形态的出现。近年来，由移动互联网、大数据、云计算、人工智能等新技术推动的新一轮信息技术革命正在全面提升人类数据信息生成收集、存储、处理和分析能力，推动形成新产业、新业态、新模式。变革性的技术对产业园区的经营活动产生了巨大影响，产业园区要密切关注与本园区产品有关的科学技术的现有水平、发展趋势及发展速度。对于新的硬技术，如新材料、新工艺、新设备等，产业园区必须随时跟踪掌握；对于新的软技术，如现代管理思想、管理方法、管理技术等，要特别重视。

技术环境除要考察与园区所处领域的活动直接相关的技术手段的发展变化外，还应及时了解国家对科技开发的投资和支持重点、该领域技术发展动态和研究开发费用总额、技术转移和技术商品化速度、专利及其保护情况等。

2. 项目地块选址分析

项目国别选择确定后，项目在投资目的国家内的区域选择也非常重要，需要加强战略意识，站在全局角度对项目进行深入调研，充分了解项目的基本信息，包括地块条件、周边发展情况、未来项目的整体规划定位、产业实现、功能用途确定、成本支出、开发收益、经济效益、社会效益等方方面面的情况，扎实做好基础调研分析工作，编制好项目可行性报告。根据项目调研情况进行科学的规划，最大限度地利用专家的力量，制订全面、系统的项目策划方案。通常情况下，首先，需要详细研究园区所在的区域、城市、产业、地价的情况；其次，对项目情况进行全面分析，包括项目概况、基础设施建设、土地报批和征地投资分析、项目投资估算及资金成本估算、项目收益预测、可能风险与防范措施等。法律层面调研的要点主要有以下几个方面：

（1）地块产权归属及权利负担：调研阶段，可以让土地产权人提供相关资料并对其访谈。

（2）地块的土地规划和用途：调研阶段，可以让土地产权人提供相关资料并对其访谈。

（3）开发程序和政府要求：可以询问合作伙伴和/或政府部门，也可以走访相关服务机构。

（4）政府支持和重视程度：走访各级政府部门，了解情况。

（5）周围居民：实地走访周围居民情况，访谈土地产权人和政府部门，也可以走访有关服务机构。

## （二）获取双边政府支持有关法律服务

1. 两国政府间备忘录等政府支持文件的签署

（1）确定两国政府主管部门及签署层级。

操作层面，务必选择主管部门，但避免与多个部门同时签署。层级方面，可以先由地方政府签署，之后根据发展态势升级。

（2）先向本国政府明确支持诉求，并由本国政府与投资目的国政府协调。有境外合作方的，由其向投资目的国政府提出支持诉求。

操作层面：支持要求要合情合理，不超越法律允许的限度，遵循必要和可能原则。如面临投资目的国政府换届，则适合等到换届完成后签署。

2. 投资主体与政府间备忘录等协议文件准备、审核

（1）投资人可先起草，然后交由政府审核。

起草文件语气要客气，对政府部门要充分尊重。要求的政府支持（比如，建设园区配套设施和税收减免等），有可能和必要，不超出法律规定的限度，但应要求最优惠待遇。

（2）备忘录既要言出必行，避免虎头蛇尾，也要设置实施投资的条件，保持项目实施的灵活性。

（3）杜绝与政府部门或有关人员存在利益输送或行贿行为。

## 三、项目法律尽职调查法律服务

### （一）法律尽职调查的主要范围

1. 土地

调查的要点：（1）产权及其取得合法性。必要时倒查 10 年内产权交易情况。（2）是否存在产权负担。是否存在河流、是否靠近饮用水源、是否存在地役权等。（3）规划用途。需要审查中央和地方的用途规划是否一致。同时评估变更规划用途的可能和成本。（4）水电气和交通等基础设施的连接情况。

**2. 合作伙伴**

在合资开发园区的情况下，还需要对合作伙伴尽职调查。调查可包括以下要点：

（1）对企业而言：依法设立及历史沿革；违法涉诉情况；实际控制人和主要高管的口碑和社会影响力。

（2）对个人而言：是否存在违法涉诉情况。

此外，还可以了解法律层面之外的诚信口碑、社会影响力和经济实力等。

**（二）法律尽职调查的方式方法**

**1. 尽职调查清单**

清单通常由当地律师拟订，与客户商定后发给对方。尽职调查清单的涵盖范围要全面，但应避免涉及敏感信息。对于敏感信息，应尽量通过其他渠道调查了解。

**2. 实地踏勘**

对园区地块实地踏勘非常重要。可以直观了解边界四至和地表状况。如存在河流和湖泊，则应从法律上评估其影响。通常而言，地块内的河流和湖泊，从环境保护的角度，政府都希望保留，不得填平开发。

**3. 网上调查**

互联网时代，可以从网上获取更多的信息。比如，地块及周边是否发生过冲突或重大治安事件，周围是否有类似项目及开发遇到的问题。

**4. 查询、调取土地登记情况**

通常委托当地律师等专业机构调取。

**5. 走访政府和社会机构**

通过走访政府，可以了解政府对项目的态度。通过走访社会机构，可以了解更多的开发要求，了解开发的重点和难点。

**6. 对产权人和合作方进行访谈**

多与产权人和合作方访谈，其为推动合作，通常都耐心解释并作出一些口头保证。对于其口头保证应随时记录整理，届时全部落实到协议中。

**（三）法律尽职调查报告**

在委托当地律师尽职调查时，应要求当地律师同时对项目的法律可行性进行分析，并作为法律尽职调查报告的一部分。

## 四、设立项目公司法律服务

### （一）设立独资项目公司

如果投资目的国对外资投资园区没有持股限制，则可设立独资公司开发。该部分法律服务的要点，一方面是投资路径选择和项目公司资本结构设计，另一方面按照当地律师要求准备设立文件。在设立文件之后，要及时办理各类登记备案。

### （二）与当地合作伙伴设立合资项目公司

合资公司的设立要求和程序与设立独资公司相比，主要区别在于增加了意向书（或备忘录）、合资协议和合资公司章程的拟定、谈判和签署。合资协议谈判的操作要点主要有以下几点。

1. 意向书或备忘录的服务要点及操作实务

意向书或备忘录作为园区合资的初步协议文件，内容要点如下：

（1）约定合作模式和持股安排。通常设立合资公司，约定合资公司的组织形式。对持股安排，外方一般为小股东，中方控股。

（2）约定初步开发计划和土地价格上限。约定土地分期购买，分期开发，二期及之后开发的土地专属保留给合资公司，约定合资公司有购买选择权，但不保证购买。同时，约定土地价格上限。

（3）合作方的保证与承诺事项。合作方保证和承诺主要有土地权属清晰、完整且无争议。合作方协助合资公司获得园区开发的所有证照许可、税费减免和其他政府支持。

（4）非排他但彼此给予优先合作权。园区合作项目，对中方而言，约定排他不利于寻找更优地块和其他合作方。

2. 合资协议谈判要点及操作实务

园区开发项目的合资协议与其他项目合资协议相比，要点如下：

（1）分期开发和锁定地价。"两国双园"项目一般规划面积较大，但通常分期买地开发。分期买地时，对一期之后的规划用地的价格锁定非常重要，因此通常同时签署一份土地购买选择权协议来锁定土地价格的上限。

（2）将合作方的口头允诺写入合同。合作方为了推动交易成功，通常在初期作出不少口头保证和承诺，中国律师需要随时记录并将口头保证和承诺落实到合资协议中。通常，声明和保证属于一个条款，承诺也可以表述为合作方的义务。把合作方应向合资公司提供的服务，应写全面并争取不给报酬，但提供服务发生的成本费用可由合资公司承担。

（3）合资公司控制权。对合资公司的控制权是合资协议谈判的重中之重。通常而言，中方要求控制权和主导开发。首先，操作层面，中方应尽量提高持股比例，争取持股75%以上。其次，在股东会、董事会的召开法定人数、表决通过票数方面都要占据优势，警惕外方股东设置否决权。再次，中方应控制关键岗位，拒绝财务双签安排。最后，注意设置公司僵局破解机制。

3. 章程要点及操作实务

合资公司章程的主要内容与合资协议存在重叠。因此，应先谈合资协议，后谈章程。章程使用的语言必须是当地语言，章程通常不涵盖合资协议的全部内容。对于合资协议中的一些保密和敏感内容，通常不在章程里重复，因为章程是一个可到登记机关查询获得的文件。

## 五、购买土地或租赁厂房法律服务

### （一）购买园区土地

因为一次性购买土地的资金成本压力巨大，项目公司通常根据开发和招商进度分期购买土地。购买土地通常分为以下几个步骤。

1. 服务机构遴选

土地买方遴选的服务机构主要有当地律师，大陆法系国家通常需要公证人对买卖协议进行公证。有公证人时，通常由公证人准备正式买地协议。

2. 二次尽职调查

公证人通常对土地的产权、坐标和产权负担情况进行调查核实，相当于对土地进行二次尽职调查。同时，还需要律师再次调查所购土地是否存在法律障碍。比如，土地内是否存在河流或湖泊等，河流或湖泊产权归属是否明确。土地内是否存在生态保护区，禁止开发等情况。

3. 土地买卖允诺协议

在签署正式买地协议之前，买卖双方可能签署一份土地买卖允诺协议。主要是土地分割尚未完成，土地尚不具备出售条件，但卖方希望收到一部分价款。签署土地允诺协议，一般没有公证人参与，但通常有当地律师参与。土地买卖允诺协议包括买地正式协议的主要条款。根据土地买卖允诺协议支付的部分土地款通常称为买地保证金，因为如果按照土地款支付，卖方通常要缴纳所得税。

4. 购买协议

如果有土地买卖允诺协议，公证人通常根据土地买卖允诺协议拟订正式的买地协议。税费分担方面，通常除土地价款的所得税由卖方负责外，其他均由买方承担。价款通常采用分期支付。非英语国家，土地协议签署版本都是当地语言，如果买方代表是外国人，通常需要安排翻译并在协议中注明。

## (二) 租赁厂房

某些海外园区，可能不采用买地开发的模式，而是采用租赁厂房，建设园中园，然后分割招商转租的模式，如"一带一路"捷克站项目。租赁厂房的主要服务内容和操作要点如下。

1. 寻找地产中介，获取房源

租赁厂房，通常需要寻找地产中介，从地产中介处获得房源。地产中介会根据租户的要求寻找潜在合适的房源并从房东处索取租赁某厂房的建议（Proposal），然后将建议发给租户审查。地产中介的佣金通常是房东支付。建议主要包括两大部分：

（1）厂房的规格和配套情况。这部分主要有厂房面积、层高和水电气配备情况等。

（2）厂房出租的基本商务条件。租户收到建议之后，首先要查看厂房的规格和配套情况，判断是否满足要求。如不能满足，需要询问通过中介或直接询问房东是否可以改造，以满足要求。在厂房的物理条件能满足要求的情况下，租户需要评估租赁的交易条件。如有调整建议或其他要求，应及时提出，否则房东可能认为租户基本接受出租条件。在租赁协议谈判时，再要求对建议中的交易条件作出实质变更，将影响双方的谈判氛围。

### 2. 保密协议和意向书

双方就建议达成一致后，接下来双方通常需要签署保密协议。一方面，房东需要租户提供财务报表等资料，由房东对租户进行资信评估；另一方面，房东也需要配合租户的尽职调查提供文件资料。在签署保密协议的同时，通常也会签署一份意向书。意向书的主要目的是约定排他期和诚意金支付，以及交易的时间表安排。在厂房紧俏的情况下，房东为尽快出租并收取租金，通常不签意向书，避免被排他条款限制。

### 3. 厂房法律尽职调查

尽职调查是非常重要的环节，一方面为解决信息不对称，保证交易安全；另一方面为查找问题，增加谈判的筹码，争取更为有利的协议条件。法律尽职调查，通常由租户的律师准备一份文件清单并发给房东或房东的律师。尽职调查清单确定了尽职调查的范围，主要包括房东和厂房两部分。

房东收到尽职调查清单后，通常与其律师合作提供尽职调查清单要求的文件。租户的律师在收到文件后会进行审查并记录发现的问题。租户的律师通常还会到不动产登记机构调取登记文件进行核查。

### 4. 租赁协议审查与谈判

租赁协议，通常由房东提供，提供当地语言和英语两个版本。谈判时，通常先审核英语版本。在英语文本定稿后再调整其他版本。租赁协议谈判的主要条款，主要有：（1）房屋状况和用途的声明；（2）租金及支付；（3）租期及续期；（4）交付和免租期；（5）转租规定（园区项目，一定要求能够转租）；（6）维修义务分配；（7）租赁担保及方式；（8）环保要求；（9）违约赔偿；（10）协议解除及赔偿；（11）租赁协议附件（物业服务协议或规则）。

### 5. 协议签署

租赁协议定稿后，双方签署，一般无须公证。

### 6. 厂房交付

厂房交付时，需要再次查验房屋，必要时委托专业验房机构协助，做好交接单，对交付的物品进行确认，同时确认存在的问题及修复时间。有的房东为规避交付房屋的责任，会在租赁协议中要求声明租户在签署租赁协议时已经查看厂房，厂房完全满足租户要求。

如租赁在建房屋，租赁协议则更加复杂。通常先签一份预租赁协议，待竣工后再签署一份正式租赁协议。

## 六、园区建设法律服务

### （一）资质证照办理

园区建设，首先需清楚施工前所需取得的资质证照。这方面，可以由当地律师出具备忘录，将应取得证照名称、申请文件和签发机关等列明。中国律师可以协助客户准备申请文件。

### （二）项目融资

园区开发项目，通常需要银行贷款支持。中资园区，通常先向中国进出口银行或国家开发银行申请优惠贷款。园区律师在这方面主要是协助企业配合银行的尽职调查和贷款文件的审核。

园区在开发过程中，也可能向当地银行申请贷款。中国律师的工作主要是审核贷款文件。

### （三）施工方遴选

施工方的选择，通常需要招投标，尤其国有企业投资的园区更是如此。招标方式，可以公开招标，也可根据情况邀请招标。中国律师的作用主要是审核招标文件。

### （四）工程合同准备、审核并协助签署

园区工程合同方面的法律服务，通常分为两种情况。如果施工方为当地企业，则以当地律师审核为主，中国律师复核。如果是中资企业施工，则通常谈判和合同语言均为中文，此时，以中国律师为主，当地律师复核，以符合当地法律。

## 七、日常运营法律服务

### (一) 提供咨询

对于园区日常运营法律服务，涉及的层面较多，如劳动人事、财务申报、季度和年度报备等。通常这些工作都由当地服务机构负责办理，仅在某些重要事项方面会征求中国涉外律师的法律建议。在这方面，中国涉外律师如果熟悉当地语言，则有更大的发挥空间。

### (二) 审核有关文件

园区日常运营过程中，有时需要中国律师审核一些文件。如招商服务协议、入园企业购地意向书和物业服务规则（或协议）等。因为中国园区主要面向中国企业，通常是中文文本，有的时候是双语文本。审核该等文件，既要参考当地文本，也要照顾客户要求。

### (三) 合规与危机应对

目前，我国境外园区，主要存在未批先建问题。未批先建存在的主要原因是当地法律繁杂，政府效率低，同时，企业建厂时间紧急。

入园企业存在的问题，除了未批先建问题，主要还可能面临劳工、环保和税务法律问题。

利益输送和行贿问题。园区开发过程中，要避免与政府部门存在利益输送，尤其杜绝行贿问题。

## 八、对入园企业提供法律服务

### (一) 提供咨询

为拟入园企业提供咨询服务，主要是指入园企业委托之前的前期咨询服务。帮助企业了解当地的法律基本情况和注册基本程序，为接受委托进行接洽准备。

### (二) 提供注册公司法律服务

为入园企业提供法律服务，注册设立当地项目公司是第一步。注册设立项目公司主要包括以下服务。

(1) 项目公司组织形式选择。组织形式选择，通常分为有限责任公司和股份有限公司，主要区别通常在治理结构上，有限责任公司通常治理结构比较简单。

(2) 投资主体选择。一方面，需要一个或几个投资主体；另一方面，是直接投资或通过第三地转投。

(3) 注册文件准备。当项目公司组织形式和投资主体确定后，则需准备注册所需文件。在大陆法系国家，需要准备的文件，通常是投资主体设立的注册文件和授权书并需要公证认证。中国的企业作为投资主体的，注册文件主要是营业执照。授权书，通常授权当地律师作为注册代理人。公证认证时，最好向公证人提供参考样本，以加快公证进度。公证人办理公证后，需要到省级外事认证中心办理认证并到投资目的国驻中国的使领馆办理认证。公证认证时间，中国（不含中国香港地区）公证认证大约需要 1 个月的时间。取得认证文件后，应尽快把扫描件发给合作律师，尽快拟定章程。同时，尽快把公证认证文件原件邮寄给合作律师。

除注册文件和授权书的公证认证外，有的国家通常还有实际控制人核查或登记要求，其主要目的是反洗钱。通常需要填写实控人的信息表格并准备有关证明文件，同时需要翻译证明文件。此外，最好提供股权结构图，穿透到实际控制人。有的情况下，还需要就实控人和项目公司之间的各层级实体的基本情况填写表格并签字。此时工作量比较大。

(4) 名称核准。通常需要协助客户拟定 3 个至 5 个公司名称，发给当地律师申请名称核准。名称核准文件，通常有有效期，墨西哥是 6 个月。注册公司需要在有效期内完成，否则需要重新核准名称，同一名称不一定能二次被核准。

(5) 指导客户填写注册问卷。拟定公司章程时，通常需要客户填写一份注册问卷。主要包括项目公司的主营业范围、注册地址、治理结构等。

(6) 章程拟定和讨论。在办理公证认证期间，可以让境外律师拟订章程草案，并与客户一起商定章程。中国涉外律师可以为客户提供翻译服务。

(7) 公证人公证。在大陆法系国家，注册公司一般都需要由公证人对章程进行公证。中国律师最好在公证前核对一遍公证书草稿。

（8）办理登记备案手续。章程经公证后，需要办理商业登记、税务登记和外资登记等登记备案手续。办理税务登记，通常比较费时费力。

（9）银行开户。银行开户，通常由客户自行开立，在客户要求协助的情况下，也可以让当地律师协助。近年来，银行开户审核更加严格，有的银行也需要核查实际控制人信息。

### （三）提供公司设立后法律服务

为入园企业提供注册公司后的法律服务，主要包括进出口权登记、劳动社保登记和买地或厂房租赁等法律服务。这些服务需要与当地律师合作并主要依靠当地律师完成。如果中国律师能通晓当地语言，则参与的程度更深入。如服务园区的律师为入园企业提供购地或租赁园区厂房法律服务，则存在利益冲突，这一点需要注意。

## 九、为"两国双园"提供支持与保障

国际园区是务实推动"一带一路"倡议和承接落实新型国际产能合作的载体与平台。研究并发展"一带一路"国际园区，既符合"一带一路"共建国家的合作期待，又能发挥两国园区品牌与经验优势。基于我国境外园区发展实际，需要进一步加强对"一带一路"国际境外园区的政策支持与保障，推动我国企业"走出去、引进来"以行稳致远。

### （一）建立多层次工作协调机制

一是建立园区高层协调机制，将合作共建园区作为高层访问交流的重点议题。将园区建设上升为国家整体对外投资战略重点和国家经济外交战略的重要内容，明确为推动"一带一路"倡议和国际产能合作的重要抓手。在双边或多边领导人高层访问活动中，以及各种双边、多边等投资贸易协商中，增加合作共建园区的专门议题，明确为双边、多边投资贸易的重大项目。

二是成立双边园区部级协调工作组，积极推动签订政府间合作协议。工作组应及时有效地协调解决合作园区建设中遇到的诸如投资便利化等重大问题，统筹协调产业园区的经营主体地区布局和合作框架，明确发展方向，形成有效的磋商协调和管理机制，共同推动园区建设发展。中方工作组在合作之初要强调法律和政策先行，以推动东道国为园区发展立法为重点，在园区的管理体制、土地转让、外资准入、用工管理、税收减免优惠以及国内市场开放度等领域，用法律形式固化和保障中国企业入区投资的合法地位和投资权益。

三是设立联合办公室，解决园区发展和运营中遇到的重大问题。由中、外方投资或运营主体分别在双方所在地政府设立联合办公室，配合园区管理部门（管委会或相关机构）为相关企业提供各类直接或间接的公共服务，重点在法律、税收、土地、金融、基础设施配套、出入境等方面提供便利，为后期招商、运营打下坚实的基础。

**（二）完善系统性规划与合规认证**

一是大力引导园区系统性规划。增强园区投资主体的系统规划意识，通过建立和完善"一带一路"园区认证体系等方式，引导开展对园区法律环境、产业发展、空间发展、投资可行性、融资模式、运营模式等全方位前期规划，确保园区项目的科学性、合理性、可行性和收益性。依据园区整体产业与空间规划，划清东道国政府和开发商在土地开发、基础设施和配套设施建设等方面的权利和义务。

二是通过最新出台的国际标准 ISO 37301：2021《合规管理体系 要求及使用指南》助力园区企业构建"治理完善、全面覆盖、有效运行、国际认证"的合规管理体系。ISO 31022《风险管理 企业法律风险管理指南》与 ISO 37301：2021《合规管理体系 要求及使用指南》两大国际标准对于企业应对出口管制、反商业贿赂、数据保护、反垄断等合规问题意义重大，为企业建立、实施、维护和改进合规管理体系，传播合规文化提供系统化的方法论和整体解决方案。

2022 年是各类组织进入深化依法治企、合规深化年。根据要求，需依照《关于进一步深化法治央企建设的意见》落实"五个一"：

其一，深入开展一次全级次、全领域、全方位合规风险排查，坚持查改并举，对违规行为立行立改。

其二，抓紧制定一组合规管理清单（合规风险清单、岗位职责清单和流程管控清单），推动合规要求深度融入企业经营管理。

其三，建立健全一套管理体系，明确业务部门、合规管理牵头部门、监督部门职责，着力夯实合规管理"三道防线"。

其四，着力完善一项审查机制，在经营决策应审必审的基础上不断提升合法合规性审核质量。

其五，加快建设一个在线监管系统，对合规风险精准管控，为依法合规经营提供有力支持。

三是建立"一带一路"园区综合认证和定期评估机制。全国数以千万计的组织，全球数亿个组织，都是 ISO 37301 要求及使用指南的规范对象。通过合规管理体系认证和有效性评价保证合规工作的完善度是必不可少的，认证有以下几个方面作用：

（1）依据国际标准化组织（ISO）发布的合规管理体系要求标准开展认证并获得认证证书，是对企业良好治理状态和有效风险管控的背书，提升企业竞争力和影响力，以及便利国际贸易。

（2）提升全员遵纪守法意识，有助于形成良好的企业合规文化，使企业经营管理更加规范有效，并为企业融资、重组、并购、上市等业务发展保驾护航。

（3）利用外部专家资源诊断企业合规管理的薄弱环节，科学、系统、规范地梳理企业合规管理制度体系，提升合规管理效能等。

### （三）助力园区持续发展

一是重视中国园区发展软实力输出。积极支持举办各类国际园区发展论坛，鼓励"一带一路"共建国家政府和企业到国内园区开展调研交流，提高国内园区建设模式、经验和标准在"一带一路"共建国家的知名度和美誉度，增强重点国家对于中国园区发展理念与发展模式的理解和认同。

二是积极创新园区投资运营合作模式。鼓励国内实力较强、开发经验丰富的园区运作企业与金融机构、行业协会、海外投资服务中介等共同组建海外园区专业开发企业，积极探索现有富余产业直接往外走的"重资产投资运营模式"和现有园区发展经验模式往外走的"轻资产管理输出模式"。倡导跨地区、跨行业甚至跨国、跨所有制类型的园区投资合作模式，探索将园区的选址规划与东道国基础设施的情况相结合，鼓励民营企业与国有企业共同投资，中资企业与外资企业共同参与。加强国际国内园区的发展联动，通过"两国双园"等国际国内园区发展结对或组团的合作机制，构建内外联动、梯级发展、有序联动的"一带一路"境外园区体系。

（四）强化系统性风险防控体系

一是建立国别风险预警与监控机制。定期更新"一带一路"园区所在国别风险评估报告，及时警示和通报有关国家政治、经济和社会重大风险，提出应对预案和防范措施，妥善应对重大风险。

二是强化企业规范运营和权益保护。指导园区开发企业理性投资，做好项目前期论证、风险评估、成本核算、规避风险和安全应急预案，保护企业海外合法权益。引导园区运营管理企业守法合规经营，遵守东道国法律法规，积极履行社会责任，避免内部恶性竞争，实现共赢发展。

第四章

# "一带一路"法律服务典型案例
# 征集宣传活动的观察与分析

## 一、"一带一路"法律服务典型案例征集宣传活动基本概况

2013 年，中国国家主席习近平提出构建"丝绸之路经济带"和"21 世纪海上丝绸之路"的倡议。2016 年 3 月，联合国安理会第 2274 号决议首次纳入"一带一路"倡议，第七十一届联合国大会 193 名成员方也一致赞同将"一带一路"倡议载入联大决议。

作为国家级顶层合作倡议，共建"一带一路"倡议自规划至落地实践，取得了举世瞩目的伟大成就，在高举和平发展旗帜与"一带一路"共建国家打造政治互信、经济融合、文化包容的利益共同体、命运共同体和责任共同体的过程中，中国法律界凭借扎实深厚的法学理论功底、专业细致的法律服务实践与敬业严谨的执业工作态度，为保障"一带一路"倡议顺利践行作出了独特且卓越的贡献，涌现出一大批为中国企业、中国市场"走出去"提供坚强有力的法律保障的先进典范。共建"一带一路"倡议同时也为中国法律人开启了宝贵的时代契机，为中国国内法治与涉外法治发展提供了联通桥梁。法律人在"一带一路"的征途上任重道远、使命光荣、责任重大。

"一带一路"倡议既是经济上的联通，也应实现规范层面上的互通。正如习近平总书记指出的：必须"促进政策、规则、标准三位一体的联通，为互联互通提供机制保障"，通过"参与全球治理和公共产品供给"为"一带一路"建设提供法治制度保障。[1]

为向全社会集中展示法律服务在"一带一路"建设中取得的突出成果、总结推广"一带一路"倡议建设中的法律服务经验、不断提升中国法律服务在世界舞台与国际竞争中的影响力，法制日报社自 2018 年开始，主办"一带一路"法律服务案例征集宣传活动。在优秀法律服务项目评选中，法制日报社同期平行举办"一带一路"法律服务高端论坛，以涉外法律服务的诸多面向为议题，

---

〔1〕习近平：《携手推进"一带一路"建设——在"一带一路"国际合作高峰论坛上的演讲》，载《人民日报》2017 年 5 月 15 日，第 3 版。

集众多专家学者、行业精英之真知灼见，在思想交锋碰撞中齐力展望中国涉外法治建设的恢宏前景，同心擘画中国涉外法治发展的生动蓝图。

通过研讨"一带一路"中国法律服务的机遇和挑战、探寻法律服务如何在共建"一带一路"倡议中积极作为、讲述"一带一路"法律服务中的生动故事，为"一带一路"法律服务总结先进经验，为行业提供有益的参考和借鉴，为"一带一路"项目提供法治、公平、正义、创新的强劲动力。如首届"一带一路"优秀法律服务项目颁奖典礼上，中国政法大学校长黄进、最高人民法院第一巡回法庭副庭长张勇健、盈科律师事务所主任梅向荣、长安公证处副主任张浩、龙图新世纪企业管理有限公司董事长杜洪波、金诚同达律师事务所主任庞正忠作了主旨演讲；围绕"'一带一路'背景下中国法律服务的机遇与挑战""中国律师事务所服务'一带一路'建设应如何作为""我与'一带一路'法律服务的故事"三个议题，举行了三场圆桌论坛。

在第二届"一带一路"优秀法律服务项目颁奖典礼中，最高人民法院民四庭二级高级法官马东旭，中国社会科学院国际法研究所所长、研究员莫纪宏，中国建筑集团公司总法律顾问秦玉秀，盈科律师事务所全球合伙人杨琳做主旨演讲。嘉宾以"把握新风口，'一带一路'背景下律所合规业务新机遇""律企共话，如何有效建设合规管理体系""《新加坡调解公约》，如何促进'一带一路'纠纷解决"为主题进行了三场专题研讨。

在第三届"一带一路"优秀法律服务项目颁奖典礼中，中国国际经济法学会黄进教授，中国公证协会副会长、长安公证处主任周志扬，最高人民法院国际商事法庭法官郭载宇发表主旨演讲，并结合时事背景，以"世界重大公共卫生事件背景下，如何防范境外投资法律风险""疫情下，'一带一路'法律服务面临哪些机遇与挑战""全球化背景下，'走出夫'企业境外业务合规新趋势"为议题，举行了三场圆桌对话。

自2018年至2022年，法制日报社已连续五年举办"一带一路"优秀法律服务项目征集宣传活动，受到社会各界广泛认可。随着我国涉外法治体系的越发深化，中国律师在服务"一带一路"建设热潮中越发具有国际视野，在国际法律舞台上越发显露才华、博得盛誉。作为唯一一家中央级别的法治类专门媒体，法制日报社忠实记录律师行业的先进事迹，全力传递律师行业的法治呼声，有效弘扬了律师行业的法治精神，征集宣传活动已经成为助力传播中国律师声音，讲好中国法治故事的亮丽宣传名片。

首届"一带一路"优秀法律服务项目征集宣传活动共颁发"一带一路"十佳律师事务所、"一带一路"十佳律师、"一带一路"争议解决类十佳法律服务案例、"一带一路"投资类十佳法律服务案例、"一带一路"十佳合作机构、"一带一路"十佳法律服务工作者、"一带一路"优秀法务团队七项荣誉奖项，共计推出20个优秀典型案例。第二届"一带一路"优秀法律服务项目征集宣传活动来分别评选"一带一路·合规之路"优秀法律服务案例、十佳法务团队、十佳律师、十佳律师事务所、年度人物五项荣誉奖项，首度引入"一带一路·合规之路"年度人物评选，与首届相同，共20个案例成为优秀典型案例，并精简优秀典型案例的评选组别，统一归入"合规之路"的年度主题类别之下。第三届"一带一路"优秀法律服务项目征集宣传活动包括"一带一路·健康之路"优秀法律服务案例、十佳律师、十佳法务团队、十佳律师事务所、海外抗疫特别奖、年度人物六项荣誉奖励，其中"一带一路·健康之路"海外抗疫特别奖，是结合评选年度新冠疫情的特殊"黑天鹅"事件而专门增设的，用以表彰在"一带一路"法律服务过程中为抗击疫情，共克时艰作出突出贡献的企业和律师事务所；总体而言，第三届的优秀典型案例评选数量较以往略有下降，仍以统一归属"健康之路"的名义确定17个优秀典型案例。第四届"一带一路"法律服务典型案例征集活动在优秀典型案例的入选数量上大幅提升，并对优秀典型案例的分组予以细化，最终产生50个法律服务典型案例。其中，"一带一路"争议解决和"一带一路"投资类法律服务典型案例各15个，合规法律服务和维护"一带一路"共建国家中国公民、侨胞合法权益典型案例各10个。第五届"一带一路"优秀法律服务典型案例共收录40个案例，共分为争议解决法律服务典型案例、投资类法律服务典型案例、合规法律服务典型案例、法律服务创新典型案例，每类别各有10个案例入选。其中增设的法律服务创新典型案例征集板块遴选了中国律师代理域外委托人在域外处理域外法律争议的案例，展现了中国涉外法治工作发展的新高度、新水平。综观五届入选的案例情况可以发现，申报的类目设置在一定程度上反映了当前对涉外法律服务领域的关注所在。如自首届以来，"争议解决"与投资服务板块如"常青树"一般存在，而"合规建设"作为单设板块在第四届评选活动中的重新回归及在第五届评选活动之中的延续也说明了涉外法治工作在新挑战、新格局下企业合规的重要功效。为继续总结"一带一路"法律服务中的优秀做法、典型经验，宣传涉外法律服务典型机构、人物，助力典型引领示范效应的发挥，带动涉外法律服务水平的提升。法制日报社历届"一带一路"法律服务典型案例征集宣传活动入选的案例数量统计情况详见表4-1所示。

表4-1 法制日报社历届法律服务征集宣传案例数统计

| 届别 | 第一届 | 第二届 | 第三届 | 第四届 | 第五届 |
| --- | --- | --- | --- | --- | --- |
| 案例数（件） | 20 | 20 | 17 | 50 | 40 |

五届"一带一路"法律服务典型案例征集宣传活动共评选出147件典型案例。在典型案例涉及的法律服务的发起者上，律师事务所占据绝对多数，中国律师已经成为涉外法治事业的中流砥柱与战略资源；在典型案例涉及的法律服务的指向上，共覆盖五大洲44个国家和地区[1]，中国特色社会主义法治工作扎根祖国，联通寰宇；中国法治文明正向全球的司法机关、合作伙伴等娓娓道来。

在获评的"一带一路"法律服务典型案例中，因地缘政治、地理区位、发展节奏等因素，亚洲国家是历届获评案例涉及最多的。欧洲国家作为"一带一路"共建国家中总体经济发展情况好的地区，在历届"一带一路"典型案例评选中也占据了重要地位，涉及欧洲国家的获评案例数仅次于亚洲地区。得益于中非合作良好的深厚的历史积淀，我国各类企业也在"一带一路"中大力投资非洲地区，尤其是以大型国际机场、综合能源管道等为代表的大型基础设施投资建设工程，这使得非洲地区国家出现在了历届"一带一路"法律服务典型案例的获评案例中，中国律师、律师事务所及其他相关涉外法律服务工作者以辛勤的劳动为"一带一路"的中非投资合作保驾护航。历届"一带一路"法律服

---

〔1〕 部分典型案例因评选资料描述模糊等不能确定法律服务指向的国家和地区，不列入统计；在列入统计的典型案例中，涉及多国家、多法系的案例，以案例申报标题或法律关系主要集中的国家和地区为统计对象，下同。

务典型案例评选中涉及北美洲、南美洲的国家数量相较其他大洲较少，且在第二届、第五届典型案例评选中没有涉及南美洲国家的案例。虽在北美洲、南美洲涉及的国家较少，但北美洲、南美洲涉及的主要国家，如美国、加拿大、巴西，其总体涉及的法律案例金额标的巨大，跨越司法管辖区众多，涉及司法程序复杂，综合服务时间持久，对我国涉外法律服务工作者的综合素质与综合能力均提出了极高考验。此外，在历届评选中，暂无涉及大洋洲国家的"一带一路"法律服务典型案例。

在"一带一路"法律服务典型案例中，共有122件源于律师事务所申报，约占总案例数的83%，充分反映了律师事务所和律师是共建"一带一路"倡议的建设中提供涉外法治服务的绝对主力。在申报入选的律师事务所中，高达89个典型案例的服务律师事务所是来自北京的律师事务所[1]，呈现出绝对的数量领先，北京作为中国政治中心在涉外业务的开展上具有得天独厚的资源禀赋和政策优势；上海律师事务所入选了7个典型案例，广东（广州、深圳）律师事务所贡献了6个典型案例。分布于我国经济发达的一线城市的律师事务所提供的法律案例占律师事务所申报典型案例的近83.6%，几乎统领了"一带一路"典型案例，清晰直观地体现出我国当前涉外法治业务开展的地域性集中趋势。北京金诚同达律师事务所与北京市盈科律师事务所在历届典型案例申报评选中表现尤为亮眼，共同以13件入选的傲人成绩位居榜首，遥遥领先；北京大成律师事务所以10件入选的成绩紧随其后；北京天达共和律师事务所与泰和泰律师事务所各自取得7件入选的优异成绩；北京市金杜律师事务所取得6件入选的喜人成绩。泰和泰律师事务所以7件入选，是所有非北京律师事务所中入选案例最多的地方律师事务所。深圳市蓝海法律查明和商事调解中心是非律师事务所中申报典型案例入选数最多的机构组织，在"一带一路"的既往征途中留下了3件值得称道的典型案例。总体分布情况详见图4-1。

在申报的既往四届典型案例中，杨晨、彭俊律师有4件典型案例入选、管健、韩立德律师各有3件典型案例入选，高洋、江荣卿、李海容、刘克江、沈

---

〔1〕 指律师事务所注册地与入选案例实际提供法律服务的律师事务所所在地均为北京的律师事务所，不含地区分所。如北京大成律师事务所在统计口径中属于北京律师事务所，而北京大成（杭州）律师事务所在统计口径中则属于非北京律师事务所，下同。

楠、田文静、王杕、肖璟翊、郑晓东、陈巍、刘银、张宇律师各有2件典型案例入选，这批律师在一定程度上代表着中国涉外法律服务水平的质量标准。

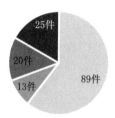

图4-1 "一带一路"法律服务典型案例分布情况

## 二、"一带一路"法律服务典型案例分类解析

历届入选的"一带一路"法律服务典型案例大致包含以下几个方面的法律服务形态。[1]

### （一）外国法的查明、外国法院判决承认、中国法院判决效力的延伸

在涉外民商事案件中，中外的法律规范条文、司法裁判文书纵横交错，准确依据冲突规范锚定准据法并确定法律适用，或适当正确援引国际条约或双边协定或灵活准确运用礼让原则让一国承认和执行另一国法院的判决是常见的、重要的一类法律事务与法律服务，对捍卫当事人合法权益、尊重和维护一国司法主权与司法尊严具有重大意义。在"一带一路"法律服务典型案例中，有5件属于涉中外的法律或司法裁判的确认，其中2件属于首届"一带一路"法律服务典型案例入围的案例，1件属于第三届"一带一路"法律服务典型案例入围的案例，1件属于第四届"一带一路"法律服务典型案例入围的案例，1件属于第五届"一带一路"法律服务典型案例入围的案例。具体情况详见表4-2。

---

〔1〕 以入选案例的最主要特征进行分类，部分情形特殊，不便分类的案例将在后文"'一带一路'法律服务的经验与不足""'一带一路'法律服务质效提升的路径展望"中穿插提及。

表4-2 外国法的查明等案例情况统计

| 序号 | 届别 | 申报单位 | 项目名称 |
|---|---|---|---|
| 1 | 首届 | 国浩律师（南京）事务所 | 以色列高等法院首次承认和执行中国法院判决案 |
| 2 | 首届 | 北京德和衡律师事务所 | 俄罗斯公司、哈萨克斯坦公司向中国法院申请承认和执行仲裁裁决案 |
| 3 | 第三届 | 深圳市蓝海法律查明和商事调解中心 | 利比亚法下见索即付保函有效性法律查明服务 |
| 4 | 第四届 | 深圳市蓝海法律查明和商事调解中心 | 法律查明助力基建企业解决域外投资纠纷 |
| 5 | 第五届 | 上海国际仲裁中心 | 首例获得越南法院承认执行的中国仲裁裁决案件 |

## （二）涉外公证认证

公证和认证是涉外法治中对民事法律行为、有法律意义的事实和文书的真实性、合法性及相关文书真实性予以确认的活动。一国域外形成的法律证据应当经所在国公证机关证明，并经相应的认证程序或履行国与国之间订立相关条约规定的手续后，方可发生法律效力。公证和认证程序是否齐备周全是证据在涉外诉讼中能否发挥相应证明功效的基础，在"一带一路"法律服务典型案例中，有8件属于涉外公证认证法律服务，其中1件属于第三届"一带一路"法律服务典型案例入围的案例，5件属于第四届"一带一路"法律服务典型案例入围的案例，2件属于第五届"一带一路"法律服务典型案例入围的案例。在服务对象上，公证认证法律服务所面向的不仅是公司、企业等大型委托人，也包括个体、自然人，涉及的诉讼类别也出现了在整体案例申报评选中罕见的刑事诉讼。公证认证法律服务为海外的中国公民、侨胞提供了可靠的法律后盾。具体情况详见表4-3。

表 4-3　涉外公证认证案例情况统计

| 序号 | 届别 | 申报单位 | 项目名称 |
|---|---|---|---|
| 1 | 第三届 | 北京市长安公证处 | 公证机构出具公证书及法律意见书，助力国企进行"一带一路"建设及海外维权 |
| 2 | 第四届 | 北京炜衡（杭州）律师事务所 | 提供涉外离婚相关公证服务获中国法院认可并成功判决离婚 |
| 3 | 第四届 | 北京市长安公证处 | 公证法律意见书助力日本、马来西亚等海外华侨华人在遗产所在国顺利办理继承手续 |
| 4 | 第四届 | 广东省广州市南沙公证处 | 南沙公证处为中泰首次跨国线上刑事案件庭审异地出庭证人身份进行公证 |
| 5 | 第四届 | 浙江省丽水市公证协会 | 为已故华侨的留守未成年子女办理资金监管公证案 |
| 6 | 第四届 | 湖北省武汉市尚信公证处 | "跨省通办"公证服务，助力自贸区企业"一带一路"项目工程建设 |
| 7 | 第五届 | 黑龙江哈尔滨国信公证处 | 采用电子公证书为"一带一路"企业提供公证法律服务 |
| 8 | 第五届 | 北京市长安公证处 | 为中国石油工程建设公司负责的阿联酋哈伯善天然气升级项目提供全程公证服务 |

## （三）争议解决——贸易壁垒与公平竞争问题

"一带一路"倡议最核心的内质与最突出的特点就是经贸合作，我国在基础设施建设、重大工程保障服务能力等方面具有国际竞争中的比较优势，随着中国基建和中国工程"走出去"的步伐加快，所遭遇的市场竞争和市场规制便越发激烈，以反倾销、反补贴、保障措施、特别保障措施、反垄断为主的涉及国际竞争中的贸易壁垒与公平竞争问题成为中国企业与域外潜在竞争者乃至司法机关、政府部门的激烈交锋之地。在入选的"一带一路"法律服务典型案例中，有相当多数律师、律师事务所申报该领域的争议解决优秀案例，总计达 17件，其中 3件属于首届"一带一路"法律服务典型案例入围的案例，3件属于第二届"一带一路"法律服务典型案例入围的案例，1件属于第三届"一带一路"法律服务典型案例入围的案例，8件属于第四届"一带一路"法律服务典型案例入围的案例，2件属于第五届"一带一路"法律服务典型案例入围的案例。连续五届均有相关领域案例入选，并出现多位主办律师在多届典型案例中入选的情况，进一步印证了该领域在涉外法治中的重要地位，也体现出了部分律师及律师事务所提供的涉外法治服务已形成了一定的品牌效应。具体情况详见表4-4。

表 4-4 贸易壁垒与公平竞争方面争议解决案例情况统计

| 序号 | 届别 | 申报单位 | 项目名称 |
|---|---|---|---|
| 1 | 首届 | 北京市盈科律师事务所 | 美国联邦地区法院对多个具有垄断行为的国际航空公司提起货运反垄断索赔胜诉案 |
| 2 | 首届 | 北京金诚同达律师事务所 | 中国钢铁协会完胜巴西热轧钢板反倾销反补贴案 |
| 3 | 首届 | 北京高文律师事务所 | 中国首钢参加土耳其经济部对进口钢铁产品征收高额关税案 |
| 4 | 第二届 | 北京市盈科律师事务所 | 江苏"森茂"应诉印度对华多层实木复合地板反倾销案 |
| 5 | 第二届 | 北京天达共和律师事务所 | 印度对华光伏产品反倾销调查案 |
| 6 | 第二届 | 北京金诚同达律师事务所 | 中国政府在 WTO 起诉美国替代国条款案 |
| 7 | 第三届 | 北京市盈科律师事务所 | 美国对原产于中国的玻璃容器反倾销、反补贴调查案 |
| 8 | 第四届 | 北京天达共和律师事务所 | 成功应对乌克兰对进口电缆和光缆产品保障措施调查 |
| 9 | 第四届 | 北京市盈科律师事务所 | 美国对华多层实木复合地板反倾销（2018—2019）年度复审调查 |
| 10 | 第四届 | 广东大拓律师事务所 | 某央企在泰国法院申请禁令及二审全面胜诉 |
| 11 | 第四届 | 北京市通商律师事务所 | 成功代理印度对华 R134 制冷剂反倾销日落复审案 |
| 12 | 第四届 | 北京金诚同达律师事务所 | 代理 TCL 与瑞典爱立信公司滥用市场支配地位纠纷等涉及全球市场的垄断案 |
| 13 | 第四届 | 泰和泰律师事务所 | 为欧盟最大的钢厂在反倾销调查中进行无损害辩护 |

| 序号 | 届别 | 申报单位 | 项目名称 |
|---|---|---|---|
| 14 | 第四届 | 北京金诚同达律师事务所 | 成功应对美国对越南乘用车和轻型卡车轮胎的反倾销调查 |
| 15 | 第四届 | 北京高文律师事务所 | 柠檬酸产业海外贸易救济调查应对 |
| 16 | 第五届 | 北京金诚同达律师事务所 | 助力阜丰集团连续七次获得美国反倾销复审零税率 |
| 17 | 第五届 | 北京市盈科律师事务所 | 代理江苏某汽车公司与韩国某知名株式会社外商投资安全审查及经营者集中反垄断审查案 |

## (四) 争议解决——其他领域问题

除贸易壁垒与公平竞争问题外,中国公司、企业涉外业务活动中还遇到其他复杂多样的法律纠纷与法律问题,包括但不限于知识产权、金融保险与支付、合同履行与变更、诉讼程序选择与抗辩等,这些法律问题在工程建设、能源开发、自然资源利用、数字经济、海事海商等领域都广泛存在,中国法律服务工作者在面对复杂多样的法律环境时沉着出色、积极能动地应对,因此,为典型案例评选中留下了丰富的争议解决案例。27件典型案例中共有4件属于首届"一带一路"法律服务典型案例入围的案例,2件属于第二届"一带一路"法律服务典型案例入围的案例,4件属于第三届"一带一路"法律服务典型案例入围的案例,8件属于第四届"一带一路"法律服务典型案例入围的案例,9件属于第五届"一带一路"法律服务典型案例入围的案例。连续五届均有相关领域案例入选。具体情况详见表4-5。

### 表4-5 其他领域问题争议解决案例情况统计

| 序号 | 届别 | 申报单位 | 项目名称 |
|---|---|---|---|
| 1 | 首届 | 北京大成律师事务所 | 沙特某电站伦敦仲裁案 |
| 2 | 首届 | 北京市天元律师事务所 | 北京某公司与塔吉克斯坦技术合同纠纷仲裁案 |

| 序号 | 届别 | 申报单位 | 项目名称 |
|---|---|---|---|
| 3 | 首届 | 江苏封典律师事务所 | 耀迪公司放弃中标加纳政府 1 万套太阳能路灯照明设备采购纠纷 |
| 4 | 首届 | 北京盈科（上海）律师事务所 | 我国香港地区 TSS 公司与希腊公司、新加坡、荷兰等公司在荷兰鹿特丹和海牙诉讼案 |
| 5 | 第二届 | 北京金诚同达律师事务所 | 宝钢、河钢和马钢等企业在美国对华钢铁产品 337 调查案 |
| 6 | 第二届 | 广东广信君达律师事务所 | 广州白云机场诉泰国暹罗航空公司服务合同纠纷案 |
| 7 | 第三届 | 北京市华贸硅谷律师事务所 | A 集团与巴西某公司之间的货物买卖纠纷案 |
| 8 | 第三届 | 中国石油天然气集团有限公司 | LHG 合作项目纠纷国际仲裁案 |
| 9 | 第三届 | 德恒律师事务所 | 维护中国企业海外合法权益，代理中国公司与伊朗公司上诉案 |
| 10 | 第三届 | 竞天公诚律师事务所 | 华为诉康文森确认不侵害专利权及标准必要专利许可使用条件纠纷案 |
| 11 | 第四届 | 北京市金杜律师事务所 | 金杜代表某国企成功应对非洲某水电站建设项目 ICC 仲裁案 |
| 12 | 第四届 | 北京市君合律师事务所 | 成功代理中国某大型国有企业与阿联酋迪拜 Meydan 集团建设工程争议解决案，避免国有企业资产在海外的流失 |
| 13 | 第四届 | 北京市盈科律师事务所 | 我国香港地区某进出口有限公司与内地某上市公司国际货物买卖/代理开具信用证合同纠纷案 |
| 14 | 第四届 | 北京市天同律师事务所 | 中国葛洲坝集团股份有限公司诉意大利某银行上海分行独立保函纠纷案 |
| 15 | 第四届 | 北京市天元（深圳）律师事务所 | 代理某国际公司关于承建南美某国际工程费用分摊争议国际仲裁案并获得实质性胜诉 |

| 序号 | 届别 | 申报单位 | 项目名称 |
|------|------|----------|----------|
| 16 | 第四届 | 上海段和段律师事务所 | 代表中方某大型机械设备制造企业处理在境外法院提起诉讼的涉哈萨克斯坦货物买卖纠纷案 |
| 17 | 第四届 | 北京德和衡（莫斯科）律师事务所 | 新冠试剂产品供货管辖异议案 |
| 18 | 第四届 | 上海市通力律师事务所 | 代表某央企处理其海外大型 EPC 项目引发的系列纠纷 |
| 19 | 第五届 | 北京大成律师事务所 | 代理中资企业与韩资企业在越南的土地使用权合同纠纷案二审胜诉 |
| 20 | 第五届 | 北京金诚同达律师事务所 | 助力阜丰集团连续七次获得美国反倾销复审零税率 |
| 21 | 第五届 | 北京浩天律师事务所 | 通过分离式涉外独立保函索赔帮助中国出口商收回 789 万余美元 |
| 22 | 第五届 | 北京市君合律师事务所 | 成功代理中国某知名承包商与斯里兰卡某发包人仲裁案 |
| 23 | 第五届 | 北京市盈科律师事务所 | 代理英属维尔京群岛、开曼群岛、中国内地公司、荷兰自然人应诉英属维尔京群岛、新加坡公司、开曼群岛有限合伙提起的 8.4 亿美元香港国际仲裁中心可转换债券投资争议仲裁案 |
| 24 | 第五届 | 广东广信君达律师事务所 | 成功代理广州飞机维修工程有限公司与泰国东方航空有限公司留置权纠纷仲裁案通过仲裁确认航空器留置权合法及实现 |
| 25 | 第五届 | 北京德和衡律师事务所 | 代理国际运输合同纠纷案件经俄罗斯某法院二审胜诉 |
| 26 | 第五届 | 北京高文律师事务所 | 助力被告中国某公司在一起商业外观侵权诉讼案中与原告美国某公司达成和解 |
| 27 | 第五届 | 中国国际经济贸易仲裁委员会丝绸之路仲裁中心 | 成功调处法国某著名软件公司与陕西某企业著作权侵害纠纷案 |

（五）投资服务——投融资与并购

出海投融资已成为诸多中国企业公司扩大经营规模，赢取广阔市场，增加营收能力，提高盈利水平的重要举措，尤其是在我国参与"一带一路"相关投资建设的企业中，能源、交通等是常见且主要的投资内容，在这些基础设施产业中，对项目所在国的企业、公司进行投资并购是商业竞争中常见且重要的经营战略，在一国的单行法下，投资并购便涉及多重法律关系，涉及的法律问题复杂，在涉外投融资中，面临的法律挑战更为严峻，当外商投资企业作为收购目标时，涉及股权登记、外商投资、税务、外汇、反垄断等多维度的法律审查，同时也面临着需要妥善遵守国内各条线监管部门规定的程序和要求，这对律师、律师事务所等法治工作队伍的综合能力提出了很高要求。投资类法律服务在"一带一路"法律服务典型案例评选中的比重与分量同争议解决法律服务可等量齐观，二者成为中国法律工作者挥洒才华，显露激情的竞技舞台。共有 47 件入选案例属于投资类法律服务。其中 12 件属于第一届"一带一路"法律服务典型案例入围的案例，8 件属于第二届"一带一路"法律服务典型案例入围的案例，4 件属于第三届"一带一路"法律服务典型案例入围的案例，13 件属于第四届"一带一路"法律服务典型案例入围的案例，10 件属于第五届"一带一路"法律服务典型案例入围的案例。连续五届均有相关领域案例入选。在将"投资类法律服务"单独作为申报类别的第一届、第四届、第五届典型案例宣传评选活动中，以投资类法律服务入选的法律服务工作队伍数量更多。具体情况详见表 4-6。

表 4-6　投资服务案例情况统计

| 序号 | 届别 | 申报单位 | 项目名称 |
|---|---|---|---|
| 1 | 首届 | 北京市正见永申律师事务所 | 大拇指公司起诉新加坡环保公司履行股东出资义务案 |
| 2 | 首届 | 北京市中伦律师事务所 | 南京新街口百货商店股份有限公司 HOF 项目 |
| 3 | 首届 | 北京市金杜律师事务所 | 中国广核集团投资英国首个核电站项目 |
| 4 | 首届 | 浙江天册律师事务所 | 恒逸石化股份有限公司、恒逸实业（文莱）有限公司项目 |

续表

| 序号 | 届别 | 申报单位 | 项目名称 |
|------|------|----------|----------|
| 5 | 首届 | 上海市通力律师事务所 | 中化国际并购新加坡上市公司成为全球最大天然橡胶供应商项目 |
| 6 | 首届 | 北京大成律师事务所 | 印度尼西亚雅加达万隆高速铁路项目 |
| 7 | 首届 | 北京金诚同达律师事务所 | 河钢集团收购塞尔维亚唯一国有钢铁厂项目 |
| 8 | 首届 | 北京金诚同达律师事务所 | 巴基斯坦瓜达尔港自由区项目 |
| 9 | 首届 | 北京市兰台律师事务所 | 国家开发银行向非洲某国政府授信项目 |
| 10 | 首届 | 北京德恒律师事务所 | 中国黄金集团有限公司收购俄罗斯克鲁奇金矿项目 |
| 11 | 首届 | 北京天达共和律师事务所 | 国家开发投资公司对埃塞俄比亚重大扶贫项目 |
| 12 | 首届 | 北京市中伦律师事务所 | 南京新街口百货商店股份有限公司 HOF 项目 |
| 13 | 第二届 | 北京市竞天公诚律师事务所 | 天水华天科技公司收购项目 |
| 14 | 第二届 | 北京市金杜律师事务所 | 国家电网下属中国电力技术装备有限公司投资巴基斯坦的默拉直流输电 BOOT 项目 |
| 15 | 第二届 | 北京金诚同达律师事务所 | 河钢集团中塞友好工业园区项目 |
| 16 | 第二届 | 北京市天元律师事务所 | 中国长江电力股份有限公司收购美国 Sempra 能源公司出售的秘鲁配电公司项目 |
| 17 | 第二届 | 北京市中伦文德律师事务所 | 北方华锦化学工业集团有限公司合资项目 |
| 18 | 第二届 | 北京大成（杭州）律师事务所 | 华捷公司"一带一路"捷克站建设项目 |
| 19 | 第二届 | 北京市中伦律师事务所 | 中矿资源集团股份有限公司收购项目 |
| 20 | 第二届 | 国浩律师事务所 | 中广核集团收购项目 |
| 21 | 第三届 | 北京市盈科律师事务所 | 某国际邮轮公司收购、运营巴哈马籍二手国际邮轮项目 |
| 22 | 第三届 | 北京市君合律师事务所 | 孟加拉吉大港燃煤电站融资项目 |
| 23 | 第三届 | 北京金诚同达律师事务所 | 某大型矿业领域央企收购赞比亚某大型铜镍矿项目 |

续表

| 序号 | 届别 | 申报单位 | 项目名称 |
|---|---|---|---|
| 24 | 第三届 | 北京市金杜律师事务所 | 中泰铁路合作项目一期（曼谷—呵叻段） |
| 25 | 第四届 | 泰和泰律师事务所 | 为四川省某矿产投资开发有限公司投资、并购泰国钾盐矿开发、开采项目提供专项法律服务 |
| 26 | 第四届 | 北京大成（杭州）律师事务所 | 为北美首个中资工业园区墨西哥北美华富山工业园提供法律服务 |
| 27 | 第四届 | 北京市盈科律师事务所 | 格鲁吉亚卡杜里水电站项目专项法律服务 |
| 28 | 第四届 | 北京天达共和律师事务所 | 为北京市燃气集团收购俄罗斯 VCNG 公司 20% 股权提供法律服务 |
| 29 | 第四届 | 北京金诚同达律师事务所 | 金诚同达助力中铁建阿联酋铁路二期项目 |
| 30 | 第四届 | 中国石油国际勘探开发有限公司 | 巴西布兹奥斯油田项目成功中标、协议谈判和交割 |
| 31 | 第四届 | 北京植德律师事务所 | 为加拿大某通信和信息技术公司跨境收购及其全球业务涉及中国市场的交易提供法律服务 |
| 32 | 第四届 | 北京市天元律师事务所、中国长电国际（香港）有限公司 | 长江电力通过其境外子公司对秘鲁上市公司 Luz del Sur S. A. A 公司发起强制要约收购项目 |
| 33 | 第四届 | 北京大成律师事务所 | 为中国某央企收购哈萨克斯坦某国企控股的矿业公司股权提供法律服务 |
| 34 | 第四届 | 北京市君合律师事务所 | 助力中国上海某电站集团收购英国 9 个光伏电站项目 |
| 35 | 第四届 | 北京市中伦律师事务所 | 中伦助力曲美家居非公发募资海外收购项目 |
| 36 | 第四届 | 北京市金杜律师事务所 | 明阳智慧能源意大利塔兰托海上风电设备项目 |
| 37 | 第四届 | 上海中联（昆明）律师事务所 | 缅甸明林羌液化天然气联合循环电站项目 |
| 38 | 第五届 | 国浩律师（天津）事务所 | 代表盛和资源（新加坡）有限公司收购澳大利亚上市公司 Peak Rare Earths Limited（Peak）19.9% 的股份 |

续表

| 序号 | 届别 | 申报单位 | 项目名称 |
|------|------|----------|----------|
| 39 | 第五届 | 上海段和段律师事务所 | 代表城发环境股份有限公司新设城发环境（香港）集团又增资并购满宝投资有限公司50%股权参与匈牙利包尔绍德30MW光伏发电项目 |
| 40 | 第五届 | 中国电建集团海外投资有限公司 | 投资开发波黑伊沃维克84MW风电项目 |
| 41 | 第五届 | 北京金诚同达律师事务所 | 代表沙钢集团收购全球第三大、欧洲最大的IDC运营商Global Switch并处理相关重大资产重组及境外上市事宜 |
| 42 | 第五届 | 泰和泰律师事务所 | 老挝万万高速中长期跨境银团贷款项目专项法律服务 |
| 43 | 第五届 | 北京市安理（天津）律师事务所 | 为天津市旅游（控股）集团有限公司及其子公司与新加坡联合工业集团有限公司及旗下子公司之间的跨境股权转让及置换项目提供专项法律服务 |
| 44 | 第五届 | 北京大成律师事务所 | 为中国进出口银行浙江省分行红狮印尼东加一期等值21.5亿元人民币银团贷款项目提供法律服务 |
| 45 | 第五届 | 北京市竞天公诚律师事务所 | 为招商局集团吉布提老港改造项目及东非国际特别商务区项目提供法律服务 |
| 46 | 第五届 | 北京市康达律师事务所 | 助力科达制造股份有限公司成为"沪伦通"扩容后首批进入瑞士资本市场的中国公司 |
| 47 | 第五届 | 泰和泰律师事务所 | 助力连花清瘟胶囊在巴基斯坦取得上市许可 |

## （六）合规建设

法律层面的合规，是指企业及其员工的经营管理行为应满足有关法律法规、国际条约、监管规定、行业准则、商业惯例、道德规范和企业依法制定的章程及规章制度等要求。我国涉外企业在对外交往合作中，面临的合规风险种类多、风险敞口大、涉外企业主体敏感特殊，同时国际合规管理日趋严格。涉外企业在风险预警、合规检查和合规制度建设上都需要不断夯实，尽力减少因合规瑕疵而带来的交易与经营成本。随着"一带一路"建设的深入实施，合规建设被越来越多的涉外企业视为一项关键的法律事务，法律工作者紧抓合规机遇，直面合规挑战，在典型案例评选中呈现出32件合规典型案例。其中5件属于第二届"一带一路"法律服务典型案例入围的案例，6件属于第三届"一带一路"法律服务典型案例入围的案例，10件属于第四届"一带一路"法律服务典型案例入围的案例，11件属于第五届"一带一路"法律服务典型案例入围的案例。从首届并未有专门的合规典型案例入选，到随后评选中合规典型案例逐年攀升，再到第四届典型案例评选专门设置"一带一路"合规法律服务评选单元及第五届继续保持合规案作为独立评选单元，合规建设在我国涉外法治中的地位和受重视程度都有所提升。具体情况详见表4-7。

表4-7 合规建设案例情况统计

| 序号 | 届别 | 申报单位 | 项目名称 |
|---|---|---|---|
| 1 | 第二届 | 北京市盈科律师事务所 | 国内某电网公司涉外合规体系构建及涉外工程法律风险库建设项目 |
| 2 | 第二届 | 深圳市蓝海法律查明和商事调解中心 | "一带一路"法治地图项目 |
| 3 | 第二届 | 泰和泰律师事务所 | 中国成达工程公司涉外工程项目 |
| 4 | 第二届 | 北京市盈科律师事务所 | 国内某电网公司涉外合规体系构建及涉外工程法律风险库建设项目 |
| 5 | 第二届 | 北京大成律师事务所 | 中国信用出口保险公司承保华电香港投资印度尼西亚火电项目 |
| 6 | 第三届 | 国浩律师（成都）事务所 | 白俄罗斯中白工业园明斯克国际展会中心建设项目 |
| 7 | 第三届 | 北京市金杜律师事务所 | 中泰铁路合作项目一期（曼谷—呵叻段） |
| 8 | 第三届 | 高文律师事务所 | RCEP文本审核法律服务项目 |
| 9 | 第三届 | 北京天达共和律师事务所 | 为中信银行作为股东对阿尔金银行的公司治理和制度建设及风险管理提供中国法律服务项目 |

| 序号 | 届别 | 申报单位 | 项目名称 |
|---|---|---|---|
| 10 | 第三届 | 北京市中伦律师事务所 | 波黑图兹拉燃煤电站建设全面法律服务项目 |
| 11 | 第三届 | 北京市中伦文德律师事务所 | 亚投行总部大楼项目 |
| 12 | 第四届 | 广东广信君达律师事务所 | 广州地铁集团有限公司拉合尔轨道交通橙线项目运营合规专项法律服务 |
| 13 | 第四届 | 北京天达共和律师事务所 | 某中央企业海外投资并购合规核查项目 |
| 14 | 第四届 | 北京大成律师事务所 | 工程建设行业中介费合规调查 |
| 15 | 第四届 | 北京金诚同达（合肥）律师事务所 | 某生物科技公司知识产权合规与跨境电商项目 |
| 16 | 第四届 | 北京市盈科律师事务所 | 中国汽车配件出口欧美供应链合规项目 |
| 17 | 第四届 | 泰和泰律师事务所 | 为中国电建集团子公司与泰国某上市公司开展合作、在泰国共同投资设厂开展电力金具生产属地化项目提供法律服务 |
| 18 | 第四届 | 中国石油国际勘探开发有限公司 | 中国石油国际勘探开发有限公司合规管理体系 |
| 19 | 第四届 | 中国民用航空局国际合作服务中心 | 召开民航涉外法治研讨会，成立国际航空法研究联盟 |
| 20 | 第四届 | 北京植德律师事务所 | A股上市公司环旭电子收购法国飞旭集团经营者集中申报案 |
| 21 | 第四届 | 北京市中伦律师事务所 | 协助威海建设集团股份有限公司应对非洲开发银行廉洁与反腐败办公室的调查 |
| 22 | 第五届 | 北京观韬中茂律师事务所 | 合理设计反垄断经营者申报方案和交易结构 助力金川集团股份有限公司收购PT Kao Rahai Smelters 等两家公司股权 |
| 23 | 第五届 | 北京金诚同达律师事务所 | 助力华灿光电搭建出口管制合规管理体系 |
| 24 | 第五届 | 北京市金杜律师事务所 | 帮助中国某知名银行成功应对涉案金额为2.86亿美元的世界银行合规顾问办公室（CAO）调查 |

| 序号 | 届别 | 申报单位 | 项目名称 |
|------|------|----------|----------|
| 25 | 第五届 | 北京市盈科律师事务所 | 受托承担中石油北京设计院海外项目：13.2课题研究—KPI：关于新冠及其不可抗力引发索赔的处置指引 |
| 26 | 第五届 | 国网国际发展公司 | 编制《境外电力资产法律合规国别指南》拓展内网"法治视界"专栏 打造全球合规信息库 |
| 27 | 第五届 | 泰和泰律师事务所 | 协助国际某知名科技公司完成数据跨境国别网络数据安全保护评估 |
| 28 | 第五届 | 北京大成律师事务所 | 助力铝电金海有限公司及几内亚公司合规管理体系建设项目 |
| 29 | 第五届 | 中建国际建设有限公司 | 率先通过ISO37301合规管理体系贯标认证成为中建集团内首家、国内首批通过认证的企业 |
| 30 | 第五届 | 中石化石油工程建设有限公司 | 乌干达石油工程建设项目合规法律服务 |
| 31 | 第五届 | 北京天达共和律师事务所 | 为中国电建投资缅甸中部光伏群项目提供合规尽职调查法律服务 |
| 32 | 第五届 | 北京大成律师事务所 | 代理PayPal就用户违约行为合规咨询及纠纷化解案 |

## （七）服务保障中国公民与华侨权益

涉外法律服务的主要委托人往往是跨国公司、大型企业、政府部门、国家机关等规模化的组织体，单一自然人的法律事务虽然较前述委托人有繁简之分，但二者对高质量涉外法律服务的需求和渴盼都是别无二致的。在"一带一路"法律服务典型案例评选中，自新冠疫情以来便对自然人的涉外法治案件给予了关注，更是在第四届申报评选中将这一主题作为一个单独申报单元。一国法治水平和法治文明程度的提升终将以一种崇尚法治的制度氛围回馈守法护法的公民，无论是财产继承、财产权移转变更，还是侵权损害赔偿，在以下6件典型案例中，法治国家的制度红利得到了充分证实，其中1件属于第三届"一带一路"法律服务典型案例入围的案例，5件属于第四届"一带一路"法律服务典型案例入围的案例，具体情况详见表4-8。

表4-8　服务保障中国公民与华侨权益案例情况统计

| 序号 | 届别 | 申报单位 | 项目名称 |
|---|---|---|---|
| 1 | 第三届 | 北京德和衡律师事务所 | 中国律师海外抗疫维护同胞合法权益 |
| 2 | 第四届 | 广州金鹏律师事务所 | 中国律师在疫情期间以专家证人身份帮助中国死者家属跨境继承新加坡遗产案 |
| 3 | 第四届 | 北京市盈科律师事务所 | 代理中国跨境电商卖家对美国亚马逊集体诉讼 |
| 4 | 第四届 | 北京京师律师事务所 | 中国留学生尚某某在境外离奇死亡，律师助家属向加拿大大学、政府部门等涉事责任方发起索赔 |
| 5 | 第四届 | 北京市中伦文德律师事务所 | 维护牙买加海外华侨在国内合法拆迁继承权益 |
| 6 | 第四届 | 国浩律师事务所 | 王某与某贸易公司跨境股权转让纠纷案 |

## 三、"一带一路"法律服务的经验与不足

### (一)"一带一路"建设中应不断强化法律服务供给

随着经济全球化进程的不断加深及"一带一路"倡议的深入实施，我国在海外的企业数量庞大，已累积形成上万亿的海外资产，越来越多的中国公民有海外流动经历。而伴随着我国企业"走出去"而生的是越发突出的、不可调和避免的冲突争端，如法律法规冲突、区域经济合作、贸易争端、生态环境问题以及与相关法律法规的对接、认可、修改等法律风险。法律风险为我国企业的海外投资贸易和活动带来了诸多不利影响。企业在"走出去"的过程中，往往以经贸活动作为最关注的部分，尚未成熟树立起"经贸合作，法律先行"的基本原则和行为准则，遵循法律规则和利用各种法律资源以规避风险，保护权益的意识还有待增进。[1]此外，在"一带一路"项目建设中，我国企业在涉外法

---

〔1〕　参见刘斌斌：《"一带一路"建设中法律服务的必要性及其路径研究》，载《西北民族大学学报（哲学社会科学版）》2020年第1期。

律法规、商标专业等知识产权保护方面都具有多样多元的法律服务需求。尽快构建完善齐备的"一带一路"法律服务体系对于满足"一带一路"共建国家和国际经贸中日益增长的高质量的法律服务需求具有现实意义。法律服务是中国企业"走出去"利益的维护者和代言者，同时也是中国海外形象的重要组成部分，在向域外源源不断地输出的产品和服务中，法律服务较之投资建设等外显的产品服务，属于"备而待用""有备无患"的一类隐性资产，发展涉外法律服务业是建设完备的法律服务体系、推进全面依法治国、促进全方位对外开放的重要举措。在我国企业不断"走出去"的过程中，涉外法律服务必须及时"跟上去"，让我国向涉外法律服务业强国迈进。[1]在面对商贸争端时，中国企业所能得到的法律服务支持，中国律师及涉外法律服务工作者所能供给的法律服务象征着中国涉外产业及涉外经济发展链条的成熟程度，也是国家对一国公民、法人在域外施以法律保护的重要形式。

如"美国联邦地区法院对多个具有垄断行为的国际航空公司提起货运反垄断索赔集体诉讼项目案"，30多个原告分别代表不同的受害群体，陆续在6个美国联邦地区法院对多个具有垄断行为的国际航空公司提起货运反垄断索赔集体诉讼，所有案件最终被合并到美国纽约东区联邦法院审理，并通知全球所有国际航空货运垄断行为的受害者参加诉讼。整个案件涉及3000多家原告，45个被告，参与诉讼活动的律师事务所150多家，有30多位证人出庭，近100份口供，1800多万页法庭文件，经过原告代理律师集体努力，迫使所有主要航空公司与原告集体达成和解协议，支付总计1 235 907 442美元的赔偿金。北京盈科律师事务所律师接受中国国际货运代理协会、中国对外贸易经济合作企业协会及其33家会员企业委托，代理参加了该案索赔诉讼活动，经过十年艰苦努力，成功为委托人索取折合人民币2500多万元的赔偿金。该案成为中国企业遇到的第一个服务贸易领域国际反垄断诉讼案件，也是中国企业第一次以受害者身份参加其他国家法院的反垄断集体诉讼，还是中国有关行业协会第一次代表中国受害企业参加境外反垄断诉讼，更是中国律师第一次接受相关行业协会和会员企业委托直接参加境外反垄断索赔诉讼，具有十分重要的借鉴和指导意义，

---

[1] 宋韬：《"一带一路"：中国企业"走出去"法律服务"跟上去"》，载《中国律师》2018年第11期。

是中国涉外法治水平和国家治理能力的一次集中展现。再如，"代理以色列高等法院首次承认和执行中国法院判决案"，2017 年 8 月，在国浩律师（南京）事务所律师团队的代理下，以色列高等法院作出二审判决，维持特拉维夫法院一审判决，以互惠原则承认和执行中国南通中院的判决，这是以色列法院在两国没有司法协助协议、没有共同参加的国际公约的情况下，首次基于互惠原则承认和执行中国法院判决。中国律师为这一先例性的判决付出了卓绝努力，体现出律师在服务"一带一路"倡议上的不可或缺性。正是强有力的法律服务供给推动了"一带一路"倡议中司法实践的创新与发展。

优质高效的法律服务是"一带一路"倡议在法治轨道上行稳致远的重要基础，是我国企业在"走出去"过程中实现中国速度与中国效率的关键保障。进行历届的"一带一路"优秀法律服务项目评选与展示就是对在"一带一路"倡议中不断强化法律服务供给持续发声，就是呼吁更多的中国企业在"走出去"的过程中重视法律服务资源的配置与筹措。

### （二）积极主动满足中国委托人寻求法律服务的需求

在"一带一路"涉外法律服务中，中国公司、企业往往身陷复杂的法律关系之中，面临多域叠加的法律风险，不同的争议焦点可能存在平行展开或交叉共存的情形，很多涉法律裁断的程序特别而繁琐。部分委托人对法律服务存在异见，缺乏对承接、寻求法律服务的必要准备，导致自身合法权益受到侵蚀。面对涉外法律服务的种种困境，律师、律师事务所等法律服务工作者应为委托人坚定信心，以高度的专业精神和职业精神，用足用好国内、国外法律文本和制度规则，通过调解、仲裁、司法等法律手段，以法治思维和法治方式解决国际投资贸易争端，既有利于营造良好的法治化营商环境，又符合和平解决国际争端的中国立场与世界潮流。

一个争议案件的胜诉判决或有利的法律争取都将有效避免中国企业资产在海外的流失，如"乌克兰对进口电缆和光缆产品保障措施调查案"。乌克兰于 2020 年 7 月对进口电缆和光缆进行保障措施调查，王枕律师及其团队在该案中代理中国电缆和光缆行业进行无损害抗辩，并代理一家中国企业应诉。2021 年 10 月，乌克兰跨部门国际贸易委员会发布公告，认定实施保障措施不符合国家利益，因此决定撤销关于实施保障措施的裁定，该案最终以无措施结案。王枕律师及其团队与中国机电产品进出口商会及涉案企业通力合作，积极收集企业数据和行业信息，从产品范围、进口增长、严重损害、因果关系、国家利益等方面对起诉方的指控进行了有力的抗辩，在听证会中以及调查机关发布调查结果之后也及时进行了积极抗辩。在该案中，王林律师及其团队共代理电缆和光缆产品行业提交了四份抗辩意见，并就调查机关发放的问题单提供了答复。同时，王林律师及其团队也针对游说事项为企业提供了咨询意见。

近年来，随着我国电缆和光缆企业竞争力不断提升，企业纷纷抓住"一带一路"历史发展机遇"走出去"，对海外市场的积极拓展也进入全新的阶段。乌克兰是"一带一路"的重要枢纽之一，也是部分中国公司不可或缺的市场之一。中国是乌克兰最大的光电缆产品出口国，并且包括美欧在内的多个国家和地区也对电缆和光缆等相关产品进行着贸易救济和贸易壁垒调查，中国电缆和光缆行业及企业经过不懈努力，在本案中取得完胜结果实属不易。本案的胜诉为中国企业及行业在践行与推进"一带一路"政策过程中更好地应对可能发生的贸易救济调查提供了有效借鉴，也为"四位一体"应对相关调查提供了借鉴。

又如"美国对华多层实木复合地板反倾销（2018—2019 年）年度复审调查案"，美国对华多层实木复合地板反倾销案是由美国硬木产品联盟于 2010 年 10 月申请发起的，据美国海关统计每年出口美国的木地板产品约 8 亿美元，涉及我国江苏、浙江、山东和广东等主要制造大省近百家木地板企业的对美出口。北京盈科律师事务所代理中国对美国出口最多的地板制造商和出口商江苏森茂竹木业有限公司作为本案的强制答卷人之一参加了应诉。美国商务部于 2021 年 10 月发布了对华多层实木地板 2018—2019 年度复审的反倾销终裁裁决。江苏森茂竹木业有限公司作为中国两家强制答卷企业之一再度获得了"零税率"，由于另一家强制答卷企业获得了惩罚性85.13%的税率，根据法律，该惩罚性税率不作为平均税率的计算依据。因此，江苏森茂竹木业有限公司的"零税率"也给整个中国木地板行业带来了对美出口"零税率"的好结果。对整个中国木地板行业来讲，这一案件的裁决结果既保住了美国市场，也稳住了国内就业。

个案所带来的行业效应与行业影响不容小觑。通过个案的胜诉将打破中国企业在海外维权贵、维权难的固有刻板印象，也为更多中国企业在"一带一路"背景下赴海外进行投资建设提升了信心，并带动形成中国企业重视法律服务、信赖法律服务的良好行业氛围。与此同时，这也是得以充分展示律师事务所在疑难复杂的国际争议解决领域为中资企业"保驾护航"的决心和实力的"高光时刻"。

### (三) 注重外国法的查明并加强因地用法能力

在典型案例中，一些取得良好争议解决效果的案件往往是两方面努力合力促成的结果。一方面，中资企业在第一时间较为敏感地预判到可能的侵害行为和对自身权益造成伤害的风险，并在较早的阶段及时寻求专业律师的帮助；另一方面，中国律师在介入后迅速与东道国律师取得联系沟通，对案件情况进行全面分析和研判，采取主动防御策略，将行动目标确定为在损失发生前全力阻止侵害行为的完成，并与中资企业通力协作在极短的时间内取得相关禁令，尽力将侵害行为的可能风险降到最低。中国律师应当在结合自身的实务技能和既往案件经验，以及对中资企业业务相对全面把握的基础上，组织东道国律师共同制订可行的保护方案和应对策略，尽可能为企业争取到最直接有效的权益救济。

如"某央企在泰国法院申请禁令及二审中方全面胜诉案"中，大拓律师事务所在与中方接洽后迅速成立了由中泰律师共同组成的紧急工作小组，对案件性质、法律关系及相关法律规定和救济途径开展分析评估，并快速锁定直接有效的救济措施——向泰国中央行政法院提起行政诉讼申请禁令。经大拓律师事务所与中方成员紧密配合，其成功协助中方取得禁令，并在外方提出上诉后，代理中方赢得二审，全面维护了中方合法权益。该案具有突发性、紧迫性和复杂性的特点，外方侵害主体通过斡旋政府并促使其作出行政行为的方式对中方实施侵害，此种情形下必须争取第三方有权部门介入来阻却信息披露行政令的执行，并且一旦时间有所耽误，业主方按行政令向外方作出披露，则挽救的努力将失去意义和价值，外方取得关键信息的情形下，有可能影响到项目的顺利实施以及未来中方参与的投标项目竞争，使我国企业投资陷入不利境地。大拓律师事务所协助中方成功取得法院禁令，有效阻止了 OIC 行政令的执行以及商业秘密的泄露，本案中方之所以在大拓律师事务所协助下在极短的时间内在法律层面作出迅速反应并采取有效措施，很大程度上得益于中方直接业务人员对外国法及相关行政程序的了解与敏感，使得涉案企业及时取得有效的法律服务支持。

借助设立的域外法查明中心与域外法查明报告，有利于企业在开展业务投资前对业务开展地的法律生态和司法环境有基本了解，并得以对可能开展的诉讼或仲裁程序进行风险预判和评估，从而能在业务经营开展中采取更加高效、便捷的手段解决争议。如在"法律查明助力基建企业解决域外投资纠纷案"中，深圳市蓝海法律查明和商事调解中心接受某国企委托，就非洲某国潜在的大型基建承揽项目纠纷出具域外法律查明报告。报告内容覆盖法律适用、税务、环保、工程验收、争端解决等多个方面，对非洲工程项目所在国的相关法律制度进行详细梳理和介绍，为中国企业在该国的投资建设提供了研判基础。

## （四）结合多种因素科学制定域外合规机制

"一带一路"倡议中涉外法律服务的难点不仅在于对直接关涉争议的法律的理解把握，也包括同国内外多部门紧密协调合作，还包括项目现场当地居民对项目的反应等；涉外律师、律师事务所等法律服务工作者既要熟悉中国法律与政策，又要了解委托人所在地、待解决争议地的法律、政治和投资环境以及宗教和风俗习惯，并积极指导域外律师按规划方案开展每一步工作。中国涉外法律服务工作者应注重在法律服务中的协调作用，在企业投资经营的每个环节与上下供应链、合作伙伴建立符合当地法律、经济、政治、社会制度与习惯的合规制度，引导企业做好内控，有效规避可能的海外法律风险。

如"金诚同达助力中铁建阿联酋铁路二期项目"，金诚同达律师事务所作为牵头法律顾问，持续为客户履行项目合同提供法律支持，包括协助客户选聘当地律师；在当地律师的协助下，审查项目合同，分析业主方与联合体之间、联合体与分包商之间、联合体成员之间的权利义务关系，就合同履行中的各类相互关联、错综复杂的问题制订处理方案，为项目顺利实施保驾护航，该项目涉及境内外法律规定、境内外多个参与方，多个合同下相互联系的复杂法律关系，金诚同达律师事务所凭借丰富的行业经验，不仅帮助客户及时解决投资建设环节中遇到的具体法律问题，更帮助客户制订整体性的问题解决方案，通过完善合规内控机制，在投资建设合同的全过程中系统性地控制了履约风险。又如"涉外工程企业合规体系构建及涉外工程法律风险库建设案"，北京盈科律师事务所律师团队进驻该集团公司，通过六个月的调研与分析，对该集团公司的涉外工程项目进行全面调研、逐项分析，对其高管人员及涉外工程项目经理进行访谈，对涉外项目的实施流程予以全面测评，梳理集团公司涉外工程项目实施中存在的法律风险问题，对涉外工程的国别风险和涉外工程境内、境外风险做全面汇总整理，对集团公司内部涉外工程项目上的法律风控及存在的问题作出全面评估，出具综合性分析和整改报告，为该集团公司建立涉外工程合同管理及风控体系提出建设性意见，并在此基础上为该集团公司建立《涉外工程项目法律风险库》，为公司的合规内控提供了经验指南，降低了公司经营建设中可能触碰法律雷区的风险。

但当前仍有部分中国企业在"走出去"中过分急于开展业务工作，往往忽略境外承揽项目的潜在法律风险，当项目进入收尾阶段、爆发法律风险时，缺乏科学的合规机制将严重拖累企业获得正当法律评价的机会，甚至将丧失继续角逐国际市场的能力。

### （五）法律服务工作者对涉外法律规则的制定参与不足

我国法律服务工作者参与国际、国内立法的工作机制不够健全，较市场经济活跃、涉外法律服务成熟的部分国家或地区仍有差距，这使得我国涉外法律服务工作者在处理涉外法律问题时整体上仍不够主动，在国际竞争舞台上所占据的地位及实际发挥的作用与我国涉外经营发展所担当的大国角色不相称。在涉外法律规则的制定上的不够主动地参与令我国涉外经营实体在面对新情境、新变动时的反应动作滞缓，涉外法律服务工作者应对风险的措施和手段还有待丰富。

### （六）开展涉外法律服务的法律服务机构分布、发展不均衡

当前涉外法律服务的主要提供渠道都集中于北京、上海、深圳等一线超人城市，其他省份地区的涉外法律服务发展水平与上述城市的法律服务机构仍存在较大差距，这是由经济发展水平、地区政策安排、历史发展进程等因素综合决定的。但这种一极化的格局若长期保持，必将削弱其他地区企业和个人在进行涉外经营活动时获取可得涉外法律服务的便利与质量，也不利于国家涉外法治服务水平的整体发展。应客观看待当前呈现出的极不均衡的涉外法律服务市场格局，并以各省份的地理区位及主要企业单位开展的涉外经营活动为线索，

在超大城市发达、成熟的涉外法律服务引导下，有针对性地试点培育、建立本地区针对特别领域或特定区域或特定行业的涉外法律服务小高地，力争形成以点带面的涉外法治服务发展局面，提升全国涉外法治发展水平。

目前，全国多省、市都在为提升本地涉外法治服务水平与能力不断努力，如陕西西安重点打造"一带一路"国际商事法律服务示范区，构筑涉外法治保障新高地，以国际商事诉讼、调解、仲裁、法律服务、涉外法律人才培养、法律交流合作等为核心功能，以最高人民法院第六巡回法庭、第二国际商事法庭、司法部"三个中心"、西安知识产权法庭、知名法律服务机构等为重要支撑，全功能、全生态链的国际商事法律服务体系逐步为西安打造国际化、法治化营商环境和"一带一路"法律服务阵地擦亮崭新名片。[1]涉外法律服务水平和服务能力于国家层面是重要的法治发展战略方略所涵摄的，对地方发展而言，涉外法律服务体系的构建将成为地方招商引资、财政开源的有效手段，鼓励、推动越来越多的省份、城市开展具有地域特色的涉外法治建设实践，将实现开展涉外法律服务的良性竞争，活跃当前涉外法律服务工作的氛围，也将为不同体量、不同类别、不同发展路径的经营主体提供更大的、各具特色的涉外法律服务工作的选择便利。

应该指出的是，提供涉外法治服务不是个别城市或法律服务机构的"特权"，也不应成为组织、布局涉外法治工作的一种"依赖路径"，应统筹资源、鼓励竞争，不断扩充更广大涉外经营群体选择涉外法律服务的空间与可能。

## 四、"一带一路"法律服务面临的机遇与挑战

### (一) 涉外法律业务发展具有政策准备与支持

自"一带一路"倡议提出以来，司法部坚定不移地认真贯彻落实党中央关于"一带一路"建设的重要决策部署，为高质量服务社会经济发展，服务国家涉外经济建设，以培育法律服务人才队伍与服务工作机构为抓手，着力打造一批规模大、实力强、服务水平高的涉外法律服务机构，高度重视并切实采取措

---

〔1〕 参见孙立昊洋：《跃动的法治脉搏助力"一带一路"建设：国际商事法律服务示范区打造涉外法律服务"西安模式"》，载《法治日报》2022年11月24日，第1版。

施不断加大涉外律师人才培养力度，以建立一支通晓国际规则、饱含世界眼光和国际视野开阔的高素质涉外法律服务队伍。

2012 年，司法部牵头并会同教育部、财政部、国资委联合出台相关规划，研究制定了涉外律师领军人才培养计划，建立了全国律师协会涉外律师领军人才库；2015 年，司法部建立服务"一带一路"研究中心；2016 年 5 月 20 日，习近平总书记主持召开中央全面深化改革小组第二十四次会议，审议通过了《关于发展涉外法律服务业的意见》；2016 年年底，司法部等四部门联合印发了《关于发展涉外法律服务业的意见》，对发展涉外法律服务业作出全面部署，该意见指出支持并规范国内律师事务所与境外律师事务所以业务联盟等方式开展业务合作，以上海、广东、天津、福建自由贸易试验区建设为契机，探索中国律师事务所与外国律师事务所业务合作的方式和机制。加强中国本土律师事务所同国际顶尖律师事务所的合作，通过资源整合、优势互补为企业提供高品质、全方位跨境法律服务，同时有利于中国律师同国际优秀律师相互借鉴切磋，提升自身专业素质和业务竞争能力，更好地服务于"一带一路"建设；2017 年 3 月，司法部召开学习贯彻落实《关于发展涉外法律服务业的意见》座谈会，会议指出，要将涉外法律服务人才引进和培养纳入国家重大人才工程，不断完善涉外律师人才库，接续打造涉外领军人才培养计划升级版，建设涉外法律人才培养基地，加快发展涉外企业公司律师队伍，特别是在外向型国有企业中建立公司律师队伍，为中国企业"走出去"参与国际交流合作、开展投资贸易活动提供法律服务，同时加大资助我国律师参加国际律师组织活动和会议的力度，加快健全推荐优秀涉外法律服务人才进入国际经济、贸易组织的专家机构、评审机构、争端解决机构以及国际仲裁机构的机制方案，通过中国律师在国际机构的活动以提升中国律师在国际组织与国际贸易活动中的影响力。"一带一路"跨境律师人才库于 2017 年 6 月正式设立，首批共计 143 家中外律师事务所、205 名中外律师被吸纳进入"一带一路"跨境律师人才库，"一带一路"倡议中国际性、高水平的中国法律专业支持力量得到加强。

2018 年 4 月以来，司法部就涉外律师人才库建设工程继续发力，组织编印出台《全国千名涉外律师人才名册》，律师人才执业类别领域包含国际经济合作、国际贸易、海商与海事、金融及资本市场、跨国犯罪追逃追赃、跨境投资、民商事诉讼与仲裁、能源与基础设施、知识产权及信息安全等多个涉外法律服务的热点及重点领域，为我国参与"一带一路"建设的有关部门和企事业单位在需要获得涉外法律服务支持时能更加有的放矢地选聘与业务发展方向及发展需求相匹配的涉外律师或涉外法律服务。2019年12月，中华全国律师协会在司法部指导下发起成立"一带一路"律师联盟，中国"一带一路"律师联盟已成为世界上第六大国际性律师组织。并先后在西安和广州挂牌成立律师联盟中心，为律师联盟拓展工作格局提供了坚实的基础。2021年司法部制订粤港澳大湾区律师执业规划，组织粤港澳大湾区律师执业资格考试。《外商投资法》等涉外法律法规相继出台，不断弥补涉外规则与制度，司法部、中华全国律师协会持续深入学习领会习近平总书记关于涉外法治工作的重要论述，从战略高度认识统筹推进国内法治与涉外法治及加强涉外法律服务人才队伍建设的重要意义，坚持立足国情、服务大局，努力造就一支高素质涉外法律服务人才队伍，更好地维护国家主权、安全和人民群众利益。

除国家层面的顶层设计外，多地也陆续出台地方涉外法律服务支持方案政策，如江苏省通过挖掘政府、社会、市场三个方面的积极性，着力激发律师和律师事务所的主动性；以企业、协会和商会等主体为协作对象，发挥市场化机制的调节和引导作用，形成"政府—产业—律师"一体协同的涉外法律服务发展机制。加强本土企业与律师事务所的"结对出海"，在江苏省委、省政府及江苏省司法厅的统筹协调下，建设海外法律服务中心或基地，初步形成覆盖"一带一路"主要区域的、江苏企业参与"一带一路"主要区域的海外法律服务站点布局。并鼓励、引导涉外律师和律师事务所等积极参与政策调查研究、国际合作交流、商事业务咨询培训、商事纠纷处置等，提升在多种复杂情境下提供、开展法律服务的综合能力。如北京市重视加强与国（境）外律师同行的交流合作，先后以北京市名义与全球多个国家或地区的律师组织签订关于开展涉外法律服务工作的《合作备忘录》，并建立定期互访交流机制；上海市多角度、多层次积极搭建国际交流合作平台，已分别与多个国家律师协会组织开展合作，签订友好合作协议，每年有计划地组织本地律师组团参加国际律师联盟、环太律协、亚太法协等国际律师会议，开展定期互访，鼓励和选派律师在国际研讨会和论坛上进行发言等；广东省成立全国首个境外法律查明平台（蓝海现代法律服务发展中心），并积极抢抓粤港澳大湾区的时代机遇，为"一带一路"项目发展织密法律服务网与粤港澳律师人才网，以港澳为依托节点，搭建涉外法律服务网络平台，为中国企业经港澳"出海"，更远地"走出去"提供优质与便利兼具的涉外法律服务。[1]

## （二）涉外法律服务参与程度不断加深

以律师为主的涉外法律服务工作者办理涉外仲裁、诉讼案件的数量不断提升，办理涉外法律服务的案件数量增长率逐年稳健上升。涉外法律服务的业务领域不断拓展，反垄断、反倾销、反补贴、知识产权、能源开发、生态环境建设、基础设施建设等法律事务都有中国涉外法律服务工作队伍的身影，在国际仲裁机构、争端解决机构出现了越来越多的中国声音和中国书状，如"格鲁吉亚卡杜里水电站项目专项法律服务案"，为充分评估项目和可行性，在中资企业进行收购之前，委托中国律师团队依法开展对目标公司和水电站的法律尽职调查。这是中国企业首次在该国投资水电站，最终，在律师团队的积极推动及保障中，中资企业顺利完成收购手续，成为项目公司100%的股东，并领取格鲁吉亚营业执照。目前，该水电站正常开始了发电并出售。该项目充分体现了中国涉外律师的协调作用，中国律师团队发挥了积极能动性，为海外投资的国企每一步投资行为提供法律支撑，确保项目能够依法合规地稳步推进，使得该大型国有企业在决策时，能够有效地规避海外法律风险。同时，体现了国企重视涉外法律工作，律师的工作有利于中国企业顺利"走出去"，实现盈利。此案也充分说明，水电站的发电给当地民众和企业带来了实实在在的利益，促进了中格两国的友谊，中国国企在海外投资受到"一带一路"共建国家的欢迎。又如，"恒逸石化、恒逸实业（文莱）有限公司投资项目"中，为化解原料供应的市场风险，恒逸石化决定在文莱达鲁萨兰国投资建设石油化工项目，项目总投资额为43.2亿美元，是截至目前文莱最大的外国直接投资项目，也是中国民营企业金额最大的境外投资之一。项目建成投产后，将在文莱PMB形成2200万吨炼油化工一体化基地。浙江天册律师事务所自2013年至今，组织和协调文

---

[1] 参见曹扬文、张玮、宫照军：《调整、巩固、充实、提高："双循环"背景下江苏涉外法律服务业发展策略研究》，载《中国司法》2022年第6期。

莱、新加坡及中国香港地区律师，为该项目提供了全程法律服务，包括前期法律研究、与文莱战略发展基金组建合资公司、项目审批、文莱先锋产业优惠政策、项目融资（银团贷款）、原油采购、土地租赁、与文莱政府的项目实施安排、重大技术引进、核心设备采购、项目建设等各个方面，持续周期长、复杂度高。浙江天册律师事务所为该项目提供的综合法律服务得到客户的充分肯定和认可，并有效支持和推进了项目的进展，使中国企业在文莱地区的投资与建设得到了当地政府主管部门、相关行业产业、地方人民的信任与肯定。诸如此类，中国与其他国家共建、共享"一带一路"成果的典型、成功案例仍有许多。

律师及律师事务所等涉外法律服务工作人员及机构是"一带一路"倡议的建设者、参与者，通过提供专业法律服务的方式，以涉外法治的视角融入"一带一路"倡议的相关建设，提供的涉外法律服务不仅仅局限于法庭、仲裁庭、争议解决机构的现场，更是作为一种公共产品和公共服务，融入"一带一路"项目地国家人民的社会生活之中，并成为伴随着投资项目一起生长、一起为投资建设项目地的发展带来长期深远影响的独特一环。涉外法律服务的综合性特征越发突出，解决争议与提供服务融合得更加紧密，涉外法律服务工作者在"一带一路"倡议这一恢宏浩大的国家叙事下的角色地位也愈加丰满立体。

申报评选的优秀典型案例标的额大、在产业链和社会中的影响力大，一些案件为后续类似的涉外经营活动提供了遵循蓝本和稳定预期，涉外经营从高质量、有突破的涉外法律服务中汲取信心，涉外法律服务也因涉外经营行业的合法合规经营而行稳致远。同时，越来越多的中国企业具有了涉外法律风险预先研判和管理意识，对企业合规的重视程度与日俱增，为"一带一路"倡议进行法律护航提供了良好的工作基础。

### （三）对外开放的发展决心坚定

近年来，尽管因疫情、地区冲突、意识形态对抗等多种不利因素或多或少阻碍或延滞了涉外发展的节奏，但对外开放"走出去"的发展路径是毫不动摇的，中国企业的技术实力、产品交付质量不断提升，在国际产业链及国际竞争中的比较优势清晰明确，推动共建"一带一路"高质量发展是适应全球经济、社会、环境协调发展的现实需要，推动共建"一带一路"高质量发展是适应中国经济进入高质量发展阶段的必然要求，推动共建"一带一路"高质量发展是推动"一带一路"合作行稳致远的必然选择。"六廊六路多国多港"的互联互通架构已基本形成，促进各国经济深度融合的规则标准"联通"将不断推进，中国主要大城市与"一带一路"其他共建国家的互联互通指数居于前列，具有充足的一体化发展潜力，"一带一路"法律服务也将越走越宽。

2023 年 7 月，国务院印发《关于进一步优化外商投资环境 加大吸引外商投资力度的意见》，围绕吸引外资来中国投资，参与、共享中国经济发展红利提出 24 条具体举措。这一意见要求更好统筹国内国际两个大局，营造市场化、法治化、国际化一流营商环境，充分发挥我国的市场规模潜力优势，更大力度、更加有效地吸引和利用外商投资，为推进高水平对外开放、实现经济高质量发展作出贡献。在中国迈向高质量发展的新阶段，我国综合国力、经济实力和人民生活水平大幅提升，具备进一步扩大开放、提升开放水平的条件，也拥有进一步提高开放格局和水平的资源禀赋。规模不断扩大的国内市场、完善的产业配套都成为吸引外资、保持开放的支撑。无论是保障中国企业和个人"走出去"，还是欢迎、邀请外资外企"走进来"，双向开放的政策信心十分充足，向外发展的决心意志十分坚定。在开放的综合环境下，与"一带一路"建设相伴的法律服务具有持续优化发展路径、深化发展内涵、创新发展模式的宽广空间。

## 五、"一带一路"法律服务质效提升的路径展望

### （一）法学教育与科学研究机构加大对涉外法治的理论研究与人才培养力度

要成为提供高质量涉外法治服务的法律工作者，对其的要求是通晓国内外法律知识、熟练掌握外语技能、拥有谈判沟通技巧的复合型人才，其中每一项执业能力与技能的形塑都非易事，更遑论三者齐备的高素质涉外法律服务工作者。同时，综合、复杂的涉外法律服务往往旷日持久，需要团队攻坚，这便要求律师事务所或相应涉外法律服务机构应具有充足的涉外法治人才梯队与储备，能开展可持续的涉外法律服务。做好涉外法律服务人才队伍建设，从法治工作者的"入口"即法学教育就应着手，应发挥法学专业院校的智库资源优势，培育一批语言流利、专业娴熟、技巧通晓的涉外法治人才，并发挥涉外法治人才

队伍的传、帮、带作用，形成涉外法治人才培养及涉外法律服务工作队伍的良性循环，推动涉外法律服务优良生态的形成，带动更多地区建立适应"一带一路"发展建设的专门涉外法律服务工作队伍。应不断加强涉外法律服务人才队伍培养建设的顶层设计，建立涉外法律服务人才队伍建设的资源统筹、部门协作工作机制；完善跨学科人才培养模式，建立法律服务机构与法学院校涉外法律服务人才联合培养机制。

在第五届"一带一路"法律服务典型案例中，在"创新典型案例"中将宋乃龙、张晓琴负责的"成立全国首家'涉外法治高端人才培养联盟'"作为重要的典型案例，其申报单位中国政法大学成为五届"一带一路"典型案例征集活动中唯一一家入选的从事法学教育研究的教学科研机构，不仅展现了中国政法大学作为中国法学教育的最高学府的应尽担当和强大综合的教学科研实力，更凸显了高等院校、科研院所在涉外法治建设中作为人才储备基地，发挥智库涵养能力的巨大潜力和无限希望。

教育部施行的法律硕士专业（涉外律师）研究生专项培养计划、涉外公职律师与公司律师培训班、全国涉外法律服务高级研修班、涉外法律服务大讲堂等教育培训方案已取得初步成果，应借鉴成功、成熟的实践经验，在涉外法治人才培养改革上继续发力，如在即将施行的法律博士培养中效仿法律硕士专业（涉外律师）项目，选取一批院校开展法律博士（涉外法律服务工作者）的培养计划，增强涉外法律服务工作队伍的学养储备，提升有关领导干部对涉外法治工作的整体把握能力；鼓励有关研究基金、课题等适当向人才缺口大、项目需求急切、涉及国家和社会经济发展利益重大的涉外法治专业领域倾斜；对涉外法律服务从业人员考取境外相关执业资格证、境外继续教育进修等给予奖励；对法律服务机构组织开展的涉外法律服务人才培训项目给予财政补贴；将涉外法律服务专业人员纳入人才直接落户重点产业支持范围，加大对符合条件的涉外法律服务机构人才落户的支持力度；鼓励和支持法律服务机构大力引进具有外国法律知识和丰富的国外法律环境执业经验的高层次专业人才，简化海外人才居留证件、人才签证和外国专家证办理程序；[1]注重发挥专家学者的智慧优

---

〔1〕 王俊峰、白鸥：《加强涉外法律服务人才队伍建设》，载《检察日报》2022年3月28日，第7版。

势，提升面对复杂形势下国际竞争新局面的应对能力。

### （二）律师协会应增进涉外律师行业的团结引领

律师协会是律师的行业自律组织，发挥着统合律师与律师事务所的重要作用。律师协会应以提升中国律师涉外法治服务水平为目标，加强组织协调，邀请行业内优秀律师及律师事务所就"一带一路"倡议涉及的涉外法律服务的相关业务情况进行分享交流，针对争议解决、投资服务等主流涉外法律服务产品进行专题培训，提升律师及律师事务所的执业水平。律师协会应积极统筹、争取资源，做好涉外法律服务开展的经验总结和信息记录，定期对热点国家和地区的热点业务进行梳理，尝试推出"一带一路"共建国家的国别法律要点指引手册，为律师及律师事务所开展涉外业务提供一定的遵循标准与方向指引。同时，应对符合一定条件的、具有涉外服务经验与能力的律师及律师事务所团队进行适当的宣传推广，主动靠前服务涉外企业，增强企业自觉选用涉外法律服务，提前建立完善合规机制的风险意识，提升企业在涉外经营活动中的抗风险能力。

### （三）坚持推进法律服务国际化进程

观察推选的"一带一路"法律服务典型案例，诸多"一带一路"涉及的业务都跨越多个司法管辖区，存在多个国家、地区法律法规以及多部门、多领域行业规范的交叉重叠适用，面对语言、司法制度、政权组织结构、社会发展水平、经济运行体系、地区文明风俗、社会人文习惯等诸多方面的差异与冲击，要求中国律师以及中国涉外法律服务工作者悉数掌握或尽力精通是十分困难且苛刻的，也与需要及时响应、相机决断的法律服务工作方案有所冲突。梳理历届报送的"一带一路"法律服务项目，越是庞大、复杂的案件，越凸显律师和涉外法律服务工作者配合协作的重要。如由北京君合律师事务所代理的"上海宝冶集团有限公司与阿联酋迪拜 Meydan LLC 公司建设工程争议解决案"，北京君合律师事务所在接收案件后，协助客户从实体和程序角度梳理了所有的文档资料，并且派出律师工作组赴阿联酋和迪拜与当地律所进行了充分、细致的沟通，为日后工作的顺利开展奠定了坚实的基础，在保持与迪拜律师事务所的联动基础上，就案件涉及的特别司法委员会的诉讼程序，北京君合律师事务所充分发挥了在该类跨境争议解决项目上的主导作用，根据宝冶集团的需求，对于相关的诉讼程序进行精准管理。在本案中，司法委员会程序是阿联酋针对本案被告特别设定的程序，对于迪拜当地律师亦是全新接触的争议解决程序。北京君合律师事务所与迪拜当地律师通力合作，共同研究相关程序机制，将程序上的不确定性降到了最低，确保了客户能够及时并且有效地作出相关决策。又如，"中国葛洲坝集团股份有限公司诉意大利裕信银行股份有限公司上海分行独立保函纠纷案"，北京市天同律师事务所代理保函受益人葛洲坝集团起诉裕信银行以意大利拉文纳普通法院受理止付程序在先为由拒绝兑付保函项下金额构成违约，因本案存在中国上海和意大利拉文纳两个国家与司法管辖区的司法平行程序，北京市天同律师事务所在接受委托后迅速联系了意大利拉文纳当地律师，通过紧密的沟通，及时准确地向作出止付令的意大利法院提起管辖异议之诉，同时在上海金融法院起诉保函开立行违约并要求赔偿，最终成功为客户挽回经济损失超过 2 亿元。

可以说，在大部分所申报的"一带一路"法律服务项目中，涉外律师及涉外法律服务工作者都并非在法律案件或需要提供法律服务的企业经营决策的全程都由自己完成向委托人交付的法律服务，在很多时候，及时与项目地、争议事项发生地的律师及法律服务工作者接触并建立联系是重要的工作方法。与当地律师事务所进行协调、合作在"一带一路"法律服务典型案例中起到了重要作用。

统筹国内法治和涉外法治在某种意义上就是要做到域内法律服务与域外法律服务相互促进，即在本国律师及涉外法律服务工作者积极"走出去"的同时，对域外的法律服务提供可行的积极探索并提供"引进来"的可行路径。"走出去"和"引进来"是对立统一的，交互的矛盾运动使中外的法律服务交流合作更加深入，正所谓"知己知彼"，通过"走出去"和"引进来"的结合，将增强国内外律师及法律服务工作者对彼此的了解，增进彼此的信任，使涉外法律合作更为顺畅，并将使得中国律师及涉外法律服务工作者在涉外法律服务的开展上占据更为主动靠前的位置，并将进一步提升中国律师在国际法律服务领域的综合竞争力。

"引进来"的举措最早可追溯至 1992 年，我国启动了外国律师事务所在中国设立办事处的试点工作，并逐步扩大试点范围。加入世界贸易组织后，围绕服务国家大局，司法部积极推动法律服务领域的对外开放，外国律师事务所驻华代表处发展迅速。目前已有来自 20 余个国家和地区的 240 余家律师事务所设立 300 余家驻华代表机构，并有部分律师事务所与中国律师事务所实现合营。但当前我国对域外律师在我国境内提供法律服务的展业范围、执业方式、业务活动等采取了总体较为严格的限制，一些国内政策的解读方式与地方经济发展投资的氛围对外国法律服务工作者进入中国或继续发展形成了一定挑战。应在审慎决策的基础上，结合服务"一带一路"涉外法治的实际需要，有条件地在特定领域以特定方式赋予域外律师更大的职业活动空间，实现域内与域外律师更活跃的流动水平，通过人员流动带来信息更新，密切交流培训。例如，建议对重特大项目建立"一案双师"制度，即对于投资贸易的合作时间长、工程量巨大、涉及巨额资金等项目，可以根据情况同时聘请中方律师和所在国律师组成法律服务团队，在中方律师主导下及时介入，将风险控制在最低限度之内。[1]

同时，应继续鼓励、支持、引导国内有条件的律师事务所以"一带一路"项目的沿线投资与经营活动为线索，在境外投资频繁、中国企事业单位利益集中敏感的地区设立法律服务机构的境外分支机构。将境外的中国法律服务分支机构打造为维护中国企业、公民在海外的生存、发展的合法权益以及坚定维护国家主权、安全和发展利益的排头兵与桥头堡。与法律服务机构"走出去"相对应的，应不断优化、提升涉外法律服务质量，以涉外诉讼、仲裁代理为主线，公平维护我国公民、法人在海外以及外国公民、法人在我国国内的正当合法权益，实现提升国内外涉外法治工作服务水平的有机统一。

"走出去"和"引进来"统一于法律服务国际化的要求上，应考虑适时将推进法律服务国际化上升为更高级别的国家涉外发展方略，立足新发展阶段，践行新发展理念，构建新发展格局，研究制定法律服务国际化发展纲要，从战略高度规划法律服务国际化发展的路线图，在法律服务国际化的基本要求下，推进建立若干与大国地位相匹配、与促进"一带一路"高质量发展需求相适应

---

〔1〕 参见汪习根、李曦光：《"一带一路"视角下法治服务体系的优化——基于法律价值理念的分析》，载《武汉大学学报（哲学社会科学版）》2018 年第 1 期。

的国际一流法律服务机构，着力提升法律服务机构的业务国际化水平、客户国际化水平、管理规范化水平、专业分工化水平、机构规模化水平、执业网络全球化水平，为"一带一路"倡议提供坚实的法治保障。[1]

## （四）持续优化涉外法律服务平台建设

随着"一带一路"实践的推进，如中国国际贸易促进委员会企业跨境贸易投资法律综合支援平台（贸法通）、涉外法律裁判案例库等资源平台建设水平不断提高，为涉外企业获取信息、取得服务、解答疑惑提供了便利高效的服务平台。应继续利用好既有的资源优势，增加吸纳涉外法律公共服务平台的共建与维护成员单位，鼓励广大开展涉外服务的律师、律师事务所成为涉外法律服务平台的建设者，将平台值班、资料更新等工作同律师承担社会责任、践行社会公益等职业伦理联结，继续优化政府—司法机关—涉外企业—涉外法律服务工作者之间的良性互动与相互支持。不断推进相关涉外法律服务平台成为中国企业与中国律师"走出去"的前沿窗口。

完整、准确、全面贯彻新发展理念，就要坚持社会主义市场经济改革方向，坚持高水平对外开放，加快构建以国内大循环为主体、国内国际双循环相互促进的新发展格局，而共建"一带一路"正是作为国内国际双循环的连接点和高水平对外开放的关键点，十年栉风沐雨，十年上下求索。"一带一路"倡议十多年来取得了实在而沉甸甸的成就，区域融合、开放深化、合作拓展、互利共荣的正效应正不断扩大。正如党的二十大报告所指出，共建"一带一路"正成为深受地区合作伙伴欢迎的知名国际公共产品和国际合作平台，中国正成为140多个国家和地区的主要贸易伙伴，货物贸易总额位居世界第一，吸引外资和对外投资居世界前列，形成更大范围、更宽领域、更深层次对外开放格局。

"一带一路"建设丰硕成果的取得与扎实细密的法治服务保障密不可分。高质量的法律服务保障对拓展国际合作领域、加强国际合作机制建设、密切国际合作关系、强化国际合作成果、防控国际合作风险，都起到了不可低估的作用。在加快推进全方位高水平对外开放的征途中，在探索更多合作空间和可能

---

[1] 参见王俊峰、白鸥：《加强涉外法律服务人才队伍建设》，载《检察日报》2022年3月28日，第7版。

路径的实践中，在助力"一带一路"高质量发展的时代命题中，应以"一带一路"法律服务典型案例为引导，不断提升中国涉外法律服务工作水平，不断提升中国涉外法治发展水平，不断筑牢构建新发展格局的法治支撑，在激烈而活跃的国际市场竞争中不断积蓄与世界联通竞争的底气和志气。

# 第五章

# 提升"一带一路"法律服务水平的建议

"一带一路"倡议的提出，旨在加强中国与世界其他地区，特别是亚欧大陆、中东、欧洲以及非洲之间的互联互通。十多年来，"一带一路"倡议持续推动构建包容性的全球经济，我国对外投资呈现出新的发展态势。如何保护好对外投资和交流中我国企业和公民的合法权益，更好地为中国企业和中国公民"走出去"提供优质高效的法律服务，助力和促进"一带一路"高质量发展，实现共建国家互利共赢，是法律工作者必须面对的问题和承担的责任。近年来，涉外法律服务队伍不断发展壮大，服务能力也在不断提升，但与"一带一路"倡议的推进和我国构建全面开放新格局的要求相比还有较大差距。

## 一、对律师服务的总体建议

中国走向世界，以负责任的大国参与国际事务，必须善于运用法治。一支政治立场坚定、具有家国情怀、专业素养过硬、能破解实践难题的涉外法律服务人才队伍，是高质量共建"一带一路"倡议的重要资源，是维护国家利益和企业、公民合法权益的重要力量。

### （一）加强中国律师与境外律师的交流合作

首先，搭建以"一带一路"倡议共建国家和地区律师为主的交流合作平台。加强中国律师与相关国际和区域律师间交流合作，组织国际会议、开展考察、项目培训等多种活动，相互借鉴、共同发展。建立"一带一路"共建国家和地区律师、律师事务所、律师协会等日常沟通协调机制，签订《合作备忘录》，研究探讨重点、热点法律问题，为"一带一路"建设相关部门提供法律咨询、意见建议，推动"一带一路"区域经贸规则不断完善。加强中国律师协会与国际律师联盟（UIA）、环太平洋律师协会（IPBA）、国际律师协会（IBA），以及其他专业领域的国际组织如国际商标协会（INTA）等相关国际和区域性律师组织间交流合作，建立经常性沟通协调机制，鼓励和选派律师在国际研讨会和论坛上进行发言，开展定期互访，合理借鉴对提升中国律师处理跨国法律事务有益的经验和做法。协调处理好各方面关系，充分调动一切积极因素，为共建国家律师行业交流合作营造良好环境。

其次，创新中外交流合作方式。截至 2022 年年底，已有来自 22 个国家和地区的 217 家律师事务所在华设立 282 家代表机构。与此同时，我国律师事务所在境外设立分支机构共 180 家。这种境内外互相设立机构、相互联营的方式有效提升了我国律师涉外法律服务能力，建议进一步创新中外合作方式，适时拓展联营范围，加深中外律师行业的交流合作，为"一带一路"共建国家和地区的国际经贸活动提供法律服务支持，促进国际经贸往来和"一带一路"建设。

最后，充分发挥"一带一路"律师联盟职能作用。"一带一路"律师联盟是由中华全国律师协会发起，"一带一路"相关国家和地区的律师协会、法律机构等组织以及律师个人自愿结成的非政府、非营利性的国际性专业组织，也是在中国登记注册的第一个国际性律师组织。建议进一步提升"一带一路"律师联盟为会员服务的能力和水平，为会员间加强交流合作创造有利条件，整合各方面资源，努力打造以联盟为中心，辐射共建"一带一路"国家和地区的全天候、常态化的法律服务网络。大力发展境外会员，积极争取在境外设立联盟代表机构，推动联盟全球布局，利用一切可能的渠道，大力发展联盟境外会员，在认真分析论证的基础上，积极考虑在有条件的国家和地区设立代表机构（中心），不断壮大中国律师"国际朋友圈"。继续大力推进"一带一路"律师联盟实体化运作，完善联盟工作机构和工作机制。充实秘书处工作团队力量，充分发挥联盟专业委员会、国家（地区）工作组以及代表机构（中心）的职能作用，助力联盟工作提档升级。尽快完成相应工作机构组建工作，推动联盟各专业委员会、各国家（地区）工作组认真履职尽责，积极组织相关活动。在联盟统一管理和授权下，充分发挥联盟代表机构（中心）的积极性和创造性，因地制宜，优势互补。提升网站专业平台功能和水平，加大联盟宣传力度，完善常态化宣传机制，不断扩大联盟国际影响力。

## （二）加强涉外律师人才培养

首先，培养全面复合型的涉外法律服务人才。当前，国家大力倡导中国律师开拓海外法律服务市场。在服务"一带一路"倡议的大好形势下，中国的对外投资和国际贸易，需要多专多能的涉外法律服务人才。"一带一路"国家背景多有不同，语言差异较大，文化各有特色，要求涉外律师不仅能听懂所在国的语言，还要能进行语言交流，了解各个国家的文化和风土人情，熟悉各国法律文化和人文特点，知晓当地的民族习惯和文化传统。振兴民族工业、平稳度过经济转型期、转移过剩产能，都是共建"一带一路"的历史使命，要求涉外律师不仅懂法律，还应该懂管理和技术。中国企业要扩大海外投资、拓展海外业务，提供法律服务的律师必须熟悉投资项目的相关专业知识，潜心研究代理服务领域的专业问题，从各个方面获取信息开阔视野，深入考量项目法律风险，探索出适合投资所在国的发展模式。建议将涉外法律服务人才引进和培养纳入国家重大人才工程，进一步完善涉外律师人才库，打造涉外领军人才培养计划升级版，建设涉外法律人才培养基地。

其次，创新涉外律师人才培养体制机制。涉外法律服务人才培养、使用、管理的具体制度机制，不能简单套用对国内法律人才的办法，需要结合实际探索创新，建议充分发挥我国国家制度和国家治理体系的优势，加强涉外律师人才培养统筹规划，体现人才培养规律特点，抓好顶层设计、高位推动、协同实施。可以考虑建立涉外法律服务人才队伍建设工作机制，深入研究涉外法律服务人才队伍建设规律特点，统一规划涉外法律服务人才的培养、使用、管理，加大统筹整合力度，为打造一支高素质的涉外法律服务人才队伍提供组织保障。建立实践导向的涉外法律服务人才培养机制，加快构建具有中国特色的国际法学学科体系，提升国际法学学科地位，完善跨学科人才培养模式。加强实践能力训练，明确目标管理方法，特别注重实践训练，加强有关机构与学校联合培养、定向培养、委托培养，鼓励在学中干、在干中学。发挥高校法科教育的资源优势，有效整合学科资源，搭建跨学科、国际化培养平台，引进并对标国际组织职员选拔标准，强化外国语和法学实务教学，提高人才培养的方向性、针对性和国际竞争力。加强现有涉外法律人才培养重点基地建设，避免贪大求全，着力提升培养质量。抓好高校法律硕士专业学位（涉外律师）研究生培养项目，支持有关高校和法律实务部门积极探索和创新涉外法治高层次人才培养模式，完善具有中国特色的高层次法治人才培养体系。

最后，加强中国律师境外学习和培训。比照美欧顶级国际法律师，我国涉外律师还需在专业水平、实务经验、语言运用等方面下大功夫，建议政府在加强中国律师境外学习和培训方面给予更大支持，做好涉外法治人才境外培养的整体规划，完善相关制度机制，推动建设高素质的涉外法治人才队伍，共同提升中国律师的国际竞争力。鼓励中国律师到欧美等地大学法学院进修和学习，资助中国律师参加国际律师组织活动和会议，推动中国律师从熟悉和遵守国际规则，进而融入和运用国际规则。

（三）完善涉外律师人才用人机制

当前涉外法律人才在国际组织中的话语权尚需进一步提升。我国在国际组织的核心法律部门中的法律官员人数长期较少，同时，享有较高国际声誉、能够参与重大国际经贸争端审理工作的涉外法律人才还不多，国际经贸争端解决领域的话语权明显不足。涉外法律人才的国际交流力度还需进一步加大，建议为涉外法律智库、律师等提供更大的国际交流平台和更多的国际交流机会，在国际上发出更多中国声音。持续拓宽机制化推送渠道，建立奖励机制，鼓励高素质涉外法律人才投身国际组织，推荐优秀涉外法律服务人才进入国际经济、贸易组织的专家机构、评审机构、争端解决机构以及国际仲裁机构，提升我国律师在国际组织中的影响力。按照国际组织雇员选拔标准培养一批涉外法律服务人才，建立国际组织后备人才数据库、国际组织岗位需求信息库，做好供需对接。创新用人机制，打破体制壁垒，选择政治素质好、精通相关领域国际规则、专业能力强的涉外律师参与对外一线谈判和争端解决。最大限度地争取有关国际组织负责人的支持，严格按照其选人用人标准，培养一批高端人才，竞聘主要国际组织关键法律岗位。研究设计国家级配套制度，包括成立国家法律顾问团队、国际法律所，在我国驻外使馆/团建立法律顾问制度等。引导支持涉外律师事务所等涉外法律服务机构与高校合作，将优质实践教学资源引进政法院校。鼓励政府及司法部门在律师队伍中，选拔高素质的涉外律师担任法官、检察官以及法律顾问，提高行业流动性，吸纳更多涉外法律人才服务于政府及司法部门的法治建设。

## 二、对公证服务的总体建议

"一带一路"建设的关键在于联通，前提在于互信，而公证制度作为一项国际通行的预防性法律制度，具有法定证据效力、强制执行效力，能够在"一带一路"建设中为各国各类民商事活动主体架起联通互信的桥梁，为维护企业正当权益，顺利开展跨国经济活动发挥重要作用。

## （一）加强对内对外合作交流

中国公证协会在 2003 年即加入国际公证联盟，日本、韩国、蒙古国、印尼、越南、柬埔寨等均是国际公证联盟成员方。建议进一步深化与"一带一路"共建国家和地区公证界的交往合作，积极参与国际论坛，开展双边或多边的法律对话和培训，增进相互了解和信任，建立多层次、多领域、多形式的合作机制，共享经验和资源，提升公证服务能力和水平，积极宣传中国的法律制度和公证服务，提升中国公证在国际社会的影响力。加强"一带一路"共建国家公证制度理论与实务的对话交流，建立有效的信息共享机制、沟通协调机制、涉外服务机制，推动公证法律制度的协调和完善，为"一带一路"倡议参与方提供便捷、高效、专业的公证服务，如为跨境投资、贸易、工程承包、人员培训等项目提供公证证明、公证翻译、公证认证等，为涉外经济活动提供法律保障。推动"数字丝绸之路"建设，建立数字合作平台，实现公证数据共享、互认互用，提高公证效率和便利性，利用信息化技术提升公证服务水平和能力。推动"绿色丝绸之路"建设，积极参与绿色发展领域的国际合作，为绿色能源、绿色基建、绿色金融等项目提供专业的公证服务，促进绿色发展理念的传播和实践。

## （二）进一步发挥公证预防功能

利用公证文书的法律效力和国际认可度，为"一带一路"参与方提供预防和解决国际商业纠纷、防范法律风险、遵守监管要求等方面的法律保障。创新公证服务模式，紧跟"一带一路"建设的步伐，积极探索新的公证服务模式，如网络公证、移动公证等，为"一带一路"共建国家合作开发、投融资等提供更加便利的公证法律服务，满足"一带一路"建设的需求。推动公证文书在"一带一路"共建国家和地区的相互承认和执行，通过外交渠道认证、使馆认证、翻译认证、双边协议认可等方式，增强国家间对公证书的认可程度，增强公证书的有效性，促进跨境商事、民事纠纷的快速解决。指导公证机构和公证员规范办理基础设施建设招投标和承揽工程、为跨境贸易提供电子数据存证、知识产权、跨境贸易担保和争议处理、办理出入境签证、继承境内外遗产等公证业务，有效预防纠纷，减少诉讼等法律风险。

## （三）推动创新公证服务方式方法

充分利用"一带一路"建设带来的机遇，将公证服务与国家战略紧密结合起来，发挥叠加效应，打造公证服务新平台，为公证服务注入新动力，积极推动公证服务的多元化发展，适应"一带一路"建设中的各种需求。强化公证服务的创新性，公证服务需要紧跟时代步伐，不断创新服务模式和服务内容，积极推行预约办证、延时服务等项目，进一步简化、优化公证事项办理程序和流程，及时快捷出具公证书，以更好地满足"一带一路"建设中的各种公证需求。加强公证机构与律师事务所、仲裁机构等法律服务机构的合作，形成涉外法律服务的综合体系，为"一带一路"建设提供全方位、多层次、多领域的法律支持。推动公证服务机构积极参与"一带一路"相关的国际会议和论坛，搭建法律服务对接机制和工作平台，扩大公证服务的影响力。由于"一带一路"建设中涉外法律服务的需求日益增多，建议尽快建立专门的涉外公证服务机制，以更好地满足各方的公证服务需求，推动公证服务的普及化和标准化，深入了解企业公证法律需求，推进公证提升服务效能。

## （四）建立健全涉外公证服务人才培养机制

由于"一带一路"共建国家和地区法治水平差异大，法治环境较为复杂，公证服务需要具备足够的专业性以应对各种复杂的法律环境。涉外公证员需要精通国际法和他国的法律体系，具备国际化视野，具备多语言交流能力，熟悉国际法律规则和国际惯例，增强对"一带一路"共建国家和地区的法律文化、风俗习惯等方面的了解和尊重，具有专业的法律知识和丰富的实践经验，能够处理各种复杂的法律事务，为跨境交易提供准确、可靠、高质量的公证服务。建议健全涉外公证人才培养机制，推进涉外公证队伍正规化、专业化、职业化建设，推动公证协会成立涉外专门工作委员会，进一步发挥该工作委员会职能作用，积极开展与国际公证组织的交流与合作，拓展和规范涉外公证业务。建议协会加强涉外公证业务专题培训，将涉外业务纳入公证培训课程体系，每年至少举办一期公证员涉外业务培训，确保公证员涉外法律服务培训全覆盖。与高校密切合作，探索构建实践导向的涉外公证人才培养机制，加强与国（境）外同行交流合作，着力培养一批通晓国际规则、具有国际眼光和国际视野、具有丰富公证经验的高层次涉外公证人才。建议探索建立与"一带一路"共建国家（地区）双向培养涉外公证服务人才机制，加强涉外法律服务基础业务培训、后备人才培养、高端人才培育。

## 三、对法律顾问服务的总体建议

近几年，在国家"走出去"政策的引领下，我国企业以雄厚的资本能量，纷纷走出国门寻求合作。但部分中国企业在海外经营中，也遭遇了法律准入、合规经营、产品质量、规范标准等方面的重大纠纷和损失。从我国企业"走出去"的实际情况看，有的中国企业缺乏合规意识，不熟悉、不理解海外规范标准，企业内法律人才不足，长期依赖外国律师；有的中国企业在"走出去"的过程中，特别是业务接洽方面，还存在"我方人员谈业务，外方律师谈规则"的现象；一些中国企业的法务人员通常只关注法律条文，对企业具体业务和当地风土人情不熟悉，导致在沟通、协调关系方面不顺畅。这些问题背后的原因主要是中国企业对海外风险认识不足、对涉外法律人才的重视程度不够、人才选用机制不够灵活等，急需采取有效措施加以解决。

### （一）培养高层次复合型涉外法律人才

涉外业务具有地域跨度大、产业链条长、资产规模大、监管力度强等特点，当地国法律环境差异明显，境外法律合规管理要求较高，涉外法律顾问既需要熟悉境内外法律法规与国际规则，又需要突破专业壁垒，了解多业务线条背景知识要点，实现从法律一专人才向法律合规多面手的角色转变。既懂业务需求又懂法律合规的高层次、复合型涉外法律人才队伍建设仍在路上，尚需有效的外部激励和内部约束，促进涉外法律人才培养，形成一批具有扎实国际法律功底、丰富海外业务经验、熟悉企业管理和公司业务、认同企业文化的涉外法律人才。涉外法律人才需要勤学、勤思、勤实践，既要在业务上持续钻研精进，精通专业领域，成为法律领域的行家里手，又需增强商务业务意识，强化多方面业务线条知识积累，打通专业壁垒，努力成为"一专多能""多专多能"的复合型涉外法律人士。建议教育部门出台措施和企业合作，从法学院学生中，有计划地定向委培一批涉外法律人才，在企业境外机构实习，毕业后定向输送国外工作。

## （二）建立健全企业法务管理机制

建议在国有企业特别是在外向型国有企业中建立公司律师队伍，为企业参与国际交流合作、开展投资贸易活动提供法律服务。参照国有企业总法律顾问制度，一方面要求国有企业境外投资经营必须配备属地总法律顾问进入公司经理层，全链条参与公司各类业务及谈判、决策等；另一方面优化人才选用机制，建立健全外聘律师担任常年法律顾问制度，实施市场化选聘、契约化管理、差异化报酬。加强企业法务与社会律师之间的沟通交流，由中华全国律师协会在国内律师和中国企业之间搭建平台，选拔专业律师轮流派遣到"一带一路"共建国家的中资企业，在我国企业"走出去"的过程中提供更优质的服务。

## （三）加强企业境外合规

2018 年 12 月，国家发展改革委等联合发布《企业境外经营合规管理指引》，2021 年 11 月，国家市场监督管理总局印发《企业境外反垄断合规指引》的通知，为"走出去"的中国企业建立和加强境外合规管理制度，增强境外合规管理意识，提升境外经营合规管理水平，防范境外法律风险，保障企业持续健康发展提供了参考和启示。中国企业应当充分重视风险管理的全面性，落实以上两个指引相关要求，点面兼顾，确保经营活动全流程、全方位合规。需要注意的是，两个指引只是为企业境外经营合规管理提供的基础性指导，国际经营环境复杂多变，企业合规管理的基础和条件也不尽相同，企业结合自身实际加强境外经营相关合规制度建设，不断提高合规管理水平。两个指引立足于中国企业参与国际市场的实践，对中国企业经常面临的合规风险进行了梳理，为企业呈现了一张较为清晰的合规风险地图，建议企业参照该地图，依托自身特点，识别重点领域，建立起符合自身特点的境外合规制度，依托自身业务性质，圈定合规风险评价重点，完善自身合规管理体系。建立境外合规风险应对机制，如果中国企业在域外经营中因为合规问题被相关机构立案调查，在应对调查的过程中应当重点关注把合规要求嵌入业务一线，形成企业危机处理的有效机制；端正态度，积极配合，不延误，不推诿；开展内部调查，收集整理证据，梳理抗辩思路，按时如实答复；组建具有不同法域背景的律师团队；重视文化差异，提高与调查机构的沟通效率；与商业伙伴保持及时的沟通与交流。

## 四、对商事仲裁与调解的总体建议

"一带一路"共建国家政治及法治环境复杂、法律制度差异较大、不同的文化和民族习惯相互交织，在此背景下，建立多元化、灵活、高效的"一带一路"投资保护与纠纷解决机制是"一带一路"倡议顺利推进的重要条件之一。

### (一) 创新"一带一路"商事仲裁机制

"一带一路"国际经贸投资新格局、新秩序和新市场主体的加入，使生产要素在各国之间进一步加快流动，国际商事争端逐年增多，国际仲裁市场需求日益趋涨，对国际仲裁的发展提出了新的要求和挑战，国际仲裁界需要不断调整和创新制度、规则和操作，以适应"一带一路"跨境多元市场主体的需要；另外，以中国企业为代表的新兴市场主体也需要加速提高对国际仲裁的了解和熟悉，加快提升国际仲裁风险管理和应对的能力水平，维护好企业合法权益，实现"一带一路"走出去的目标初衷。

首先，加强国际交流与合作，推动"一带一路"仲裁机构之间的信息共享、经验交流、人才培养等，形成合作机制和网络。中国国际经济贸易仲裁委员会于 2019 年 11 月与 8 家全球知名仲裁机构共同举办了首届"一带一路"仲裁机构高端圆桌论坛，40 余家国内外仲裁机构领导人会聚北京，共同发布了《"一带一路"仲裁机构北京联合宣言》。为落实此宣言，让共建"一带一路"法治建设走深走实，2021 年由 32 家境外仲裁机构和组织以及 15 家国内仲裁机构共同达成了《"一带一路"仲裁机构北京联合宣言合作机制》。共建"一带一路"法治建设，有必要进一步凝聚各国仲裁界合力，应对世界经济不确定性、不稳定性带来的各种摩擦、风险和挑战，为全球经济发展营造良好的法治环境。

其次，建立"一带一路"仲裁法律共同体，推动各国仲裁法律的协调和统一，消除法律障碍和差异，提高仲裁裁决的可执行性。"一带一路"国际商事仲裁机制的构建应立足于"一带一路"的多数国家而非个别国家,应采合作构建模式而非单边主导模式,亦即"联合"机制。在联合或者合作构建的模式选择下,"一带一路"国际商事仲裁合作联盟可作为这种构建模式的形式载体。所谓"一带一路"国际商事仲裁合作联盟,是指由"一带一路"倡议参与国中的权威仲裁机构或仲裁组织形成的合作机制,它通过整合"一带一路"倡议参与国的优质仲裁服务资源,形成各参与国在仲裁规则、仲裁员资源、案件审理、硬件设施提供、宣传互助等多个层面的合作机制,构建一个面向参与国商事主体的合作联盟。

最后,完善仲裁规则,为当事人提供专业、高效、便捷的多元仲裁服务,满足不同法域当事人的切实需求。紧紧围绕当事人需求谋创新,以专业、高效、国际化的仲裁服务助力"一带一路"建设,包括在线仲裁、跨境仲裁、紧急仲裁等。进一步推动法治经验、法学理论交流,搭建"一带一路"法律信息共享和大数据服务平台,推进"一带一路"参与方法律制度、法律文化和法律教育的合作。面对新业态、新形势、新变化,为谋求纠纷解决到位,建立一支国际化、专业化的裁判队伍,不断完善仲裁规则,积极探索仲裁、调解机构与法院之间的协调联动,谋求建立高层次、创新型的争端解决新秩序。

### (二)推进国际商事调解法治化

2018 年,《关于建立"一带一路"国际商事争端解决机制和机构的意见》提出坚持公正高效便利原则,坚持纠纷解决方式多元化原则,支持具备条件、在国际上享有良好声誉的国内调解机构开展涉"一带一路"国际商事调解。我国国际商事调解将逐步迎来蓬勃发展期。相对于诉讼、仲裁,调解更能便捷、低成本地解决争议。在联合国国际贸易法委员会(UNCITRAL)的推动和努力下,旨在解决商事调解跨境执行问题的《联合国关于调解所产生的国际和解协议公约》(以下简称《新加坡调解公约》)于 2019 年在新加坡开放签署。我国同日作为首批 46 个签约方之一签署了该公约。继新加坡、斐济批准后,2020年卡塔尔也批准了公约,公约于 2020 年 9 月 12 日生效。《新加坡调解公约》是国际调解领域的正式法律文件。我国全国人大常委会虽尚未批准该公约,但相较于 UNCITRAL 既有的调解示范法、调解规则等软法,公约将对商事调解机制构建发挥重要影响力和更大引领力。

首先，推动《新加坡调解公约》落地。当前，应当充分汲取公约经验成果，积极促进国际商事调解法治化，强化国际商事纠纷解决体系的精细化落地，制定统一的调解规则和实务指引，提高调解的专业性和规范性，包括界定可提供执行（救济）的商事争议范围，商事争议的界定不仅涉及公约适用问题，而且还能反向促进商事调解行业的专业化和规范化。构建国际商事调解协议的执行机制，明确执行救济前是否设置对调解协议的确认程序，和调解协议执行与否的判断标准，防范执行救济规则不当的制度套利。配套完善我国商事调解法律规则，建立商事调解职业主体的资质、认证、管理和考核制度，制定科学权威的调解行为规则指引，做好调解协议执行与既有法律机制的衔接。

其次，强化调解工作规范化建设。制定调解规则和实务指引，在调解规则、调解程序、调解标准、组织人员等方面充分尊重和体现各方的参与度和话语权，明确调解工作流程及诉前调解的配套机制，针对商事案件专业性较强特征，实行"类案类调"机制，制定商事纠纷调解指引和包括融资租赁、知识产权、股权转让等案件调解要素表，大力提升国际商事调解工作的专业性与规范性。建设多元化国际商事诉调对接中心，联动域内外专业解纷机构，打造多元化国际商事纠纷解决平台，推动形成纠纷解决能力的合力，提升社会治理水平。

再次，完善"诉非衔接"机制。探索包括对适宜调解的特定类型案件实行立案前调解机制、中立第三方评估机制、防范与惩戒虚假调解等在内的促进调解机制，引导当事人理性选择合理的纠纷化解方式，实现纠纷前端治理。完善无争议事实记载、无异议调解方案认可等诉调对接机制，促进调解与诉讼的顺畅衔接。按照最高人民法院民事诉讼程序改革试点方案，依法扩大司法确认范围，促进国际商事纠纷"一站式"解决。

最后，培育专业化、社会化调解组织和创新调解方式。建立特邀调解员名册，聘请特邀调解员参与案件调解。探索支持商事调解组织就专业调解实行市场化收费，有效激励调解组织调配优质资源、引入专业人才、运用专业知识精准化解纠纷，促进国际商事调解发展可持续化。依托信息技术开展"在线调解"，借鉴国际ODR探索经验，重点破解国际商事纠纷地域跨度大、时间长、经济成本耗费高等难题。通过在线调解和在线司法确认的方式，快速化解涉外纠纷，提升调解的便捷度。探索"跨境调解"新模式。通过与域外调解机构合作，在涉外商事合同纠纷案件中，尝试由域外调解员组织双方当事人和解，从调解地点、调解方式和调解人员等选择上，充分保障当事人的意思自治。积极拓展远程司法协作。建立健全"一带一路"法律公共服务平台，覆盖 31 个国家和地区的成文法、案例法，集聚近千名法律专业人士在线提供法律服务。

（三）推动多元化解决国际商事争议

推动建立诉讼与调解、仲裁有效衔接的多元化纠纷解决机制，形成便利、快捷、低成本的"一站式"争端解决中心，为"一带一路"建设参与国当事人提供优质高效的法律服务。

首先，完善国际商事法庭制度。为依法及时公正审理国际商事案件，平等保护中外当事人合法权益，营造稳定、公平、透明、便捷的法治化营商环境，最高人民法院设立国际商事法庭。其中，第一国际商事法庭设立在广东省深圳市，第二国际商事法庭设立在陕西省西安市，最高人民法院民事审判第四庭负责协调并指导两个国际商事法庭工作。实践中，大部分域外国际商事法庭（院）的审判人员包括国内法官和国际法官。例如，新加坡国际商事法庭从其他大陆法系和英美法系的优秀法官或已退休法官中遴选国际法官。中国的国际商事法庭与其他国际商事法庭（院）不同，审判人员仅包括最高人民法院的优秀法官。国际法官缺位，可能难以让当事人完全信服并选择该法庭解决争议。为减少地缘政治挑战，建议最高人民法院借鉴新加坡国际商事法庭、迪拜国际金融中心法院等司法机构选择国际法官的经验，尝试让外国专家委员参与国际商事法庭解决争议的过程，为中国国际民事诉讼迈向国际化进程开辟新道路。

其次，加强法律人士的沟通交流。仲裁、调解要在国际商事领域中发挥更大作用，必须加强文化沟通交流，妥善处理文化差异。文化差异不解决，双方当事人彼此不信任，则很难达成国际商事纠纷和解协议。受不同政治、历史、宗教等因素的影响，各个国家在发展过程中都形成了独有的文化特性，文化差异可能存在于国际商事调解的全过程，影响到当事人对争议的态度、争议解决的价值取向、思维和决策方式以及仲裁、调解中的沟通方式等方方面面。国际商事纠纷解决的过程，本身就是不同文化发生交流与碰撞的过程，也是仲裁员、调解员对不同文化进行解读与协调的过程。中国国际经济贸易仲裁委员会需要担负起一定责任，加强国际争议解决机构之间的沟通交流，同时尽可能地加深国际商事主体间的相互理解，进而在争议解决过程中彼此信任，达成和解。

最后，完善国际商事专家委员会运行机制。最高人民法院设立商事专家委员会，主要负责调解争议和提供咨询服务。这种"一站式"法律服务平台鼓励当事人灵活选择诉讼、仲裁、调解机制，有学者将该平台视为"最具有创新性和多样性的争议解决机制"。国际商事专家委员会是"一带一路"背景下中国司法领域的突破性创新，弥补了国际商事法庭单纯由中国法官审判的不足，为"一站式"争议解决机制提供了支持与保障。但由于《国际商事专家委员会工作规则（试行）》内容较为原则，专家委员会依据该规则进行调解、提供域外法律查明和国际商事法庭发展意见时可能会陷入是否合规的困境。为纾解困境，不仅需明确该委员会的性质是法院系统提供专业法律服务的辅助性机构，而且，还应在细化具体程序的基础上，探索专家委员参与庭审活动的可行性，增加专家委员的聘任程序和监督程序，保证专家委员的独立性、公正性和专业性，在打造特色化的国际商事争议解决机制过程中，为中国参与全球治理提供法治保障。

## 五、对外国法律查明与适用的总体建议

为服务和保障"一带一路"建设的顺利实施，需要在"一带一路"建设争议解决中，准确查明和适用外国法律，依法准确适用国际条约和惯例，进一步加强涉外民商事案件的争议解决工作，为"一带一路"建设营造良好法治环境，增强裁判、裁决等的国际公信力。

### （一）建立健全域外法律查明服务机制

截至目前，最高人民法院在深圳前海合作区人民法院、深圳市蓝海法律查明和商事调解中心、中国政法大学、西南政法大学建立了 4 家域外法律研究基地和查明基地。为了便利查明工作，拓宽查明渠道，建议最高人民法院利用信息化技术，建设大数据平台，建立域外法律库、专家库和案例库，建立健全"一带一路"共建国家的法律查明机制，为争议解决机构和当事人提供专业、及时、便捷的法律查明服务。同时，利用现代科技手段，收集、整理、分析、更新"一带一路"共建国家的法律资料，包括法律法规、司法解释、裁判文书

等，并建立专家委员会或者专业机构，为仲裁机构和当事人提供域外法律的解释、评估、证明等服务。同时，利用高校、研究机构、律师事务所等专业机构和专家资源，为当事人提供针对不同国家和地区的法律数据检索和法律适用咨询服务。建立全面充分的涉外因素认定指引，列明涉外因素具体项目，实现域外法适用最大化，确保域外法律"认得全"。建立系统完备的域外法律查明机制，制定域外法查明办法，明确规范查明的内容、主体、途径、程序，确保域外法律"查得明"。

### （二）依法准确适用国际条约和惯例

依法准确适用国际条约和惯例，尊重当事人的意思自治，保障当事人的合法权益。在诉讼、仲裁程序中，要根据当事人的选择或者相关规则，确定适用的法律或者规范，尽可能避免法律冲突和不确定性，确保域外法律"用得准"。同时，要尊重当事人对仲裁地、仲裁机构、仲裁员等的选择，保障当事人的仲裁权利和义务，维护仲裁的公正性和效力。高标准对接国际经贸规则，尊重国际商事惯例，准确理解和适用《蒙特利尔公约》《联合国国际货物销售合同公约》等国际公约条约，充分体现平等保护原则，增强境外投资者"走进来"和境内企业"走出去"的信心。加强最高人民法院外国法律查明研究基地建设，加强与高等院校、研究机构及第三方查明机构的深度合作，为法律查明与适用提供智力支持。定期组织案例研讨会，为法律服务人员分享处理涉外法律案件的经验和心得提供平台，加强案例研究针对性，开展深入分析讨论，提出解决问题的方法和策略，形成书面的研究报告，定期发布，供其他法律从业人员参考。

### （三）提升域外法律查明和适用能力

加强涉外法律案例研究，积累经验，提高对外国法律查明和适用的能力。鼓励法律服务机构针对"一带一路"倡议下的外国法律查明和适用咨询服务，提升跨国法律服务能力，熟悉和理解不同国家的法律体系和法律规定。例如，可以设立专门的法律咨询部门，提供有针对性的法律咨询服务，帮助企业解决在"一带一路"倡议中遇到的法律问题。鼓励法律服务机构组建专门的法律研究团队，包括熟悉国际法和各国法律的专业人员，对各种法律问题进行深入研究，提供专业的法律意见。此外，引导法律服务机构为企业提供法律培训服务，提高企业员工处理域外法律事务能力。推动法律服务机构为企业提供一站式的域外法律服务，包括法律咨询、法律培训、法律代理等。对于涉及外国法律的问题，需要一批熟悉国际法和外国法律的法律专业人才，应加强对这类法律人才的培养和引进。建议进一步发挥"一带一路"法律研究中心作用，推动高校法律学院培养具备扎实的法学基础知识、熟悉国际法和各国法律、具有良好的外语能力、能够在跨国法律环境中工作、提供优质高效跨国法律服务的优秀法律人才。此外，还应加强对在职法律人员的培训，提高他们处理涉外法律问题的能力，培训可以采取多种形式，如举办法律研讨会、提供在线法律培训课程等。

### （四）建立健全法律信息共享平台

建立健全法律数据库和法律查明服务平台，利用专业机构和专家资源，面向政府部门、司法机构、高等院校、律师事务所和企业及个人等用户，提供法律数据检索和法律适用咨询服务。平台可以包括各国的法律法规、司法解释、案例判例等信息，帮助当事人、法律服务人员快速查找和获取所需的法律信息。平台应该具有强大的数据库功能，能够存储大量的法律信息，具有强大的搜索功能，能够快速准确地找到所需的法律信息。此外，平台还应该具有用户友好的界面，方便用户使用，应该有专门的技术支持团队负责平台的维护和更新，确保平台的正常运行。就如何查明和适用外国法律，制定详细的操作指南，为当事人、法律服务人员提供参考。指南可以包括如何查找外国法律信息、如何理解和解释外国法律、如何应用外国法律等内容。指南不仅内容应该全面，而且应该详细、清晰、易于理解，能够为法律服务人员提供具体的操作步骤和方法，还应该定期更新，以适应法律环境的变化。

### （五）加强与"一带一路"共建国家的法律合作交流

加强与"一带一路"共建国家的司法协助和互认执行协议的签订和实施，促进各国法律体系的协调和融合，提高裁判、裁决的可执行性。通过与"一带一路"共建国家的法律机构进行合作，共享法律资源，提高法律服务的效率和质量。例如，可以与共建国家的法院、律师事务所、法学院等机构建立合作关系，进行法律信息的交流和分享。这种合作可以采取多种形式，如签订合作协议、共同举办法律研讨会、共同开展法律研究项目等。通过这种合作，互相学习，共享资源，提高法律服务的质量。此外，还可以通过国际合作，引进外国的先进法律服务经验和模式，提高我国的法律服务水平。中国—东盟法律研究中心已经与柬埔寨司法部、老挝司法部、东盟法律协会、泰国法政大学、马来西亚国民大学等东盟国家法律法学组织签署了一批合作协议，共建了中泰法律咨询中心、中马法律咨询中心等一批合作中心，形成了一些法律交流与合作的机制，出版了《中国—东盟法律评论》等"一带一路"共建国家法律研究的一系列丛书，协助多起有关法律适用及海外中国公民权益保障案件的解决，取得了较好的社会效果。

## 六、对"一带一路"法律服务宣传推广的总体建议

随着"一带一路"倡议的十年来的实践，"一带一路"法律服务呈现出良好的发展势头。为了进一步提升"一带一路"法律服务水平，需要全方位加强"一带一路"法律服务宣传推广，具体可从如下方面进行宣传推广。

### (一)健全"一带一路"法律服务机制

"一带一路"法律服务的宣传推广，应将制度扶持放在首位。只有将健全完善的"一带一路"法律服务机制作为指引，才会吸纳更多的资源投入"一带一路"法律服务中，并有助于"一带一路"法律服务的宣传推广。在政策制定层面，可考虑有关部门联合研究制定关于加强"一带一路"建设法律服务的相关意见，同时组织召开"一带一路"法律服务工作会议，就加强"一带一路"建设法律服务工作提出明确要求，规范"一带一路"法律服务的内容、形式和标准。在制度保障层面，建议发展和改革、商务、外办、工商联、贸易促进等部门建立联席会议制度，定期召开联席工作会议，专题研究、部署推进涉外法律服务工作。建立考核奖惩制度，完善涉外法律服务工作标准和职业道德准则，规范考核评价机制。定期举行优秀涉外律师事务所、优秀涉外律师评选工作，发挥先进典型的示范引领效应。建立人才保障制度，通过争取财政资金、安排律师协会会费支持等方式，加大对涉外律师人才培养的经费保障和支持力度，

尽快培养一批具有国际视野的高素质涉外律师人才。

### (二) 搭建"一带一路"法律服务平台

搭建"一带一路"法律服务平台，实现"一带一路"法律服务资源共享，促进"一带一路"法律服务的推广。首先，会同相关部门和单位组建"一带一路"法律服务中心，负责"一带一路"法律服务组织管理、产品研发、服务推介对接等，同时设立"一带一路"法律服务中心网站，定期向社会、企业推送涉外法律服务最新资讯、典型案例、境外投资政策和法律风险等信息，为政府部门开展对外经贸活动和企业参与"一带一路"共建国家投资贸易提供有效指引。其次，搭建国际化法律服务平台。一是搭建涉外法律法规咨询服务平台，整合域外法律信息，为企业和个人提供外国法律、国际条约和国际惯例等域外法的法律查明、适用条件和专家咨询服务，为国际化法律实践提供高效的域外法查询服务。二是搭建国际商事调解平台。选任海内外具备资质的调解员，完善调解规则体系，解决跨境纠纷地域难题。企业可在线申请跨区域调解并选择调解员，就近就便参加线上线下调解。最后，考虑搭建国际经贸争议法律公益平台。为帮助涉外企业顺利开展国际投资贸易，可成立涉外商事法律服务平台和综合服务专家团队，开通法律咨询热线，解答并协助企业处理相关涉外商事法律问题，涵盖国际经贸争议和纠纷应对、海外知识产权维权、涉外仲裁调解、涉外商事认证等内容。

### (三) 加强涉外法律服务人才队伍建设

加强涉外法律服务人才队伍建设，有助于打造中国涉外律师的国际品牌，并吸引更多的法治人才投身到"一带一路"法律服务事业中，从而为我国法律外交储备和提供后备力量，为与共建各国的合作共赢提供法律服务。"一带一路"律师联盟于2019年12月在广州正式宣布成立，联盟总部（秘书处）设在中国北京，并在中国境内设立了西安、广州、成都、杭州和海口代表中心。为进一步拓展律师联盟的业务范围，扩大会员队伍，考虑在国内更多的省会以及直辖市、经济特区设立联盟代表中心，并联合当地的律师协会吸纳更多兼具国际化视野与国际法律服务经验的律师，共同投身于"一带一路"法律服务事业中。除建设涉外律师人才队伍外，在业务模式上，还需要成立跨境贸易法律服务专家团，指导涉外律师更好地参与"一带一路"法律服务，坚持把涉外律师列入名优律师人才培养工程，全力推进各地区高端涉外法律服务培养，必将有助于"一带一路"法律服务的宣传推广。

### （四）开展涉外法律服务专项活动

为了进一步提升我国"一带一路"法律服务的水平及国际影响，可考虑开展涉外法律服务专项活动。首先，建议由全国各地司法行政部门牵头，会同有关部门开展外贸企业防范化解重大风险、"法治体检四进四送"等专项法律服务活动，为外商投资企业以及中国对外投资企业提供"走出去""引进来"的涉外法律服务。其次，组织涉外律师聚焦企业投资、国际贸易风险防控等重点，分行业、分区域、分阶段为企业提供"一对一"法治体检服务，查找制度漏洞和薄弱环节，健全法律风险预警机制，做到"一企一策""一事一议"，提高涉外法律服务精准性。最后，召开涉外企业供需见面会，精准对接企业法律服务需求。举办涉外法律讲座、论坛、沙龙，宣传"一带一路"相关法律法规，帮助政府部门和企业防范法律风险。同时，召开涉外法律服务产品发布会，提供涉外风险防控法律建议，构建企业全生命周期法律风险防控体系。

综上，从法律服务机制、法律服务平台、人才队伍建设和专项法律服务活动四个层面展开宣传推广，必将有效提升"一带一路"法律服务水平，让法律为"一带一路"建设保驾护航。

# 附　录

## 第一届至第六届"一带一路"法律服务
## 典型案例征集宣传活动相关项目名单

### "一带一路"法律服务项目入选的机构和团队

| 序号 | 届别 | 项目 | 机构/团队 |
|------|------|------|-----------|
| 1 | 第一届 | "一带一路"十佳律师事务所 | 北京市金杜律师事务所 |
| 2 | 第一届 | "一带一路"十佳律师事务所 | 北京市中伦律师事务所 |
| 3 | 第一届 | "一带一路"十佳律师事务所 | 北京大成律师事务所 |
| 4 | 第一届 | "一带一路"十佳律师事务所 | 北京金诚同达律师事务所 |
| 5 | 第一届 | "一带一路"十佳律师事务所 | 上海市通力律师事务所 |
| 6 | 第一届 | "一带一路"十佳律师事务所 | 北京市盈科律师事务所 |
| 7 | 第一届 | "一带一路"十佳律师事务所 | 江苏漫修律师事务所 |
| 8 | 第一届 | "一带一路"十佳律师事务所 | 广东敬海律师事务所 |
| 9 | 第一届 | "一带一路"十佳律师事务所 | 北京德恒律师事务所 |
| 10 | 第一届 | "一带一路"十佳律师事务所 | 北京高文律师事务所 |
| 11 | 第一届 | "一带一路"十佳合作机构 | 北京市长安公证处 |
| 12 | 第一届 | "一带一路"十佳合作机构 | 深圳市前海"一带一路"法律服务联合会 |
| 13 | 第一届 | "一带一路"十佳合作机构 | 俄罗斯中国总商会法律行业分会 |
| 14 | 第一届 | "一带一路"十佳合作机构 | 江苏"一带一路"（柬埔寨）投资咨询有限公司 |
| 15 | 第一届 | "一带一路"十佳合作机构 | 龙图新世纪企业管理有限公司 |

| 序号 | 届别 | 项目 | 机构/团队 |
|---|---|---|---|
| 16 | 第一届 | "一带一路"十佳合作机构 | 最高人民法院"一带一路"司法研究基地（中国政法大学） |
| 17 | 第一届 | "一带一路"十佳合作机构 | 北京市律师协会"一带一路"法律服务研究会 |
| 18 | 第一届 | "一带一路"十佳合作机构 | 武汉仲裁委"一带一路"（中国）仲裁院 |
| 19 | 第一届 | "一带一路"十佳合作机构 | 北京融商"一带一路"法律与商事服务中心 |
| 20 | 第一届 | "一带一路"十佳合作机构 | 北京市朝阳区律协"一带一路"工作组 |
| 21 | 第一届 | "一带一路"优秀法务团队 | 国家电网国际发展有限公司法律事务部 |
| 22 | 第一届 | "一带一路"优秀法务团队 | 京东集团法务部 |
| 23 | 第一届 | "一带一路"优秀法务团队 | 中国土木工程集团有限公司法律合规部 |
| 24 | 第二届 | "一带一路·合规之路"十佳法务团队 | 中国建筑股份有限公司海外法务团队 |
| 25 | 第二届 | "一带一路·合规之路"十佳法务团队 | 中国电建集团国际工程有限公司法律与风险部（合规部） |
| 26 | 第二届 | "一带一路·合规之路"十佳法务团队 | 中国石油化工集团有限公司法律部 |
| 27 | 第二届 | "一带一路·合规之路"十佳法务团队 | 国网国际发展有限公司法律事务部 |
| 28 | 第二届 | "一带一路·合规之路"十佳法务团队 | 中铁一局集团有限公司法律合规部 |
| 29 | 第二届 | "一带一路·合规之路"十佳法务团队 | 京东方科技集团法务团队 |
| 30 | 第二届 | "一带一路·合规之路"十佳法务团队 | 北京汽车集团有限公司法律与合规团队 |
| 31 | 第二届 | "一带一路·合规之路"十佳法务团队 | 北京建工集团法律事务部 |

| 序号 | 届别 | 项目 | 机构/团队 |
|---|---|---|---|
| 32 | 第二届 | "一带一路·合规之路"十佳法务团队 | 四川省铁路产业投资集团公司风控与法律团队 |
| 33 | 第二届 | "一带一路·合规之路"十佳法务团队 | 红豆集团有限公司法务团队 |
| 34 | 第二届 | "一带一路·合规之路"十佳律师事务所 | 北京市金杜律师事务所 |
| 35 | 第二届 | "一带一路·合规之路"十佳律师事务所 | 北京大成律师事务所 |
| 36 | 第二届 | "一带一路·合规之路"十佳律师事务所 | 北京市竞天公诚律师事务所 |
| 37 | 第二届 | "一带一路·合规之路"十佳律师事务所 | 北京市盈科律师事务所 |
| 38 | 第二届 | "一带一路·合规之路"十佳律师事务所 | 北京金诚同达律师事务所 |
| 39 | 第二届 | "一带一路·合规之路"十佳律师事务所 | 国浩律师事务所 |
| 40 | 第二届 | "一带一路·合规之路"十佳律师事务所 | 泰和泰律师事务所 |
| 41 | 第二届 | "一带一路·合规之路"十佳律师事务所 | 广东卓信律师事务所 |
| 42 | 第二届 | "一带一路·合规之路"十佳律师事务所 | 北京合弘威宇律师事务所 |
| 43 | 第二届 | "一带一路·合规之路"十佳律师事务所 | 北京德和衡律师事务所 |
| 44 | 第三届 | "一带一路·健康之路"十佳法务团队 | 中国电建集团国际工程有限公司法律与风险部（合规部） |
| 45 | 第三届 | "一带一路·健康之路"十佳法务团队 | 中国电建集团海外投资有限公司法务团队 |
| 46 | 第三届 | "一带一路·健康之路"十佳法务团队 | 北京首都开发控股（集团）有限公司法律合规部 |

续表

| 序号 | 届别 | 项目 | 机构/团队 |
|------|------|------|-----------|
| 47 | 第三届 | "一带一路·健康之路"十佳法务团队 | 国家电网国际发展有限公司法律事务部 |
| 48 | 第三届 | "一带一路·健康之路"十佳法务团队 | 中国石油国际勘探开发有限公司法律事务部 |
| 49 | 第三届 | "一带一路·健康之路"十佳法务团队 | 北京市基础设施投资有限公司法律合规部 |
| 50 | 第三届 | "一带一路·健康之路"十佳律师事务所 | 北京市金杜律师事务所 |
| 51 | 第三届 | "一带一路·健康之路"十佳律师事务所 | 北京市君合律师事务所 |
| 52 | 第三届 | "一带一路·健康之路"十佳律师事务所 | 北京大成律师事务所 |
| 53 | 第三届 | "一带一路·健康之路"十佳律师事务所 | 北京市盈科律师事务所 |
| 54 | 第三届 | "一带一路·健康之路"十佳律师事务所 | 北京金诚同达律师事务所 |
| 55 | 第三届 | "一带一路·健康之路"十佳律师事务所 | 北京天达共和律师事务所 |
| 56 | 第三届 | "一带一路·健康之路"十佳律师事务所 | 广东广信君达律师事务所 |
| 57 | 第三届 | "一带一路·健康之路"十佳律师事务所 | 北京德和衡律师事务所 |
| 58 | 第三届 | "一带一路·健康之路"十佳律师事务所 | 北京市天元律师事务所 |
| 59 | 第三届 | "一带一路·健康之路"十佳律师事务所 | 北京市中伦文德律师事务所 |
| 60 | 第三届 | "一带一路·健康之路"海外抗疫特别奖 | 中国石油国际事业有限公司 |
| 61 | 第三届 | "一带一路·健康之路"海外抗疫特别奖 | 国家电网国际发展有限公司 |

| 序号 | 届别 | 项目 | 机构/团队 |
|---|---|---|---|
| 62 | 第三届 | "一带一路·健康之路"海外抗疫特别奖 | 中国核工业集团有限公司的控股子公司同方威视技术股份有限公司 |
| 63 | 第三届 | "一带一路·健康之路"海外抗疫特别奖 | 首开控股（国际）有限公司 |
| 64 | 第三届 | "一带一路·健康之路"海外抗疫特别奖 | 北京市长安公证处 |
| 65 | 第三届 | "一带一路·健康之路"海外抗疫特别奖 | 北京大成律师事务所 |

## "一带一路"法律服务项目入选的人物

| 序号 | 届别 | 项目 | 人物 | 单位 |
|---|---|---|---|---|
| 1 | 第一届 | "一带一路"十佳律师 | 陶景洲 | 美国德杰律师事务所驻北京代表处 |
| 2 | 第一届 | "一带一路"十佳律师 | 田文静 | 北京市金杜律师事务所 |
| 3 | 第一届 | "一带一路"十佳律师 | 程军 | 中伦律师事务所 |
| 4 | 第一届 | "一带一路"十佳律师 | 赵敏 | 北京大成律师事务所 |
| 5 | 第一届 | "一带一路"十佳律师 | 邬国华 | 北京金诚同达律师事务所 |
| 6 | 第一届 | "一带一路"十佳律师 | 杨天斌 | 北京盈科（乌鲁木齐）律师事务所 |
| 7 | 第一届 | "一带一路"十佳律师 | 张天翼 | 云南八谦律师事务所 |
| 8 | 第一届 | "一带一路"十佳律师 | 陈发云 | 国浩律师（南京）事务所 |
| 9 | 第一届 | "一带一路"十佳律师 | 尹湘南 | 兰迪（长沙）律师事务所 |
| 10 | 第一届 | "一带一路"十佳律师 | 刘克江 | 北京德和衡律师事务所 |
| 11 | 第一届 | "一带一路"十佳法律服务工作者 | 郭岳萍 | 北京市长安公证处业务三部 |
| 12 | 第一届 | "一带一路"十佳法律服务工作者 | 张丽英 | 中国政法大学 |
| 13 | 第一届 | "一带一路"十佳法律服务工作者 | 肖璟翊 | 深圳市蓝海现代法律服务发展中心 |
| 14 | 第一届 | "一带一路"十佳法律服务工作者 | 王兴雷 | 国家电网国际发展有限公司法律事务部 |
| 15 | 第一届 | "一带一路"十佳法律服务工作者 | 王清友 | 北京市安理律师事务所 |
| 16 | 第一届 | "一带一路"十佳法律服务工作者 | 王正志 | 北京律师协会外事委 |
| 17 | 第一届 | "一带一路"十佳法律服务工作者 | 张巍 | 北京市律师协会 |
| 18 | 第一届 | "一带一路"十佳法律服务工作者 | 任建芝 | 北京市律师协会"一带一路"专业委员会 |

| 序号 | 届别 | 项目 | 人物 | 单位 |
|------|------|------|------|------|
| 19 | 第一届 | "一带一路"十佳法律服务工作者 | 韩良 | 北京市京都律师事务所 |
| 20 | 第一届 | "一带一路"十佳法律服务工作者 | 张丽霞 | 海淀律师协会会长 |
| 21 | 第二届 | "一带一路·合规之路"十佳律师 | 徐永前 | 北京大成律师事务所 |
| 22 | 第二届 | "一带一路·合规之路"十佳律师 | 杨晨 | 北京金诚同达律师事务所 |
| 23 | 第二届 | "一带一路·合规之路"十佳律师 | 韩立德 | 北京市盈科律师事务所 |
| 24 | 第二届 | "一带一路·合规之路"十佳律师 | 马笑匀 | 金杜律师事务所南京办公室 |
| 25 | 第二届 | "一带一路·合规之路"十佳律师 | 尹云霞 | 方达律师事务所 |
| 26 | 第二届 | "一带一路·合规之路"十佳律师 | 丁嘉宏 | 江苏漫修律师事务所 |
| 27 | 第二届 | "一带一路·合规之路"十佳律师 | 慕亚平 | 广东广信君达律师事务所 |
| 28 | 第二届 | "一带一路·合规之路"十佳律师 | 张冰 | 上海兰迪律师事务所 |
| 29 | 第二届 | "一带一路·合规之路"十佳律师 | 纪雪峰 | 北京市安理律师事务所 |
| 30 | 第二届 | "一带一路·合规之路"十佳律师 | 鹿斌 | 云南八谦律师事务所 |
| 31 | 第二届 | "一带一路·合规之路"年度人物 | 张勇健 | 最高人民法院 |
| 32 | 第二届 | "一带一路·合规之路"年度人物 | 彭雪峰 | 北京大成律师事务所 |
| 33 | 第三届 | "一带一路·健康之路"十佳律师 | 吕膺昊 | 北京市金杜律师事务所 |

| 序号 | 届别 | 项目 | 人物 | 单位 |
|---|---|---|---|---|
| 34 | 第三届 | "一带一路·健康之路"十佳律师 | 周显峰 | 北京市君合律师事务所 |
| 35 | 第三届 | "一带一路·健康之路"十佳律师 | 李海容 | 北京市中伦律师事务所 |
| 36 | 第三届 | "一带一路·健康之路"十佳律师 | 金赛波 | 北京金诚同达律师事务所 |
| 37 | 第三届 | "一带一路·健康之路"十佳律师 | 王清华 | 上海市锦天城律师事务所 |
| 38 | 第三届 | "一带一路·健康之路"十佳律师 | 江荣卿 | 北京大成律师事务所 |
| 39 | 第三届 | "一带一路·健康之路"十佳律师 | 王杕 | 北京天达共和律师事务所 |
| 40 | 第三届 | "一带一路·健康之路"十佳律师 | 刘雪莲 | 北京盈科（乌鲁木齐）律师事务所 |
| 41 | 第三届 | "一带一路·健康之路"十佳律师 | 臧洪亮 | 北京市安理律师事务所 |
| 42 | 第三届 | "一带一路·健康之路"十佳律师 | 李剑 | 江苏漫修律师事务所 |
| 43 | 第三届 | "一带一路·健康之路"年度人物奖 | 谢军 | 国务院国资委规划局局长 |
| 44 | 第三届 | "一带一路·健康之路"年度人物奖 | 黄进 | 中国国际法学会会长 |

# 第一届"一带一路"优秀法律服务项目

| "一带一路"争议解决类十佳法律服务案例 | | |
|:---:|:---:|:---|
| 序号 | 申报单位 | 项目名称 |
| 1 | 北京市盈科律师事务所 | 美国联邦地区法院对多个具有垄断行为的国际航空公司提起货运反垄断索赔胜诉案 |
| 2 | 北京金诚同达律师事务所 | 中国钢铁协会完胜巴西热轧钢板反倾销反补贴案 |
| 3 | 北京大成律师事务所 | 沙特某电站伦敦仲裁案 |
| 4 | 国浩律师（南京）事务所 | 以色列高等法院首次承认和执行中国法院判决案 |
| 5 | 北京德和衡律师事务所 | 俄罗斯公司、哈萨克斯坦公司向中国法院申请承认和执行仲裁裁决案 |
| 6 | 北京高文律师事务所 | 中国首钢参加土耳其经济部对进口钢铁产品征收高额关税案 |
| 7 | 北京市天元律师事务所 | 北京某公司与塔吉克斯坦技术合同纠纷仲裁案 |
| 8 | 江苏封典律师事务所 | 耀迪公司放弃中标加纳政府1万套太阳能路灯照明设备采购纠纷 |
| 9 | 北京盈科（上海）律师事务所 | 我国香港TSS公司与希腊公司、新加坡、荷兰等公司等在荷兰鹿特丹和海牙诉讼案 |
| 10 | 北京市正见永申律师事务所 | 大拇指公司起诉新加坡环保公司履行股东出资义务案 |
| "一带一路"投资类十佳法律服务案例 | | |
| 序号 | 申报单位 | 项目名称 |
| 1 | 北京市中伦律师事务所 | 南京新街口百货商店股份有限公司HOF项目 |
| 2 | 北京市金杜律师事务所 | 中国广核集团投资英国首个核电站项目 |
| 3 | 浙江天册律师事务所 | 恒逸石化股份有限公司、恒逸实业（文莱）有限公司项目 |

续表

| 序号 | 申报单位 | 项目名称 |
|------|----------|----------|
| "一带一路"投资类十佳法律服务案例 | | |
| 4 | 上海市通力律师事务所 | 中化国际并购新加坡上市公司成为全球最大天然橡胶供应商项目 |
| 5 | 北京大成律师事务所 | 印度尼西亚雅加达万隆高速铁路项目 |
| 6 | 北京金诚同达律师事务所 | 河钢集团收购塞尔维亚唯一国有钢铁厂项目 |
| 7 | 北京金诚同达律师事务所 | 巴基斯坦瓜达尔港自由区项目 |
| 8 | 北京市兰台律师事务所 | 国家开发银行向非洲某国政府授信项目 |
| 9 | 北京德恒律师事务所 | 中国黄金集团有限公司收购俄罗斯克鲁奇金矿项目 |
| 10 | 北京天达共和律师事务所 | 国家开发投资公司对埃塞俄比亚重大扶贫项目 |

# 第二届　"一带一路"优秀法律服务项目

| | "一带一路·合规之路"优秀法律服务案例 | |
|---|---|---|
| 序号 | 申报单位 | 项目名称 |
| 1 | 北京金诚同达律师事务所 | 中国政府在 WTO 起诉美国替代国条款案 |
| 2 | 北京市竞天公诚律师事务所 | 天水华天科技公司收购项目 |
| 3 | 北京市金杜律师事务所 | 国家电网下属中国电力技术装备有限公司投资巴基斯坦的默拉直流输电 BOOT 项目 |
| 4 | 北京金诚同达律师事务所 | 河钢集团中塞友好工业园区项目 |
| 5 | 北京金诚同达律师事务所 | 宝钢、河钢和马钢等企业在美国对华钢铁产品 337 调查案 |
| 6 | 北京市天元律师事务所 | 中国长江电力股份有限公司收购美国 Sempra 能源公司出售的秘鲁配电公司项目 |
| 7 | 北京市中伦文德律师事务所 | 北方华锦化学工业集团有限公司合资项目 |
| 8 | 北京大成（杭州）律师事务所 | 华捷公司"一带一路"捷克站建设项目 |
| 9 | 北京市中伦律师事务所 | 中矿资源集团股份有限公司收购项目 |
| 10 | 北京市盈科律师事务所 | 国内某电网公司涉外合规体系构建及涉外工程法律风险库建设项目 |
| 11 | 深圳市蓝海法律查明和商事调解中心 | "一带一路"法治地图项目 |
| 12 | 泰和泰律师事务所 | 中国成达工程公司涉外工程项目 |
| 13 | 北京市盈科律师事务所 | 江苏"森茂"应诉印度对华多层实木复合地板反倾销案 |
| 14 | 北京德和衡律师事务所 | 广田集团承建莫斯科中国贸易中心工程法律服务项目 |
| 15 | 北京市安理律师事务所 | 中国民航机场建设集团有限公司承建多哥国际机场扩建及改造项目 |
| 16 | 中国电力建设股份有限公司、中国电建集团海外投资有限公司 | 中国电建巴基斯坦卡西姆燃煤应急电站项目 |
| 17 | 北京天达共和律师事务所 | 印度对华光伏产品反倾销调查案 |

续表

| "一带一路·合规之路"优秀法律服务案例 | | |
|---|---|---|
| 18 | 国浩律师事务所 | 中广核集团收购项目 |
| 19 | 广东广信君达律师事务所 | 广州白云机场诉泰国暹罗航空公司服务合同纠纷案 |
| 20 | 北京大成律师事务所 | 中国信用出口保险公司承保华电香港投资印尼火电项目 |

# 第三届　"一带一路"优秀法律服务项目

| 序号 | 申报单位 | 项目名称 |
|---|---|---|
| | "一带一路·健康之路"优秀法律服务案例 | |
| 1 | 北京市盈科律师事务所 | 某国际邮轮公司收购、运营巴哈马籍二手国际邮轮项目 |
| 2 | 北京市盈科律师事务所 | 美国对原产于中国的玻璃容器反倾销、反补贴调查案 |
| 3 | 北京市华贸硅谷律师事务所 | A 集团与巴西某公司之间的货物买卖纠纷案 |
| 4 | 深圳市蓝海法律查明和商事调解中心 | 利比亚法下见索即付保函有效性法律查明服务 |
| 5 | 高文律师事务所 | RCEP 文本审核法律服务项目 |
| 6 | 国浩律师（成都）事务所 | 白俄罗斯中白工业园明斯克国际展会中心建设项目 |
| 7 | 中国石油天然气集团有限公司 | LHG 合作项目纠纷国际仲裁案 |
| 8 | 北京市金杜律师事务所 | 中泰铁路合作项目一期（曼谷—呵叻段） |
| 9 | 君合律师事务所 | 孟加拉吉大港燃煤电站融资项目 |
| 10 | 德恒律师事务所 | 维护中国企业海外合法权益，代理中国公司与伊朗公司上诉案 |
| 11 | 北京金诚同达律师事务所 | 某大型矿业领域央企收购赞比亚某大型铜镍矿项目 |
| 12 | 天达共和律师事务所 | 为中信银行作为股东对阿尔金银行的公司治理和制度建设及风险管理提供中国法律服务项目 |
| 13 | 北京市中伦律师事务所 | 波黑图兹拉燃煤电站建设全面法律服务项目 |
| 14 | 北京德和衡律师事务所 | 中国律师海外抗疫维护同胞合法权益 |
| 15 | 北京市长安公证处 | 公证机构出具公证书及法律意见书，助力国企进行"一带一路"建设及海外维权 |
| 16 | 竞天公诚律师事务所 | 华为诉康文森确认不侵害专利权及标准必要专利许可使用条件纠纷案 |
| 17 | 北京市中伦文德律师事务所 | 亚投行总部大楼项目 |

# 第四届 "一带一路"法律服务典型案例

| 序号 | 申报单位 | 项目名称 |
|---|---|---|
| | **"一带一路"争议解决法律服务典型案例** | |
| 1 | 北京市金杜律师事务所 | 代表某国企成功应对非洲某水电站建设项目ICC仲裁案 |
| 2 | 北京市君合律师事务所 | 成功代理中国某大型国有企业与阿联酋迪拜Meydan集团建设工程争议解决案，避免国有企业资产在海外的流失 |
| 3 | 北京市盈科律师事务所 | 我国香港地区某进出口有限公司与内地某上市公司国际货物买卖/代理开具信用证合同纠纷案 |
| 4 | 北京高文律师事务所 | 柠檬酸产业海外贸易救济调查应对 |
| 5 | 北京市天同律师事务所 | 中国葛洲坝集团股份有限公司诉意大利某银行上海分行独立保函纠纷案 |
| 6 | 北京天达共和律师事务所 | 成功应对乌克兰对进口电缆和光缆产品保障措施调查 |
| 7 | 北京市盈科律师事务所 | 美国对华多层实木复合地板反倾销（2018—2019）年度复审调查 |
| 8 | 广东大拓律师事务所 | 某央企在泰国法院申请禁令及二审全面胜诉 |
| 9 | 北京市天元（深圳）律师事务所 | 代理某国际公司关于承建南美某国际工程费用分摊争议国际仲裁案并获得实质性胜诉 |
| 10 | 北京金诚同达律师事务所 | 成功应对美国对越南乘用车和轻型卡车轮胎的反倾销调查 |
| 11 | 上海段和段律师事务所 | 代表中方某大型机械设备制造企业处理在境外法院提起诉讼的涉哈萨克斯坦货物买卖纠纷案件 |
| 12 | 北京德和衡（莫斯科）律师事务所 | 新冠试剂产品供货管辖异议案 |
| 13 | 上海市通力律师事务所 | 代表某央企处理其海外大型EPC项目引发的系列纠纷 |

续表

| 序号 | 申报单位 | 项目名称 |
|---|---|---|
| | "一带一路"争议解决法律服务典型案例 | |
| 14 | 北京市通商律师事务所 | 成功代理印度对华 R134 制冷剂反倾销日落复审案 |
| 15 | 北京金诚同达律师事务所 | 代理 TCL 与瑞典爱立信公司滥用市场支配地位纠纷等涉及全球市场的垄断案 |
| | "一带一路"投资类法律服务典型案例 | |
| 序号 | 申报单位 | 项目名称 |
| 1 | 泰和泰律师事务所 | 为四川省某矿产投资开发有限公司投资、并购泰国钾盐矿开发、开采项目提供专项法律服务 |
| 2 | 北京大成（杭州）律师事务所 | 为北美首个中资工业园区墨西哥北美华富山工业园提供法律服务 |
| 3 | 北京市盈科律师事务所 | 格鲁吉亚卡杜里水电站项目专项法律服务 |
| 4 | 北京天达共和律师事务所 | 为北京市燃气集团收购俄罗斯 VCNG 公司 20%股权提供法律服务 |
| 5 | 北京金诚同达律师事务所 | 金诚同达助力中铁建阿联酋铁路二期项目 |
| 6 | 中国石油国际勘探开发有限公司 | 巴西布兹奥斯油田项目成功中标、协议谈判和交割 |
| 7 | 深圳市蓝海法律查明和商事调解中心 | 法律查明助力基建企业解决域外投资纠纷 |
| 8 | 北京植德律师事务所 | 为加拿大某通信和信息技术公司跨境收购及其全球业务涉及中国市场的交易提供法律服务 |
| 9 | 北京市天元律师事务所、中国长电国际（香港）有限公司 | 长江电力通过其境外子公司对秘鲁上市公司 Luz del Sur S. A. A 公司发起强制要约收购项目 |
| 10 | 北京大成律师事务所 | 为中国某央企收购哈萨克斯坦某国企控股的矿业公司股权提供法律服务 |
| 11 | 泰和泰律师事务所 | 为欧盟最大的钢厂在反倾销调查中进行无损害辩护 |

续表

| 序号 | 申报单位 | 项目名称 |
|---|---|---|
| | **"一带一路"投资类法律服务典型案例** | |
| 12 | 北京市君合律师事务所 | 助力中国上海某电站集团收购英国9个光伏电站项目 |
| 13 | 北京市中伦律师事务所 | 中伦助力曲美家居非公发募资海外收购项目 |
| 14 | 北京市金杜律师事务所 | 明阳智慧能源意大利塔兰托海上风电设备项目 |
| 15 | 上海中联（昆明）律师事务所 | 缅甸明林羌液化天然气联合循环电站项目 |
| | **"一带一路"合规法律服务典型案例** | |
| 序号 | 申报单位 | 项目名称 |
| 1 | 广东广信君达律师事务所 | 广州地铁集团有限公司拉合尔轨道交通橙线项目运营合规专项法律服务 |
| 2 | 北京天达共和律师事务所 | 某中央企业海外投资并购合规核查项目 |
| 3 | 北京大成律师事务所 | 工程建设行业中介费合规调查 |
| 4 | 北京金诚同达（合肥）律师事务所 | 某生物科技公司知产合规与跨境电商项目 |
| 5 | 北京市盈科律师事务所 | 中国汽车配件出口欧美供应链合规项目 |
| 6 | 泰和泰律师事务所 | 为中国电建集团子公司与泰国某上市公司开展合作、在泰国共同投资设厂开展电力金具生产属地化项目提供法律服务 |
| 7 | 中国石油国际勘探开发有限公司 | 中国石油国际勘探开发有限公司合规管理体系 |
| 8 | 中国民用航空局国际合作服务中心 | 召开民航涉外法治研讨会，成立国际航空法研究联盟 |
| 9 | 北京植德律师事务所 | A股上市公司环旭电子收购法国飞旭集团经营者集中申报案 |
| 10 | 北京市中伦律师事务所 | 协助威海建设集团股份有限公司应对非洲开发银行廉洁与反腐败办公室的调查 |

| 维护"一带一路"共建国家中国公民、侨胞合法权益典型案例 | | |
|---|---|---|
| 序号 | 申报单位 | 项目名称 |
| 1 | 广州金鹏律师事务所 | 中国律师在疫情期间以专家证人身份帮助中国死者家属跨境继承新加坡遗产案 |
| 2 | 北京市长安公证处 | 公证法律意见书助力日本、马来西亚等海外华侨华人在遗产所在国顺利办理继承手续 |
| 3 | 北京市盈科律师事务所 | 代理中国跨境电商卖家对美国亚马逊集体诉讼 |
| 4 | 广东省广州市南沙公证处 | 南沙公证处为中泰首次跨国线上刑事案件庭审异地出庭证人身份进行公证 |
| 5 | 北京京师律师事务所 | 中国留学生尚某某在境外离奇死亡,律师助家属向加大大学、政府部门等涉事责任方发起索赔 |
| 6 | 浙江省丽水市公证协会 | 为已故华侨的留守未成年子女办理资金监管公证案 |
| 7 | 湖北省武汉市尚信公证处 | "跨省通办"公证服务,助力自贸区企业"一带一路"项目工程建设 |
| 8 | 北京市中伦文德律师事务所 | 维护牙买加海外华侨在国内合法拆迁继承权益 |
| 9 | 北京炜衡(杭州)律师事务所 | 提供涉外离婚相关公证服务获中国法院认可并成功判决离婚 |
| 10 | 国浩律师事务所 | 王某与某贸易公司跨境股权转让纠纷案 |

# 第五届 "一带一路"法律服务典型案例[1]

| 序号 | 申报单位 | 申报案例 |
|------|----------|----------|
| \multicolumn{3}{c}{"一带一路"争议解决法律服务典型案例} |||
| 1 | 北京大成律师事务所 | 代理中资企业与韩资企业在越南的土地使用权合同纠纷案二审胜诉 |
| 2 | 北京金诚同达律师事务所 | 助力阜丰集团连续七次获得美国反倾销复审零税率 |
| 3 | 北京浩天律师事务所 | 通过分离式涉外独立保函索赔帮助中国出口商收回 789 万余美元 |
| 4 | 北京市君合律师事务所 | 成功代理中国某知名承包商与斯里兰卡某发包人仲裁案 |
| 5 | 北京市盈科律师事务所 | 代理英属维尔京群岛、开曼群岛、中国内地公司、荷兰自然人应诉英属维尔京群岛、新加坡公司、开曼群岛有限合伙提起的 8.4 亿美元香港国际仲裁中心可转换债券投资争议仲裁案 |
| 6 | 广东广信君达律师事务所 | 成功代理广州飞机维修工程有限公司与泰国东方航空有限公司留置权纠纷仲裁案通过仲裁确认航空器留置权合法及实现 |
| 7 | 北京德和衡律师事务所 | 代理国际运输合同纠纷案件经俄罗斯某法院二审胜诉 |
| 8 | 北京高文律师事务所 | 助力被告中国某公司在一起商业外观侵权诉讼案中与原告美国某公司诉达成和解 |
| 9 | 北京市长安公证处 | 为中国石油工程建设公司负责的阿联酋哈伯善天然气升级项目提供全程公证服务 |
| 10 | 上海国际仲裁中心 | 首例获得越南法院承认执行的中国仲裁裁决案件 |

---

[1] 专家委员会成员：黄进、康煜、张树明、朱晓磊、王承杰、刘敬东、王清友。

续表

| "一带一路" 投资类法律服务典型案例 | | |
|:---:|:---:|:---|
| 序号 | 申报单位 | 申报案例 |
| 1 | 北京市安理（天津）律师事务所 | 为天津市旅游（控股）集团有限公司及其子公司与新加坡联合工业集团有限公司及旗下子公司之间的跨境股权转让及置换项目提供专项法律服务 |
| 2 | 北京大成律师事务所 | 为中国进出口银行浙江省分行红狮印尼东加一期等值 21.5 亿元人民币银团贷款项目提供法律服务 |
| 3 | 北京市竞天公诚律师事务所 | 为招商局集团吉布提老港改造项目及东非国际特别商务区项目提供法律服务 |
| 4 | 北京市康达律师事务所 | 助力科达制造股份有限公司成为"沪伦通"扩容后首批进入瑞士资本市场的中国公司 |
| 5 | 北京市盈科律师事务所 | 代理江苏某汽车公司与韩国某知名株式会社外商投资安全审查及经营者集中反垄断审查案 |
| 6 | 国浩律师（天津）事务所 | 代表盛和资源（新加坡）有限公司收购澳大利亚上市公司 Peak Rare Earths Limited（Peak）19.9% 的股份 |
| 7 | 上海段和段律师事务所 | 代表城发环境股份有限公司新设城发环境（香港）集团又增资并购满宝投资有限公司 50% 股权参与匈牙利包尔绍德 30MW 光伏发电项目 |
| 8 | 泰和泰律师事务所 | 老挝万万高速中长期跨境银团贷款项目专项法律服务 |
| 9 | 中国电建集团海外投资有限公司 | 投资开发波黑伊沃维克 84MW 风电项目 |
| 10 | 北京金诚同达律师事务所 | 代表沙钢集团收购全球第三大、欧洲最大的 IDC 运营商 Global Switch 并处理相关重大资产重组及境外上市事宜 |

续表

| “一带一路”合规法律服务典型案例 | | |
| --- | --- | --- |
| 序号 | 申报单位 | 申报案例 |
| 1 | 北京观韬中茂律师事务所 | 合理设计反垄断经营者申报方案和交易结构助力金川集团股份有限公司收购PT Kao Rahai Smelters等两家公司股权 |
| 2 | 北京金诚同达律师事务所 | 助力华灿光电搭建出口管制合规管理体系 |
| 3 | 北京市金杜律师事务所 | 帮助中国某知名银行成功应对涉案金额为2.86亿美元的世界银行合规顾问办公室（CAO）调查 |
| 4 | 北京市盈科律师事务所 | 受托承担中石油北京设计院海外项目：13.2课题研究-KPI：关于新冠及其不可抗力引发索赔的处置指引 |
| 5 | 国网国际发展公司 | 编制《境外电力资产法律合规国别指南》拓展内网“法治视界”专栏 打造全球合规信息库 |
| 6 | 泰和泰律师事务所 | 协助国际某知名科技公司完成数据跨境国别网络数据安全保护评估 |
| 7 | 北京大成律师事务所 | 助力铝电金海有限公司及几内亚公司合规管理体系建设项目 |
| 8 | 中建国际建设有限公司 | 率先通过ISO37301合规管理体系贯标认证 成为中建集团内首家、国内首批通过认证的企业 |
| 9 | 中石化石油工程建设有限公司 | 乌干达石油工程建设项目合规法律服务 |
| 10 | 北京天达共和律师事务所 | 为中国电建投资缅甸中部光伏群项目提供合规尽职调查法律服务 |
| “一带一路”法律服务创新典型案例 | | |
| 序号 | 申报单位 | 申报案例 |
| 1 | 上海金茂凯德律师事务所 | 为全球首单欧元“玉兰债”的成功发行提供法律服务保障 |
| 2 | 泰和泰律师事务所 | 助力连花清瘟胶囊在巴基斯坦取得上市许可 |
| 3 | 中国政法大学 | 成立全国首家“涉外法治高端人才培养联盟” |
| 4 | 北京大成律师事务所 | 代理PayPal就用户违约行为合规咨询及纠纷化解案 |

续表

| 序号 | 申报单位 | 申报案例 |
|---|---|---|
| \"一带一路\"法律服务创新典型案例 | | |
| 序号 | 申报单位 | 申报案例 |
| 5 | 北京金诚同达（上海）律师事务所 | 助力国版链知识产权纠纷调解数字化平台落地 |
| 6 | 黑龙江哈尔滨国信公证处 | 采用电子公证书为\"一带一路\"企业提供公证法律服务 |
| 7 | 北京融商\"一带一路\"法律与商事服务中心 | 全国首创跨境涉税不确定事项早期中立评估制度 打通跨境税务纠纷预先化解路径 |
| 8 | 中国国际经济贸易仲裁委员会丝绸之路仲裁中心 | 成功调处法国某著名软件公司与陕西某企业著作权侵害纠纷案 |
| 9 | 北京盈科（成都）律师事务所 | 为航空物流公司的货机境外办事处设立项目提供法律服务 |
| 10 | 北京市蓝石律师事务所 | 代理塔吉克斯坦杜尚别2号热电厂项目中的某能源装备制造企业违约案一审胜诉 |

| \"一带一路\"法律服务典型案例特别贡献机构 |
|---|
| 1 | 上海国际经济贸易仲裁委员会（上海国际仲裁中心） |
| 2 | 北京金诚同达律师事务所 |
| 3 | 北京市金杜律师事务所 |

| \"一带一路\"法律服务典型案例特别贡献人物 | | |
|---|---|---|
| 序号 | 单位+职务 | 姓名 |
| 1 | 时任中华人民共和国最高人民法院民事审判第二庭庭长 | 高晓力 |
| 2 | 中国国际经济贸易仲裁委员会副主任兼秘书长 | 王承杰 |
| 3 | 北京市盈科律师事务所主任 | 梅向荣 |

# 第六届"一带一路"法律服务典型案例[1]

| \multicolumn{3}{c}{"一带一路"争议解决法律服务典型案例} | | |
|:---:|:---:|:---|
| 序号 | 申报单位 | 案例名称 |
| 1 | 北京市君合律师事务所 | 代表中国两家承包商与埃塞俄比亚公路局就莫塔公路施工争议达成和解 |
| 2 | 北京市盈科律师事务所 | 运用海事强制令,快速保护集装箱滞箱费纠纷案件当事人 |
| 3 | 北京金诚同达律师事务所 | 代理争议金额逾 2 亿美元的境外施工合同纠纷新加坡仲裁案全面胜诉 |
| 4 | 广东华商律师事务所 | 协助北京某企业化解在马来西亚面临的 2.3 亿元人民币诉讼保全风险,并成功帮助该企业在当地减少土地征收税额逾 500 万元人民币 |
| 5 | 北京德和衡(青岛)律师事务所 | 金融债权跨境追索新突破,助推中国调解书在澳大利亚法院获承认 |
| 6 | 北京市竞天公诚律师事务所 | 代理西甲联盟在华独家转播权诉讼案,取得管辖权异议的胜诉 |
| 7 | 北京高文(大连)律师事务所 | 代理新加坡某海航运公司在跨国海运纠纷案中取得全面胜诉,挽回 2000 万美元损失 |
| 8 | 北京市君泽君(深圳)律师事务所 | 代表某开曼基金诉某保险跨境金融增信案胜诉,获赔 2500 万美元 |
| 9 | 北京德恒律师事务所 | 成功代理伯利兹籍居民张某某与谢某某、深圳澳鑫隆投资有限公司等合同纠纷案 |
| 10 | 国浩律师(石家庄)事务所 | 与加拿大律师合作帮助某国资公司成功收回加国工业园建设投资款 |

---

[1] 专家委员会成员:黄进、胡明、康煜、王承杰、张树明、刘敬东、崔林林。

续表

| 序号 | 申报单位 | 案例名称 |
|:---:|:---|:---|
| | "一带一路"投资类法律服务典型案例 | |
| 1 | 南方电网国际有限责任公司 | 以专业法律服务全程护航南方电网收购意大利国家电力公司秘鲁配电业务 |
| 2 | 宁德时代新能源科技股份有限公司 | 为宁德时代印度尼西亚动力电池产业链项目提供全流程法律服务 |
| 3 | 海尔集团公司 | 助力海尔集团125亿元收购上海莱士完成股份交割 |
| 4 | 中国石化海外投资控股有限公司 | 优化风险管理与创新，为中国石化哈萨克斯坦天然气化工项目提供全流程法律服务 |
| 5 | 泰和泰律师事务所 | 为南方电网老挝项目资产运营权收购提供专项法律服务 |
| 6 | 北京市君合律师事务所 | 为中国大唐海外（香港）有限公司印尼米拉务燃煤电站项目提供法律服务 |
| 7 | 北京市金杜律师事务所 | 为比亚迪集团境外投资建厂提供专项法律服务 |
| 8 | 北京市盈科律师事务所 | 助力某"世界500强"上市国企成功收购非洲加纳某企业 |
| 9 | 北京市隆安（深圳）律师事务所 | 为新开发银行西部陆海新通道贷款项目提供专项法律服务 |
| 10 | 福建拓维律师事务所 | 协助国内某远洋运输上市企业在印尼设立航运合资企业 |
| | "一带一路"合规法律服务典型案例 | |
| 序号 | 申报单位 | 案例名称 |
| 1 | 北京市盈科律师事务所 | 助力某国际交通建设工程有限公司津巴布韦资产处置合规项目 |
| 2 | 中国茶叶股份有限公司 | 强化中国茶叶股份有限公司涉外知识产权合规体系 |
| 3 | 北京市金杜律师事务所 | 协助新加坡金鹰集团相关实体完成收购香港上市公司维达国际的多司法辖区经营者集中申报事宜 |

续表

| | "一带一路"合规法律服务典型案例 | |
|---|---|---|
| 序号 | 申报单位 | 案例名称 |
| 4 | 泰和泰律师事务所 | 为某客户在巴基斯坦取得非银行金融公司金融投资牌照提供合规服务 |
| 5 | 北京安杰世泽（厦门）律师事务所 | 为某大型国企设立阿联酋投资公司提供出海合规专项法律服务 |
| 6 | 北京大成律师事务所 | 助力某央企搭建应对制裁国际合规管理体系建设项目 |
| 7 | 北京市中伦（青岛）律师事务所 | 帮助山东港口海外发展集团及山东港口集团国际投资发展有限公司建设境外合规体系 |
| 8 | 北京市通商律师事务所 | 为 Tag Fastener 应对美国对马来西亚潜在规避调查提供追踪系统合规服务 |
| 9 | 北京市天元律师事务所、中国长电国际（香港）有限公司 | 协助长电国际建设海外合规体系 |
| 10 | 北京市京师（西安）律师事务所 | 为国际枢纽海港股份公司对哈萨克斯坦大型物流集团战略投资提供合规法律服务 |
| | "一带一路"法律服务创新典型案例 | |
| 序号 | 申报单位 | 案例名称 |
| 1 | 中共福建省委政法委员会 | 推进海丝中央法务区建设，打造一流法治化营商环境 |
| 2 | 中国政法大学国际法学院 | 建设涉外法治人才培养实习实践基地——全国首家阿联酋（迪拜）实习平台 |
| 3 | 北京市君合律师事务所 | 助力凯德中国房地产投资信托成功发行6亿元人民币自贸区债券 |
| 4 | 北京市盈科（深圳)律师事务所 | 为吴先生夫妇涉外遗嘱公证提供专项法律服务 |
| 5 | 泰和泰律师事务所 | 为蜂巢能源科技（泰国）有限公司引进战略投资人国际能源巨头 Banpu（万浦）子公司 Banpu NEXT 事宜提供全程法律服务 |

| 序号 | 申报单位 | 案例名称 |
|:---:|:---|:---|
| | "一带一路"法律服务创新典型案例 | |
| 6 | 北京融商"一带一路"法律与商事服务中心 | 搭建"一带一路"区域性国际商事争议解决平台——中非民间国际商事调解中心与中日韩国际商事调解中心 |
| 7 | 四川中奥律师事务所 | 成立"巴基斯坦华侨华人法律援助中心（旁遮普省）" |
| 8 | 上海兰迪（乌鲁木齐）律师事务所 | 协助新疆某农业机械装备企业在乌兹别克斯坦成立法人机构并开展经营活动 |
| 9 | 北京市道可特律师事务所 | 为塞浦路斯 LNG 终端桩管项目之国际海运项目提供法律服务 |
| 10 | 北京大成（上海）律师事务所 | 为某车企应对欧盟碳排放超标及碳积分协议纠纷提供一揽子法律服务，成功规避欧盟巨额罚款 |